FREIGEKAUFT
Der DDR-Menschenhandel

FREIGEKAUFT

Der DDR-Menschenhandel

Fakten • Bilder • Schicksale

Herausgegeben von
Kai Diekmann

Autoren:
Andreas H. Apelt, Ralf Georg Reuth
Hans-Wilhelm Saure

Piper München Zürich

Mehr über unsere Autoren und Bücher:
www.piper.de

ISBN 978-3-492-05556-7

Redaktion: Dr. Ralf Georg Reuth, Hans-Wilhelm Saure
ArtDirection: Veronika Illmer
Gestaltung: Ulrike Schultz-Ossmer
Fotoredaktion: Oliver Porst, Julia Spitczok von Brisinski, Dennis Yenmez, Tanja Belli
Zeitzeugenfotos: Peter Müller
Technische Koordination: Melanie Seidel
Umschlaggestaltung: www.buero-jorge-schmidt.de
Umschlagabbildung: Christian Reister/Imagebroker/Ullstein Bild, Klaus Mehner/Berlinpressservices
Druck und Bindung: Mohn media, Mohndruck GmbH, Gütersloh
Printed in Germany

VORWORT

Wenn wir auf unsere deutsche Teilungsgeschichte zurückschauen, dann haben wir vor allem die großen historischen Daten vor Augen: die Berlin-Blockade mit der Luftbrücke, den 13. August, den Fall der Mauer und schließlich den 3. Oktober 1990, als Deutschland wiedervereinigt wurde. Über den Freikauf von mehr als 30 000 politischen Häftlingen aus den Zuchthäusern der DDR wissen wir hingegen recht wenig. Dabei ist die Geschichte der „humanitären Bemühungen", wie der Freikauf in Bonn aus Geheimhaltungsgründen umschrieben wurde, eines der spannendsten, aber auch lehrreichsten Kapitel der deutschen Nachkriegsgeschichte.

Der Freikauf eröffnet nämlich einen entlarvenden Blick auf die Verlogenheit des SED-Staates. Einerseits propagierte er die sozialistische Ordnung als höchstes Ideal, andererseits baute er über den Verkauf von Häftlingen mit dem Bereich Kommerzielle Koordinierung ein kapitalistisches Profitsystem auf, das über die Jahre hinweg mit kriminellen Methoden einen Milliarden-D-Mark-Gewinn erwirtschaftete. Doch dieses Geld kam nicht etwa den Menschen in der DDR zugute – nein, es floss auf ein Konto des SED-Generalsekretärs Erich Honecker, der damit auch die Prominenten-Siedlung Wandlitz bei Berlin mit westlichen Konsumgütern ausstatten und die Volvos für die Parteiführer kaufen ließ.

Die Geschichte des Freikaufs besteht aber auch aus den Abertausenden persönlichen Schicksalen, wie zum Beispiel aus dem der Sabine Popp. Die junge Frau aus Reichenbach im Vogtland hatte nur ihre Wünsche und Träume von einem Leben in der Freiheit mit Autolack auf die Landstraße gesprüht. Sie wurde von einem Spitzel verraten, festgenommen, monatelang in Untersuchungshaft gequält und schließlich zu fünf Jahren Gefängnis verurteilt. Was mag in dieser jungen Frau vorgegangen sein, als sie nach mehr als zwei Jahren freigekauft wurde?

Alle Bundesregierungen handelten dabei trotz mancher Verwerfung ganz im Geiste einer christlichen Mitmenschlichkeit. Immer standen die geschundenen politischen Häftlinge von Bautzen, Cottbus, Hoheneck und den anderen Zuchthäusern der DDR im Mittelpunkt. Diese Grundhaltung war auch dem Verleger Axel Springer eigen, der die „humanitären Bemühungen" mit auf den Weg gebracht hatte.

Die Anfänge des Freikaufs liegen nun ein halbes Jahrhundert zurück. Dies haben wir zum Anlass genommen, in Zusammenarbeit mit der Deutschen Gesellschaft e.V. ein Werk herauszubringen, in dem historische Information, bislang unveröffentlichte Fotografien sowie eine Fülle von Zeitzeugenberichten zu einem lebendigen Ganzen zusammenfließen. Mit „Freigekauft – Der DDR-Menschenhandel" wollen wir einen Beitrag leisten, die Erinnerung an den Freikauf und damit an die zweite Diktatur in Deutschland wachzuhalten. Denn nur, wer um die Unfreiheit weiß, kennt den Wert der Freiheit und wird für diese eintreten.

Kai Diekmann

Kaum Hoffnung. Nur kurz sind die Freigangzeiten im berüchtigten Frauen-Gefängnis Hoheneck

INHALT

Kapitel I
Die Anfänge des Freikaufs
1961–1964 8

Kapitel II
Die humanitären Bemühungen
1964–1972 40

Kapitel III
Der Menschenhandel
1972–1989 70

Kapitel IV
Die Botschaftsflüchtlinge
1982–1989 102

Kapitel V
Der Agentenaustausch
1955–1989 138

Kapitel VI
Das Ende und die Aufarbeitung
1989–heute 178

Literatur 202

Zugriff. DDR-Grenzposten führen am Berliner Übergang Checkpoint Charlie einen jungen Mann ab, der für die Freiheit des politischen Gefangenen Harry Seidel demonstriert hat

KAPITEL I

Die Anfänge des Freikaufs

1961–1964

Jener Sonntag im August 1961, an dem der Kreml und seine deutschen Helfer die West-Sektoren Berlins abriegeln, ist einer der dunklen Tage der deutschen Geschichte. Denn fortan teilt eine Mauer die alte deutsche Hauptstadt und eine zunehmend ausgebaute Grenze das Land, ja den ganzen Kontinent. Sie trennt Familien, Verwandte, Freunde. Wer von ihnen auf der östlichen Seite lebt, ist dem kommunistischen Regime ausgeliefert. Der Weg nach Westen, den vor dem Mauerbau Hunderttausende beschritten haben, ist versperrt. Wer es dennoch wagt, spielt mit seinem Leben. Und so wird im Kugelhagel von Volkspolizisten und Grenztruppen am „Antifaschistischen Schutzwall", wie die Mauer im offizellen SED-Sprachgebrauch heißt, immer wieder gestorben – weil man in Freiheit leben wollte.

Die politischen Häftlinge drohen in Vergessenheit zu geraten

Der SED-Parteichef Walter Ulbricht, der noch kurz vor dem 13. August versichert hat, dass niemand die Absicht habe, eine Mauer zu errichten, da doch die Bauarbeiter für den Wohnungsbau und damit den Aufbau des Sozialismus benötigt würden, interessiert die Zahl der Toten und Verwundeten, der zerrissenen Familien und zurückgelassenen Kinder wenig. Mit der Abriegelung erhöht Ulbricht, der einen zweiten Volksaufstand vom 17. Juni 1953 fürchtet, sogar noch den Druck nach innen. Für die „Politik der harten Faust" sorgt ein riesiger Sicherheitsapparat mit seinem ausgeklügelten Spitzelsystem, das jeden Widerstand im Keim erstickt. Und notfalls sind ja noch die sowjetischen Panzer da, die bereits beim Volksaufstand 1953 ihre „kommunistische Bündnistreue" unter Beweis gestellt haben.

Der „Arbeiter- und Bauernstaat" mit seinem angeblich menschlichen Antlitz zeigt einmal mehr sein wahres Gesicht. Andersdenkende werden verfolgt, und jede Art von Widerspruch wird mit drakonischen Strafen belegt. Schon lange vor dem Mauerbau hat das DDR-Justizministerium verfügt, wer die „antifaschistische Ordnung" angreife, sei „ein krimineller Verbrecher" und werde „seiner verbrecherischen Taten wegen bestraft". Gemeint ist damit die bloße Kritik an der Staats- und Parteiführung. Alleine wegen der Straftaten „Hetze" und „Staatsverleumdung" sowie des „ungesetzlichen Grenzübertritts" werden in den ersten drei Wochen nach dem Mauerbau mehr als dreitausend Personen inhaftiert. Die Folge: Die Gefängnisse der DDR, in denen die Häftlinge unter menschenunwürdigen Bedingungen vegetieren, sind überfüllt. Hoffnung, bald herauszukommen, gibt es für die politischen Häftlinge nicht. Und wer es dennoch schafft, kommt – so ein geflügeltes DDR-Wort – nur „vom kleinen in das große Gefängnis". Sie, die Frauen und Männer in den Haftanstalten von Bautzen, Cottbus, Ost-Berlin, Luckau, Brandenburg, Torgau, Karl-Marx-Stadt (Chemnitz), Hoheneck und wo auch immer, drohen in einer Welt der permanenten Konfrontation zwischen Ost und West und der damit einhergehenden Angst vor einem Atomkrieg in Vergessenheit zu geraten.

Dem widersetzen sich die Kirchen, aus deren Reihen nicht wenige mit dem Kommunismus in Händel geraten sind und oft langjährige Haftstrafen verbüßen müssen. Dies ist die Folge des Kulturkampfes, den der SED-Staat besonders ge-

Montag, 14. August 1961 : 10 Pf

Bild Zeitung

BERLIN

Panzer im Ostsektor

- Alle Fluchtwege abgeschnitten
- Bajonette gegen Demonstranten
- Militär riegelt die Stadt ab

Jetzt handeln!

Kein normaler Anwalt. Wolfgang Vogel verteidigt schon vor dem Mauerbau politische Häftlinge
Unten: Bereits im Jahr 1953 wird er vom Ministerium für Staatssicherheit als Geheimer Mitarbeiter (GM) mit dem Decknamen „Eva" geführt, 1955 ist er dann der GM „Georg"

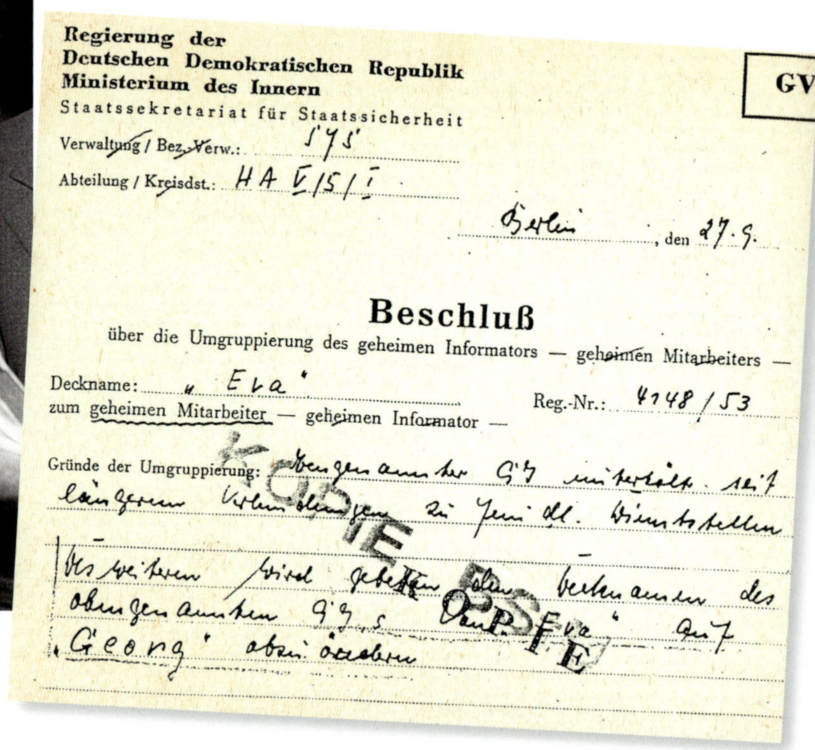

Regierung der
Deutschen Demokratischen Republik
Ministerium des Innern
Staatssekretariat für Staatssicherheit

GV

Verwaltung / Bez.-Verw.: SfS
Abteilung / Kreisdst.: HA V/5/I

Berlin, den 27.9.

Beschluß

über die Umgruppierung des geheimen Informators — geheimen Mitarbeiters —

Deckname: „Eva"
Reg.-Nr.: 4148/53

zum geheimen Mitarbeiter — geheimen Informator —

Gründe der Umgruppierung: Obengenannter G.I. unterhält seit längerem Verbindungen zu [illegible] Dienststellen

Des weiteren wird gebeten den Decknamen des obengenannten G.I.s „Eva" auf „Georg" abzuändern

KOPIE

gen die evangelischen Kirchen in den 50er-Jahren führt. Getreu der Marxschen „Erkenntnis", dass Religion Opium der Völker sei, soll der deutsche „Arbeiter- und Bauernstaat" ein atheistischer sein. Dem arbeitet die gesamtdeutsche Dachorganistion, die Evangelische Kirche in Deutschland, entgegen, indem sie ihre bedrängten Gemeinden in der „Zone" mit Hilfslieferungen unterstützt, die zentral über das Diakonische Werk in Stuttgart abgewickelt werden. Neben dieser materiellen Hilfe kümmern sich die Kirchen natürlich auch um das Wohl ihrer inhaftierten Angestellten. Einer, der früh Gespräche mit der Staatssicherheit über Hafterleichterungen und vorzeitige Entlassungen führt, ist Präses Kurt Scharf – ein unerschrockener Kämpfer für die Einheit der Evangelischen Kirche im politisch gespaltenen Deutschland.

Im Jahr 1949 wird in West-Berlin eine Rechtsschutzstelle gegründet

Neben zahlreichen Opferverbänden und politischen Parteien, die in West-Berlin Ost-Büros unterhalten, ist auch die Bundesrepublik nicht untätig geblieben. Schon mit ihrer Gründung im Jahr 1949 ist im freien Teil Berlins eine Rechtsschutzstelle als Außenstelle des Bundesministeriums für gesamtdeutsche Fragen ins Leben gerufen worden. Für diese wirken von Bonn bezahlte Rechtsanwälte, unter anderen Werner Commichau, Alfred Musiolik, Helmuth Sehrig und Wolf-Egbert Näumann. Sie bemühen sich zunächst vor allem um deutsche Gefangene, die von der Sowjetunion in Zuchthäuser der DDR überstellt worden sind. Die Anwälte der Rechtsschutzstelle, die auch als eine Art Informationsbörse fungiert, streben Hafterleichterungen an, kümmern sich um Gnadenangelegenheiten und beschaffen Verteidiger. Da sie im sowjetischen Machtbereich nicht zugelassen sind, sind sie auf DDR-Korrespondenzanwälte angewiesen. Einer von ihnen ist seit 1955 der laut offiziellem Lebenslauf aus Wilhelmstal in Schlesien stammende Wolfgang Vogel. Er ist bestens vernetzt im DDR-Justizapparat, in dem er bis 1953 tätig gewesen ist. Doch nicht nur zum Justizministerium, dem die Anwälte unterstellt sind, hat Vogel beste Beziehungen, sondern auch zum Zentralkomitee der SED. Seit 1953 ist er zudem unter dem Decknamen „Eva" und seit 1955 unter dem Decknamen „Georg" als Geheimer Mitarbeiter (GM) für das Ministerium für Staatssicherheit (MfS) registriert. So ist der Geheimdienst über jeden seiner Schritte in West-Berlin informiert. Mehr noch: Er steuert Vogel, wie die zahlreich überlieferten Dokumente der Stasi-Unterlagenbehörde belegen. So heißt es in einem Vermerk des Geheimdienstes vom 17. Oktober 1955: „In der Erledigung der ihm erteilten Aufträge ist er sehr gewissenhaft und entwickelt auch in bestimmten Situationen Eigeninitiative. (...) Bei einer dementsprechenden Anleitung und richtigem Einsatz des GM eröffnen sich für diesen noch große Perspektiven."

Wolfgang Vogel arbeitet seit 1953 für den DDR-Staatssicherheitsdienst

Vogels Hintermänner vom MfS täuschen sich nicht: Ende der 50er-Jahre arbeitet der GM sogar im Auftrag des sowjetischen KGB an einer Freilassung von Moskaus Atom-Spion Rudolf Abel, der in einem US-amerikanischen Gefängnis sitzt und später in einer spektakulären Aktion gegen den amerikanischen U2-Piloten Francis G. Powers und zwei Studenten in Berlin ausgetauscht wird. Nicht weniger bedeutsam als der Dienst für die „Freunde", wie die Sowjets im offiziellen Sprachgebrauch der DDR heißen, ist der Einsatz Vogels im „Operationsgebiet". Und in diesem wird die West-Berliner Rechtsschutzstelle immer wichtiger. Mit entsprechender Genugtuung stellt sein erster Führungsoffizier, Stasi-Oberleutnant Sommer, am 29. Oktober 1959 fest, dass man dort große Stücke auf den ehrgeizigen Ost-Berliner Anwalt halte. In einem anderen Papier wird der Geheime Mitarbeiter Vogel von den West-Berliner Partnern sogar als „junger, gewissenhafter Rechtsanwalt" bezeichnet, „der sein Fach versteht". In „seinem Wesen" sei er korrekt und setze sich sehr für seine Mandanten ein. Offensichtlich ahnt zu diesem Zeitpunkt noch niemand in West-Berlin, wie weit der joviale Vogel im MfS verankert ist und regelmäßig ebenso „gewissenhaft" Berichte liefert. Man braucht dort eben den DDR-Anwalt, der seit 1957 auch im Westteil der Stadt zugelassen ist, wenn es um politische Häftlinge geht.

Der Mauerbau kappt dann die Verbindungen zwischen Ost und West. Vogel darf nicht mehr nach West-Berlin reisen, alles andere würde ihn aus Sicht seiner Hinterleute im MfS verdächtig machen. Umgekehrt können die Mitarbeiter der Rechtsschutzstelle nicht nach Ost-Berlin, denn das Passierscheinabkommen gibt es noch nicht. Da passt es gut, dass mit Jürgen Stange ein Anwalt aus Braunschweig und Bekannter Commichaus nach West-Berlin kommt, um dort eine Kanzlei zu eröffnen. Stange, der einen westdeutschen Pass hat, der es ihm ermöglicht, mit einem Tagesvisum nach Ost-Berlin zu fahren, ist der richtige Mann. Im April 1962 besucht er Vogel, um diesen dafür zu gewinnen, eine Mandantin zu vertreten. Schnell freundet man sich an, trinkt mal ein Glas zusammen und ist bald „per Du" miteinander – alles unter der Regie des Staatssicherheitsdienstes, der über einen Dritten anfängliche Zweifel des West-Berliner Anwaltes an seinem neuen Ost-Berliner Partner und dessen naheliegender Verbindung zu östlichen Geheimdiensten gezielt zerstreuen lässt: Dass Vogel „überwiegend Fälle vertreten hat, wo das

Aufrechte Kirchenmänner. Präses Kurt Scharf (l.) spricht mit seinem Vorgänger als Ratsvorsitzender der Evangelischen Kirche in Deutschland, Bischof Otto Dibelius

MfS daran interessiert war, könne er sich nur so erklären, dass der maßgebliche Mann im Ministerium, mit dem (...) (Vogel) Verbindung unterhält, ohne Wissen (...) (Vogels) Verbindung zum MfS hat und demzufolge dort alle Fälle klärt oder abspricht".

Für die Willkür-Justiz in der DDR ist Hilde Benjamin verantwortlich

Bei den Treffen zwischen Vogel und Stange geht es oft um Fluchthelfer, die von der DDR-Willkür-Justiz, die die berüchtigte Ministerin Hilde Benjamin verantwortet, zu hohen Haftstrafen verurteilt worden sind. Einer von ihnen ist der bekannte Bahnradsportler Harry Seidel, der in Kleinmachnow einen Fluchttunnel gegraben hat und dabei in einen Hinterhalt des Staatssicherheitsdienstes geraten ist. Im Dezember 1962 – die Kuba-Krise ist gerade einmal vorüber – wird ihm der Schauprozess gemacht, und der 28 Jahre alte Seidel wird unter anderem wegen der „Vorbereitung eines Angriffskrieges" zu lebenslanger Haft verurteilt. Ein anderer Fluchthelfer, der in DDR-Haft sitzt, ist Horst Lisong. Der Hauslehrer der Kinder des Regierenden Bürgermeisters, der an der Freien Universität studiert, ist im Dezember 1961 zu vier Jahren Haft verurteilt worden. Willy Brandt lässt nichts unversucht, um den Mann herauszuholen. Er beauftragt damit seinen Vertrauten, den Leiter der Senatskanzlei Dietrich Spangenberg, der wiederum an Stange herantritt. Im Juni 1962 – so geht es aus einem Bericht Vogels für den Staatssicherheitsdienst hervor – schlägt Stange vor, vier in

Gefürchtet. Hilde Benjamin ist von 1953 bis 1967 Justizministerin der DDR
Rechts: Der indische Bürgerrechtler Tapeshwar N. Tutsi demonstriert 1963 auf dem Britzer Zweigkanal für die Freiheit politischer Gefangener

FREIHEIT
für Harry Seidel
und tausende
politische Gefangene
in der Sowjetzone

Öffentlichkeitswirksam.
Zur symbolischen Amtsübergabe treffen sich im Dezember 1962 der neue Bundesminister für gesamtdeutsche Fragen Rainer Barzel und sein Vorgänger Ernst Lemmer an der Glienicker Brücke in Berlin

West-Berlin inhaftierte Parteigänger Ost-Berlins zu entlassen. Doch daraus wird nichts. Später bietet Stange dem DDR-Unterhändler einen fünfstelligen D-Mark-Betrag für die sofortige Entlassung Lisongs an, habe dieser doch bald die Hälfte seiner Strafe abgesessen.
In diesem Zusammenhang kommt bei Spangenberg der Gedanke auf, politische Häftlinge freizukaufen. Er notiert, am 28. Juni 1962 mit „RA Stange über diese Angelegenheit gesprochen". Auf dem Papier heißt es weiter: Es müssten „neue Wege gefunden werden, Geldangebote und Frage einer Koordinierungsbesprechung der beteiligten Stellen beim Gesamtdeutschen Ministerium". Was hier Spangenberg vorschwebt, kommt jedoch im Falle von Brandts Hauslehrer Lisong nicht zustande. Der West-Berliner Student muss noch mehr als ein Jahr im Gefängnis ausharren, ehe er gegen einige im Westen inhaftierte DDR-Spione ausgetauscht wird.

Der Interzonenhandel läuft auch im Kalten Krieg weiter

Inzwischen ist der Freikauf auch ein Thema im vom CDU-Politiker Ernst Lemmer geführten Bundesministerium für gesamtdeutsche Fragen geworden, in den man ohnehin durch die Rechtsschutzstelle involviert ist. Begeistert ist man dort allerdings nicht von der Sache. Staatssekretär Franz Thedieck lehnt diese Art von Geschäften mit der DDR entschieden ab. Seine Vorbehalte sowie die des zuständigen Abteilungsleiters Ministerialdirektor Müller richten sich vor allem gegen die Amoralität eines solchen Geschäfts. Gewichtiger noch für eine Ablehnung sind die rechtlichen Faktoren. Der Alleinvertretungsanspruch der Bundesrepublik verbietet zwischenstaatliche Kontakte mit der DDR, die als selbstständiger Staat im Westen nicht anerkannt ist. Ein deutsch-deutscher Freikauf-Handel würde aus dieser Sichtweise einer Anerkennung des kommunistischen Ost-Berliner Regimes gleichkommen. Dennoch, die Idee, durch wirtschaftliche oder finanzielle Zugeständnisse etwas für die in der DDR Inhaftierten zu tun, bleibt auf dem Tisch. Denn diese sind nach dem Alleinvertretungsanspruch ebenfalls deutsche Staatsbürger, und dies verpflichtet die Bundesregierung, sie nicht untätig ihrem Schicksal zu überlassen. So erklärt Bundeskanzler Konrad Adenauer im Herbst 1962 auf dem Höhepunkt des Kalten Krieges vor dem Deutschen Bundestag, die Regierung sei bereit, für menschliche Erleichterungen „über vieles mit sich reden zu lassen".
Da für die Bundesregierung ein Freikauf politischer Gefangener nur schwerlich offen machbar ist, versucht sie zunächst über die wirtschaftlichen Kontakte die Forderungen nach der Freilassung von politischen Häftlingen in der DDR durchzusetzen. Denn der innerdeutsche Handel, auch als Interzonenhandel bekannt, läuft, wenn auch schwach, trotz aller offiziellen Vorbehalte weiter. Um den höchst offiziellen Anschein zu vermeiden, geschieht dies nicht über das Bundeswirtschaftsministerium, sondern über eine Treuhandstelle für den Interzonenhandel (TSI), die mit dem DDR-Ministerium für Außenhandel und Innerdeutsche Beziehungen (MAI) zusammenarbeitet.
Das von Stange vermittelte Treffen des Prokuristen Otto Dinse von der Hamburger Pintsch-Öl GmbH mit Wolfgang Vogel am 7. Januar 1963 in Ost-Berlin muss dann auch im Zusammenhang mit dem Interzonenhandel gesehen werden. Laut einer „Operativen Information" des Ministeriums für Staatssicherheit, die auf den GM Georg, also auf Wolfgang Vogel, zurückgeht, habe Dinse mitgeteilt, er sei „autorisiert" zu erklären, dass das Bundeswirtschaftsministerium daran interessiert sei, „mit der DDR ähnliche Vereinbarungen und Geschäfte abzuschließen, wie es die kubanische Regierung bei der jüngsten Entlassung von Konterrevolutionären praktiziert hat". Im sogenannten Kubageschäft verständigten sich der amerikanische Präsident John F. Kennedy und der kubanische Revolutionsführer Fidel Castro, 1113 Gefangene der gescheiterten Invasion in der Schweinebucht gegen Maschinen und Medikamente auszutauschen – immerhin ein Geschäft im Gesamtwert von 62 Millionen US-Dollar und für das Castro-Kuba höchst lukrativ. Tatsächlich dürfte – wie der Potsdamer Historiker Jan Phillip Wölbern schreibt – Dinse, der ein Verhandlungsmandat von der privaten Hilfsorganisation „Helfende Hände" besitzt, keineswegs mit einer Vollmacht des Bundeswirtschaftsministeriums mit Vogel verhandelt haben. Dem Prokuristen und Verkaufsleiter der Pintsch-Öl GmbH geht es nämlich weniger um den Freikauf. In der „Operativen Information" heißt es, dass Dinse unmissverständlich zugegeben habe, dass es ihm vor allem darauf ankomme, „Geschäfte mit der DDR zu machen".
Bald darauf kommt es zu einem Treffen zwischen Vogel und Dinse, an dem auch Stange und Sehrig von der Rechtsschutzstelle teilnehmen. Bei diesem Termin in Stanges West-Berliner Wohnung am 6. Februar 1963 spielt der Hamburger Geschäftsmann kaum noch eine Rolle, zwingt ihn doch die Anwesenheit der West-Berliner Anwälte zur Zurückhaltung. Diese erörtern mit Vogel konkrete Möglichkeiten eines Freikauf-Geschäfts. Der GM „Georg" berichtet darüber seinem

Einig im Ziel. Über den Weg zur Einheit der Nation sind Bundeskanzler Konrad Adenauer und der Verleger Axel Springer schon einmal unterschiedlicher Meinung

neuen Führungsoffizier Heinz Volpert. Rechtsanwalt Sehrig – so der GM – habe sich zu Beginn des Gespräches darüber informiert, „welche Möglichkeiten des Austausches von Häftlingen und der Wiedergutmachung bestehen". Dann habe Sehrig von einem „Paket-Geschäft" gesprochen, worunter „die Entlassung von 100 oder 1000 Häftlingen in der DDR zu verstehen ist und dafür ein Darlehen oder andere Leistungen, die die DDR von Westdeutschland gebrauchen könnte, gewährt werden". Vogel gibt daraufhin zu bedenken, dass ein solches Projekt „außerordentliche Diskretion verlange". Außerdem müsse mit autorisierten Vertretern auf westlicher Seite erst einmal die grundsätzliche Frage geklärt werden, ob die Bundesrepublik zu einem solchen „Paket-Geschäft" tatsächlich bereit sei. Schließlich verständigt man sich dem Stasi-Bericht zufolge, dass eben diese Frage bei Adenauers Staatssekretär Hans Globke geklärt werden müsse. Einigkeit besteht von Anfang an darin, dass das Geschäft mit der DDR auf jeden Fall von „Anwalt zu Anwalt" abzuwickeln sei.

In dem Bericht des Staatssicherheitsdienstes über das Treffen vom 6. Februar 1963 wird die West-Berliner Rechtsschutzstelle, namentlich Rechtsanwalt Sehrig, zur treibenden Kraft bei dem Freikauf-Geschäft großen Stils. Ganz anders liest sich die Sache in einem bislang unveröffentlichten Dokument aus den Beständen des Bundesarchivs. Daraus geht hervor, dass die Initiative für das große Geschäft von der östlichen Seite ausgegangen ist. In einem auf den 26. September 1963 datierten Vermerk Ludwig A. Rehlingers – er ist seit dem Amtsantritt Rainer Barzels als Minister für gesamtdeutsche Fragen im Dezember 1962 dessen Büroleiter – ist nämlich zu lesen: „Im Frühjahr 1963 wurde von dem Ost-Berliner Rechtsanwalt Vogel durch den West-Berliner Rechtsanwalt Jürgen Stange an die Rechtsschutzstelle (RA Musiolik) herangetragen, zuständige sowjetzonale Stellen hätten die Bereitschaft geäußert, politische Häftlinge gegen Geld vorzeitig freizulassen. Es wurden 1000 und mehr Personen genannt."

Der Verleger Axel Springer hat großes Interesse am Freikauf

Ganz offensichtlich wollen die Anwälte der Rechtsschutzstelle, Sehrig und Stange, der Freikauf-Sache mehr Gewicht verleihen und bluffen dabei mit Zahlen, die von der „anderen Seite" weder ins Spiel gebracht noch bestätigt worden sind, um im gesamtdeutschen Ministerium auf mehr Resonanz zu stoßen. Genauso verfährt man gegenüber Industriellen und Unternehmern, zu denen Stange den Kontakt gesucht hat. Der Anwalt hat sich zeitweise mit dem Gedanken getragen, bei dem geplanten Geschäft mit der DDR auf die Mitarbeit der Bundesregierung gänzlich zu verzichten. Gegenüber Vogel hat Stange gemeint, es könnten auch namhafte Wirtschaftsbosse als Geldgeber infrage kommen. Genannt worden sind Berthold Beitz von Krupp, aber auch der Verleger Axel Springer.

Mit Letzterem trifft Stange im März 1963 in dessen Verlagshaus in Hamburg zusammen. Sein Ziel: Er will den Verleger als Verbündeten bei der Durchsetzung seiner Vorstellungen gegenüber der Bundesregierung gewinnen. Springer ist für sein deutschlandpolitisches Engagement bekannt und gilt mit seinem Medienimperium als besonders einflussreich. Rehlinger erinnert sich an die Rolle, die der Verleger in der Frage der Nation gespielt hat: „Er, und mit ihm sein

Konzern, taten alles, um eine Deutschlandpolitik, die zu einer Einheit in Freiheit führen könnte, zu fördern. Wenn Axel Springer von der Idee überzeugt werden konnte, würde er kraft seines politischen Gewichts und seines Einflusses schon Mittel und Wege finden, die Sache auf den Weg zu bringen."
In einem Bericht des MfS, der wahrscheinlich wieder auf den GM „Georg" zurückgeht, wird das Hamburger Gespräch Stanges mit Axel Springer, das in der Woche vom 18. zum 23. März 1963 stattfindet, wiedergegeben. „Gegenstand des Gespräches war das Häftlingsgeschäft." Der Verleger habe „großes Interesse daran, in dieses Geschäft einzusteigen", aber auch Bedenken vorgebracht. Einerseits wolle er „das Problem der Häftlinge (...) lindern" helfen. Andererseits sei „er aber prinzipiell gegen den Handel oder Kredite an die DDR". Und weiter heißt es: „Seinen endgültigen Entscheid machte Springer von einer Konsultation im Bundeskanzleramt abhängig, wobei er Rechtsanwalt Stang(e) zu verstehen gab, dass Geld keine Rolle spiele. In der Diskussion über das Projekt vertrat Springer die Meinung, dass er sich vorstellen könne, dass der Bundeskanzler ‚ja' zu diesem Geschäft sagt, weil er sich damit einen sehr guten Abgang aus seiner aktiven Laufbahn schaffen würde (...). Immer wieder wollte Springer von dem Rechtsanwalt Stang(e) wissen, wie der Osten zu diesem Projekt steht."

Barzel äußert Bedenken gegenüber einem Geschäft mit der DDR

Doch nicht nur Stange wird bei dem Verleger vorstellig, sondern auch dessen Mitarbeiter Rolf May, der früher das Ministerbüro des CDU-Politikers Ernst Lemmer geleitet hat. Er kennt Stange und Sehrig gut und ist zudem vertraut mit der Arbeit der Rechtsschutzstelle. May rennt bei Springer offene Türen ein. Denn dieser ist von der Sache irgendwie angetan. Der Verleger ruft den frisch gekürten Bundesminister für gesamtdeutsche Fragen Rainer Barzel an, der in seinen Memoiren schreibt: „So reagierte ich positiv, aber ungläubig und skeptisch, als Springer mir im Frühjahr 1963 bei einem Gespräch im 13. Stock seines Hamburger Verlagshauses – selbst ebenso skeptisch wie ich – einen Hinweis auf einen Rechtsanwalt Stange gab, der Gefangene aus der DDR gegen Geld herausholen wolle." Doch Springer belässt es nicht bei dem Anruf. Wie aus dem Rehlinger-Vermerk vom September 1963 hervorgeht, ist er es, der „den Herrn Minister mit RA Stange in Hamburg persönlich bekannt (macht)".

Barzels Bedenken gegenüber einem Geschäft mit der DDR, zu der es keinerlei politische Beziehungen gibt, bleiben. Rehlinger erinnert sich: „Rechtsanwalt Stange hätte ein Hasadeur, ein Wichtigtuer sein können (...) Barzel hätte sich fürchterlich lächerlich machen können, hätte sich den Hohn und Spott der ‚erfahrenen' Deutschlandpolitiker anhören müssen – tödlich für einen Politiker. Ebenso war nicht auszuschließen, dass die DDR politische Fallgruben bereithielt, schließlich herrschte zwischen Ost und West der ‚Kalte Krieg'". Doch die humanitäre Verpflichtung, politisch verfolgten Menschen in der DDR helfen zu müssen, ist nicht von der Hand zu weisen. Bestärkt von Rehlinger entschließt sich Barzel, die Sache anzugehen.
Was folgt, ist ein für die Beteiligten denkwürdiges Treffen im Hotel „Deutscher Kaiser" in München am 9. April 1963 zwischen Barzel, Stange und Rehlinger. In dessen Verlauf legt Stange dem Minister noch einmal die Möglichkeiten des großen Geschäftes dar: Voraussetzung sei die von der DDR verlangte absolute Diskretion. Über Geld könne er erst

Ein Kenner der deutsch-deutschen Angelegenheiten. Rolf May hat das Büro des Ministers für gesamtdeutsche Fragen geleitet, ehe er zum Springer-Verlag wechselt

Man fragte mich, ob ich den Verbindungsmann zur Bundesregierung spielen wolle

Am 17. November 1972 erscheint in der *Kölnischen Rundschau* ein Interview mit dem Verleger Axel Springer zum Thema Freikauf aus DDR-Gefängnissen.

Seit der Fernsehdiskussion der vier Parteivorsitzenden am Mittwochabend verstummt die Frage nach der Freilassung von Häftlingen aus der DDR nicht mehr. Die Zuhörer dieser Diskussion wissen, daß schon seit acht Jahren Häftlinge aus der DDR freigekauft werden. Auch der Name Axel Springer wurde in diesem Zusammenhang genannt. Chefredakteur Rudolf Heizler ist dieser Frage nachgegangen und hat dem Verleger Axel Springer einige Fragen im Zusammenhang mit dem Freikauf von politischen Häftlingen gestellt.

Springer: Zuerst einmal dieses: Ich brauche mich wohl heute nicht mehr an das dem Osten gegebene Wort zu halten, über den Freikauf von politischen Häftlingen Stillschweigen zu bewahren. Die Art, wie die jetzige Regierung vor dem Wahlkampf das Thema „Häftlinge" oder auch Kinder aus der Zone behandelt, aber mehr noch die Tatsache, daß meine damalige Rolle in der Öffentlichkeit angesprochen worden ist, macht eine weitere Zurückhaltung gegenstandslos.

Frage: Wie hat sich das damals abgespielt?
Springer: Nun, das ist kurz erzählt. In meiner Privatwohnung in Berlin besuchte mich nach Anmeldung über einen Westberliner Anwalt ein Beauftragter aus Ostberlin. Wir waren sehr schnell beim Thema. Ich wurde gefragt, ob ich den Verbindungsmann zur Bundesregierung spielen wollte. Auftrag war, zu erkunden, ob man bereit sei, für die Entlassung von Häftlingen Kopfgelder zu bezahlen. Als Normpreis stellte man sich 40 000 DM vor. Bedingung war absolutes Stillschweigen.

Frage: Wann war das alles?
Springer: Ende 1962.

Frage: Was haben Sie dann getan?
Springer: Sofort nachdem der Mann aus Ostberlin mein Haus verlassen hatte, rief ich den damaligen gesamtdeutschen Minister, Rainer Barzel, an. Am Telefon konnte ich ihm zwar keine Einzelheiten sagen. Aber an meinem Tonfall hatte er hellwach die Dringlichkeit gespürt, und so fand noch am selben Tag ein Zusammentreffen mit Rainer Barzel statt, der dann prompt und unbürokratisch reagierte.

Frage: Was heißt das?
Springer: Am nächsten Morgen schon flog er nach Cadenabbia, wo der damalige Bundeskanzler Konrad Adenauer seinen Urlaub verbrachte. Da es um hohe Beträge ging – es war auszurechnen, daß sie weit über 100 Millionen DM hinausgehen konnten – war die Frage eines geheimen Sonderetats akut. Ich weiß, daß Dr. Adenauer seinen gesamtdeutschen Minister kaum ausreden ließ und sofort seine Bereitschaft erklärt, in dieser Weise an der Befreiung von politischen Häftlingen mitzuwirken, die zum Teil schon bis zu zehn Jahren in den Zuchthäusern der Zone gesessen hatten.

Frage: Wie ging es weiter?
Springer: In Bonn unterrichtete Rainer Barzel auch die damalige Opposition und erhielt sofort auch die Zustimmung von Herbert Wehner. Die Aktion lief an, allerdings zunächst sehr zähflüssig. Der erste Schub, nach längerer Zeit, waren nur acht Gefangene, die über den Bahnhof Friedrichstraße in Berlin in die Freiheit kamen. Jeder Gefangene wurde direkt getauscht, das heißt, der Vermittler von unserer Seite und kirchliche und karitative Instanzen waren zur Durchführung eingeschaltet –

Kopfgeld für DDR-Häftlinge

„Rundschau"-Interview mit Verleger Axel Springer

Kölnische Rundschau

Köln. Seit der Fernsehdiskussion der vier Parteivorsitzenden am Mittwochabend verstummt die Frage nach der Freilassung von Häftlingen aus der DDR nicht mehr. Die Zuhörer dieser Diskussion wissen, daß schon seit acht Jahren Häftlinge aus der DDR freigekauft werden. Auch der Name Axel Springer wurde in diesem Zusammenhang genannt. Chefredakteur Rudolf Heizler ist dieser Frage nachgegangen und hat dem Verleger Axel Springer einige Fragen im Zusammenhang mit dem Freikauf von politischen Häftlingen gestellt.

17. NOV. 1972

Springer: Zuerst einmal dieses: Ich brauche mich wohl heute nicht mehr an das dem Osten gegebene Wort zu halten, über den Freikauf von politischen Häftlingen Stillschweigen zu bewahren. Die Art, wie die jetzige Regierung vor dem Wahlkampf das Thema „Häftlinge" oder auch Kin-

zwar keine Einzelheiten sagen. Aber an meinem Tonfall hatte er hellwach die Dringlichkeit gespürt, und so fand noch am selben Tag ein Zusammentreffen mit Rainer Barzel statt, der dann prompt und unbürokratisch reagierte.

Frage: Was heißt das?

Springer: Am nächsten Mor-

stanzen waren zu Durchführung eingeschaltet — übergab Fall um Fall das Kopfgeld und erhielt dafür den Gefangenen.

Frage: Und seit dem ist das immer so weiter gelaufen?

Springer: Ja, die acht waren der Anfang, und dann ging das weiter, wer auch immer gesamtdeutscher Minister war. Allerdings waren seit Mai dieses Jahres keine Häftlinge mehr freigekommen, wohl im Hinblick auf die damals schon vorgesehene, jetzt bekanntgegebene Amnestie, die übrigens weit mehr kriminelle als politische Häftlinge umfassen soll.

Frage: Das mußte ja, wie Sie sagten, ganz geheim bleiben. Gibt es dennoch irgendwelche Unterlagen?

Springer: Bei mir nur eine,

übergab Fall um Fall das Kopfgeld und erhielt dafür den Gefangenen.

Frage: Und seitdem ist das immer so weiter gelaufen?
Springer: Ja, die acht waren der Anfang, und dann ging das weiter, wer auch immer gesamtdeutscher Minister war. Allerdings waren seit Mai dieses Jahres keine Häftlinge mehr freigekommen, wohl im Hinblick auf die damals schon vorgesehene, jetzt bekanntgegebene Amnestie, die übrigens weit mehr kriminelle als politische Häftlinge umfassen soll.

Frage: Das mußte ja, wie Sie sagten, ganz geheim bleiben. Gibt es dennoch irgendwelche Unterlagen?
Springer: Bei mir nur eine, einen Brief, den mir Rainer Barzel im Sommer 1964 schrieb, als unter dem gesamtdeutschen Minister Erich Mende endlich die ersten Häftlinge freikamen.

Frage: Kann daraus heute etwas zitiert werden?
Springer: Ich glaube doch. Barzel schrieb mir unter anderem: „... wenn es in diesen Tagen ‚gesamtdeutsche Begegnungen' besonderer Art unter dem Zeichen der ‚Freilassung' gibt, dann möchte ich nicht versäumen, an unsere Begegnung 1962 zu erinnern. Was man hörte, schien so ausgefallen, daß es nur phantastisch oder realistisch sein konnte. Es wurde das letztere nicht ausgeschlossen, und ich begann – sehr mühsam – das Loch zu bohren."

Frage: Welchen Kommentar können Sie nach so viel Jahren zu diesem Brief geben?
Springer: Nun, dieses Schreiben ist eine arge Untertreibung dieses immer kühl erscheinenden Mannes. Mit einer Leidenschaft sondergleichen setzte sich Rainer Barzel für die Freilassung dieser politischen Häftlinge ein. Tausende sind dank dieser Initiative inzwischen zu uns gekommen.

Axel-Springer. Er brachte den Freikauf der politischen Häftlinge mit auf den Weg

Als Katholik der Menschlichkeit verpflichtet. Bundeskanzler Konrad Adenauer und Tochter Lisbeth Werhahn (l.) sind in ihrem Urlaubsort Cadenabbia auf dem Weg zum Gottesdienst

sprechen, wenn er „drüben" mitgeteilt habe, dass der diskrete Partner im Westen mit barer Kasse und einer Namensliste bereitstehe. Daraufhin soll Barzel entgegnet haben: „Dann fahren Sie los!" Barzel bekundet damit unmissverständlich seine Bereitschaft zum Freikauf politischer Häftlinge aus DDR-Zuchthäusern.
Schon vor dem Münchner Treffen hat sich der Minister für gesamtdeutsche Fragen bei Bundeskanzler Adenauer abgesichert, den er in dessen Feriendomizil, der Villa La Collina, in Cadenabbia am Comer See besucht. Anwesend ist auch der Verleger Axel Springer, der mit seiner Begeisterung der Sache immer wieder Vorschub gibt. Später erinnert er sich: „Da es um hohe Beträge ging – es war auszurechnen, dass sie weit über 100 Millionen DM hinausgehen konnten –, war die Frage eines geheimen Sonderetats akut. Ich weiß, dass Dr. Adenauer seinen gesamtdeutschen Minister kaum ausreden ließ und sofort seine Bereitschaft erklärte, in dieser Weise an der Befreiung von politischen Häftlingen mitzuwirken, die zum Teil schon bis zu zehn Jahre in den Zuchthäusern der Zone gesessen hatten."

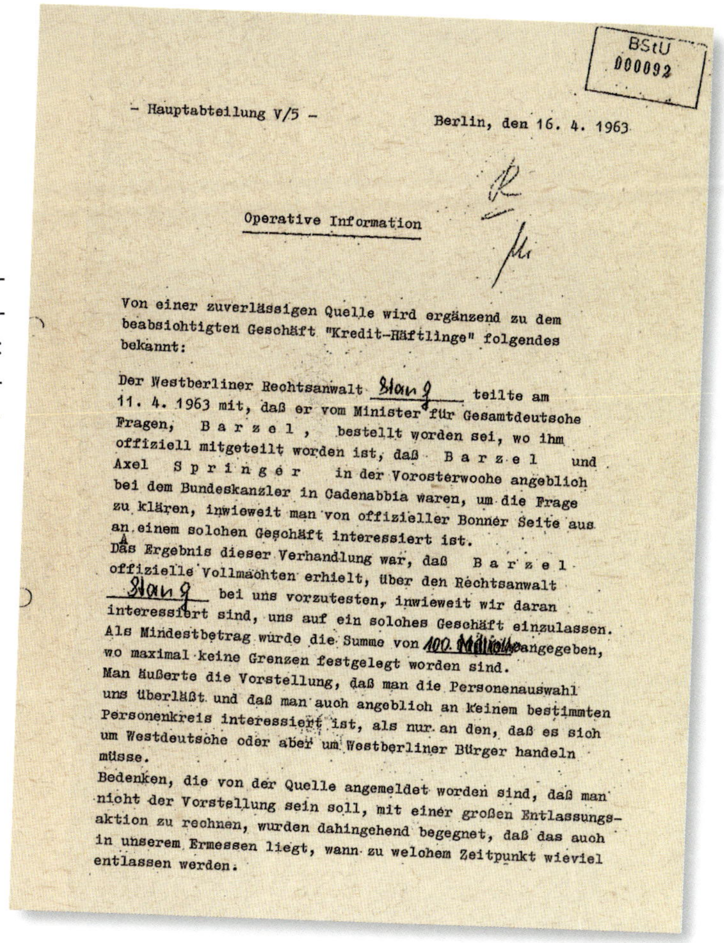

BStU 000092

– Hauptabteilung V/5 –

Berlin, den 16. 4. 1963

Operative Information

Von einer zuverlässigen Quelle wird ergänzend zu dem beabsichtigten Geschäft "Kredit-Häftlinge" folgendes bekannt:

Der Westberliner Rechtsanwalt Stang teilte am 11. 4. 1963 mit, daß er vom Minister für Gesamtdeutsche Fragen, Barzel, bestellt worden sei, wo ihm offiziell mitgeteilt worden ist, daß Barzel und Axel Springer in der Vorosterwoche angeblich bei dem Bundeskanzler in Cadenabbia waren, um die Frage zu klären, inwieweit man von offizieller Bonner Seite aus an einem solchen Geschäft interessiert ist.
Das Ergebnis dieser Verhandlung war, daß Barzel offizielle Vollmachten erhielt, über den Rechtsanwalt Stang bei uns vorzutesten, inwieweit wir daran interessiert sind, uns auf ein solches Geschäft einzulassen. Als Mindestbetrag würde die Summe von 100 Millionen angegeben, wo maximal keine Grenzen festgelegt worden sind.
Man äußerte die Vorstellung, daß man die Personenauswahl uns überläßt und daß man auch angeblich an keinem bestimmten Personenkreis interessiert ist, als nur an den, daß es sich um Westdeutsche oder aber um Westberliner Bürger handeln müsse.
Bedenken, die von der Quelle angemeldet worden sind, daß man nicht der Vorstellung sein soll, mit einer großen Entlassungsaktion zu rechnen, wurden dahingehend begegnet, daß das auch in unserem Ermessen liegt, wann zu welchem Zeitpunkt wieviel entlassen werden.

Abgeschöpft. Der Staatssicherheitsdienst ist detailliert über das Treffen Konrad Adenauers mit Rainer Barzel und Axel Springer im norditalienischen Cadenabbia informiert

Eingeweiht in den Freikauf von Häftlingen sind auch die Alliierten

Als Katholik der Humanität verpflichtet, lässt der „Alte", wie Adenauer genannt wird, Barzel gewähren und stattet ihn mit den notwendigen Vollmachten aus. Gespräche des Ministers mit dem Chef des Kanzleramtes Hans Globke und dem Vorsitzenden der CDU/CSU-Bundestagsfraktion Heinrich von Brentano folgen. Eingeweiht sind auch der Bundesfinanzminister Rolf Dahlgrün und der Vorsitzende des Bundestagsausschusses für gesamtdeutsche und Berliner Fragen, Herbert Wehner. Der SPD-Mann wird später selbst, in seiner Eigenschaft als Bundesminister, den Freikauf zu verantworten haben.
Eingeweiht sind auch die Alliierten. Ohne sie ist ein Geschäft in dieser Größenordnung undenkbar. Selbstverständlich bestehen sie auf ihr Mitspracherecht. Ihr Argwohn vor deutsch-deutschen Sondergeschäften lässt sie noch mehr auf ihre besonderen Rechte pochen. Es mag deshalb Rechtsanwalt Vogel nicht erstaunen, als ihm im April 1963 der amerikanische Diplomat Francis J. Meehan zu verstehen gibt, dass die westliche Schutzmacht über alle Vorgänge bestens informiert sei. Zugleich bestätigt der Diplomat, sein Wissen durch die Bundesregierung bezogen zu haben, die das Vorgehen von der amerikanischen Schutzmacht hat absegnen lassen. Ähnliches hätte auch Vogel von sowjetischer Seite berichten können. Denn der DDR-Geheimdienst hat sich der Zustimmung Moskaus versichert, wie der KGB-Top-Funktionär Wladimir Krjutschkow später bestätigen wird. Damit scheint einer Realisierung des Freikaufs nichts mehr im Wege zu stehen. Rechtsanwalt Stange hat von 1000 Häftlingen gesprochen, die die DDR freizulassen bereit sein soll. Niemand in Bonn oder West-Berlin mag jedoch so recht daran glauben. Schließlich will die DDR doch gerade mit der politischen Haft die Gegner des Regimes abschrecken. Jetzt aber würde sie ihren eigenen Repressions-Apparat infrage stellen. Aus Bonner Sicht scheinen die Staatsfunktionäre, die dringend Devisen brauchen, vom Glanz gewaltiger D-Mark-Beträge geblendet zu sein.
Rehlinger fällt nun die Aufgabe zu, unter strengster Diskretion 1000 Häftlinge aus den Akten von 12 000 Häftlingen, die in der West-Berliner Rechtsschutzstelle lagern, herauszusuchen. Niemand beneidet darum den erst 35 Jahre alten, in Berlin geborenen Beamten, der nach Militärdienst und englischer Kriegsgefangenschaft an der Humboldt-Universität in Ost-Berlin, an der Freien Universität in West-Berlin und in Innsbruck Jura und Volkswirtschaft studiert hat. Er selbst schreibt in seinen Erinnerungen über die Qual der Wahl, „(…) abzuwägen, wessen Schicksal schwerer wog, wer

Mauermord. DDR-Grenzer tragen den sterbenden Peter Fechter weg, nachdem er fast eine Stunde um Hilfe schreiend in seinem eigenen Blut gelegen hat. Der 18 Jahre alte Maurergeselle stirbt noch an diesem 17. August 1962

den größeren Anspruch auf Freilassung hatte – diese Entscheidung bedrückte mich sehr. Gern hätte ich den Rat und die Mithilfe von anderen mit dem Problem der politischen Häftlinge Vertrauten eingeholt, aber die völlig ungewisse Situation und die Notwendigkeit zur absoluten Geheimhaltung verboten es, mit Dritten über die Aktion zu sprechen. Einer musste schließlich die Auswahl treffen, daran führte kein Weg vorbei. So blieb, sich an das alte Gebot zu halten: die Entscheidung nach bestem Wissen und Gewissen zu fällen."

Von Volpert stammt die Konzeption zum Verkauf der Gefangenen

Rehlinger ahnt nicht, dass dies der Beginn eines Auswahlverfahrens ist, das noch viele Jahre andauern wird und an dessen Ende mehr als 33 000 Menschen die Freiheit erlangen. Schließlich hat er sich auf 1000 Namen festgelegt, die in einer Liste festgehlaten werden. Rechtsanwalt Stange wird nun bedeutet, „der anderen Seite" mitzuteilen, dass der Westen seine Hausaufgaben gemacht habe und die Bundesregierung bereit sei, über ihn in Verhandlungen zu treten.
Doch die Antwort aus Ost-Berlin, die Stange übermittelt, will dann gar nicht mehr zu den geradezu euphorischen Ankündigungen passen, wenn es – so steht es in Rehlingers Vermerk vom September 1963 – heißt, „die andere Seite" habe vorgeschlagen, „vor einer großen Aktion erst einmal einen Test mit zwanzig Häftlingen abzuwickeln. Fünf Personen wurden von ihr benannt, fünfzehn sollten von uns aufgeführt werden." Nicht mehr 1000, sondern 20 Häftlinge – man ist auf den Boden der deutsch-deutschen Wirklichkeit zurückgekehrt. Zu groß ist das Misstrauen Ost-Berlins, ob der Westen sich auch wirklich auf ernsthafte Verhandlungen einlassen will. Auch wird dort vermutet, dass die Bundesrepublik allein aus propagandistischen Gründen sich zum Schein auf dieses Geschäft einlassen würde. Denn die Welt befindet sich im Kalten Krieg, der im geteilten Deutschland, an der Nahtstelle der verfeindeten Blöcke, am härtesten tobt. Jedes neue Todesopfer und jeder gescheiterte Fluchtversuch an der Berliner Mauer oder an der innerdeutschen Grenze verschärfen die Situation.
Die Konzeption des Ministeriums für Staatssicherheit, die Vogels Führungsoffizier Major Heinz Volpert ausgearbeitet hat und die von Minister Erich Mielke abgezeichnet ist, verlangt ein behutsames Vorgehen gegen den „Feind". Zu dieser gehört auch der Vorschlag, die in der Bundesrepublik

einsitzenden Häftlinge aus den eigenen Reihen auszutauschen. Vogel teilt das Anliegen seinem Partner Stange mit, der seinerseits den Minister für gesamtdeutsche Fragen unterrichtet. Von Barzel kommt zunächst eine klare Absage: Die Bundesregierung denke zu diesem Zeitpunkt nicht an einen Austausch, sondern allein an ein Bargeschäft. Letzteres erscheint ihr einfacher zu realisieren. Die DDR lenkt schließlich ein. Doch die Skepsis bleibt. Man vermutet nach wie vor, dass der Westen mit dem Freikauf nicht humanitäre, sondern politische Absichten verfolgt.

Der Preis für die Häftlinge wird von Fall zu Fall ausgehandelt

Rehlinger schreibt in seinem Vermerk vom September 1963, wie es mit den „besondere(n) Bemühungen der Bundesregierung im humanitären Bereich“ – unter dieser Überschrift wird der Freikauf im gesamtdeutschen Ministerium aktenkundig – weitergeht. „Anhand der in der Rechtsschutzstelle zur Verfügung stehenden Rechtsschutzakten suchte ich nach Vorschlag von RA Musiolik und RA Sehrig 15 Häftlinge aus. Es wurden politische Häftlinge ausgewählt, die zu langjährigen Freiheitsstrafen verurteilt worden sind. (...) Die andere Seite betrachtete die Liste mit äußerstem Mißtrauen, da sie aus kommunistischer Sicht unseren Standpunkt – humanitäre Überlegungen – nicht verstehen konnte oder wollte.“ Schließlich sei von „der anderen Seite“ der Vorschlag an sie herangetragen worden, von der von Rehlinger eingereichten Liste vier Personen gegen einen Barbetrag von 160 000 D-Mark freizulassen. Die anderen sollten „zurückgestellt“ werden. Dieser Vorschlag sei von Barzel abgelehnt worden, worauf Ost-Berlin das Angebot um weitere vier Häftlinge von der Rehlinger-Liste gegen einen Betrag von zusammen 60 000 D-Mark erweiterte.

Die westlichen Verhandlungspartner sind angewidert. Ein Gefühl von Unbehagen und innerer Abwehr macht sich breit. Auch Rainer Barzel erinnert sich später mit einiger Abneigung: „Der Preis für die Häftlinge wurde von Fall zu Fall ausgehandelt. Widerlich! Das Kopfgeld richtete sich nach dem menschlichen oder politischen Gewicht.“ Doch die Gespräche werden im Interesse der in den DDR-Zuchthäusern unter unmenschlichen Bedingungen Eingesperrten zu einem Abschluss gebracht.

Auf der Freikauf-Liste stehen die Namen zweier Mitglieder der Jungen Gemeinde aus Berlin-Schmöckwitz. Dietrich Gerloff und Jürgen Wiechert sind gemeinsam mit mehre-

Mich elektrisierte der Gedanke, leidgeprüften unschuldigen Häftlingen helfen zu können

Ludwig Rehlinger ist einer der letzten lebenden Zeitzeugen, der die „besonderen humanitären Bemühungen der Bundesregierung" miterlebt und gefördert hat. Er erinnert sich noch gut daran, als er am 1. Januar 1957, einem kalten trüben Wintertag, in der Berliner Außenstelle des Ministeriums für gesamtdeutsche Fragen seinen Dienst angetreten hat. Nach dem Jurastudium und einer zweijährigen Tätigkeit als Rechtsanwalt hat er sich ganz bewusst auf den ausgeschriebenen Posten in Ernst Lemmers Ministerium beworben. „Ich fühlte mich verpflichtet, daran mitzuwirken,dass nicht erneut die politische Willkür in Deutschland die Oberhand gewinnt."

Rehlinger meint, dass heute den wenigsten diese Zeit noch gegenwärtig ist. „Von der DDR wurde der ‚Aufbau des Sozialismus', proklamiert, die radikale Umwandlung der Gesellschaft in Angriff genommen. Es galt alle kapitalistischen und bürgerlichen Strukturen, wie man das nannte, zu zerschlagen. Da die Gesetzgebungsbefugnis in der Hand der SED lag, bedurfte es nur des konsequenten Einsatzes der Sicherheitsorgane und der Justiz, um das ins Auge gefasste Ziel zu erreichen. Tausende wurden politisch mundtot gemacht, wirtschaftlich ruiniert, an der freien Entfaltung gehindert und in die Zwangsjacke einer neuen Diktatur gepresst. Wer sich nicht bereitwillig beugte, wanderte in die Gefängnisse."

Damals – so Rehlinger – hätten in den Zellen Sozialdemokraten gesessen, die sich gegen die kommunistisch gesteuerte Einheitfront gewehrt hätten, Christen, die sich gegen die Einführung des atheistischen Kommunismus gestemmt hätten, Liberaldemokraten, die politischen Widerstand geleistet hätten, Demokraten aus der Weimarer Zeit, Studenten und Akademiker, die sich nach den Erfahrungen der Nazizeit nicht einer neuen Diktatur hätten unterwerfen wollen, Bauern, Handwerker und Gewerbetreibende, die der Zwangskollektivierung oder der Enteignung zum Opfer gefallen seien.

„Die SED verfolgte rücksichtslos jeden, der gegen den politischen Kurs Widerstand leistete, aufmuckte und sich nicht duckte und einpassen ließ. Es war eine bittere Zeit. Ich habe sie als junger Student an der Humboldt-Universität selbst miterlebt. Auch ich hatte mich zusammen mit Freunden poli-

Stationen eines Lebens. Der Student Ludwig Rehlinger musste wegen der politischen Umstände an die Freie Universität wechseln. Ganz rechts ist er als Staatssekretär mit dem Bundesminister Rainer Barzel zu sehen

tisch engagiert und versucht, das Erstarken des Kommunismus, die Alleinherrschaft der SED zu verhindern. Wir hatten gesehen, wie Kommilitonen spurlos verschwanden und nicht mehr auftauchten, wie alle Mühe, eine echte pluralistische Demokratie aufzubauen, an der brutalen Gewalt scheiterte."

Wer diese Zeit nicht im Blick hat, wird die „besonderen humanitären Bemühungen der Bundesregierung" nicht verstehen, meint Rehlinger, der im Ministerium für gesamtdeutsche Fragen schnell Karriere gemacht hat. Zunächst ist er der politischen Abteilung zugeordnet, dann Ernst Lemmers Büroleiter. Dies bleibt er auch, als Rainer Barzel das Ministerium für gesamtdeutsche Fragen übernimmt. Rehlinger kann sich jetzt einbringen. Und der Christdemokrat tut es auch, als der Häftlings-Freikauf ein Thema wird.

Macht nicht viel Aufhebens um sich. Ludwig Rehlinger, Ehrenvorsitzender der Deutschen Gesellschaft e. V., lebt heute in Eichwalde bei Berlin

Rehlingers Haltung dazu steht sogleich fest. Er sagt: „Die Erfahrung aus den vergangenen Jahren vor Augen, elektrisierte mich der Gedanke, dass sich hier eine Möglichkeit eröffnen konnte, diesen leidgeprüften unschuldigen Menschen in den Gefängnissen der DDR helfen zu können."

Moralische Bedenken, die dagegen vorgebracht werden, hat der Ministerialrat, der es zum Staatssekretär und schließlich zum Berliner Senator für Bundesangelegenheiten bringen wird, dabei nicht. „Gewiss, es war ein unschöner Handel. Menschen gegen Geld. Ein Geschäft mit den Unterdrückern, mit denen, die für die Not der Menschen verantwortlich waren. Unter dem moralischen Aspekt sicher keine feine Sache. Aber gab es nicht die Verpflichtung dem Nächsten gegenüber, der unschuldig leidet? Wer verstieß denn gegen die Moral – der, der Menschen gegen Geld freiließ, oder der, der bezahlte, um politisch Verfolgten zu helfen? Für mich gab es keinen Zweifel und hat es durch all die Jahre hindurch nie gegeben. Solange die Gegenleistung nur in schnödem Mammon bestand, wenn keine politischen Falltüren eingebaut waren, dann musste man sich dieser Sache – höchst vorsichtig und mit großem Misstrauen – annehmen. Die gebotene Hand einfach zurückzuweisen, ohne zu prüfen, ob sie nicht wirklich etwas hergibt, hielt ich nicht für richtig." Rehlinger und sein Minister prüfen und gelangen zu dem Ergebnis, den Freikauf zu wagen. Ihre Entscheidung ist von den Grundsätzen eines christlichen Menschenbildes geprägt.

Wenn Rehlinger heute nach der persönlichen Bilanz seiner langjährigen Tätigkeit im deutsch-deutschen Freikauf-Geschäft gefragt wird, antwortet er, dass es bei dieser Arbeit nicht viele frohe Stunden gegeben habe. Er hebt damit auf die schwere Last ab, die auf ihm gelegen hat, als er immer wieder die Entscheidung hat treffen müssen, wer auf die Freikauf-Listen kommt und wer nicht. Es seien niederdrückende Stunden gewesen mit bohrenden Zweifeln, alles richtig gemacht zu haben.

Dennoch ist der 85-Jährige zufrieden, haben doch die „besonderen humanitären Bemühungen" Abertausenden schwer bedrängten Menschen ganz konkret geholfen. Und der Name „Rehlinger" wird immer damit verbunden sein.

VS-Vertraulich

44

Berlin, den 26. Sept. 1963

1. V e r m e r k

Betrifft: Hilfe für politische Häftlinge in der SBZ

Im Frühjahr 1963 wurde von dem Ost-Berliner Rechtsanwalt V o g e l durch den West-Berliner Rechtsanwalt Jürgen S t a n g e an die Rechtsschutzstelle (RA Musiolik) herangetragen, zuständige sowjetzonale Stellen hätten die Bereitschaft geäussert, politische Häftlinge gegen Geld vorzeitig freizulassen. Es wurden 1000 und mehr Personen genannt.

RA Vogel steht mit der Rechtsschutzstelle als sowjetzonaler Vertragsanwalt seit Jahren in Verbindung. Er hat sich stets sehr aktiv und mit gutem Erfolg in politischen Prozessen eingesetzt. RA Stange ist seit dem 13. August 1961 Verbindungsmann zwischen der Rechtsschutzstelle und RA Vogel. Er übt in West-Berlin seine Anwaltspraxis aus, hat jedoch einen Ausweis der Bundesrepublik, ausgestellt in Braunschweig, wo seine Mutter lebt. Der Rechtsschutzstelle ist bekannt, dass RA Stange bereits in mehreren Fällen erfolgreich politische Häftlinge gegen Geld über RA Vogel ausgelöst hat.

RA Musiolik leitete das Angebot sofort an das BMG in Bonn, Herrn Min.-Rat Dr. That, weiter. Der Vorgang wurde mit dem Herrn Minister und dem Herrn Staatssekretär eingehend besprochen. Daneben wurde der Herr Minister auch von dem Verleger Springer in gleicher Sache angesprochen. Herr Springer machte den Herrn Minister mit RA Stange in Hamburg persönlich bekannt. Es folgte ein weiteres Gespräch am 9. April 1963 in München. Teilnehmer waren der Herr Minister, RA Stange und ich.

RA Stange präzisierte noch einmal das Angebot. Der Herr Minister antwortete, dass er grundsätzlich bereit sei, über diesen Vorschlag weiter zu sprechen.

Die andere Seite schlug nach einiger Zeit vor, vor einer grossen Aktion erst einen Test mit 20 Häftlingen abzuwickeln. Fünf Personen wurden von ihr benannt, 15 sollten von uns aufgeführt werden. Der Herr Minister stimmte zu.

Geklärter Sachverhalt: In einem Vermerk vom 26. September 1963 hält der Ministerialrat Ludwig Rehlinger die Vorgeschichte des Freikaufs fest (l.). Einen Monat später notiert er, (Dokument u.) dass Rechtsanwalt Stange 40 000 DM als Anzahlung für die ersten Häftlinge überwiesen wurden

66

Berlin, den 17. Oktober 1963

V e r m e r k :

Herrn RA Stange sind bisher als Anzahlung 40.000 DM überwiesen worden (s.Bewilligungsvermerk v. 24.10.63)
Die restliche Auszahlung des Geldes wird sukzessive erfolgen mit der Massgabe, dass der Schlussbetrag Zug um Zug mit der Entlassung des letzten Häftlings von den acht, die gegen die Gesamtsumme von 220.000 freigekauft werden sollen, gezahlt wird. 12.000 DM kommen als Honorar für RA Stange hinzu.

Herrn Stange ist es aus verständlichen Gründen nicht erwünscht, diese grosse Summe auf seinem RA-Anderkonto zu haben und sie von diesem Konto bar abzuheben. Für die Bank wäre das ein ungewöhnlicher Vorgang, der auffallen würde. Ebenso wäre es im Interesse einer strikten Geheimhaltung nicht vorteilhaft, Herrn Stange den restlichen Betrag von 192.000 DM auf einmal von der hiesigen Amtskasse bar abheben zu lassen.

Es wird deshalb so verfahren werden, dass Herr RA Stange die Restsumme von 192.000 DM in Teilbeträgen an verschiedenen Tagen von der Amtskasse erhält (s.Bewilligungsvermerk vom 16.Okt.1963). RA Stange wird die Beträge jeweils sofort nach der Abholung von der Amtskasse mir in bar wieder aushändigen. Sie werden von mir im Panzerschrank verwahrt werden und erst entsprechend den Vereinbarungen jeweils nach den Entlassungen Herrn Stange ausgehändigt.

Rh.

ren anderen Angehörigen der Kirchgemeinde während eines Ausfluges auf der Ostsee verhaftet worden. Ihr Vergehen: Sie haben sich während einer Dampferfahrt den Scherz erlaubt, einen Zettel zu schreiben und den Kapitän, „seine Majestät", wegen der „guten Stimmung an Bord" um Weiterfahrt Richtung Dänemark gebeten. Für die jungen Männer, die ihre Rüstzeit mit dem Ausflug haben krönen wollen, endet der Scherz vor dem Bezirksgericht Rostock. Gerloff und Wiechert, der Sohn des Berlin-Schmöckwitzer Pfarrers, werden zu acht Jahren Haft verurteilt. Heinz Volpert persönlich wird ihren Preis von jeweils 50 000 D-Mark festlegen. Und Staatssicherheitsminister Erich Mielke wird ihn absegnen, indem er sein „Einverstanden" auf Volperts Papier mit den Preisvorstellungen schreibt.
Nach den Verhandlungen, die die Beteiligten an die Grenzen ihrer physischen und psychischen Kräfte bringen, fährt Rehlinger am 23. September 1963 nach Bonn. Einen wie für Geschäfte dieses Umfangs üblichen Vertrag gibt es nicht. Allein Notizen, die jeder für sich gemacht hat, sind die Grundlage. Zu ängstlich sind beide Seiten, dass Einzelheiten der Absprache nach außen dringen. Und die Sorge, dass die jeweils „andere Seite" die Vereinbarung zu propagandistischen Zwecken nutzen könnte, ist auch immer dabei. Barzel zögert dennoch nicht lange und akzeptiert das Angebot Ost-Berlins für einen ersten Freikauf von acht Häftlingen. Da-

raufhin übermittelt Rehlinger das „Ja“ seines Ministers an Rechtsanwalt Stange, und dieser informiert wiederum Vogel. Der Ost-Berliner Anwalt seinerseits setzt unverzüglich das Ministerium für Staatssicherheit über die Antwort der westlichen Seite ins Bild.

Rechtsanwalt Stange übernimmt die Häftlinge in Ost-Berlin

Nun steht dem eigentlichen Austausch nichts mehr im Wege. Vereinbart wird schließlich nach langem Hin und Her, dass die DDR mit den Haftentlassungen beginnt und die Zahlungen der Bundesrepublik tranchenweise folgen. Möglich geworden ist dies durch das entstandene Vertrauensverhältnis zwischen Stange und Vogel. Zwischen beiden wird auch verabredet, dass Stange die Häftlinge in Ost-Berlin in Empfang nimmt und dann direkt zur Rechtsschutzstelle nach Charlottenburg bringt, sofern sie die DDR verlassen wollen. Irgendwann im Oktober 1963 öffnen sich für die ahnungslosen Betroffenen die Zellentüren.

Rehlinger erzählt gern die Geschichte eines Mannes, der zu den ersten drei Haftentlassenen gehört hat. Es ist ein Tischler, der vom sowjetischen Militärtribunal zu lebenslanger Haft verurteilt wurde und seit 18 Jahren in Haft gesessen hat, teilweise in Einzelhaft, teilweise in Dunkelhaft. Für den Ministerialbeamten, der die Akte des Freigekauften gut kennt, ist nicht nachzuvollziehen, warum dieser Mann so hart bestraft worden ist. Nach seiner Ankunft in der Rechtsschutzstelle sei er, so Rehlinger, ganz still gewesen und habe nur „ungläubigen Auges die Umgebung wahrgenommen“. Als er aber begriff, dass er frei sei, brach er zusammen. Vorher konnte er noch einen Satz über die Lippen pressen: „Dass einer an mich gedacht hat.“ Kaum haben die ersten Häftlinge die DDR-Zuchthäuser verlassen, drängt die Staatssicherheit auf die Begleichung der „Schulden“. In einem internen Treffbericht des Stasi-Oberstleutnants Volpert vom 12. Oktober 1963 wird Vogel instruiert, „dass die entsprechenden Beträge am besten von Rechtsanwalt Stange uns bei der nächsten Übergabe eines Strafgefangenen mitgebracht werden“. Damit auch nichts schiefgeht, werden von Volpert die Summen der Auszahlung für vier Häftlinge in seinem Treffbericht mit „Georg“ noch einmal zusammengefasst: zwei Häftlinge zu 50 000 D-Mark, einer zu 20 000 und der „Günstigste“ zu 15 000. Ermittelt wird so ein erster Teilbetrag von 135 000. Eine Zahlungsanweisung, ein Zahlungszweck oder eine einfache Quittierung soll es aus Geheimhaltungsgründen nicht geben. Um dies zu ermöglichen, hat Barzel bereits Vorkehrungen mit dem Bundesfinanzminister und dem Chef des Bundeskanzleramts getroffen. Der Betrag soll „vom Bundesfinanzminister als überplanmäßige Verstärkung des Titels 600 zur Verfügung gestellt (werden)“. Aus Gründen der Geheimhaltung soll Rehlinger die Zahlungen alleine anweisen – ein völlig ungewöhnliches Vorgehen, das bei manchem Beamten Kopfschütteln auslöst.

Doch wie soll das an Stange überwiesene Geld – der Rechtsanwalt selbst hat 12 000 D-Mark für seine Tätigkeit erhalten – bar nach Ost-Berlin gelangen, wie es Vogel verlangt hat? Die von der DDR betriebene Berliner S-Bahn ist für den Transfer wenig geeignet, wird sie doch von den West-Berlinern wegen des Mauerbaus boykottiert und rollt fast menschenleer durch die Stadt. Auffälliger könnte eine Geldüber-

Von Anfang an beim Freikauf mit dabei. Bundesminister Rainer Barzel erörtert mit Ludwig Rehlinger (r.) und Pressesprecher Eduard Ackermann eines der vielen Probleme

Ich bin einer der ersten acht von der Bundesregierung freigekauften Häftlinge

„Man hat immer die Hoffnung, dass man vielleicht doch rauskommt. Vor allem an Tagen, an denen andere entlassen werden, hofft man irgendwann, auch dabei zu sein", erinnert sich Dietrich Gerloff an seine Haftzeit in der DDR. Doch diese Hoffnung ist seit seiner Verhaftung am 18. August 1961 immer wieder enttäuscht worden. „Als der Staatsanwalt im Prozess fünf Jahre Haft für mich forderte, hatte ich die Hoffnung, dass das Strafmaß geringer ausfallen wird, doch ich bekam noch drei Jahre mehr."

Am 26. August 1961 verurteilt das Bezirksgericht Rostock den damals 25-jährigen Studenten in einem Schauprozess wegen „planmäßiger und staatsgefährdender Hetze und Nötigung" zu acht Jahren Zuchthaus. Bis zum Mauerbau studiert Gerloff an der West-Berliner FU, obwohl er im Ost-Berliner Stadtteil Adlershof wohnt. Außerdem gehört er zur Jungen Gemeinde in Berlin-Schmöckwitz. Alleine das macht ihn für die SED-Machthaber und ihre Stasi-Schergen verdächtig.

Während am 13. August 1961 in Ost-Berlin Stacheldraht ausgerollt und die Grenze abgeriegelt wird, zeltet Gerloff mit zehn Gemeindemitgliedern aus Schmöckwitz auf der Insel Usedom. Höhepunkt und Abschluß der Urlaubsreise soll eine Fahrt mit dem noblen Ausflugsschiff „Seebad Binz" werden. Dietrich Gerloff: „Die Schiffsreise hatten wir schon länger vorher gebucht. Die Route sollte bis zur Dreimeilenzone vor der dänischen Insel Bornholm und zurück gehen. Doch über Bordfunk verkündete der Kapitän, dass es wegen der rauhen See nur eine Fahrt rund um Rügen gibt."

Viele an Bord sind enttäuscht. Sie vermuten, dass der Kapitän wegen des Mauerbaus die Anweisung hat, nicht bis nach Dänemark zu fahren. „Unsere Gruppe rief: Wir wollen nach Bornholm. Dazu klatschten und pfiffen wir", so Dietrich Gerloff. Der Pfarrerssohn Jürgen Wiechert aus der Schmöckwitzer Reisegruppe kommt auf die Idee, einen Zettel für den Kapitän zu schreiben: „Seiner Majestät, dem Herrn Admiral auf SMS ‚Seebad Binz' untertänigst übermittelt. In Anbetracht der guten Stimmung auf dem Oberdeck bitten 10 Berliner stellvertretend für die meisten Passagiere um Fortsetzung der Fahrt in Richtung Bornholm." Einige unterschreiben den Zettel mit ihrem Namen, andere unterzeichnen mit „Neptun" oder „20 Brandenburger". Gerloff: „Das war ein Spaß. Etwas übermütig. Aber ohne eine böse Absicht." Der Kapitän des Ausflugsschiffes informiert über Funk die Grenzpolizei, die das Grenzboot 442 in Marsch setzt. Wenig später werden Dietrich Gerloff, sein Freund Jürgen Wiechert und 14 weitere Mitglieder der Jungen Gemeinde Schmöckwitz und der Freikirche aus Brandenburg festgenommen.

Schauprozess. Dietrich Gerloff wird am 26. August 1961 in Rostock zu acht Jahren Zuchthaus verurteilt

Als der Prozess vier Tage nach der Verhaftung beginnt, wütet Walter Ulbricht vor dem Zentralrat der FDJ: „Die Junge Gemeinde in Berlin gehört zu den ärgsten konterrevolutionären Kräften ... Sie sterben für Gott und Adenauer und sind bereit, Verbrechen zu begehen." Dietrich Gerloff und seine Freunde werden in einem absurden Propaganda-Prozess abgeurteilt. Als Leiter der Jugendgruppe wird Gerloff besonders hart bestraft: acht Jahre Zuchthaus. „Das Urteil und die Verhaftung waren ein Schock für mich. Ich wurde erst nach Berlin-Rummelsburg und dann in die ehemalige Festung Torgau zur Verbüßung meiner Haftstrafe verlegt." Die Haftbedingungen empfindet der junge Student als menschenunwürdig. „Die Anstalt war völlig überfüllt. Am Anfang lag ich in einer Massenzelle mit etwa 15 Gefangenen. Dann kam ich in eine Einmannzelle, die wir zu viert belegen." Im strengen Winter 1962/63 müssen die Gefangenen in Torgau bitter frieren. „Die Zellen wurden nur wenig oder gar nicht geheizt. Es war saukalt."

Am 1. Oktober 1963 muss Dietrich Gerloff zum medizinischen Dienst, wird gesundheitlich durchgecheckt. „Ich kannte dort ein paar Leute. Sie sagten, Dietrich, du kommst weg. Wahrscheinlich in ein Haftarbeitslager. Und sie sagten, etwas sei komisch: Mein Name stehe auf einer Liste, aber als einziger unter einem Strich."

Zwei Tage später wickelt der angebliche Schiffsentführer wie an jedem Wochentag in der Gefängniswerkstatt Elektromotoren für den VEB ELMO Wernigerode. „In der Frühstückspause holte mich der Wachtmeister ab und brachte mich seltsamerweise zum Friseur."

Dietrich Gerloff bekommt seine Sachen zurück, die er bei der Verhaftung auf dem Schiff getragen hatte. „Dann führte mich der Wachtmeister in einen Raum. Dort saßen der Leiter des Zuchthauses und ein MfS-Verbindungsoffizier. Sie hielten einen allgemeinen Vortrag über die politische Lage und kamen plötzlich damit heraus, dass ich freigelassen werde." Er kann kaum glauben, was er da hört. „Ich war so erfreut und nervös. Ich habe gar nicht mehr so genau zugehört, was die beiden noch alles gesagt haben. Mir wurde ein Gnadenerlass von Walter Ulbricht vorgelegt. Den ich gegenzeichnete." Die Frage, ob Gerloff in den Westen entlassen werden möchte, bleibt aus. Er bekommt seine Entlassungsbescheinigung und ein paar DDR-Mark als Lohn für die Häftlingsarbeit. „Der Wachtmeister begleitete mich bis zum Tor. Auf dem Weg zum Ausgang wurde ich mehrmals kontrolliert. Dann stand ich auf der kleinen Zufahrtsstraße zur ehemaligen Festung Torgau. Ich bin wie im Traum zum Bahnhof gelaufen." Die Mutter erwartet ihren Sohn bereits sehnsüchtig. Zu diesem Zeitpunkt ist Gerloffs Freund Jürgen Wiechert schon seit einem Tag zu Hause. „Die Wiedersehensfreude war unbeschreiblich. In den nächsten Tagen bekam ich mehr Blumen, als sie mein Bruder zur Hochzeit gekriegt hatte." Dass der Westen ihn aus der Haft freigekauft hat, weiß er damals nicht.

Erinnerung: Auf der „Seebad Binz" (l., im Jahr 2010 im Hamburger Hafen) wird Dietrich Gerloff 1961 verhaftet. Die Kamera, die er damals an Bord bei sich trug, hat Gerloff (Foto oben) bis heute aufgehoben

Dietrich Gerloff und sein Freund übernehmen wieder die Jugendgruppe der Jungen Gemeinde in Schmöckwitz. „Im Sommer 1966 wurde ich in das Büro des Rechtsanwaltes Vogel einbestellt", erinnert sich der pensionierte Lehrer. „Vogel begrüßte mich per Handschlag. Er sagte: Sie sind am 3. Oktober 1963 vorzeitig entlassen worden. Stimmt das? Ich sagte Ja, und er erwiderte: Sie können mit ihrer Mutter nach West-Berlin umziehen. Dann hat er mich auch schon wieder entlassen."

Am 19. November 1966 darf Gerloff mit seiner Mutter in den Westen ausreisen. Er nimmt sein Studium wieder auf und wird Lehrer. Er lebt heute als Pensionär und Großvater in Pinneberg bei Hamburg.

gabe kaum inszeniert werden. Schließlich fahren Stange und Rehlinger Ende September 1963 im Privatwagen des Ministerialbeamten zum S-Bahnhof Lehrter Straße, den nur eine Station vom ersten DDR-Bahnhof Friedrichstraße trennt. Rehlinger erinnert sich: „Kurz vor dem Bahnhofsgebäude verließen wir mein Auto, kauften im Bahnhof eine Fahrkarte und schritten, uns betont angeregt unterhaltend, die Treppe zum Bahnsteig hinauf. Wir taten, als wenn wir nichts um uns herum wahrnehmen würden. Da wir kein Gepäck mit uns führten, wurde das stets wache Misstrauen der Zöllner nicht geweckt. Unbehelligt gelangten wir auf den Bahnsteig und warteten auf den einfahrenden Zug. Stange stieg ein, und in dem Moment, bevor die Tür zuging, reichte ich ihm das Päckchen mit dem Geld in das Abteil hinein. Der Zug fuhr ab." Minuten später übergibt es Stange auf dem Ost-Berliner Bahnhof Friedrichstraße dem dort wartenden Vogel. Quittiert wird von diesem nichts.

Nach und nach lässt die DDR auch die letzten der acht politischen Häftlinge frei. Nach und nach wird das Geld auf dem gleichen Weg übergeben. Alles ist bei diesem ersten Freikauf reibungslos verlaufen. Es gibt nur Gewinner. Barzel, der alle Verantwortung übernommen hat, ist ebenso erleichtert wie Rehlinger, Stange und seine Kollegen in der West-Berliner Rechtsschutzstelle. Erleichtert sind auch Vogel und sein Führungsoffizier Heinz Volpert, denn der erfolgreiche Probelauf verheißt das gute Geschäft. Es ist kein Geringerer als Stasichef Mielke, der sich persönlich für Volperts Beförderung einsetzt. Am 7. Oktober 1963, dem 14. Jahrestag der DDR-Gründung, erhält er die Ernennungsurkunde zum Oberstleutnant. Die Hauptgewinner sind vor allem jene acht politischen Häftlinge, für die die Qualen in den Zuchthäusern des „Arbeiter- und Bauernstaates" vorüber sind.

Viele ungeklärte Fragen tragen zur Stagnation beim Freikauf bei

Noch ehe der erste Freikauf abgewickelt worden ist, signalisiert Ost-Berlin über den Kanal Vogel/Stange, dass man nun bereit sei, in weitere Verhandlungen über 50 Häftlinge

Parteifreunde. Der Bundesminister für gesamtdeutsche Fragen, Erich Mende, und der Fraktionsgeschäftsführer der FDP, Hans-Dietrich Genscher, stellen sich der Presse

einzutreten. Eine entsprechende Liste ist bereits von der West-Berliner Rechtsschutzstelle in Vorbereitung. Doch der Regierungswechsel von Adenauer zu Ludwig Erhard im Oktober 1963 und die damit einhergehenden Turbulenzen machen das anvisierte weitere Geschäft zunächst einmal zunichte. Im Ministerium für gesamtdeutsche Fragen folgt der FDP-Politiker Erich Mende dem Christdemokraten Rainer Barzel. Der nationalliberale Oberschlesier und ehemalige Ritterkreuzträger der Wehrmacht gibt sich zwar in Sachen Freikauf interessiert. Gleiches gilt auch für den neuen Staatssekretär Carl Krautwig, der aus dem Bundeswirtschaftsministerium gekommen ist. Aber beide stehen dem Geschäft mit der DDR eher zögerlich gegenüber.

Zur Stagnation tragen auch viele ungeklärte Fragen bei, die darum kreisen, wie der Freikauf überhaupt bewerkstelligt werden soll. Rehlinger, der als Referent in die West-Berliner Dependance des Ministeriums versetzt wird und weiterhin für die humanitären Bemühungen zuständig ist, benennt sie in seinen Erinnerungen: „Wer suchte die Häftlinge aus? Wie verhalten wir uns, wenn die DDR sich einigen oder gar ganzen Gruppen von Häftlingen verweigerte? Wie sollte man die Übergabe organisieren?" Mindestens ebenso schwer zu beantworten sind die Fragen nach den finanziellen Aufwendungen für den Freikauf. Rehlinger: „Welche Höhe konnte akzeptiert werden? Und wie stellt man den wirtschaftlichen Gegenwert der DDR zur Verfügung? Eine Zahlung in bar, wie gehabt, konnte nicht zu einer Dauereinrichtung werden. Bei den Millionen-Summen, die zu erwarten sind, konnte nicht jemand abgestellt werden, der mit einem Koffer voller Geld über die Grenze pendelte."

Während man sich in der zuständigen Abteilung des Bundesministeriums für gesamtdeutsche Fragen mit all diesen Problemen herumschlägt, ist eine Freikauf-Initiative der Evangelischen Kirche weit fortgeschritten. Bereits im Herbst hat diese nämlich Gespräche mit dem DDR-Unterhändler Vogel aufgenommen. Geführt werden sie von Reymar von Wedel, dem Anwalt und persönlichen Referenten des inzwischen zum Ratsvorsitzenden der Evangelischen Kirche in Deutschland avancierten Kurt Scharf. Vogel berichtet dem Staatssicherheitsdienst über die erste Begegnung mit Wedel: „Am 24. 10. 1963 suchte ein RA von Wedel aus Stuttgart die Quelle (gemeint ist Vogel) auf. Von W. war bis dato der Quelle nicht bekannt. Von W. gab sich aus, im Auftrage von einflussreichen kirchlichen Kreisen zu kommen, die daran interessiert sind, mit der Quelle Fragen zu erörtern, die sich auf folgende Komplexe beziehen sollen: Austausch von Häftlingen, Wiedergutmachung bei Entlassung von Häftlingen und Bereitstellung von Waren im innerdeutschen Handel, die wir dringend benötigen."

In der „Information" des Staatssicherheitsdienstes, die die sich zäh haltende Behauptung, der allererste Freikauf gehe auf ein Treffen von Wedels mit Vogel im Juni 1962 zurück, in das Reich der Legende verweist, findet sich auch die Andeutung, dass der Oberkonsistorialrat über die Aktivitäten Vogels im Zusammenhang mit dem Freikauf der acht vom September/Oktober 1963 informiert gewesen sei. Offensichtlich veranlasste erst das erfolgreich zwischen Vogel und dem Ministerium für gesamtdeutsche Fragen abgewickelte Geschäft die Evangelische Kirche, sich an den DDR-Unterhändler zu wenden.

„Krügeler" ist Wolfgang Vogels Führungsoffizier Heinz Volpert

Bei einem weiteren Treffen am 8. November 1963 präsentiert der Scharf-Vertraute von Wedel dem DDR-Anwalt, zu dem auch er rasch Vertrauen fasst, eine Liste mit zwölf politischen Häftlingen, „an denen die Kirche interessiert ist, mit uns unter dem Gesichtspunkt Austausch, Wiedergutmachung oder andere Leistungen zu verhandeln". Es folgen bald weitere Gespräche, an denen neben Stange auch ein gewisser „Heinz Krügeler" teilnimmt. Von Wedel erinnert sich: „Eines Abends, als wir wieder zusammentrafen, war ein vierter Mann da. Er stellte sich als Heinz Krügeler vor. Er wäre der Verbindungsmann zum Zentralkomitee (ZK) und sei auch für den Ost-West-Handel zuständig. Er wollte uns einmal kennenlernen. Das wäre wichtig für die Entscheidung über unsere Wünsche. Heinz war in unserem Alter, eher etwas jünger, also damals Mitte dreißig. Er sprach leicht sächsisch oder genauer gesagt thüringisch. (...) Wir waren etwas erstaunt, denn Krügeler hatte nicht genau gesagt, welche Funktion er ausübe. Hinterher sagte uns Vogel, wir sollten uns nicht irritieren lassen. Das wäre hier nun mal so üblich. Er kenne diesen Krügeler aus Verhandlungen beim Generalstaatsanwalt. Er sei auch mit Wirtschaftsfragen beschäftigt und übe offenbar eine koordinierende Funktion aus."

Tatsächlich handelt es sich bei Krügeler um Vogels Führungsoffizier Heinz Volpert. Der Staatssicherheitsdienst wittert nämlich die Möglichkeit, auf einer zweiten Schiene mit politischen Häftlingen Geschäfte machen zu können. Und so unterbreiten die beiden DDR-Unterhändler nunmehr das Angebot, politische Häftlinge zu entlassen. Wenn man der Kirche damit entgegenkäme – so Volpert –, müsste die-

Eines Tages sagte Vogel zu mir, die Leute von deiner Liste können entlassen werden

„Schon lange vor dem Mauerbau gerieten viele Kirchenleute in der DDR in Bedrängnis. Bei den sonntäglichen Gottesdiensten wurden Fürbittenlisten mit Namen von Gemeindemitgliedern verlesen, die aus politischen Gründen in DDR-Gefängnissen saßen", erinnert sich Reymar von Wedel. Im Mai 1954 fängt der West-Berliner mit 27 Jahren als Jurist beim Evangelischen Konsistorium in Ost-Berlin an. Für die Arbeiten in der Ostregion der Kirche ist damals vor allem der Propst von Brandenburg, Präses Kurt Scharf, verantwortlich. „Er kümmerte sich besonders um die politischen Gefangenen. Er sprach bei den Behörden vor und besuchte die Gefangenen, wenn es möglich war."

Nicht nur zahlreiche Gemeindemitglieder sitzen zu dieser Zeit im Gefängnis. Für die Evangelische Kirche wird es in der DDR generell immer schwieriger. Reymar von Wedel: „Die Regierung der DDR versuchte, wo sie konnte, gegen die Kirche vorzugehen. Die Mitarbeiter der Bahnhofsmissionen wurden sogar der Spionage bezichtigt. Die DDR suchte nur einen Vorwand, um die Einrichtungen zu schließen."

Im Frühjahr 1961 wird der Präses Kurt Scharf zum Vorsitzenden des Rates der Evangelischen Kirche in Deutschland gewählt. Wenige Tage später macht er Reymar von Wedel zu seinem persönlichen Referenten und Ostbeauftragten. Scharf ist der Verhandlungsführer der Evangelischen Kirche mit der DDR-Führung. Kurz nach dem Mauerbau verwehren die Machthaber in Ost-Berlin ihm nach einem Aufenthalt in West-Berlin die Rückkehr in die DDR. „Präses Scharf wurde von der Regierung der DDR ausgewiesen, weil er die vielen Festnahmen im Zusammenhang mit dem Mauerbau in einem Telegramm an Ulbricht kritisiert hatte", sagt Reymar von Wedel.

Hilfe für politische Gefangene zu leisten wird für Scharf jetzt immer schwieriger. „Eines Tages kam er zu mir und sagte: Kümmern Sie sich um unsere Verhafteten in der DDR", erinnert sich der Kirchenjurist.

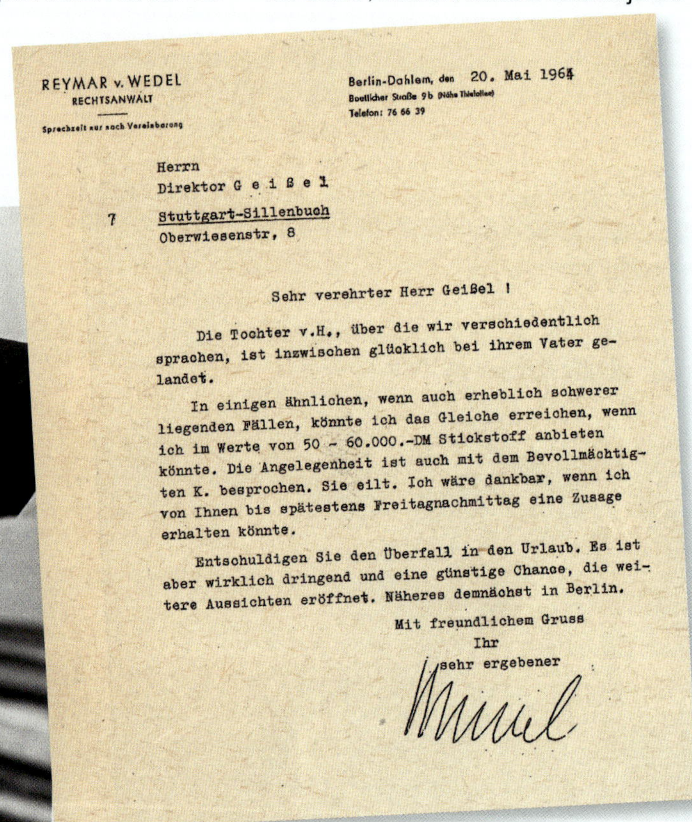

REYMAR v. WEDEL
RECHTSANWALT
Sprechzeit nur nach Vereinbarung

Berlin-Dahlem, den 20. Mai 1964
Boetticher Straße 9b (Nähe Thielallee)
Telefon: 76 66 39

Herrn
Direktor G e i ß e l
7 Stuttgart-Sillenbuch
Oberwiesenstr, 8

Sehr verehrter Herr Geißel !

Die Tochter v.H., über die wir verschiedentlich gesprachen, ist inzwischen glücklich bei ihrem Vater gelandet.

In einigen ähnlichen, wenn auch erheblich schwerer liegenden Fällen, könnte ich das Gleiche erreichen, wenn ich im Werte von 50 - 60.000.-DM Stickstoff anbieten könnte. Die Angelegenheit ist auch mit dem Bevollmächtigten K. besprochen. Sie eilt. Ich wäre dankbar, wenn ich von Ihnen bis spätestens Freitagnachmittag eine Zusage erhalten könnte.

Entschuldigen Sie den Überfall in den Urlaub. Es ist aber wirklich dringend und eine günstige Chance, die weitere Aussichten eröffnet. Näheres demnächst in Berlin.

Mit freundlichem Gruss
Ihr
sehr ergebener

Freiheit gegen Stickstoff. Im Mai 1964 handelt Reymar von Wedel (links) die Freilassung politischer Häftlinge gegen Stickstoff aus (Dokument oben)

Ruhesitz in Brandenburg. Reymar von Wedel sitzt auf einer Bank im evangelischen Seniorenstift Kleinmachnow in Brandenburg. Dort lebt der West-Berliner Anwalt heute

„Ich hatte keine Ahnung, wie ich das machen sollte. Ich wandte mich an den früheren Ost-Berliner Rechtsanwalt Dr. Stark, der häufig für die Kirche tätig war." Der Kollege empfiehlt: „Gehen Sie zu Anwalt Vogel. Er hat gute Beziehungen zum DDR-Generalstaatsanwalt und auch schon beim Agentenaustausch Powers/Abel mitgewirkt."

Als West-Berliner darf Reymar von Wedel damals aber nicht in die DDR einreisen. Zum Schein meldet er sich bei einem Freund in Stuttgart als Untermieter an und erhält so einen bundesdeutschen Pass. Wedel: „Damit konnte ich in die DDR fahren und den Kollegen Vogel besuchen. Nach meinen Aufzeichnungen war das 1962. Wolfgang Vogel und ich kamen gleich gut ins Gespräch. Wir waren schnell beim freundschaftlichen Du."

Der Ostbeauftragte des Ratsvorsitzenden übergibt dem DDR-Juristen eine Liste mit Namen von Gefangenen, an deren Freilassung die Kirche besonders interessiert ist. Von Wedel: „Bei einem späteren Treffen mit Vogel kam jemand, der sich als Krügeler vorstellte. Er sei vom Zentralkomitee der SED und für die Koordinierung mit den Wirtschaftsleuten zuständig. Wie ich später erfuhr, war es der Stasi-Oberst Heinz Volpert."

Die Verhandlungen führen schließlich zum Erfolg. „Eines Tages sagte Vogel zu mir: Die Leute von deiner Liste können entlassen werden. Bis auf einen. Es war Pfarrer Arnold von der Berliner Marienkirche. Er hatte Fluchthilfe organisiert und gegen die Mauer gepredigt", so Reymar von Wedel. „Krügeler, der dabei war, meinte zu mir: Ihre Leute haben bei uns Schaden angerichtet, dafür wollen wir auch etwas haben." Reymar von Wedel fragt: „Was soll das sein?" „Wir brauchen gerade Kali für die Landwirtschaft", antwortet Krügeler alias Volpert.

Reymar von Wedel überbringt dem EKD-Ratsvorsitzenden die Nachricht. „Ich fragte mich, wie wir waggonweise Kali nach drüben kriegen sollten. Scharf beruhigte mich. Das regelt Herr Geißel von der Wirtschaftsabteilung des Diakonischen Werks. Er hat durch die Unterstützung der östlichen Gliederkirchen Erfahrung mit solchen Transporten."

Im Mai 1964 werden die ersten von der Kirche freigekauften politischen Häftlinge entlassen. Auf dem Höhepunkt des Kalten Krieges pendelt der Kirchenmann in geheimer Mission zwischen West und Ost, bringt die freigelassenen Häftlinge einzeln über den Grenzübergang Heinrich-Heine-Straße nach West-Berlin. „An der Grenze wurde ich nicht kontrolliert. Da gab es vorher eine Anweisung", so Reymar von Wedel. „Ich stellte mich dem Häftling vor und sagte: Kommen Sie, steigen Sie in den Wagen. Wir fahren in den Westen." Die Menschen, die der Anwalt in die Freiheit fährt, sitzen meist schweigend im Auto. „Viel erzählt haben sie nicht. Sie waren natürlich sehr erstaunt, dass ich sie einfach so abholte. Sie fragten: ‚Wie kommt das zustande?' Dann habe ich gesagt: Durch die Kirche. Die Leute fragten: ‚Wo kann ich mich bedanken?' Ich sagte: Schreiben Sie an Präses Scharf."

Etwa 100 Häftlinge kommen durch die Kirche frei. „Etwa die Hälfte brachte ich in den Westen", erinnert sich der heutige Pensionär. Zwischen dem Ostbeauftragen der Evangelischen Kirche und dem DDR-Anwalt entstehen enge Verbindungen. „Vogel und ich wurden privat die besten Freunde. Da habe ich auch gar keine Hemmungen", so Reymar von Wedel. „Er hat viel für die Kirche und die Menschen in der DDR getan. Herr Vogel war praktizierender Katholik, und wir kamen auch auf dieser Basis gut miteinander aus."

In den späteren Jahren hält Reymar von Wedel als West-Berliner Anwalt sogar Sprechstunden für DDR-Bürger in Vogels Kanzlei ab. „Nach dem Ende der DDR habe ich Wolfgang Vogel mehrmals als Anwalt vor Gericht verteidigt", so von Wedel. Er wohnt heute in einem evangelischen Seniorenstift in Kleinmachnow bei Berlin.

Kontaktstelle. In die Untersuchungshaftanstalt des Staatssicherheitsdienstes in der Magdalenenstraße in Berlin-Lichtenberg werden die Häftlinge gebracht, wenn sie sich mit ihren Anwälten oder Besuchern treffen dürfen se auch der DDR helfen. Einige wollten sogar ausreisen, obwohl ihnen die DDR eine gute Ausbildung finanziert habe, lautet Volperts Begründung, die auch später immer wieder herhalten muss. Die DDR fordere daher drei Waggons Kalisalz als Gegenleistung für die Entlassung von 15 Gefangenen.

Die Warenlieferungen für die DDR wickelt das Diakonische Werk ab

Da niemand unter den westlichen Gesprächsführern Erfahrungen mit Warenlieferungen in die DDR hat, wendet sich von Wedel an Ludwig Geißel vom Diakonischen Werk in Stuttgart. Dieser kennt sich aus, denn die Unterstützung der Landeskirchen im Osten Deutschlands läuft über Sachleistungen. Seit dem Jahr 1957 besteht ein bürokratisch aufwendiges, aber funktionsfähiges System der Warenverrechnung, das sogenannte Kirchengeschäft A. Dabei werden die in der DDR benötigten Waren, vom Eisenblech über Kunstdünger bis zur Steinkohle, vom Diakonischen Werk in der Bundesrepublik geordert und in die DDR geliefert. Im Gegenzug schreibt diese den Gliedkirchen die vorher ausgehandelte Bezahlung zu einem Umtauschkurs von eins zu eins in Ostmark gut. Das System bewährt sich und sorgt für den kontinuierlichen Mittelfluss zugunsten der gebeutelten Ostkirchen. Geißel ist zwar zunächst nicht von einem Deal Waren gegen Häftlinge begeistert – er verstünde nicht, wie ausgerechnet ein Theologe wie Präses Scharf auf so eine Idee kommen könne, meinte er –, erklärt sich aber bereit, die Sache gemeinsam mit Bischof Hermann Kunst, dem Bevollmächtigten der EKD bei der Bundesregierung, abzuwickeln. So öffnen sich bald für die 15 politischen Häftlinge aus den Reihen der Evangelischen Kirchen die Gefängnistore, und nach Osten rollen die Kali-Waggons, die „Heinz" noch einmal angemahnt hat. Es folgen zwei weitere Aktionen, in die jetzt auch Mitarbeiter der katholischen Kirche mit einbezogen werden. Insgesamt gelangen auf diese Weise bis zum Sommer 1964 53 Häftlinge in die Freiheit. Einige der Entlassenen seien unauffällig in ihren Heimatgemeinden in der DDR eingetroffen. Einige – so erinnert sich von Wedel – seien in den Westen gekommen. „Die holte ich selbst in der Magdalenenstraße, dem Untersuchungsgefängnis des MfS, ab. (...) Es war ein seltsames Gefühl, als ich – das erste Mal mit Vogel – in das berüchtigte Gefängnis fuhr. Ein großes Tor aus Eisenblech öffnete sich. Ich kam auf einen kahlen Hof, der von allen Seiten mit vergitterten Fenstern umgeben war. Kein Gesicht zeigte sich. Dann öffnete sich eine schmale Tür im Erdgeschoss. Ein finsterer Typ kam heraus und forderte mich auf, ihm zu folgen. Über eine Reihe von düsteren Gängen erreichten wir schließlich ein im Plüschstil eingerichtetes Sprechzimmer. Kurz darauf wurde der Häftling, den ich abholen sollte, hereingeführt." Die ersten Entlassenen kosten zwischen 8000 und 15 000 D-Mark in Form von Warenlieferungen, die von der Hanielschen Handelsgesellschaft mit Sitz in Berlin abgewickelt werden. Neben Kalkammonsalpeter bestehen diese aus Stickstoff, wie aus den Unterlagen des Diakonischen Werkes hervorgeht.

Bar bezahlt wird – so von Wedel – nur einmal im Fall des Pfarrers Werner Arnold von der Berliner Marienkirche. Der aufrichtige Mann prangerte in seinen Predigten das DDR-Grenzregime an und betätigte sich obendrein als Fluchthelfer. Dafür nutzte er seine Kontakte zu den schwedischen und amerikanischen Gesandtschaftspfarrern, in deren Diplomatenfahrzeugen er 30 Personen in den freien Westen schmuggeln lässt. Doch Arnolds Wirken ist nicht von Dauer. Im Herbst 1963 wird er infolge des Verrats einer Sekretärin der amerikanischen Botschaft verhaftet und zu einer mehrjährigen Gefängnisstrafe verurteilt. Als der Freikauf ausgehandelt ist, weigert sich der standhafte Pastor, in die Bundesrepublik auszureisen, „wo doch seine Kirchgemeinde am Berliner Alex zu Hause ist".

Doch die für den Freikauf erforderlichen Geldmittel über-

1. Name (bei Frauen auch Mädchenname) Volpert
Vorname Heinz
Geburtsdatum (Ort – Kreis – Land) 21. 12. 1932 Rastenberg / Sömmerda
2. Soziale Herkunft (Beruf oder vorm. ausgeübte Tätigkeit der Eltern) Arbeiter
3. Beruf Landwirt
4. Nationalität – Staatsbürgerschaft (wenn gewechselt, warum – wann) Deutsch
5. Schulbildung (Grundschule bis Oberschule) 8 Jahre Volksschule
a) Haben Sie Lehranstalten besucht? (Fach- u. Hochschulen, Universitäten, Akademien) keine
b) Welche Fremdsprachen beherrschen Sie? keine
c) Haben Sie ein Staatsexamen? (Welcher Grad oder Titel) nein
d) Auf welchem Gebiet haben Sie wissenschaftl. gearbeitet oder Erfindungen gemacht?

Aus den Kaderunterlagen des DDR-Staatssicherheitsdienstes. Heinz Volpert ist gelernter Landwirt gewesen, ehe er seine steile Karriere beim MfS beginnt

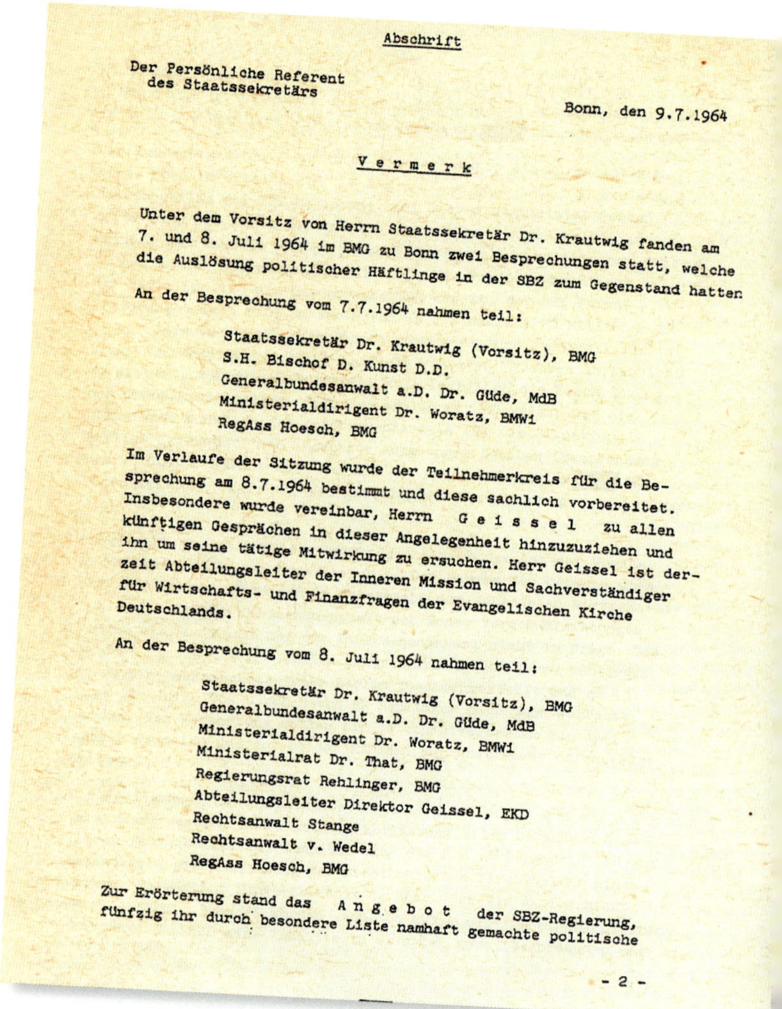

Abschrift

Der Persönliche Referent
des Staatssekretärs

Bonn, den 9.7.1964

V e r m e r k

Unter dem Vorsitz von Herrn Staatssekretär Dr. Krautwig fanden am 7. und 8. Juli 1964 im BMG zu Bonn zwei Besprechungen statt, welche die Auslösung politischer Häftlinge in der SBZ zum Gegenstand hatten

An der Besprechung vom 7.7.1964 nahmen teil:

Staatssekretär Dr. Krautwig (Vorsitz), BMG
S.H. Bischof D. Kunst D.D.
Generalbundesanwalt a.D. Dr. Güde, MdB
Ministerialdirigent Dr. Woratz, BMWi
RegAss Hoesch, BMG

Im Verlaufe der Sitzung wurde der Teilnehmerkreis für die Besprechung am 8.7.1964 bestimmt und diese sachlich vorbereitet. Insbesondere wurde vereinbar, Herrn G e i s s e l zu allen künftigen Gesprächen in dieser Angelegenheit hinzuzuziehen und ihn um seine tätige Mitwirkung zu ersuchen. Herr Geissel ist derzeit Abteilungsleiter der Inneren Mission und Sachverständiger für Wirtschafts- und Finanzfragen der Evangelischen Kirche Deutschlands.

An der Besprechung vom 8. Juli 1964 nahmen teil:

Staatssekretär Dr. Krautwig (Vorsitz), BMG
Generalbundesanwalt a.D. Dr. Güde, MdB
Ministerialdirigent Dr. Woratz, BMWi
Ministerialrat Dr. That, BMG
Regierungsrat Rehlinger, BMG
Abteilungsleiter Direktor Geissel, EKD
Rechtsanwalt Stange
Rechtsanwalt v. Wedel
RegAss Hoesch, BMG

Zur Erörterung stand das A n g e b o t der SBZ-Regierung, fünfzig ihr durch besondere Liste namhaft gemachte politische

\- 2 -

Schlüsseldokument. In einem Protokoll werden die von den Vertretern der Kirche und der Bundesregierung ausgehandelten Ergebnisse der Treffen vom 7. und 8. Juli 1964 fixiert

steigen die wirtschaftlichen Möglichkeiten der westdeutschen Landeskirchen, die ohnehin schon gewaltige Beträge aus dem Kirchensteueraufkommen für die bedrängten ostdeutschen Landeskirchen aufbringen. Am 23. Mai 1964 wendet sich daher der EKD-Ratsvorsitzende an den Minister für gesamtdeutsche Fragen und Vizekanzler. Scharf schreibt an Mende, dass er bereits im Gespräch mit Bundeskanzler Erhard vorgetragen habe, „es möchte doch etwas mehr für unsere und andere Gefangene im Osten getan werden". Wie er höre, ergebe sich eine aussichtsreiche Gelegenheit zu Verhandlungen, schreibt der Ratsvorsitzende, ehe er eine Lanze für den DDR-Unterhändler bricht: „Herr Vogel hat in vielen Fällen mit großem Einsatz und Erfolg kirchliche Mitarbeiter vertreten (...) Die Kirche hat die besten Erfahrungen mit ihm (...) Ich halte Herrn Vogel für absolut loyal und zuverlässig und habe nicht die geringsten Bedenken, ihm auch für die jetzt schwebenden Verhandlungen volles Vertrauen zu schenken."

Vogel bezeichnet Mende als einen „Pfau und affektierten Jüngling"

Mit der „aussichtsreichen Gelegenheit" hebt Scharf auf das Gespräch ab, das soeben im Ministerbüro im West-Berliner Bundeshaus stattgefunden und der Stagnation bei den Freikauf-Bemühungen Bonns ein Ende bereitet hat. Am 15. Mai 1964 ist nämlich Mende dort mit Stange und Vogel zusammengekommen. Verhandelt wird neben einer Reihe von Austauschfällen über den von der DDR in Aussicht gestellten Freikauf von 50 Häftlingen. Als Gegenleistung der Bundesrepublik bietet der Minister dem Ost-Berliner Unterhändler Geld beziehungsweise Waren im innerdeutschen Handel an. Der anwesende Rehlinger ist alles andere als glücklich über die vorschnelle Offerte seines Chefs, bedeutet diese doch ein unnötiges Entgegenkommen gegenüber der DDR, noch bevor wichtige Details geklärt sind.

Der Geheime Mitarbeiter „Georg", alias Vogel, berichtet wiederum ausführlich seinem Führungsoffizier Volpert über das Gespräch: Mende habe sich gegeben wie „ein Pfau und affektierter Jüngling mit viel Getue". Auch bleibt es dem aufmerksamen Beobachter nicht verborgen, dass das Verhältnis zwischen dem Minister und Rehlinger angespannt ist. Es habe Meinungsverschiedenheiten zwischen beiden gegeben, berichtet er und bemerkt: „Das Gespräch zwischen Mende und dem GM wurde mit einer klaren Weisung von Seiten Mendes an Rehlinger beendet, die angekündigte Liste mit 50 Personen dem GM nach Beendigung des Gesprächs zu übergeben." Abschließend resümiert Vogel, dass man auf westlicher Seite mit der vorgeschlagenen Vorgehensweise einverstanden sei, wenngleich dazu noch bestimmte Einzelfragen geklärt werden müssten.

Unterdessen sucht die Evangelische Kirche das Gespräch mit der Bundesregierung, die nicht im vollen Umfang über die von Scharf initiierten Freikauf-Aktivitäten informiert ist. Besonders Geißel vom Diakonischen Werk drängt darauf, die beiderseitigen Freikauf-Anstrengungen zusammenzulegen. Zum einen fehlen der Kirche die finanziellen Mittel, zum anderen ist sie kaum in der Lage, auf Dauer ein eigenes Austauschsystem mit der DDR zu unterhalten. Die Bundesregierung einzubinden ist schon wegen der politischen Brisanz der Angelegenheit geraten. So schlägt Bischof Kunst schließlich vor, das „Geschäft" gemeinsam abzuwickeln. Das stößt im zuständigen Bundesministerium, wo man über künftige Organisationsformen eines Häftlingsfreikaufs nachdenkt, auf offene Ohren.

Am 7. und 8. Juli 1964 treffen im Bonner Bundesministerium für gesamtdeutsche Fragen u.a. Staatssekretär Kraut-

wig, Oberregierungsrat Rehlinger, die Anwälte Stange und von Wedel, Generalbundesanwalt a. D. Dr. Güde und Geißel vom Diakonischen Werk zusammen, um die Zusammenarbeit zu besiegeln. Im Bericht des Schalck-Untersuchungsausschusses des Deutschen Bundestages heißt es dazu: Die Bundesregierung habe den Kirchenvertretern erklärt, „dass sie das von Rechtsanwalt Vogel im Namen der DDR unterbreitete Angebot akzeptieren und zukünftig politische Häftlinge gegen Warenlieferungen an die DDR freikaufen werde. Die Kirchen sollten sich nicht mehr aktiv am Häftlingsfreikauf beteiligen. Rechtsanwalt Jürgen Stange sollte in Zusammenarbeit mit der Rechtsschutzstelle in Berlin (West) die Abstimmung der Personallisten mit Rechtsanwalt Vogel übernehmen und Ludwig Geißel als Treuhänder der Bundesregierung die Warenlieferungen unter Beachtung der Ausfuhrbeschränkungen aushandeln. Dabei sollte vermieden werden, dass ein Pro-Kopf-Preis bezahlt werden würde."
Mit den getroffenen Vereinbarungen zwischen den Vertretern des Ministeriums für gesamtdeutsche Fragen, der Kirchen und des Diakonischen Werkes hat der Häftlingsfreikauf seinen institutionellen Rahmen erhalten. „Damit", so Rehlinger, „war der Knoten gelöst. Die Einschaltung einer von der Kirche abhängigen Organisation unterstrich den humanitären Charakter des Vorganges und drängte damit die Politik ein wenig in den Hintergrund." Mit der gefundenen Form des Häftlingsfreikaufes, die im Kern bis 1989 beibehalten wird, ist man auch in der Ost-Berliner Normannenstraße, dem Hauptquartier des Staatssicherheitsdienstes, sehr einverstanden, kommt sie doch der von Volpert erarbeiteten Konzeption entgegen. So steht einem großen Häftlings-Deal prinzipiell nichts mehr im Wege.

Elegant. Der FDP-Politiker Erich Mende, der im Zweiten Weltkrieg mit dem Ritterkreuz ausgezeichnet worden ist, legt besonderen Wert auf sein Erscheinungsbild

Tor zur Freiheit.
Auf dem Ost-Berliner Bahnhof Friedrichstraße werden die ersten freigekauften Häftlinge aus DDR-Gefängnissen einem West-Berliner Unterhändler übergeben. Auf dem Bahnhof herrscht ein striktes Fotografierverbot, weshalb Bilder aus dieser Zeit eine Rarität sind

Verzweiflung. Auf diese Weise wollte sich ein politischer Häftling in einem Gefängnis der DDR erhängen. Bei dem Foto handelt es sich um eine Aufnahme aus den Ermittlungsakten des Staatssicherheitsdienstes

KAPITEL II

Die humanitären Bemühungen

1964–1972

Das Jahr 1964 bringt wiederum eine kleine Atempause inmitten des ideologischen Säbelgerassels des Kalten Krieges. Neben aggressiver Abgrenzungsrhetorik der DDR und dem hartnäckig vertretenen Alleinvertretungsanspruch der Bundesrepublik gibt es menschliche Erleichterungen für die Berliner. Im Herbst wird ein zweites Passierscheinabkommen vereinbart, das die Mauer, wenn auch nur in die östliche Richtung, für ein paar Tage lang durchlässig machen soll. Und auch nach innen zeigt sich das kommunistische Regime von einer ungewohnten Seite: Zum 15. Jahrestag der Gründung des „Arbeiter- und Bauernstaates" beschließt der Staatsrat eine Amnestie für 10 000 Häftlinge, darunter auch politische. Das Gros dieser Häftlingsgruppe, die nach westlichen Schätzungen 12 000 Personen umfasst, soll nun nach dem Willen der DDR-Führung im großen Stil an die Bundesrepublik veräußert werden.

Unterhändler Vogel bietet 800 politische Häftlinge zum Kauf an

Schon im August 1964 wartet Unterhändler Vogel mit der Information auf, dass Ost-Berlin bereit sei, nunmehr 800 Gefangene zu entlassen. Da durch die Vereinbarung zwischen der Bundesregierung und der Evangelischen Kirche der Freikauf in eine Erfolg versprechende Organisationsform gekleidet worden ist und die humanitären Gesichtspunkte zunehmend in den Vordergrund getreten sind, sieht man im Ministerium für gesamtdeutsche Fragen keinen Grund, nicht unverzüglich in die Verhandlungen mit der „anderen Seite" einzutreten. Rehlinger fällt nun wiederum die schwere Aufgabe zu, aus den Akten der Rechtsschutzstelle eine Liste mit insgesamt 900 Namen zusammenzustellen. Er stützt sich dabei auf seine im Vorjahr getroffene Auswahl. Rechtsanwalt Stange bringt die fertige Liste schließlich zu Vogel nach Ost-Berlin. Es vergehen nun Tage und Wochen „voller Spannung und Sorge", wie Rehlinger zu berichten weiß. Denn unter den Genannten befinden sich besonders viele „Langstrafler", die sich – wie es im SED-Jargon heißt – schwerer Vergehen gegen die DDR schuldig gemacht haben. Wie also würden die DDR und der für die Auswahl zuständige Generalstaatsanwalt Josef Streit reagieren, fragt sich Rehlinger. Was der Ministerialbeamte nicht weiß – Vogel leitet die Listen an Volpert weiter, und der lässt sie von einer speziellen Gruppe im Ministerium für Staatssicherheit bearbeiten. Die Diensteinheit ist verantwortlich für „die sicherheitsmäßige Überprüfung der Voraussetzungen für die Genehmigung von Ausreisen von Bürgern der DDR" unter Wahrung ihrer Sicherheitsinteressen. Dies geschieht in enger Zusammenarbeit mit dem Innenministerium, dem Justizministerium und dem Ministerium für nationale Verteidigung der DDR. Das letzte Wort hat Volpert. In besonders strittigen Fällen entscheidet Staatssicherheitsminister Mielke sogar persönlich, ob ein Häftling in die humanitären Bemühungen mit einbezogen werden kann oder nicht.

Am Ende werden Rehlingers Befürchtungen wahr. Die „östliche Seite" hat viele derjenigen Namen gestrichen, an deren Freilassung der Bundesregierung besonders viel liegt. Rechtsanwalt Stange versucht nun Rehlinger zu überzeu-

Vertrauenswürdig. Rechtsanwalt Wolfgang Vogel – das Foto ist um 1963 entstanden – erweist sich als sympathischer Gesprächspartner

gen, der von Ost-Berlin bearbeiteten Liste dennoch zuzustimmen. Er begründet dies mit der Behauptung, dass ansonsten das gesamte Geschäft gefährdet sei. Doch Rehlinger widersetzt sich dem. In der Überzeugung, dass die DDR sich ein so lukratives Geschäft nicht entgehen lässt, verlangt er von Stange, die Sache nachzuverhandeln. Vogel reagiert harsch, ist doch ein schneller Abschluss nach den Vorgaben seines Führungsoffiziers infrage gestellt. Es folgen wochenlange Verhandlungen. Stange pendelt nun fast täglich zwischen West- und Ost-Berlin. Um jeden Häftling wird hart gerungen. Schließlich einigt man sich auf eine Kompromisslösung. So findet sich unter den 888 Männern und Frauen, die man ausgewählt hat, eine beträchtliche Zahl von „Langstraflern". Mende verkündet am 5. Oktober 1964 vor dem zuständigen geheimen Bundestagsausschuss dann nicht ohne Stolz, dass es gelungen sei, „Langstrafenverbüßer" mit lebenslangen sowie 15-, 12-, 10- und vor allem 8-jährigen Zuchthausstrafen in die Freikauf-Bemühungen mit einzubeziehen. Unter den „Langstraflern" sind viele der etwa 200 auf der Liste aufgeführten Fluchthelfer. Zwei Drittel dieser Idealisten aus dem Westen, die sich oft unter Einsatz ihres Lebens für die Freiheit ihrer Landsleute eingesetzt haben, sind noch nicht einmal 30 Jahre alt. Für sie fühlt sich die Bundesrepublik besonders in der Pflicht.

Die Festlegung der sogenannten H-Listen erweist sich als schwierig

Nicht minder schwierig gestalten sich nach der Festlegung der sogenannten H-Listen (Häftlingslisten) die Verhandlungen über den von der Bundesregierung zu leistenden Gegenwert. Wurde bei dem ersten Freikauf vom Herbst 1963 noch ein individueller Preis für jeden Häftling ausgehandelt, der sich an der Länge der Gefängnisstrafe, der verbleibenden Haftzeit und an dem Ausbildungsstand des Freizukaufenden orientiert hat, so verständigt man sich jetzt nach langem Hin und Her auf einen „Pauschalpreis" von 40 000 D-Mark. Dieser ist jedoch lediglich ein Richtwert. Bald werden sich vier gestaffelte Preise durchsetzen: Danach müssen für die auf den Listen mit einem einfachen „X" vermerkten Häftlinge 40 000 D-Mark bezahlt werden, für die mit einem „XX" 80 000 und für die mit einem „(X)" 20 000 D-Mark. Für Personen, für die Ost-Berlin nichts in Rechnung stellt, steht eine „0" hinter dem Namen. Insgesamt werden für die 888 politischen Häftlinge der H-Liste aus dem Jahre 1964 37 918 901 D-Mark errechnet, die vom Bundesministerium der Finanzen bereitgestellt werden.

Nun ist die Reihe an Ludwig Geißel, dem Direktor des Diakonischen Werkes, die Forderungen der „östlichen Seite" mit der westlichen abzustimmen. Konkret bedeutet dies, Geißel muss für fast 38 Millionen D-Mark Waren aushandeln. Was in der DDR dringend benötigt wird, hat bereits Willi Stoph, der stellvertretende Vorsitzende des Ministerrates, dem Staatssicherheitsminister Mielke mitgeteilt. Danach braucht der „Arbeiter- und Bauernstaat" dringend Butter, Mais, Kaffee, Südfrüchte, aber auch Metalle wie Zink, Blei, Kadmium und Mangan. Die dem MfS unterstellten Unterhändler bringen dies in die Verhandlungen mit Geißel ein. Nachdem diese abgeschlossen sind und am 19. August 1964 ein erster Vertrag unterzeichnet ist, werden analog zum sogenannten Kirchengeschäft A die erforderli-chen Liefergenehmigungen bei den zuständigen bundesdeutschen Wirtschaftsbehörden besorgt, die bekannten „Vertrauensfirmen" mit der Lieferung beauftragt und die Begleichung der Rechnungen aus den Mitteln der Bundesregierung veranlasst.

Doch noch ehe die Warenlieferungen an die DDR erfolgen, ist diese am Zug. Denn wie schon beim Probelauf vom Vorjahr hat das Ministerium für gesamtdeutsche Fragen darauf bestanden, dass die „östliche Seite" mit ersten Häftlings-Entlassungen in Vorleistung geht. Ost-Berlin seinerseits will jedoch noch eine Vorleistung erfüllt sehen: Der in westdeutscher Untersuchungshaft einsitzende SED-Schriftsteller Günter Hofé soll freigelassen werden, wollen sich doch die für den Freikauf Verantwortlichen im MfS nicht vorwerfen lassen, sie täten nichts für die beim Klassenfeind inhaftierten Genossen. Nachdem sich Bonn bereit erklärt, dies zu tun, steht einem Häftlingstransfer nichts mehr entgegen. Am 14. August spricht Stange bei Rehlinger vor, um die letzten „technischen Einzelheiten" des Transportes der ersten 50 Gefangenen vom DDR-Sammelpunkt Rummelsburg über Wartha-Herleshausen nach Gießen zu klären. Stange bittet im Auftrag Vogels, einen zusätzlichen Lkw für Gepäckstücke bereitzustellen. In dem entsprechenden Vermerk heißt es weiter: „Die Häftlinge hätten die Möglichkeit gehabt für ihr in der Haftzeit erarbeitetes Geld (West-)Waren einzukaufen. In der Strafvollzugsanstalt Rummelsburg (...) seien Waren verschiedenster Art (Fernseher, Radios, Lebensmittel, alkoholische Getränke, Bekleidungsstücke etc.) gebracht worden. (...) Die ‚Langstrafler' kehren dadurch zum Teil mit 3 bis 4 Koffern zurück." Ergänzend dazu berichtet Stange, dass dies ein „ungeheures Aufsehen" verursacht habe. „Dem Aufsichtspersonal – durchweg kommunistisch geschult und linientreu – ist das Geschehen einfach unfassbar. Der stell-

Cheforganisator. Ludwig Geißel, vom Diakonischen Werk, wickelt die gewaltigen Waren-Transfers ab

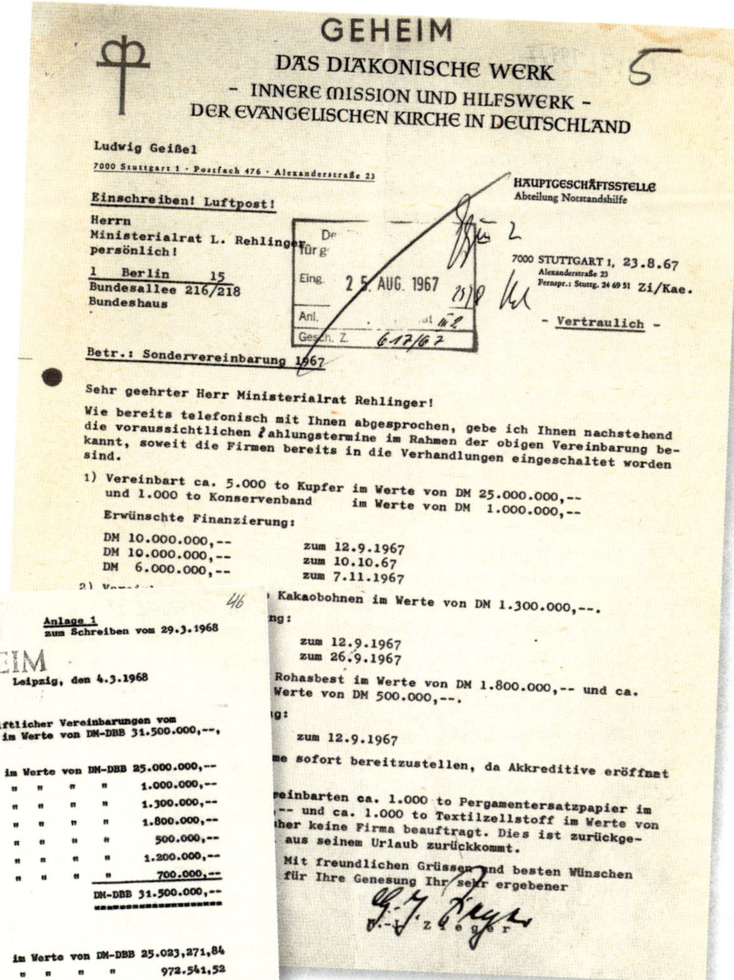

GEHEIM

DAS DIAKONISCHE WERK
- INNERE MISSION UND HILFSWERK -
DER EVANGELISCHEN KIRCHE IN DEUTSCHLAND

5

Ludwig Geißel
7000 Stuttgart 1 · Postfach 476 · Alexanderstraße 23

HAUPTGESCHÄFTSSTELLE
Abteilung Notstandshilfe

Einschreiben! Luftpost!

Herrn
Ministerialrat L. Rehlinger
persönlich!

1 Berlin 15
Bundesallee 216/218
Bundeshaus

Eing. 25. AUG. 1967
Gesch. Z. 617/67

7000 STUTTGART 1, 23.8.67
Alexanderstraße 23
Fernspr.: Stuttg. 24 69 51 Zi/Kae.

- Vertraulich -

Betr.: Sondervereinbarung 1967

Sehr geehrter Herr Ministerialrat Rehlinger!

Wie bereits telefonisch mit Ihnen abgesprochen, gebe ich Ihnen nachstehend die voraussichtlichen Zahlungstermine im Rahmen der obigen Vereinbarung bekannt, soweit die Firmen bereits in die Verhandlungen eingeschaltet worden sind.

1) Vereinbart ca. 5.000 to Kupfer im Werte von DM 25.000.000,--
und 1.000 to Konservenband im Werte von DM 1.000.000,--

Erwünschte Finanzierung:

DM 10.000.000,-- zum 12.9.1967
DM 10.000.000,-- zum 10.10.67
DM 6.000.000,-- zum 7.11.1967

2) Ver… Kakaobohnen im Werte von DM 1.300.000,--.
…ng:
zum 12.9.1967
zum 26.9.1967

… Rohasbest im Werte von DM 1.800.000,-- und ca. … Werte von DM 500.000,--.
…g:
zum 12.9.1967

…me sofort bereitzustellen, da Akkreditive eröffnet …

…reinbarten ca. 1.000 to Pergamentersatzpapier im …,-- und ca. 1.000 to Textilzellstoff im Werte von …her keine Firma beauftragt. Dies ist zurückge- … aus seinem Urlaub zurückkommt.

Mit freundlichen Grüssen und besten Wünschen für Ihre Genesung Ihr sehr ergebener

G. J. Zieger

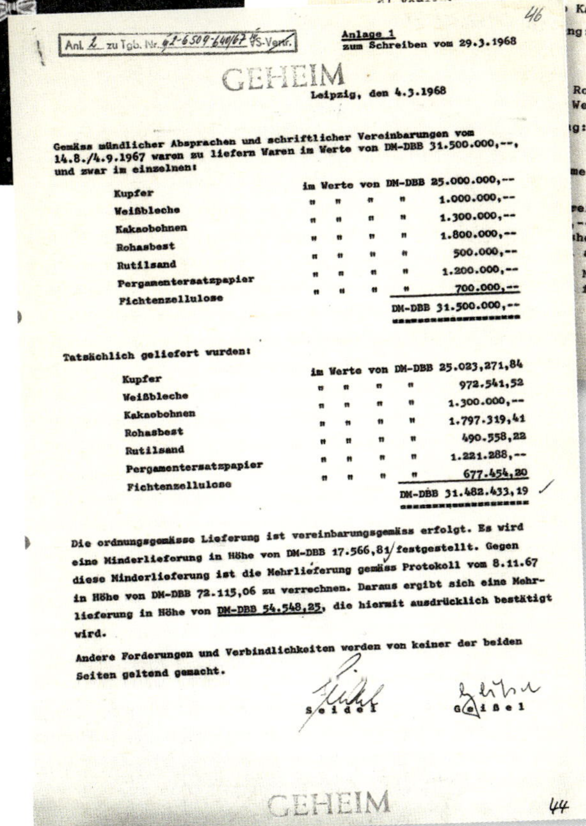

46

Anl. 2 zu Tgb. Nr. 62-6509-640/67 VS-Vertr.

Anlage 1
zum Schreiben vom 29.3.1968

GEHEIM

Leipzig, den 4.3.1968

Gemäss mündlicher Absprachen und schriftlicher Vereinbarungen vom 14.8./4.9.1967 waren zu liefern Waren im Werte von DM-DBB 31.500.000,--, und zwar im einzelnen:

Kupfer	im Werte von DM-DBB 25.000.000,--
Weißbleche	" " " " 1.000.000,--
Kakaobohnen	" " " " 1.300.000,--
Rohasbest	" " " " 1.800.000,--
Rutilsand	" " " " 500.000,--
Pergamentersatzpapier	" " " " 1.200.000,--
Fichtenzellulose	" " " " 700.000,--
	DM-DBB 31.500.000,--

Tatsächlich geliefert wurden:

Kupfer	im Werte von DM-DBB 25.023,271,84
Weißbleche	" " " " 972.541,52
Kakaobohnen	" " " " 1.300.000,--
Rohasbest	" " " " 1.797.319,41
Rutilsand	" " " " 490.558,22
Pergamentersatzpapier	" " " " 1.221.288,--
Fichtenzellulose	" " " " 677.454,20
	DM-DBB 31.482.433,19

Die ordnungsgemässe Lieferung ist vereinbarungsgemäss erfolgt. Es wird eine Minderlieferung in Höhe von DM-DBB 17.566,81 festgestellt. Gegen diese Minderlieferung ist die Mehrlieferung gemäss Protokoll vom 8.11.67 in Höhe von DM-DBB 72.115,06 zu verrechnen. Daraus ergibt sich eine Mehrlieferung in Höhe von DM-DBB 54.548,25, die hiermit ausdrücklich bestätigt wird.

Andere Forderungen und Verbindlichkeiten werden von keiner der beiden Seiten geltend gemacht.

Seidel Geißel

GEHEIM 44

Streng geheim. Auf den Dokumenten des Diakonischen Werkes sind Waren aufgelistet, die die DDR erhält. Diese gelangen jedoch meist gar nicht ins Land, sondern werden auf dem freien Markt veräußert, um Devisen zu beschaffen

vertretende Leiter ist vor Aufregung am 13.8. einem Herzinfarkt erlegen."

Abgesehen davon verläuft der erste Bustransfer über die innerdeutsche Grenze zum Gießener Notaufnahmelager reibungslos. Bei den Entlassenen handelt es sich allerdings ausschließlich um Personen, die ihren ersten Wohnsitz in West-Berlin und in der Bundesrepublik gehabt haben. Eine Entlassung für alle Freigekauften in die Freiheit ist bei den Verhandlungen nicht erreicht worden. Selbst die Verwandtschaft ersten Grades führt nicht automatisch zu einer „Westentlassung". Welchen Sinn unter diesen Umständen ein Freikauf hat, erschließt sich für viele der damals Beteiligten nicht. Es sei denn, die DDR wolle sich ein Heer von potenziellen Häftlingen halten, um sich eine nicht mehr verebbende Einnahmequelle zu sichern. Hier ist dringender Handlungsbedarf erforderlich. Doch erst nach langwierigen Verhandlungen wird sich Rehlinger mit der Forderung nach der freien Wahl des Entlassungsgebietes durchsetzen.

Doch noch muss fast die Hälfte der Freigelassenen in ihre Wohnorte in der DDR zurückkehren. Welche Enttäuschungen dies bei den Betroffenen auslöst, lässt sich nur erahnen. Der „Spießrutenlauf" im DDR-Alltag beginnt für viele Freigekaufte jetzt von Neuem. Hinzu kommen die Zuweisung eines oft minderwertigen Arbeitsplatzes, Schikanen gegenüber der Familie, die tägliche Überwachung durch Inoffizielle Mitarbeiter des MfS, Bildungs- und Ausbildungsbeschränkungen und das Versagen von Aufstiegschancen. Manch einer der Freigelassenen „bewährt" sich unter diesen Umständen eben nicht in der „sozialistischen Produktion" und findet sich schnell im Gefängnis und manchmal sogar auf einer Häftlingsliste im Zuge der „besonderen Bemühungen im humanitären Bereich" wieder.

Dennoch ist der erste deutsch-deutsche Häftlingsfreikauf großen Stils, der in den Monaten August und September abgewickelt wird, ein Erfolg. Es ist ein Sieg der Menschlich-

Ich hoffte, den Prozess ohne Todesurteil zu überstehen. Dann wollte ich fliehen

Ende September 1961 steht ein Mann am Bethaniendamm an der Berliner Sektorengrenze und winkt einem Mädchen auf der Ostseite zu. Die junge Frau gibt Zeichen, winkt zurück. Zwei Grenzposten kommen und fordern sie auf zu gehen. Das Winken über den „antifaschistischen Schutzwall" ist in der DDR verboten. Der Mann in West-Berlin ballt die Faust und sagt: Wir wollten heiraten. Harry Seidel legt die Hand auf die Schulter des Unbekannten und tröstet ihn: Sie werden heiraten. Und wenn Sie wollen, werde ich der Trauzeuge sein. „Wenige Tage später holte ich das Mädchen in die Freiheit. Ich zerschnitt den Stacheldraht und führte sie durch die Absperrungen."

Die junge Frau ist die erste von rund 150 fremden Menschen, die der Radrennfahrer in den Westen schleust – ohne Bezahlung und aus purem Idealismus. Denn er kennt deren Leid aus eigener Erfahrung. Am 13. August 1961 flüchtet er selbst aus Ost-Berlin in den Westen. Seine Frau und den fünf Monate alten Sohn kann er erst einen Monat später in der Ost-Berliner Kiefholzstraße durch ein Loch im Grenzzaun nachholen. „Ich wollte, dass meine Kinder in Freiheit aufwachsen", sagt Seidel. Auch seine Mutter will nach dem Mauerbau aus der DDR flüchten. Doch sie wird erwischt, ins Gefängnis gesperrt und zu 18 Monaten verurteilt. „Weil die DDR meine Mutter und meinen besten Freund verhaftete, wurde ich zum Fluchthelfer. Das war der Auslöser, gegen diesen Verbrecherstaat etwas zu tun", so Harry Seidel.

Der gelernte Elektromonteur ist in der DDR ein prominenter Sportler. Seidel wächst im Ost-Berliner Stadtteil Prenzlauer Berg auf. Er gewinnt mehrfach die Berlin-Meisterschaft und wird 1959 im Zweier Mannschaftsfahren DDR-Meister. Er steigt in die DDR-Bahnsport-Nationalmannschaft auf. Die linientreuen SED-Zeitungen feiern ihn als Sporthelden. Harry Seidel: „Ich wollte mich nicht für die DDR-Staatspropaganda einspannen lassen. Außerdem weigerte ich mich, seltsame Getränke einzunehmen, die angeblich für mich als Sportler gut waren. So flog ich aus der Mannschaft für Olympia 1960, obwohl ich mich dafür qualifiziert hatte."

Der Sportler wird zu einem erbitterten Gegner des SED-Regimes. „Ich schnitt Löcher in den Grenzzaun und zerschoss Scheinwerfer im Todesstreifen." Auf der Suche nach neuen Fluchtstellen erwischen ihn Grenzer am

Zurückgekämpft. Am 27. Dezember 1962 beginnt der Schauprozess gegen Harry Seidel. Links: Nach seinem Freikauf fährt der Radsportler wieder Rennen und wird 1970 Deutscher Meister im Vierer

Verrat. Harry Seidel hält die Erinnerung an seinen von der Stasi erschossenen Freund Heinz Jercha wach. Er stirbt 1962 bei einer verratenen Fluchthilfe in diesem Keller

Brandenburger Tor. Doch dem Fluchthelfer gelingt selbst noch einmal die Flucht. „Beim Verhör in den frühen Morgenstunden nutzte ich einen günstigen Augenblick und sprang in acht Metern Höhe aus dem Fenster. In der Kiefholzstraße schlüpfte ich wieder durch den Zaun."

Harry Seidel schließt sich mit anderen Fluchthelfern zusammen und gräbt Tunnel von West- nach Ost-Berlin. „Ich war am Bau von sechs Tunneln beteiligt. Den erfolgreichsten gruben wir vom Keller der West-Berliner Gaststätte ‚Heidelberger Krug' zu einem Fotogeschäft in der Elsenstraße auf der Ostseite. Wir holten 57 Leute rüber, bis die DDR-Organe den Tunnel entdeckten."

Die DDR-Staatssicherheit leitet den operativen Vorgang „Krampe" ein. Der ehemalige Vorzeigesportler der DDR wird jetzt als Staatsfeind und Terrorist bezeichnet. Ein Inoffizieller Mitarbeiter der Staatssicherheit erschleicht sich das Vertrauen des Stollengräbers und verrät seine Pläne. Bei einer Tunnelaktion im März 1962 soll Seidel in einen Hinterhalt gelockt werden. Doch an diesem Tag steigt nicht er, sondern sein Fluchthelfer-Kamerad Heinz Jercha aus der Öffnung in Ost-Berlin heraus, um die Flüchtlinge abzuholen. Ein Stasi-Leutnant schießt sofort. Jercha wird schwer verletzt. Die beiden Tunnelbauer schaffen es noch zurück in den Westen. Doch dort stirbt Heinz Jercha „Es war furchtbar. Die Last, dass mein Freund in einem Hinterhalt starb, der für mich bestimmt war, trage ich auch nach mehr als 50 Jahren noch", sagt Seidel.

Aufgeben will er nach dem Tod des Freundes nicht. Am 14. November tappt er in eine Falle des Staatssicherheitsdienstes und wird beim Bau eines Tunnels in Kleinmachnow verhaftet. Ihm gelingt es noch, seine Helfer zu warnen und vor einer Festnahme zu bewahren.

Sechs Wochen später beginnt ein Schauprozess vor dem Ersten Senat des Obersten Gerichts der DDR. Am 29. Dezember 1962 verurteilt ihn der Vorsitzende Richter Heinrich Toeplitz wegen Verstoßes gegen das „Gesetz zum Schutze des Friedens" zu lebenslangem Zuchthaus. Toeplitz bezeichnet Seidel in seiner Urteilsbegründung als „republikflüchtigen Gewaltverbrecher" und unterstellt ihm „staatsgefährdende Gewalttätigkeit". Das Urteil sorgt im Westen für Entrüstung. „Es gibt kein Wort, das genügen würde, um der Empörung über dieses Schandurteil der modernen Inquisition eines Unrechtsstaates Ausdruck zu verleihen", kommentiert Berlins regierender Bürgermeister Willy Brandt die Entscheidung.

Seidel nimmt das Urteil mit Fassung auf. „Ich hoffte die ganze Zeit, den Prozess ohne Todesurteil zu überstehen. Das hatte ich geschafft. Ich war davon überzeugt, dass es mir irgendwie gelingen würde, aus der Haft zu fliehen und in den Westen zurückzukehren."

Harry Seidel muss seine Strafe im Zuchthaus Brandenburg verbüßen. „Ich war der einzige politische Gefangene. Da waren nur Mörder und Gewaltverbrecher." Am 12. September 1966 holt ihn mittags überraschend die Staatssicherheit ab. „Man brachte mich zur Stasi-Zentrale nach Berlin-Lichtenberg. Dann eröffnete man mir, dass ich am nächsten Tag entlassen werden sollte." Harry Seidel ist misstrauisch. „Ein Jahr zuvor hatte man mich schon mal in die Auslieferungszelle gebracht. Dort saß ich ein halbes Jahr und wurde dann wieder nach Brandenburg verlegt."

Am nächsten Morgen fährt tatsächlich Rechtsanwalt Vogel vor und bringt Seidel über den Grenzübergang Invalidenstraße zur Berliner Rechtsschutzstelle. „Dort wartete der schwedische Diplomat Carl-Gustav Svingel auf mich. Er brachte mich die ersten Tage in seinem Haus unter. Ich wurde zum Schweigen verdonnert. Die DDR hatte 200 Gefangene in Karl-Marx-Stadt. Die wären nicht freigelassen worden, wenn ich der Presse ein Interview gegeben hätte." In Svingels Haus kann Seidel nach vier Jahren seine Frau und den Sohn in die Arme schließen. „Diesen unbeschreiblichen Moment werde ich nie vergessen. Es war einfach nur schön."

keit. Es ist aber auch ein viel versprechender Anfang, auf den viele politische Häftlinge in den Zuchthäusern der DDR ihre Hoffnungen setzen. Eben diese Hoffnung, einmal unter den „Auserwählten" zu sein, hält manchen, der noch eine lange Haftzeit vor sich hat, am Leben. Doch dies alles droht sich nun in Nichts aufzulösen, denn die vereinbarte Geheimhaltung des Häftlingsfreikaufs ist bedroht. *Die Welt* berichtet bereits am 27. August 1964 unter der Überschrift „Zonenbehörden lassen zahlreiche politische Häftlinge frei" von der Aktion. Im Oktober folgen Berichte von *Tagesspiegel* und *Spiegel*. Von „Kopfgeld" und von geheimen Lieferungen von Südfrüchten und Butter ist die Rede. Im Osten – bei der Staatssicherheit und den politischen Stellen, bei denen man Bescheid weiß – ist man wie gelähmt. Welch ein Prestigeverlust droht da der DDR, die ihre eigene Rechtsprechung diskreditiert, indem sie Häftlinge, die sich nach sozialistischem Rechtsverständnis schwerer Verbrechen schuldig gemacht haben, an den Klassenfeind verkauft. Und überhaupt: Wie passt der Verkauf von Menschen zum humanen Bild von der sozialistischen Gesellschaft? Die für das Geschäft Verantwortlichen beschließen, abzuwarten.

Im Jahr 1965 werden von Bonn 1541 politische Häftlinge freigekauft

Diesseits von Mauer und Stacheldraht, wo man um die schwierige Situation der politischen Häftlinge in den Zuchthäusern der DDR allzu gut Bescheid weiß, werden derweil alle Hebel in Bewegung gesetzt, die Berichterstattung einzudämmen. Rehlinger spricht mit Chefredakteuren großer Blätter. Mit eingeschaltet hat sich auch der Vorsitzende der CSU-Landesgruppe im Bundestag, Franz Josef Strauß, der von den Medien strikte Zurückhaltung verlangt. Schließlich könnten weitere Absprachen mit der DDR und damit die ersehnte Freiheit Tausender Häftlinge gefährdet sein. Die Bemühungen haben Erfolg. Egon Bahr, der Leiter des Berliner Presse- und Informationsamts, konstatiert später, dass die „Journalisten das Maul gehalten" hätten – ein Vorgang, der auch bei Volpert & Co. auf der anderen Seite der Mauer mit Erleichterung aufgenommen wird.

So werden bald die Freikauf-Aktivitäten fortgesetzt, ja sogar gesteigert. Gegenüber 1964 mit seinen 888 Häftlingen sind es im darauffolgenden Jahr 1541 Menschen, für die sich die Gefängnistore öffnen. 67 667 898 D-Mark bringt die Bundesrepublik inklusive der Aufwendungen für die Familienzusammenführung dafür auf – und dies, obgleich das Geschäft alles andere als reibungslos verläuft. Die DDR schiebt

nämlich zunehmend auch Personen auf die Freikauf-Listen, die weniger als die vereinbarten fünf Jahre Haft erhalten haben. Nachdem es Rehlinger zunächst ablehnt, diese Personen anderen Häftlingen vorzuziehen, akzeptiert Mende das Vorgehen der „anderen Seite".

1969 steigen die Zahlen der Freigekauften, die in den zurückliegenden drei Jahren zwischen 400 und knapp 700 gelegen haben, auf 927 an. Bonn intensiviert seine Anstrengungen, denn man weiß um die Not der politischen Häftlinge in der DDR, deren Los sich seit der Einführung eines neuen Strafgesetzbuches und der neuen Strafvollzugsverordnung im Jahr 1968 drastisch verschlechtert hat. Sämtliche ohnehin lächerlichen „Rechte" und „Vergünstigungen" sind gestrichen worden. Paketsendungen mit Lebensmitteln sind nicht mehr erlaubt. Die Arbeitszeit der Häftlinge ist von achtdreiviertel auf zwölf Stunden pro Tag verlängert worden. „Verdiente" vor 1968 ein Häftling bei hundertprozentiger Normerfüllung 60 bis 80 Mark im Monat, so sind dies jetzt noch 20, die er

Nachempfundener Freigang am Originalschauplatz in Bautzen. Nicht zuletzt die Zustände in den Gefängnissen der DDR sind es, die Bonn dazu veranlassen, mit dem Freikauf trotz aller Unbilden fortzufahren

dringend zu seiner Ernährung braucht. Die Begründung für die Kürzung: Der Sinn des sozialistischen Strafvollzugs erlaube es nicht, dass die Häftlinge bei der Entlassung als Kapitalisten hinausgingen. Die unerträglichen, menschenunwürdigen Zustände ziehen oft Krankheiten nach sich, die bei der schlechten medizinischen Versorgung oft zu lebenslangen Schäden führen. Die Selbstmordquote in den Zuchthäusern der DDR ist entsprechend hoch.

Um den politischen Gefangenen die Hoffnung zu erhalten, muss man auf westlicher Seite damit leben, dass der Staatssicherheitsdienst die Häftlingslisten (H-Listen) von Anfang an manipuliert. Dabei werden Personen auf die Listen gesetzt, die gar nicht existieren. Im Jahr 1970 ist es nach einem Bericht des MfS möglich gewesen, „102 erfundene Personen, die einfach gezählt wurden, mit zu verrechnen". Der Gewinn: Mehr als vier Millionen D-Mark. Im Mittelpunkt der Manipulationen der „anderen Seite" steht jedoch immer wieder der Versuch, dem Westen Kriminelle zu verkaufen. So werden, wie das MfS im Januar 1970 intern berichtet, in die H-Aktionen 1969 „200 Personen als ‚Mittäter' einbezogen, die wir dadurch nach Westdeutschland abschieben konnten". Bei diesen Mittätern handelt es sich, laut MfS, „um Personen, die mehrfach wegen krimineller Delikte einschlägig vorbestraft waren" oder „um Personen, die zu wiederholter Arbeitserziehung verurteilt waren". Nicht viel besser sieht es in der Abrechnung der H-Akten 1970 aus. Hier wird von 239 Personen, „solche mit kriminellem Einschlag oder mehrfach Vorbestrafte", gesprochen.

Einer dieser Kriminellen ist Günter Voigt. Der einstige DDR-Volkspolizist ist nach West-Berlin geflüchtet, hat dort 1961 eine Wechselstube überfallen und ist nach der Tat in die DDR zurückgekehrt. Dort festgenommen und als Deserteur zu acht Jahren Haft verurteilt, wird er nach sechs Jahren begnadigt. Da er in die „besonderen humanitären Bemühungen" mit einbezogen wird, kommt er gegen die Zahlung eines Kopfgeldes von 40 000 D-Mark zurück in die Bundes-

Ein Bus mit den Gefangenen kam aus dem Osten. Im Niemandsland luden wir sie um

„Tagsüber chauffierten wir Touristen, nachts fuhren wir mit unserem Bus politische Häftlinge aus der DDR in den Westen", erinnert sich Horst Niepel aus Nidderau bei Gießen (Hessen) an seine ersten Touren in die DDR. „Die Fahrten in den Osten waren streng geheim. In der Anfangszeit ging es deshalb immer erst im Dunkeln in Herleshausen über die Grenze."

Horst Niepel betreibt Mitte der 60er-Jahre eine gut gehende Fahrschule, als ihn sein Freund und Kollege Arthur Reichert um einen Gefallen bittet: Der Busunternehmer aus einem Nachbarort transportiert seit einiger Zeit freigekaufte DDR-Häftlinge in die Bundesrepublik. Jetzt braucht er einen Busfahrer zur Verstärkung: „Seine eigenen Leute durften damals nicht wissen, dass er diese Fahrten macht. Deshalb fragte Arthur Reichert mich. Ich hatte damals schon öfter als Aushilfe Touristen- und Schulbusfahrten für ihn übernommen." Horst Niepel willigt ein. Er kennt die Nöte der Menschen in der DDR. Er wuchs in Mecklenburg auf, 1960 flüchtete er in den Westen.

„Auf einem Parkplatz vor Herleshausen warteten wir, bis es dunkel war. Hier stieg meistens der West-Berliner Anwalt Dr. Stange in unseren Bus. Zu einer vorgegebenen Zeit ging es dann über die Grenze", so Busfahrer Niepel. „Am Grenzübergang Herleshausen kam auch der Ost-Berliner Anwalt Vogel an Bord. Wir fuhren ein Stück Landstraße, an der Erdbunker der Grenztruppen standen. Dann musste ich rückwärts in einen Dorfweg entlang der Werra fahren. Wir nannten diese Piste die Straße der Freiheit."

Mit dem West-Bus in die Freiheit. Über die Autobahn fährt der Freikauf-Bus nach Gießen und bringt die ehemaligen Häftlinge in das Notaufnahmelager

Horst Niepel beschreibt Szenen wie in einem Agentenfilm. „Aus dem Osten kam ein Ikarus-Bus mit den Gefangenen. Die Fahrzeuge hielten nebeneinander im Niemandsland des Grenzgebietes. Wir öffneten die Türen, und die Leute stiegen so schnell wie möglich um. Der Herr Vogel organisierte den ganzen Vorgang. Wir bogen dann die Straße rechts zurück Richtung Grenze ab. Der leere DDR-Bus fuhr nach links und verschwand im Dunkel."

Nur einmal hält der Bus noch an, bevor die Gefangenen mit Horst Niepel am Steuer in die Freiheit rollen. „In Herleshausen stieg Rechtsanwalt Vogel aus. Ein Teil des Grenzübergangs wurde dann extra für uns gesperrt. Wir hatten freie Fahrt, wurden nicht kontrolliert." Die ersten Fahrten hat der 1931 geborene Niepel als besonders spannend und aufregend in Erinnerung. „Langsam wurde es Routine. Wir fuhren die Leute jedes Mal zum Notaufnahmelager nach Gießen. Direkt hinter der Grenze hielten wir auf dem ersten Parkplatz in der Bundesrepublik. Da wartete jemand aus dem Notaufnahmelager mit Verpflegungsbeuteln auf uns." Niepel weiß noch genau, welche Lunchpakete seine Fahrgäste als Begrüßung im Westen bekamen: „Zwei Brötchen – eins mit Wurst und eins mit Käse, eine Banane, einen Apfel, eine Getränketüte, ein Schachtel Zigaretten und ein Packung Streichhölzer."

Die ersten Monate fährt Horst Niepel als zweiter Fahrer mit seinem Kollegen und Freund Arthur Reichert in die DDR. Zwischen 30 und 35 Freigekaufte holen die beiden bei jeder Tour in den Westen. Dann verdoppelt sich die Zahl. Niepel: „Wir fuhren dann mit zwei Bussen rüber. Später holten

Busfahrer. Ein altes DDR-Länderkennzeichen erinnert Horst Niepel zu Hause an seine aufregenden Fahrten in den Osten

wir die Gefangenen nicht mehr hinter der Grenze im Niemandsland ab, sondern direkt aus dem Gefängnis in Chemnitz."

Ab Januar 1976 dürfen die Busse auf Weisung von Erich Mielke durch eine Nebeneinfahrt direkt in das MfS-Auslieferungsgefängnis Karl-Marx-Stadt fahren.

„Frühmorgens starteten wir mit zwei Bussen in Hessen, pünktlich um 12.30 Uhr passierten wir die Gefängnistore in Chemnitz. Für die zwölf Meter langen Busse war es verdammt eng dort", erinnert sich Horst Niepel. „Wir stellten die Busse ab und gingen in eine Verhörzelle. Dort gab es ein Mittagessen." Das Essen für die Busfahrer lässt sich die DDR etwas kosten. Es gibt keine Knastmahlzeit, sondern Kost aus dem Interhotel der Stadt. „Wenn wir nach dem Mittag in die Busse zurückkamen, saßen die Häftlinge bereits auf den Plätzen. Sie begrüßten uns jedes Mal mit großem Applaus, als ob wir Fußballstars wären."

Bevor Niepel seinen Bus im Gefängnishof startet, drückt er einen Knopf auf seinem Armaturenbrett. „Wir konnten das Nummernschild in der Stoßstange drehen. Grüner Knopf: Hanauer Kennzeichen, roter Knopf: DDR-Kennzeichen", erzählt der frühere Busfahrer und heutige Rentner. „In der DDR hatten wir ein Ost-Nummernschild. Nur bei der Einfahrt ins Gefängnis stellten wir auf das West-Kennzeichen um, damit die Häftlinge auch in den Bus einstiegen."

Die DDR stellt Kfz-Papiere für die West-Busse und Ost-Führerscheine für die Fahrer aus. Horst Niepel wird dafür auf dem Papier wieder zu einem DDR-Bürger. „Die Unterlagen trug der Chef aus dem Begleitkommando oder Anwalt Vogel immer bei sich. Die Anschrift in meinem DDR-Führerschein war die Adresse seiner Kanzlei. Bei einem Unfall wären wir offiziell DDR-Bürger und die Busse DDR-Fahrzeuge gewesen."

Während der langen Fahrt von Chemnitz bis zur Grenze legt Niepel Musikkassetten ein. Die gleichen Schlager, die sonst für Urlaubsreisende gespielt werden. „Bis zur Grenze begleiteten uns Autos der Stasi. In der ersten Bus-Reihe saßen außerdem vier Stasi-Leute. Eigentlich ganz nette Kerle. Manchmal brachte ich ihnen eine Leerkassette mit. Die gab es im Osten nicht, und darauf waren sie scharf."

An Bord rauchen die übrigen Passagiere aufgeregt ihre letzten Ost-Zigaretten oder gucken schweigend aus dem Fenster. In den Bussen spielen sich immer wieder ergreifende Szenen ab, sobald es über die Grenze geht. Niepel: „Mein Spruch war immer der gleiche. Wenn es nicht mehr rumpelt, sind wir im Westen." Und hinter dem Schlagbaum begrüßt der leidenschaftliche Kraftfahrer seine Passagiere auch immer mit denselben Worten: „Meine Damen und Herren, Sie sind jetzt Bundesbürger." Niepel: „Manche Menschen johlten und klatschten. Einige weinten und lagen sich in den Armen. Das waren oft schlimme Schicksale, die die Menschen erlitten hatten. Fluchthelfer, gescheiterte Flüchtlinge und Leute, die einfach für ihre Meinung eingesperrt wurden." Der Fahrer der Freiheit erinnert sich auch an Kurioses. „Einmal war der ganze Bus voller Freudenmädchen. Ein anderes Mal waren nur Ärzte dabei." Wie oft Horst Niepel freigekaufte Häftlinge von der DDR in die Bundesrepublik fuhr, weiß er nicht. „Ich habe mir darüber keine Notizen gemacht." Nach längerem Nachdenken sagt er dann: „Ich habe etwa jeden zweiten Mittwoch eine Tour übernommen. In all den Jahren habe ich wahrscheinlich ein paar Tausend Menschen in die Freiheit gefahren."

34 10 11 und für Anzeigen 34 10 15

Hamburger Abendblatt

UNABHÄNGIG · Hamburger Fremdenblatt · ÜBERPARTEILICH ·

Nr. 210 / Jahrgang 14 / Einzelpreis 50 Pf / C 3390 A

Hamburg, Sbd./Stg., den 9./10. September 1961

Das Wetter am Wochenende
Frische Winde, abnehmende Schauerneigung, aufheiternd, wärmer

Die Schweden sind empört / Hamburg wirbt mit Schnaps und „schweren Jungs" (Seite 3)

So durchbrach Hans B. das Brandenburger Tor

Dies sind die Bilder von der tollkühnen Flucht des Verzweifelten. Unmittelbar vor den Sperren gab der Mann Gas, durchbrach mit seinem Wagen die Schranke und raste über den Drahtverhau auf West-Berliner Gebiet (siehe Linie). Deutlich sieht man die umgestürzten Betonblöcke. Der Schlagbaum wurde von den Vopos sofort wieder erneuert.

Zehntausend Kinder bangen um Rückkehr zu den Eltern

Seit 13. August in Ost-Berlin abgeschnitten

Von unseren Redaktionen

Bonn/Berlin, 9. September

Mehr als 10 000 Kinder, viele unter sechs Jahren, bangen hinter Ulbrichts Stacheldraht um die Rückkehr zu ihren Eltern im Westen. Es sind Kinder aus West-Berlin und auch aus der Bundesrepublik, die am 13. August gerade bei Verwandten in Ost-Berlin oder in der Zone ihre Ferien verbrachten. Bis zur Stunde ist nicht bekannt, wann die Kinder zu den verzweifelten Eltern zurückkommen.

Auf diese erschütternde Folge des Pankower Terroraktes vom 13. August hat Bundesminister Lemmer am Freitag in Bonn vor der in- und ausländischen Presse hingewiesen. „Die menschlichen Tragödien, die sich in Berlin als Folge der Abschnürungsmaßnahmen abgespielt haben und noch abspielen, sind nicht zu zählen und einfach unvorstellbar!" sagte Lemmer.

„In Ulbrichts Machtbereich rast der Terror. Ich klage das Pankower Regime vor der Weltöffentlichkeit der Unmenschlichkeit und des Terrors an."

Allein im Ost-Berliner Bezirk Lichtenberg, so gab der Minister bekannt, haben sich in den letzten zehn Tagen 30 Menschen in ihrer Verzweiflung das Leben genommen. Lemmer: „Das sind aber nur die Fälle, die uns bekannt geworden sind."

Lemmer gab bekannt, daß alle Bemühungen angestellt werden, um eine Zusammenführung der seit dem 13. August zerrissenen Familien zu erreichen. Gegenwärtig, so sagte er, werden „bestenfalls" nur Kinder unter sechs Jahren, die von den Terrormaßnahmen am 13. August überrascht wurden, an den Sperrmauern ihren Eltern in West-Berlin zurückgegeben.

Auch das war nur möglich, nachdem sich das Deutsche Rote Kreuz energisch eingeschaltet hatte. Dennoch konnten bis jetzt erst 518 Kinder zu ihren Eltern nach West-Berlin zurückkehren. Sie wurden am Bahnhof Friedrichstraße unter den Augen der Zonenpolizei übergeben.

Bonn erwägt jetzt, über internationale Organisationen eine Zusammenführung der zerrissenen Familien zu erreichen. Es sei zu hoffen, so sagte Lemmer, daß über internationale Organisationen — etwa entsprechend den Vereinbarungen mit Polen — die seit dem 13. August getrennten Eltern und Kinder wiedervereinigt werden können.

Auf der Pressekonferenz der in- und ausländischen Korrespondenten hat Lemmer ein „Gelbbuch" der Bundesregierung über die Fluchtbewegung aus der Zone und die willkürlichen Abriegelungsmaßnahmen des Pankower Regimes veröffentlicht. Die Dokumentation, die Aussagen von Flüchtlingen, Gesetze und Verordnungen sowie interne Anweisungen der Zone, Bilddokumente, Karten und Schaubilder enthält, soll im Laufe des heutigen Sonnabends allen ausländischen Botschaften in Bonn übergeben und gleichzeitig sämtlichen internationalen Organisationen vorgelegt werden.

Dieses Gelbbuch, das in mehrere Sprachen übersetzt wird, bringt, wie Lemmer betont, den unwiderlegbaren Beweis dafür, daß in der Zone nur eine kleine Schicht fanatischer Funktionäre mit den Gewaltmitteln des Terrors über 16 Millionen Deutsche herrscht.

Der Fluchtwagen. Windschutzscheibe und Kühlerhaube wurden eingedrückt.

Die erste Zigarette in der Freiheit: Hans B. im Flüchtlingslager Marienfelde.

Zahnärzte nehmen Krankenscheine von Ersatzkassen nicht mehr an

Associated Press

Köln, 9. September

Die Zahnärzte in der Bundesrepublik nehmen ab sofort Krankenscheine der Ersatzkassen nicht mehr entgegen. Die Kassenärztliche Bundesvereinigung hat bekanntgegeben, daß zwischen ihr und den Ersatzkassen ein vertragloser Zustand eingetreten sei.

Begründung: Die Bundesvereinigung habe den Vertrag mit den Ersatzkassen bereits zum 31. Dezember 1960 gekündigt. In den darauffolgenden Verhandlungen sei keine Einigung über „eine angemessene Angleichung der Gebühren" an die veränderten wirtschaftlichen Verhältnisse erzielt worden. Nachdem die Ersatzkassen am 4. September jede Erhöhung der Gebühren für 1961 abgelehnt hätten, habe der Vorstand der Bundesvereinigung nun feststellen müssen, daß die Kündigung wirksam geworden und der vertragslose Zustand eingetreten sei.

Staub der Atomversuche wird direkt gemessen
(Neuer Sonderdienst Seite 24)

„Nicht noch einmal vier Jahre Regierungs-Chef!"

Eckardt deutet an: Adenauer macht Erhard Platz

United Press International

Cuxhaven, 9. September

Zum erstenmal hat der Pressechef der Bundesregierung, von Eckardt, am Freitagabend in einem Streitgespräch mit den anderen Bundestagskandidaten seines Wahlkreises Cuxhaven angedeutet, daß der 85jährige Bundeskanzler nicht die Absicht habe, noch einmal eine ganze Legislaturperiode lang die Regierungsgeschäfte zu führen. Adenauer wolle vielmehr nach einer gewissen Zeit Bundeswirtschaftsminister Erhard Platz machen.

In dem Cuxhavener Gespräch sagte von Eckardt in Beantwortung einer Frage aus dem rund 1000köpfigen Publikum: „Ich glaube, den Herrn Bundeskanzler richtig zu interpretieren, wenn ich sage, daß er nicht danach strebt, noch einmal vier Jahre lang die Bürde des Regierungschefs zu tragen. Das Plakat, das die CDU im ganzen Bundesgebiet geklebt hat, trägt das Schlagwort ‚Adenauer, Erhard und die Mannschaft'. Dieses Plakat hat die Zustimmung des CDU-Vorsitzenden. Er hat damit seine Entscheidung getroffen. Dieses Plakat bedeutet die ganz klare Herausstellung einer Person aus der CDU-Mannschaft neben Dr. Adenauer."

Von Eckardt fügte hinzu, daß er bezweifle, ob es richtig wäre, unmittelbar nach der Wahl die Führung zu wechseln. Er glaube vielmehr, Adenauer solle noch über die jetzige Krisenstimmung hinaus Regierungschef bleiben.

Atombomben wie ein Wasserglas

Springer-Auslandsdienst

Washington, 9. September

Während Chruschtschow darauf aus sei, Atombomben in der Größe von Elefanten zu entwickeln, gehen die jetzt geplanten amerikanischen Versuche in umgekehrter Richtung. Es sollen Atombomben hergestellt werden, die nicht größer sind als ein normales Wasserglas, kündigte der amerikanische Senator Bush an.

„Worauf es uns ankommt, ist die Präzision und Lokalisierung der Bombe", sagte Bush. „Die Russen legen das Schwergewicht auf reine Terrorwaffen, mit denen sie möglichst viele Menschen auf einmal töten können."

Nur weil sie westliche Sender hörten

Von unserer Berliner Redaktion

Berlin, 9. September

Nur weil es westliche Rundfunksender gehört hat, ist das Ehepaar Schulze aus dem Neubauwohnblock Friedrich-Ebert-Straße in Potsdam ausgewiesen und in eine Altbauwohnung eingewiesen worden. Das berichtet das SED-Organ „Märkische Volksstimme".

Verstärkungen aus den USA

Deutsche Presse-Agentur

Washington, 9. September

Die drei in der Bundesrepublik stehenden amerikanischen Infanterie-Divisionen werden in Kürze um je 1000 Mann verstärkt, kündigte der Oberbefehlshaber des amerikanischen Heeres an. Außerdem werden zusätzlich gepanzerte Mannschaftsfahrzeuge nach der Bundesrepublik verlegt.

Menschlich gesehen

Hallig-Postbote

Hinter dem hohen Westdeich der Insel Pellworm steht sein kleines riedgedecktes Haus. Von hier bis zur Hallig Süderoog und zurück sind es 14 Kilometer. Heinrich Liermann läuft diese Strecke drei- bis sechsmal wöchentlich im Sommer, ein- bis zweimal wöchentlich im Winter. Bei Ebbe übers Watt. Im Rucksack Briefe, Päckchen und manchmal auch ein Paket. Auf der Hallig der Jugend, wie man Süderoog nennt, warten oft an die hundert Jungen auf den Hallig-Postboten.

Seit 45 Jahren hat Uropa Liermann dieses Amt inne, und wenn ihn jemand fragt, wie lange er das noch machen will, antwortet er verschmitzt: „Na, wenn ick de hunnert vull heff, dann will ick dat wull affgewen!" Kaum jemand im nordfriesischen Hallig- und Inselbereich ist so bekannt wie der hagere, aber drahtige Postbote, der heute 79 Jahre alt wird. Vor fünf Jahren bekam er das Bundesverdienstkreuz. Seine Liebhaberei ist die Heimatforschung. In seinem Haus hat er ein eigenes, kleines Museum. In mühevoller Arbeit hat er aus Scherben formschöne Tontöpfe wieder zusammengeklebt. Alte Teller, Krüge, Kannen stehen auf den Borden. Alles das und einen ganzen Topf voll alter Münzen hat Heinrich Liermann aus dem Watt geholt, größtenteils dort, wo einst das reiche altnordstrandische Dorf Buphever stand, daß in der großen Oktoberflut 1634 untergegangen ist.

Zwei Töchter und zwei Söhne hat Opa Liermann, die alle auf Pellworm verheiratet sind. Sie schenkten ihm zehn Enkel und dreizehn Urenkel. Den „Lütten" imponiert es am meisten, wenn Uropa aus Amerika erzählt, wo er in seiner Jugend in paar Jährchen verbrachte.

Wendung im Bizerta-Konflikt / Burgiba denkt an Berlin

Bereitschaft zum Verzicht, solange die Krise anhält

United Press International

Tunis, 9. September

Der tunesische Präsident Burgiba hat sich bereit erklärt, auf eine Räumung des Kriegshafens Bizerta durch Frankreich zu verzichten, solange die Berliner Krise anhält.

Tunesien sei mit Verhandlungen mit Frankreich auf der von de Gaulle in seiner Pressekonferenz am Dienstag vorgeschlagenen Grundlage einverstanden.

De Gaulle wolle, wie Burgiba betonte, nur wegen der gegenwärtigen Spannungen an Bizerta festhalten. „Offensichtlich bezog sich der General dabei auf die Berliner Krise. Wir hoffen, daß dies nur eine Angelegenheit von Wochen sein wird. Das Wesentliche ist, daß der Präsident der Französischen Republik den Grundsatz der stufenweisen Räumung akzeptiert."

Während des Wochenendes soll der Austausch der während der Kämpfe um Bizerta in Gefangenschaft geratenen Franzosen und Tunesier beginnen. Burgiba ließ ferner durchblicken, daß er einer Wiedereröffnung der französischen Universität und Kulturmission in Tunis nichts in den Weg legen würde.

Welche Rolle spielt Fanfani?

United Press International

Rom, 9. September

Präsident Kennedy soll den italienischen Ministerpräsidenten Fanfani, der kürzlich in Moskau war, gebeten haben, in der Berliner Frage ein eindeutigere Haltung als bisher einzunehmen.

Im italienischen Parlament brachten die MSI (Nachfolger der Faschisten) die Anfrage ein, ob Fanfanis Haltung als Überwechseln Italiens vom NATO-Staat zum Vermittler zu betrachten sei.

US-Düsenjäger am schnellsten

Den Maschinen des Ostblocks überlegen / Mit Atombombe und Überschall-Raketen

Eigener Bericht-upi

Hamburg, 9. September

Die Düsenjagdflugzeuge der Westmächte sind an Leistungen denen des gesamten Ostblocks weit überlegen. Hierauf haben Luftfahrtexperten und Kenner der westlichen und östlichen Flugzeugmuster mit allem Nachdruck hingewiesen. Ihre Feststellung gewinnt vor allem Bedeutung im Hinblick auf die Ankündigungen, daß die Westmächte bei einer Zuspitzung der Lage in den Berliner Luftkorridoren Militärtransportflugzeuge zur Aufrechterhaltung des Flugverkehrs nach und von Berlin unter Jagdschutz stellen könnten.

Im Vergleich mit den Jagdflugzeugen sowjetischer Bauart der Muster MIG 19 und MIG 21, von denen das schnellste etwa doppelte Schallgeschwindigkeit erreicht, wird vor allem die in letzter Zeit in großer Stückzahl im Nonstop-Flug aus den USA in die Bundesrepublik geflogene amerikanische F-105 „Thunderchief" genannt. Dieser raketengleiche Düsenjäger gilt als das perfekteste Ein-Mann-Waffen-System, das bisher entwickelt worden ist. Das Flugzeug erreicht im Horizontalflug doppelte Schallgeschwindigkeit. Dieser bei jedem Wetter einsatzfähige Tag- und Nacht-Abfangjäger kann eine Atombombe mitführen. Außerdem kann er unter dem Rumpf und den Tragflächen mit 190 Überschallraketen bestückt werden, deren Infrarotzielkopf kein feindliches Flugzeug entgeht.

Als zweiter Jägertyp der Westmächte kommt der amerikanische Starfighter F - 104 in Betracht, der jetzt auch von der Bundeswehr geflogen wird. Die F - 104 gilt als der schnellste Jäger der Welt. Die Geschwindigkeit liegt weit über 2500 km/st. Man sagt, die F - 104 könne mühelos eine aus einem Schiffsgeschütz abgeschossene Granate im Fluge einholen.

Auf britischer Seite steht der neue britische Überschalljäger „Lightning" zur Verfügung, dessen Flugleistung ebenfalls mit weit über 2000 km/st angegeben wird.

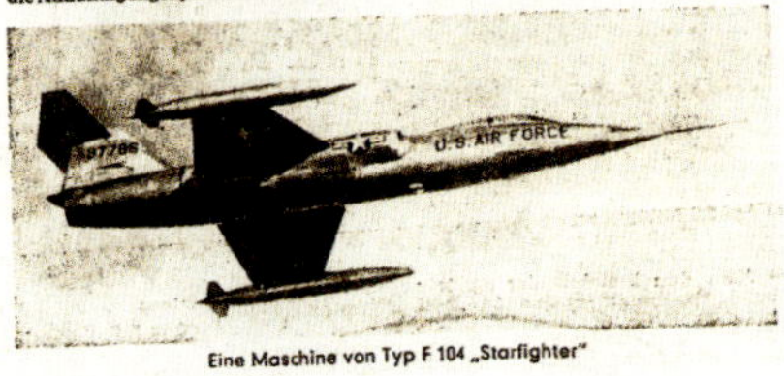

Eine Maschine von Typ F 104 „Starfighter"

Leer nach Gedser

Eigener Bericht

hn. Hamburg, 9. September

Das zwischen Warnemünde und dem dänischen Hafen Gedser regelmäßig verkehrende Zonen-Fährschiff „Seebad Warnemünde" ist am gestrigen Freitag zum erstenmal in dieser Saison ohne Fahrgäste aus der Zone in Gedser eingetroffen. Auch Volkspolizisten in Zivil zeigten sich kaum auf dem Oberdeck.

In Gedser glaubt man, daß Pankow den Ausflugverkehr jetzt endgültig unterbunden habe, um auch hier jede Fluchtmöglichkeit aus der Zone auszuschalten.

Wegweiser
durch den Anzeigenteil

Stellengesuche	46, 47
Stellenangebote	42—46
Ankauf	51
Verkauf	48, 49
Kraftfahrzeuge	18, 19, 20
Wohnungsmarkt	26, 27, 28
Grundstücksanzeigen	28, 29, 30, 31, 32
Geldmarkt	12
Geschäftsverbindungen	12
Heiraten — Bekanntschaften	50
Unterricht	21
Verschiedenes	51
Tiermarkt	11

Erziehung zum neuen Menschen. Die Kinder müssen zu gewissen Uhrzeiten kollektiv aufs Töpfchen

republik. Dort kassiert er 6000 D-Mark Haftentschädigung und baut in einer Berlin-Kreuzberger Kneipe mit dem Namen „Wolfschanze“ einen Waffenhandel auf, der insbesondere die Terroristen der „Roten Armee Fraktion“ um Andreas Baader und Ulrike Meinhof beliefert. Nicht von ungefähr erhält er in der Szene den Namen „APO-Waffenmeister“. Doch Voigt, der auch die Waffen für die spektakuläre Baader-Befreiung vom 14. Mai 1970 organisiert, gerät bald wieder in das Fahndungsnetz der Polizei. Schließlich wird er in der Schweiz festgesetzt.

Im Westen hat man sich darauf eingerichtet, dass die „andere Seite“ immer wieder versucht, Kriminelle und auch Zuträger des Staatssicherheitsdienstes auf die Listen zu setzen. Im Notaufnahmelager Gießen nimmt daher der Verfassungsschutz die Ankommenden unter die Lupe. In einem Bericht der sogenannten Vorprüfungsgruppe über 152 eingetroffene Freigekaufte aus dem Jahr 1968 heißt es: „Bei etwa 40 Entlassenen muß man die Glaubwürdigkeit anzweifeln, und etwa 4 bis 5 Entlassene erscheinen völlig undurchsichtig und zweifelhaft.“ Das Fazit aus den Überprüfungen, das im Bundesministerium für gesamtdeutsche Fragen gezogen wird, lautet, dass der Personenkreis der zur Entlassung gekommenen Häftlinge im Vergleich zur Entlassungsaktion des Jahres 1964 „eindeutig problematischer“ geworden sei.

Die trotz allem positive Entwicklung beim Freikauf veranlasst die Verantwortlichen im Ministerium für gesamtdeutsche Fragen, eines der heikelsten Themen auf die Tagesordnung der inoffiziellen Kontakte, die über Stange und Vogel laufen, zu setzen: die „Kinderrückführung“. Die Überlegung, die dahinter steht, ist folgende: Wenn es schon gelingt, politische Häftlinge gegen Geld oder Ware freizubekommen, sollte es auch gelingen, Kindern, deren Eltern im Westen leben, die Heimkehr zu diesen zu ermöglichen. Es sind mehrere Tausend, denen der SED-Staat eben dies verwehrt und sie stattdessen zu Pflegeeltern gibt oder sie in Heime steckt.

Rechtsanwalt Friedrich Karl Kaul mit einer Mandantin

Schon unmittelbar nach dem Mauerbau steht das Thema auf der Tagesordnung westdeutscher Redaktionskonferenzen. „Zehntausend Kinder bangen um Rückkehr zu den Eltern“, titelt das *Hamburger Abendblatt* am 9. September 1961 und macht damit erstmals auf das Schicksal dieser Kinder aufmerksam. Es sind vor allem Kinder aus West-Berlin und Westdeutschland, die ihre Ferien bei Verwandten und Freunden verbracht haben und vom Mauerbau überrascht worden sind. Es sind aber auch Kinder, deren Väter oder Mütter der DDR den Rücken gekehrt haben und im Westen, wo sie leben und arbeiten, den Nachzug der Familie vorzubereiten haben. Nicht selten sind die Kinder bei den Großeltern oder Verwandten geblieben. Sie nachzuholen, hat der 13. August vereitelt.

Verunsichert. Die fünf Jahre alte Beate Kernke wird nach ihrer Entlassung aus der DDR im März 1963 mit dem amerikanischen Rot-Kreuz-Funktionär Neil M. Clark fotografiert

Der Bundesminister für gesamtdeutsche Fragen Ernst Lemmer verweist im September 1961 vor der internationalen Presse auf die „menschlichen Tragödien, die sich in Berlin als Folge der Abschnürungsmaßnahmen ... abspielen". Lemmer erwähnt auch die Kinder, die von ihren Eltern getrennt sind, und attackiert die DDR. Doch nicht nur die Politik macht Druck, auch das Deutsche Rote Kreuz (DRK). Und Letzterem ist es wohl zu verdanken, dass bald wenigstens diejenigen, die jünger als sechs Jahre sind, unter den Augen der bewaffneten Organe auf dem Berliner Bahnhof Friedrichstraße dem DRK übergeben werden. Doch bei den Älteren zeigt sich das SED-Regime unnachgiebig. So werden 2300 Kinder und Jugendliche zu Geiseln des „Arbeiter- und Bauernstaates".

Die DDR verweigert Kindern die Ausreise zu den Eltern

Wie menschenverachtend die dort vorgebrachten Argumente sind, zeigen die von Reymar von Wedel in seinen Erinnerungen wiedergegebenen Worte eines DDR-Funktionärs. Dieser begründet die verweigerte Ausreise der Kinder gegenüber einem Kirchenmann: „Damit würden wir doch die Flucht der Eltern rechtfertigen und andere Eltern anregen, es ihnen gleichzutun. Wenn die Kinder erwachsen sind, werden sie Bürger der DDR sein. Bis dahin werden sie in Heimen erzogen oder geeigneten Familien übergeben. Wenn diese das beantragen, können sie auch adoptiert werden."
Der Ost-Berliner Anwalt Friedrich Karl Kaul, der später die Verdienstmedaille der Nationalen Volksarmee erhalten wird, artikuliert sich intelligenter, wenn er sagt:
„Wir halten tatsächlich einige Kinder zurück. Aber sie wurden in gewissenloser Weise von ihren Eltern zurückgelassen. Sollen doch diese Eltern zurückkommen, dann können sie bei uns in der DDR vernünftig zusammenleben." In „Kalter Krieg"-Manier bezichtigt er den Westen des „Sklavenhandels mit Kindern". Alle Empörung, wie sie zum Beispiel der Ratsvorsitzende der Evangelischen Kirche in Deutschland, Kurt Scharf, vorbringt, ändert an der Haltung Ost-Berlins nichts.
So vergehen Jahre, in denen Tausende Familien zerrissen bleiben. Nur selten gibt es Lichtblicke. Einer dieser Momente ist im März 1963 für die fünfjährige Beate Kernke gekommen. Das Mädchen, das bei seinen Großeltern im brandenburgischen Doberlug-Kirchhain gelebt hat, wird nach monatelangen Verhandlungen endlich freigegeben. Ihre Mutter hat einen US-Soldaten geheiratet und ist mit diesem nach Kalifornien gezogen. Das amerikanische Rote Kreuz hat sich der Angelegenheit „Beate" angenommen und die Verhandlungen trotz mancher Rückschläge zum Erfolg geführt. Entsprechend stolz nimmt Neil M. Clark vom amerikanischen Roten Kreuz auf dem Bahnhof Friedrichstraße auch die kleine Beate in Empfang, die sich auf das Wiedersehen mit ihrer Mutter freut.
Was dem amerikanischen Roten Kreuz gelingt, ist der deutschen Seite vorerst nicht vergönnt. Rechtsanwalt Stange bemüht sich bei Verhandlungen mit Vogel, die er im Auftrag Bonns führt, wenigstens einen Teil der noch mehr als 2000 in der DDR ausharrenden Kinder herauszubekommen. Er bietet dafür „Geld oder Häftlinge". Vogel meldet Stanges Anliegen seinem Führungsoffizier Volpert, und der notiert: „Bei einer der letzten Verhandlungen mit Rechtsanwalt Stange kam dieser mit der Frage, inwieweit man auf dieser Ebene, GM und Rechtsanwalt, das Kinderproblem in Angriff nehmen könne." Dem GM sei abgeraten worden, „da es nicht diskutabel ist" (...) Wenn solche Fragen zur Diskussion stehen, dann kann so etwas von den örtlichen Organen von Fall zu Fall entschieden und behandelt werden. Wir wollen hier nicht tätig werden."
Es folgen weitere Versuche der westlichen Seite, das Thema Kinder auf die Tagesordnung zu bringen. Es werden beträchtliche Summen angeboten. Ausgangspunkt dafür ist

Glückliche Eltern. Beate Kernke wird von ihrer Mutter und ihrem Stiefvater auf dem Internationalen Flughafen von San Francisco in die Arme geschlossen

Weil ich 1968 die tschechoslowakische Fahne hisste, sperrte man mich als Staatsfeind ein

Bob Bahra möchte sagen können, was er denkt. Und er möchte die Bücher lesen, die er will. Der junge Grafiker illustriert Romane beim Potsdamer SED-Bezirksorgan *Märkische Volksstimme*. Auf einem Jugendforum der Zeitung 1963 fragt der damals 21-Jährige: „Warum darf ich Ilja Ehrenburg nicht lesen? Und warum nicht Franz Kafka?" Der Chefredakteur ist entrüstet über diese „üble Hetze" und protokolliert: „Ohne es mit uns abzusprechen, stellte der B. Fragen. Keiner der Jugendlichen unterstützte ihn."

Als US-Präsident Kennedy 1963 erschossen wird, stellt der damals 21-Jährige Kerzen ins Fenster und gerät nun endgültig ins Visier der Staatssicherheit. Die Stasi setzt mehr als 40 Spitzel auf ihn an. IM „Ingo" schreibt über den Stiefsohn eines stalinistischen Funktionärspaars, der früh versucht, sich aus diesen Zwängen zu befreien: „Dieser Sohn passt nicht zur Familie."

1967 verhaftet die Stasi Bob Bahra zum ersten Mal. Er sitzt eine Woche im Untersuchungsgefängnis des Staatssicherheitsdienstes in der Potsdamer Lindenstraße. „Ein Freund war in den Westen geschleust worden. Ich wusste davon und zahlte die Miete seiner Wohnung weiter, damit sein Verschwinden nicht so schnell auffällt", erzählt Bahra. „Das erfüllte in der DDR den Straftatbestand des Nichtanzeigens eines Staatsverbrechens. Auch meine damalige Frau wurde verhaftet." Das Bezirksgericht Potsdam verurteilt beide zu 18 Monaten Haft auf Bewährung.

Bob Bahra arbeitet inzwischen als Grafiker in der SED-Parteischule in Kleinmachnow bei Potsdam. „Ich war in der Höhle des Löwen. Komischerweise versuchte mich dort kaum jemand politisch zu beeinflussen. Ich entwarf die Kulissen für das Weihnachtsmärchen in der Parteischule und illustrierte Ausstellungen." Bahra führt ein mondänes Leben, das sich sogar im Westen nur wenige leisten können. Er bewohnt eine Villa mit Swimmingpool im Potsdamer Stadtteil Babelsberg und fährt ein altes Cabriolet. Doch die geistige Enge in der DDR belastet ihn schwer. Der junge Familienvater reist immer wieder nach Prag. Er liebt die weltoffene Kulturstadt und ist fasziniert von den Veränderungen in der Tschechoslowakei. Er träumt von einem „Reformsozialismus mit menschlichem Antlitz" auch in der DDR. „Obwohl ich in der Parteischule arbeitete, hörte ich dort West-Berliner Sender. Am 21. August 1968 meldete der RIAS den Einmarsch sowjetischer Truppen in Prag. Ich war total aufgewühlt, legte die Arbeit nieder und wollte vom Schulleiter wissen, was in Prag los ist."

Glückliche Familie. Weihnachten 1967 spielen Bob Bahra und seine damalige Frau Marina mit ihren Kindern Marie und Marcus. Es ist das letzte Fest vor ihrer Festnahme, Verurteilung und Haft

Auf einer Gewerkschaftsversammlung, die wegen der Ereignisse in Prag einberufen wird, provoziert Bahra die linientreuen Genossen mit kritischen Fragen. Und er trägt seinen Protest stumm auf die Straße. „Ich heftete mir ein CSSR-Fähnchen mit Trauerrand an das Revers und lief damit durch Potsdam. Im Café Heider schob ich eine tschechoslowakische Fahne unter die Glasplatte eines Tisches. Und auch vor unserem Haus hisste ich eine CSSR-Fahne aus der Parteischule", erzählt der ehemalige Dissident. Am nächsten Tag fährt er nach Berlin und legt eine Flagge der CSSR an der Alten Wache ab. „Ich wollte ein Zeichen setzen. Im Operncafé gegenüber setzte ich mich auf die Terrasse und wartete auf eine Reaktion der Staatsmacht. Aber es passierte nichts."

Am 3. Oktober fährt frühmorgens ein grauer Moskwitsch vor der Babelsberger Villa vor. Offiziere der Staatssicherheit klingeln an der Tür. Haftbefehl wegen „Solidarität

Aktiv. Bob Bahra wird nach seinem Freikauf in die DDR entlassen und arbeitet heute als Fotograf

mit der Konterrevolution, öffentlicher Verleumdung und Verächtlichmachung der Maßnahmen unseres Staates". „Ich hatte wegen der Protestaktion schon meine Arbeit verloren. Ende August wurde ich fristlos gefeuert. Ich rechnete nicht mehr damit, auch noch verhaftet zu werden", so Bob Bahra.

Sein kleiner Sohn steht mit einem Holzgewehr in der Tür, als der Vater abgeführt wird. „Es ist schlimm, was die Stasi-Leute auch bei Kindern angerichtet haben. Mein Sohn hat sich in seiner kindlichen Vorstellung große Vorwürfe gemacht, dass er die Männer mit seinem Holzgewehr nicht aufgehalten hat, als sie mich mitnahmen. Das hat ihn lange belastet."

Bob Bahra wird in eine Einzelzelle der Stasi-Untersuchungshaftanstalt in der Potsdamer Innenstadt gesperrt. „Das Hissen der CSSR-Flagge war auch in der DDR nicht verboten. In meinem Fall wurde daraus aber ein Verbrechen gemacht."

Sechs Monate sitzt der zweifache Vater in Untersuchungshaft. „Drei Monate sperrte man mich in Isolationshaft, drei Monate saß ich in einer Doppelzelle. Als Toilette diente ein stinkender Kübel. Nachts ging viertelstündlich die grelle Beleuchtung an. Die Stasi wollte uns um den Schlaf bringen und mürbe machen." Bob Bahra macht sich Sorgen um seine Frau und die beiden Kinder. Wird die Staatsmacht auch sie abholen? Die Staatssicherheit wirft Bahra in ihrem Abschlussbericht in verschachteltem Deutsch vor, er habe „mit dem Ziel der Aufwiegelung gegen die sozialistische Staatsordnung der DDR, insbesondere gegen die Maßnahmen der sozialistischen Armeen zum Schutz der sozialistischen Staatsmacht in der CSSR, die Tätigkeit von Staatsorganen der DDR und anderer sozialistischer Länder diskriminiert". Am 22. Februar spricht Oberrichter Hermann Wohlgethan vom Bezirksgericht Potsdam sein Urteil. Wegen seiner Schauprozesse nach dem Arbeiteraufstand 1953 nennt man ihn auch den „roten Freisler". Bahra: „Ich bekam drei Jahre Zuchthaus. 18 Monate für meinen Fahnen-Protest. Die Bewährung für meine erste Verurteilung wurde gestrichen." Bei der Urteilsverkündung sitzen seine junge Frau im Saal und eine ganze Schulklasse – Staatsbürgerkunde-Unterricht im Gericht.

„Ich sollte meine Strafe in Cottbus absitzen. Doch die Gefängnisse in der DDR waren nach der Niederschlagung des Prager Frühlings so voll, dass ich noch eine Zeit lang in Potsdam blieb." In Cottbus teilt sich der Grafiker die Zelle mit 42 Mann. „Mitunter hörten wir die Schreie der Gefolterten aus der Arrestzelle. Aus Solidarität mit ihnen brüllten wir mit", erinnert sich der Potsdamer. „Von einem Freikauf politischer Häftlinge wusste ich bei meiner Ankunft in Cottbus nichts. Ich fürchtete, dass mich die Stasi noch länger als die drei Jahre einsperren würde. Nachschlag war jederzeit eine Option."

Die Familie in Ost und West organisiert prominente Unterstützer für Bob Bahra, „Sogar der Bundesminister Carlo Schmid setzte sich für mich ein. So kam ich schließlich auf eine Liste für die Häftlingsaktion. Davon ahnte ich in Cottbus allerdings nichts. Man war von allen Informationen abgeschnitten." Im Juli 1969 wird der politische Häftling nach Karl-Marx-Stadt verlegt. „Da wurden wir aufgepäppelt. Die Gefängniszellen waren tagsüber offen, es herrschte ein ganz anderer Knastalltag", so Boba Bahra. „Nach einigen Tagen sagten zwei Stasi-Offiziere zu mir: Wir haben Ihre Frau gefragt, ob sie möchte, dass Sie nach Hause kommen. Sie hat mit Ja geantwortet. Möchten Sie auch nach Hause?" Am nächsten Tag kann Bahra das Gefängnis mit zwei Mithäftlingen, etwas Geld und einer Bahnkarte für die Fahrt nach Potsdam verlassen. „Nach der Haft fanden meine Frau und ich nicht mehr zusammen. Die Stasi hat eine glückliche Familie zerstört."

1974 heiratete Bahra neu, lebt heute als Fotograf in Michendorf bei Berlin. DDR-Richter Wohlgethan wird für seine Unrechtsurteile nie zur Verantwortung gezogen. Nach dem Ende der DDR klagt ihn die Staatsanwaltschaft zwar wegen Rechtsbeugung in mindestens 63 Fällen an. Ein Arzt bescheinigt ihm aber Verhandlungsunfähigkeit, der Prozess platzt. Im Februar 2007 überbringt die Stadt Potsdam dem Mann, der Bob Bahra ins Gefängnis brachte, ein offizielles Glückwunschschreiben des Oberbürgermeisters zu seinem 100. Geburtstag.

Trennungsschmerz. Frauen winken in der Bernauer Straße in Berlin ihren Angehörigen auf der anderen Seite der Demarkationslinie

Deutsch-deutscher Alltag in Berlin. Die „Kinder" haben im Westen geheiratet. Oben: Die Eltern der Braut sind nur am Fenster auf der anderen Seite der Mauer mit dabei

die Überlegung, dass die Bundesrepublik die Mittel, die die DDR für Erziehung und Bildung der Kinder aufgewendet hat, ersetzen wolle. Lediglich in Einzelfällen sind Erfolge zu vermelden, so wie es Volpert gewollt hat. Schließlich interveniert Rehlinger selbst bei Vogel. In seinen Erinnerungen schreibt der Beamte, er habe seinem Gegenüber klargemacht, dass der Umgang der DDR mit diesen Kindern, „dem humanitären Geist und moralischen Denken widerspreche. Die DDR müsse sehen, dass ihr Ansehen durch die Weigerung, die Kinder zu ihren Eltern ausreisen zu lassen, weltweit Schaden nehme. Minderjährige Kinder gehörten zu den Eltern." Und weiter: „Man werde sich nicht scheuen, die DDR international auf die Anklagebank zu setzen. Kinder gewissermaßen als Mittel der Erpressung zu benutzen, um die Eltern zur Rückkehr zwingen zu wollen, sei in höchstem Maße schimpflich und verwerflich. Die DDR stehe in der Gefahr, geächtet oder an den Pranger gestellt zu werden."

In Ost-Berlin beginnt eine intensive Diskussion, in deren Konsequenz man zu erkennen gibt, dass man bereit sei, gegen einen Mündelgeldtransfer Kinderrückführungen zunächst in Berlin zu genehmigen. Das heißt, Bonn richtet ein „Sonderkonto S" in D-Mark bei der Deutschen Bundesbank ein, von dem die „andere Seite" die unterhaltsberechtigten Kinder in der DDR mit Ost-Mark ausstattet. Vom Berliner Senat werden dann die ersten Listen mit Kinderfällen übergeben. Doch die Sache schleppt sich hin. Häufig ist der Grund das ungeklärte Sorgerecht, wenn sich Eltern in den deutsch-deutschen Wirren trennten. Gegen die Freigabe von Unterhaltsbeiträgen in Höhe von fünf Millionen D-Mark dürfen dann Ende 1968 etwa 400 Kinder in den freien Teil Berlins ausreisen.

Im Jahr darauf erklärt sich die „andere Seite" über Vogel bereit, eine entsprechende Vereinbarung für diejenigen Kinder zu treffen, deren Eltern in der Bundesrepublik leben. Als Gegenleistung wird wiederum die Freigabe der in der Bundesrepublik bestehenden Sperrkonten von unterhaltsberechtigten Minderjährigen der DDR verlangt. Dabei handelt es sich um einen Gesamtbetrag von 76 Millionen D-Mark. Wieder ein Jahr später macht die DDR den Beginn der Kinderrückführungen auf Bundesebene von einer Vorauszahlung in Höhe von zehn Millionen D-Mark abhängig. Gleichzeitig sagt sie für das Jahr 1971 die Ausreise einer ersten Gruppe von 309 namentlich bekannten Kindern zu. Obwohl Bonn zahlt, hält sich Ost-Berlin nicht an die gemachten Vereinbarungen. Nur 39 Kinder der 309 sind ausgereist, als das Jahr vorüber ist, wie erstmals freigegebene Unterlagen des Bundeskanzleramtes belegen. Als Grund gibt Vogel „technische Schwierigkeiten" an. Tatsächlich dürften die Verantwortlichen des SED-Regimes entschieden haben, die Kinderrückführung nicht fortzusetzen. So sind es 1972 noch 1179 Kinder, die in der DDR festgehalten werden. Sie sind Spielball und Verhandlungsmasse im deutsch-deutschen Menschenhandel und leiden am nachhaltigsten unter der deutschen Teilung.

Seit 1965/66 kommt Bewegung in die Familienzusammenführung

Bewegung ist auch seit 1965/66 in die Familienzusammenführung gekommen. Das Ministerium für gesamtdeutsche Fragen benennt vordringlich getrennte Eheleute sowie Verlobte mit Kindern neben anderen menschlich besonders schwerwiegenden Anliegen. Erst nach langwierigen Verhandlungen erklärte sich Ost-Berlin bereit, Gesuche zu prüfen und in begrenztem Umfang zu genehmigen. Die Wünsche werden auf Listen zu je 26 Personen zusammengefasst, für die ein wirtschaftlicher Gegenwert von 300 000 Mark pro Liste vereinbart wird. Doch auch hier gehen die Dinge nur äußerst schleppend voran, denn die Verantwortlichen jenseits von Mauer und Stacheldraht fürchten um die sozialistische Moral. In einer Einschätzung des Bundesministeriums für gesamtdeutsche Fragen vom April 1969 heißt es dazu, es sei zu beobachten gewesen, dass von den untergeordneten Instanzen den Ausreiseantragstellern immer wieder „alle nur möglichen Schwierigkeiten" bereitet worden seien. „Sie wurden zu politischen Vorsprachen zum Rat des Kreises vorgeladen; die Betriebsorganisation der Arbeitsstelle wurde eingeschaltet. Auch scheute man sich nicht, einzelne Petenten in ihrem beruflichen Werdegang zu benachteiligen, ja zu entlassen. Jeder Antragsteller musste deshalb mit Nachdruck und hartnäckig sein Anliegen betreiben. In der Regel wurden auch erst dann nur Ausreisegenehmigungen erteilt, wenn man sich überzeugt hatte, dass der Betreffende auf keinen Fall locker lassen würde und sich nicht mehr in das gesellschaftliche Gefüge der DDR einordnen ließ."

Bis zum Sommer 1968 können so etwa 1300 Anliegen erfüllt werden. Begleitet wird die sogenannte Familienzusammenführungs-Aktion (F-Aktion) von den ständigen Versuchen der „anderen Seite", die Preise in die Höhe zu treiben. So wartet sie bereits im Vorjahr mit einer neuen Kategorie „HFZ" bei den Verhandlungen auf. Bei der „HFZ" handelt sich um Häftlinge (H-Fälle) mit kürzeren Strafen, die vor dem regulären Haftende zur Familienzusammenführung in den Westen entlassen werden. Für diese Personengruppe soll Bonn den doppelten Preis eines „normalen" Häftlings bezahlen. Herauskommt nach zähen Gesprächen eine Pauschalzahlung, die wiederum durch Warenlieferungen beglichen wird.

Im Jahr 1968 stockt das für die DDR so einträgliche „Geschäft". Der Kreml will, dass Ost-Berlin Druck auf Bonn ausübt, weil die Bundesregierung sich weigert, den inhaftierten KGB-Topspion Heinz Felfe auszutauschen. Vogel hat die übermittelten Drohungen wahrgemacht und ein Ende der humanitären Bemühungen zur Familienzusammenführung angekündigt. Erst 1969, als Bewegung in den Austauschfall Felfe gekommen ist, kehrt man beim Freikauf zur Tagesordnung zurück. Vogel übergibt Stange 23 Listen mit insgesamt 598 Namen, denen die Ausreise genehmigt sei. Die Prüfung ergibt allerdings, dass auf den Listen „in erheblichem Umfang" Personen im rentenfähigen Alter aufgeführt sind – mit anderen Worten: Die DDR versucht Rentner zu verkaufen, die ohnehin in den Westen ausreisen dürfen.

Bei der Familienzusammenführung versucht die DDR den Spagat. Einerseits will sie nicht, dass sich die Ausreisegenehmigungen im Inneren destabilisierend auf den „Ausbau des Sozialismus" auswirken; andererseits braucht sie die Devisen beziehungsweise die Warenlieferungen aus der Bundesrepublik. Diese kommen in der zweiten Hälfte der 60er-Jahre vor allem durch den Häftlingsfreikauf. Im Jahr 1966 entlässt das Regime 424 Häftlinge und erhält dafür Waren in einem Gegenwert von mehr als 24 Millionen D-Mark, 1967 sind es 531 für mehr als 31 Millionen, 1968 696 für mehr als 28 Millionen, 1969 927 für fast 45 Millionen, 1970 888 für mehr als 50 Millionen, 1971 1375 für 84 Millionen und 1972 731 für etwa 70 Millionen D-Mark (alle Beträge enthalten die Aufwendungen für die Familienzusammenführung). Das Geschäft mit den Häftlingen floriert in einem nie da gewesenen Ausmaß.

Bereits 1966 hat der Ministerrat der DDR verfügt, dass die „kommerziellen Beziehungen" der Religionsgemeinschaften, die vom Westen materielle Unterstützung erhalten, neu zu

Ziel erreicht. Freigekaufte Häftlinge, die 1964 im Notaufnahmelager Gießen eingetroffen sind, werden mit einem warmen Essen versorgt

regeln seien. Der „ökonomische Nutzwert" dieser Beziehungen, sprich der Nutzwert der Warenlieferungen, sollte maximiert werden. Am 1. Oktober wird die Kommerzielle Koordination (KoKo) als selbstständiger Bereich des DDR-Ministeriums für Außen- und innerdeutschen Handel gegründet. Die KoKo ist eine Organisation, unter deren Dach zahlreiche Firmen – am Ende der DDR werden es 150 sein – nach kapitalistischen Methoden die von der DDR dringend benötigten Devisen erwirtschaften sollen. Über die MfS-Firma „Intrac Handelsgesellschaft mbH" werden seit 1964 die westdeutschen Warenlieferungen für den Häftlingsfreikauf abgewickelt. Wurden diese bislang in die materielle Staatsreserve der DDR eingestellt, so werden sie mit der Gründung der KoKo vermarket. Das heißt, die von der Bundesrepublik bezahlten Waren werden von der „Intrac" auf dem freien Markt verkauft und damit zu Devisen gemacht. Erleichtert wird dies dadurch, dass Rohstoffe an den Märkten in der Regel mit Lagerschein gehandelt werden, so dass eine Übereignung der Papiere genügt, um daraus frei konvertierbare Devisen zu erwirtschaften. Mit anderen Worten: Die Rohstoffe werden bis zum Verkauf an den Endverbraucher auf dem Papier gehandelt und damit nicht bewegt. Um Waren, die die „Intrac" selbst nicht verkaufen kann, dennoch an den Mann zu bringen, wird von der KoKo eine Briefkastenfirma in Liechtenstein gegründet, die internationale Import-Export Handelsgesellschaft „Elmsoka". Da diese nicht an die Bestimmungen des innerdeutschen Handels gebunden ist, können so die gelieferten Waren gleich wieder in der Bundesrepublik verkauft und damit zu Devisen gemacht werden.

Die KoKo-„Belegschaft" setzt sich aus Offizieren des MfS zusammen

Ersonnen worden ist das Prinzip KoKo von Alexander Schalck-Golodkowski, der von 1967 an den Bereich leitet. Schalck ist Offizier des Staatssicherheitsdienstes im besonderen Einsatz und offiziell stellvertretender Minister für Außenhandel. Mit von der Partie bei der Konzeption der KoKo ist neben dem ZK-Sekretär für Wirtschaftsfragen, Günther Mittag, und dem stellvertretenden Leiter der Hauptverwaltung Aufklärung des Staatssicherheitsdienstes, Generalmajor Hans Fruck, auch Volpert. Von 1969 an erhält er eine Sonderstellung im MfS, wo er als „Offizier für Sonderaufgaben" dem „Büro der Leitung" und von 1972 an dem „Sekretariat des Ministers" zugeordnet ist. Zusammen mit Schalck fertigt Volpert eine streng geheim gehaltene Arbeit unter dem Titel „Vermeidung ökonomischer Risken

In der Haft zeigte der einst von mir bewunderte DDR-Staat sein ungeschminktes Gesicht

Seine erste politische Kundgebung erlebt Gunther von Hagens als Vierjähriger auf den Schultern seines Vaters. Damals heißt er noch Gunther Liebchen und wohnt in Greiz (Thüringen). „Ich blickte auf eine riesige Menschenmenge. Der Redner kam von der ‚Nationalen Front', und es ging darum, wie ich heute weiß, die gerade neu gegründete DDR zum Sozialismus zu führen."

Als Stalin 1953 stirbt und die offizielle DDR Trauer trägt, ist von Hagens acht Jahre alt. „Von der Schule angeregt etablierte ich in meiner Zimmerecke einen Gedenkaltar mit Stalinportrait und Trauerartikeln, unterlegt mit einem roten Tuch."

Die Mutter ist eine überzeugte Anhängerin des Sozialismus und erzieht den kleinen Gunther und seine vier Geschwister ganz im Sinne des Systems. Sie erzählt dem Sohn, dass westdeutsche „Revanchisten" massenhaft Kartoffelkäfer über den Äckern der DDR abwerfen und Teddybären mit Sprengstoff auslegen. „Staunend glaubte ich ihr das alles", so von Hagens.

Erste Zweifel an der Überlegenheit des Sozialismus bekommt der FDJler, als er seinen Onkel Walter auf einem Bauernhof in der Lausitz besucht. Der war politischer Häftling in der russischen Besatzungsmacht, hört Westradio und verachtet die DDR-Führung. „Hier lernte ich auch den Wahrheitsgehalt von Artikeln im *Neuen Deutschland* kennen. Nach sowjetischem Vorbild würden Kühe in der DDR jetzt in offenen Ställen überwintern und so noch mehr Milch liefern, las ich im SED-Zentralorgan. Ich konnte mich vor Ort von dieser Errungenschaft überzeugen. Die angeblichen Wunderkühe waren abgemagert, hatten abgefrorene Schwänze oder den Winter nicht überlebt."

Mit 17 Jahren beantragt er die Aufnahme in die SED. „Obwohl ich im ständigen Widerspruch zwischen kommunistischen Idealen und sozialistischer Wirklichkeit ausgewachsen war, glaubte ich zu Beginn des Medizinstudiums in Jena an eine Reformierbarkeit der DDR und wurde sogar nebenberuflich FDJ-Sekretär am Kreiskrankenhaus Greiz."

Bei einem Seminar auf der FDGB-Bezirksschule kommen dem Studenten fundamentale Zweifel an seinem Weltbild. Bei einem Rendezvous mit einem Mädchen landet er im Heizungskeller der FDGB-Schule. Dort lagern Säcke voller Bücher, die offenbar verbrannt werden sollen. Von Hagens: „Ich fand Bücher von Lenin, eingebunden in Leder. Schriften von Lenin, Engels und das *Kapital* von Karl Marx. Nach einer Woche bekam ich heraus, dass die Bücher nur verbrannt wurden, weil die kleingedruckten Erläuterungen zum Text nicht mehr zur aktuellen Parteilinie der SED passten."

Als Student in Jena schließt von Hagens Freundschaft mit Roger Kirchner, einem Kommilitonen, der keine Denk-Tabus kennt. „Er stellte mir Fragen, die ich noch nie ge-

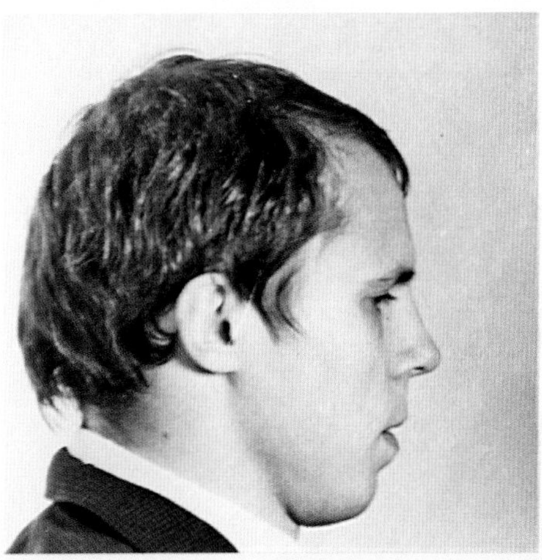

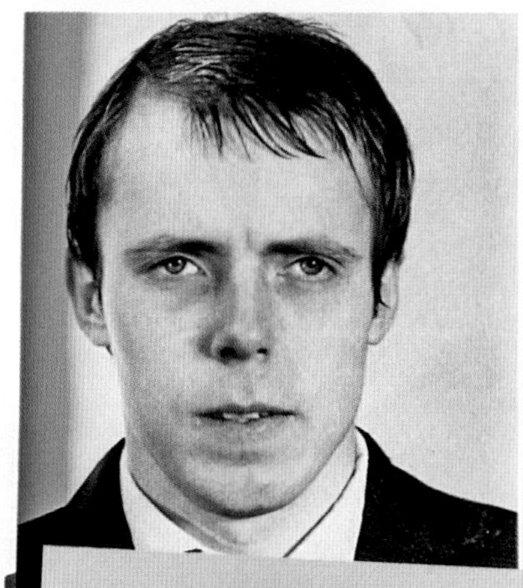

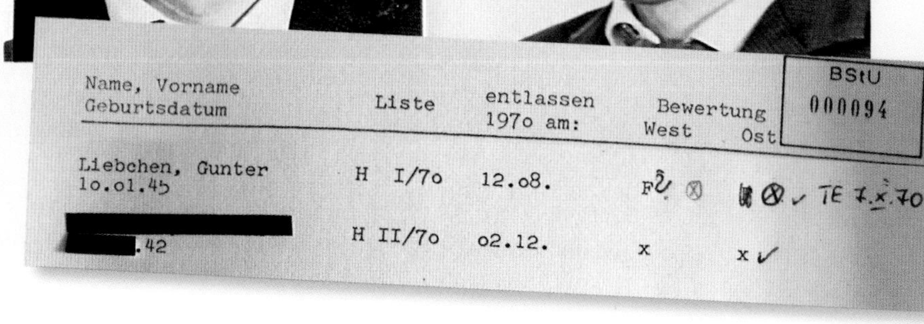

Name, Vorname Geburtsdatum	Liste	entlassen 1970 am:	Bewertung West	Ost	BStU 000094
Liebchen, Gunter 10.01.45	H I/70	12.08.	F? ⊗	⊗ ✓ TE 7.X.70	
[redacted].42	H II/70	02.12.	x	x ✓	

Kartei. Der Staatssicherheitsdienst fotografiert von Hagens nach seiner Verhaftung in der CSSR. Am 12. August 1970 kommt er laut Häftlingsliste I/70 (r.) für 20 000 D-Mark frei

Andenken. Im Jahr 2007 werden Teile des ehemaligen Zuchthauses Cottbus abgerissen. Gunther von Hagens kauft sich seine Zellentür, hinter der er über ein Jahr eingesperrt war

hört hatte: Wie ich mir den Arbeiteraufstand 1953 in der DDR und den Volksaufstand in Budapest 1956 erklären würde? Warum es in der DDR die Todesstrafe gibt?" Der junge Mann aus dem streng linientreuen Elternhaus gerät ins Nachdenken. „Ich fragte mich: Warum ist die DDR-Seite der Grenze stärker gesichert als die Westseite, wo es sich doch um einen antifaschistischen Schutzwall handeln sollte? Warum gibt es eine unsichtbare DDR-Pressezensur?" Auf der nächsten Parteiversammlung stellt von Hagens genau diese Fragen: „Ich ahnte nicht, dass ich damit eine unumkehrbare Entwicklung einleitete, als deren Höhepunkt ich mich ein Jahr später im Gefängnis wiederfand."

Mit dem Einmarsch der Truppen des Warschauer Paktes in Prag 1968 verflüchtigen sich seine letzten Illusionen über die Reformierbarkeit des SED-Regimes. Um der Empörung über die Niederschlagung des Prager Frühlings Ausdruck zu verleihen, starten der inzwischen verheiratete von Hagens und einige Studenten eine heimliche Flugblattaktion. „Wir fertigten aus Gips Druckvorlagen und stellten widersprüchliche Aussagen aus dem *Neuen Deutschland* der letzten zwei Wochen gegenüber. Nachts wurden die Flugblätter in Jena verteilt". An den Tagen darauf beobachten die Studenten ein großes Aufgebot an Volkspolizei und ziviler Staatssicherheit, um die Urheber der Aktion zu ermitteln. „Meine damalige Frau berichtete mir, wie intensiv die Staatssicherheit Bürger mit Inoffiziellen Mitarbeitern überwachte. Sie war von der Stasi wegen einer Beziehung zu einem ausländischen Studenten abgeschöpft worden."

Seine Frau darf wegen einer schweren Erkrankung im Herbst 1968 ausreisen. Von Hagens beschließt, die DDR über die CSSR nach Österreich zu verlassen. „Ich hatte einen DDR-Pass mit dem Eintrag ‚gültig für alle Staaten' dabei. Im österreichischen Konsulat in Bratislava ließ ich mir ein Visum für Österreich hineinstempeln. Das mein Ausreisevisum der DDR bereits überschritten war, betrachtete ich als Nebensache. Ein folgendschwerer Fehler." Gunther von Hagens wird an der Grenze abgewiesen. Beim zweiten Versuch am 8. Januar 1969 verhaften ihn die CSSR-Grenzer im Zug. „Ich war vier Monate in der Untersuchungshaftanstalt der Stasi in Gera inhaftiert. Am 25. April 1969 verurteilte mich das Kreisgericht Gera wegen ‚ungesetzlichen' Grenzübertritt zu einer Freiheitsstrafe von einem Jahr und neun Monaten."

Von Mai 1969 bis Juni 1970 sitzt von Hagens in Cottbus ein. „In der Haft hatte ich Gelegenheit, meinen einst bewunderten DDR-Staat aus einer neuen, ehrlichen Perspektive zu sehen. Hier zeigte die DDR ihr wahres, ungeschminktes Gesicht." Als Gefangener in Cottbus stellt er einen Ausreiseantrag. Als der abgelehnt wird, schreibt er in einer Erklärung: „Die DDR nimmt für sich in Anspruch, ein humanitärer Staat auf deutschem Boden zu sein. Doch wo bliebe der Humanismus, wenn ich nicht zu meiner kranken Frau dürfte? Es erübrigt sich zu erläutern, dass sie nicht in die DDR zurückkommen kann und will und ich mich niemals damit abfinden werde, in der DDR zu bleiben."

Wenige Wochen später wird von Hagens in den zentralen DDR-Auslieferungsknast nach Karl-Marx-Stadt verlegt. „Der Staatssicherheitsdienst machte mir das Angebot, im Westen für die DDR zu arbeiten. Schon während meiner Cottbusser Haft hatte man zweimal versucht, mich mit dem Versprechen vorzeitiger Entlassung als Westspion anzuwerben. Man appellierte an meine proletarische Herkunft und mein sozialistisches Bewusstsein. Ich lehnte ab, wollte lieber im Gefängnis bleiben."

Am 12. August 1970 sitzt von Hagens im Freikauf-Bus, der ihn ins Notaufnahmelager Gießen bringt. Die Bundesrepublik zahlt 20 000 DM für seine Freiheit. Von Hagens wird dreifacher Vater. Er erfindet die „Plastination", ein Konservierungsverfahren von toten Körpern. Seine Ausstellung „Körperwelten" mit 35 Millionen Besuchern macht ihn weltberühmt – aber auch zu einer umstrittenen Person. Gunther von Hagens lebt mit seiner jetzigen Ehefrau in Heidelberg.

Partner. DDR-Unterhändler Wolfgang Vogel und sein West-Berliner Partner, der Rechtsanwalt Jürgen Stange – hier auf einem Foto vom Ende der 60er-Jahre –, verdienten mit dem Freikauf ein Vermögen

zu entlassenden Häftlinge festgelegt werden.
Vogel verbindet neben den dienstlichen Belangen eine langjährige Freundschaft mit Volpert. Im Zusammenhang mit den Nach-Wende-Ermittlungen gegen Vogel sagte Schalck darüber aus: „Zwischen Dr. Vogel und Volpert gab es eine enge Seelengemeinschaft. Vogel war Volpert zu Dank verpflichtet, weil er ihn planmäßig für die Funktionen, in denen er bekannt geworden ist, aufgebaut hat. Volpert war umgekehrt ebenfalls zu Dank verpflichtet, weil die so überaus erfolgreiche Arbeit von Vogel natürlich auch auf Volpert zurückfiel und seine Position stärkte." Dass zwischen beiden eine enge Vertrauensbeziehung besteht, ist auch dadurch dokumentiert, dass Vogel seine Berichte über die Verhandlungen mit Stange, Rehlinger oder den jeweiligen Ministern für gesamtdeutsche Fragen im Sekretariat des Mielke-Vertrauten Volpert diktiert, der bald zum Oberst befördert wird.

Die KoKo erwirtschaftet Millionen D-Mark

Die Berichte des Geheimen Mitarbeiters der Staatssicherheit mit dem Decknamen „Georg" sind von 1966 nicht mehr erhalten. Der Schalck-Untersuchungsausschuss des Deutschen Bundestages ist davon ausgegangen, „dass auch nach 1968 Rechtsanwalt Dr. Wolfgang Vogel als GM ‚Georg' oder unter einem neuen Decknamen dem MfS bzw. seinem Verbindungsoffizier und Freund Heinz Volpert berichtete. Möglicherweise wurden diese Akten Ende 1989/Anfang 1990 (...) vernichtet." Was in der frühen Nachwendezeit so vorsichtig formuliert worden ist, hat sich unterdessen bestätigt: Vogel bleibt bis zum Ende der DDR integraler Bestand-

Ungleiches Paar. Den Ton in der sozialdemokratischen Deutschlandpolitik hat stets Herbert Wehner, links als Bundesminister für gesamtdeutsche Fragen, angegeben. Rechts: sein Nachfolger Egon Franke

teil des Stasi-Systems KoKo, und als solcher berichtet er nach wie vor. Die Stasi-Offiziere von Schalck bis hin zu dem Geheimen Mitarbeiter Vogel bilden einen elitären, mit zahlreichen Privilegien versehenen Zirkel, bringen sie doch der wirtschaftlich schwächelnden DDR die heiß begehrten Devisen. Westliche Luxusgüter und Gebrauchsartikel, die für die normalen Deutschen jenseits von Mauer und Stacheldraht unerreichbar sind, sind für die Führung der KoKo selbstverständliche Begleiter im eher grauen sozialistischen Alltag. Volpert nennt einen Volvo sein Eigen. Vogel selbst fährt im Mercedes vor, dem Statussymbol des kapitalistischen Westens schlechthin. Offenbar wollen seine Arbeitgeber im Ministerium für Staatssicherheit damit seinen oftmals naiven Partnern im Westen seine vermeintliche Unabhängigkeit als Jurist suggerieren, die er nie gehabt hat.

Mehr als 226 Millionen D-Mark erwirtschaftet der Bereich Kommerzielle Koordinierung alleine zwischen 1968 und 1973 aus den Warenlieferungen. Die Beträge fließen auf ein von Mielke verwaltetes Konto 528. Mit den dort auflaufenden Geldern werden unter anderem die Sonderimporte für die Prominentensiedlung Wandlitz am Rande Berlins finanziert. Doch nicht nur das: Mielke stattet das MfS mit technischen Innovationen aus dem Westen aus und finanziert aktive Maßnahmen, also nachrichtendienstliche Operationen, gegen die Bundesrepublik.

Dass die Warenlieferungen, die von Lebensmitteln bis zu Rohstoffen aller Art reichen, nicht der DDR-Bevölkerung zugute kommen, was auf westlicher Seite mit einer gewissen Ernüchterung zur Kenntnis genommen wird, ändert nichts an der Haltung der in Bonn Verantwortlichen für den Häftlingsfreikauf. Die humanitären Erwägungen bleiben im Vordergrund. Dies ist beim Mende-Nachfolger als Minister für gesamtdeutsche Fragen, bei Johann B. Gradl von der CDU, nicht anders als bei den Sozialdemokraten Herbert Wehner und Egon Franke. Bei Wehner, der in der Großen Koalition zwischen 1966 und 1969 das Amt bekleidet, kommen die persönlichen Lebenserfahrungen hinzu, die ihn für das Thema Freikauf sensibel machen, hat er doch als junger Kommunist am eigenen Leib erfahren müssen, was es heißt, ein politischer Häftling zu sein. Und so werden bis 1973 mehr als 8000 Gefangene freigekauft. Hinzu kommen etwa 3000 Fälle der Familienzusammenführung und etwa 800 Kinder, die zu ihren Eltern in die Bundesrepublik oder nach West-Berlin ziehen dürfen.

Meine Haft sollte sich für die DDR nicht lohnen. Ich beschloss, die Arbeit zu verweigern

„Den Klassenstandpunkt habe ich nicht und werde ihn in den nächsten zwei Jahren nicht haben. Außerdem bin ich der Meinung, dass ein Student auch ohne sozialistische Weltanschauung ein Studium aufnehmen kann, wie ich es überhaupt ablehne, mir eine Weltanschauung aufzwingen zu lassen." Das erklärt der damals 20-jährige Student Reiner David am 11. Februar 1972 in einer Aussprache an der Karl-Marx-Universität in Leipzig. Und fügt an: „Sehen Sie, ich gehöre nicht zu denen, die heucheln, ich sage meine Meinung frei heraus und werde nun wegen meiner Offenheit vorzeitig exmatrikuliert." Zwölf Tage später fliegt Reiner David nach drei Semestern „Politischer Ökonomie" von der Uni.

Er beschließt, die DDR zu verlassen. Am 5. August 1972 wird er bei einem Fluchtversuch an der bulgarischen Grenze geschnappt und in die Stasi-Untersuchungshaftanstalt Berlin Pankow überstellt. Unverhofft kommt er am 27. Oktober 1972 frei. Erich Honecker verhandelt mit der Bundesrepublik über den Grundlagenvertrag. Als Zeichen des guten Willens erlässt der SED-Generalsekretär zum Jahrestag der DDR-Gründung eine Amnestie, unter die auch Reiner David fällt. Sein Wunsch, in den Westen ausreisen zu dürfen, erfüllt sich allerdings nicht. Er fängt als Bühnenarbeiter am „Deutschen Theater" in Berlin an und wird Ziel einer „Operativen Personenkontrolle" des Staatssicherheitsdienstes.

Am 8. Oktober 1973 versucht Reiner David von Usedom aus über die Ostsee nach Bornholm in den Westen zu flüchten. Um 21.40 Uhr zieht er sein Faltboot aus einem Versteck in den Dünen hervor. Eine Streife der Grenztruppen erwischt ihn. Er verweigert jede Aussage mit der Begründung, er sei sich keiner kriminellen oder strafwürdigen Handlung bewusst. Gegenüber dem Staatsanwalt erklärt er: „Jeder Bürger hat das Recht, dort zu leben, wo er will. Ich bestreite jedem Staat das Recht, seine Bürger zwangsweise in seinem Territorium festzuhalten. Ich stütze mich auf die Allgemeine Erklärung der Menschenrechte und den Pakt über bürgerliche und politische Rechte."

In der Untersuchungshaft verweigert er sich dem Drill und den schikanösen Verhaltensregeln. In einem Bericht der Untersuchungshaftanstalt an den Staatsanwalt heißt es: „In der UHA Berlin II ist sein geradezu feindliches Verhalten gegenüber unseren Gesetzen und unserer Gesellschaftsordnung vom ersten Tage an noch spürbarer geworden. Er weigert sich bis zum heutigen Tage:
– seinen Lebenslauf zu schreiben;
– an SV-Angehörige ordnungsgemäß Meldung zu erstatten;
– die Versuche illegaler Verbindungsaufnahme zu anderen Verhafteten einzustellen;
– sich zu rasieren."

Die Aufseher reagieren auf solche „Provokationen" mit brutaler Härte. Sie stecken Reiner David in Einzelhaft und bestrafen ihn immer wieder mit verschärftem Arrest. Doch seinen Widerstand brechen sie nicht. Das Protokoll dokumentiert auch, wie vehement der junge Dissident Widerstand in der U-Haft leistet: „Vom 3. 12. bis 7. 12. 1973 versuchte er unter dem Vorwand der Appetitlosigkeit einen Hungerstreik zu inszenieren. Daraufhin wurde er am

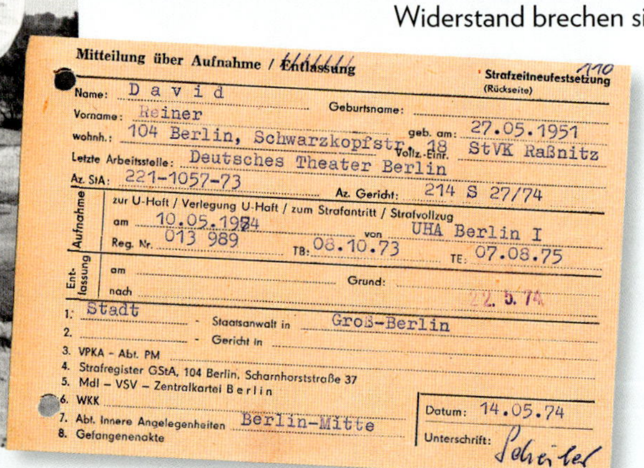

Mitteilung über Aufnahme / ~~Entlassung~~ 110
Strafzeitneufestsetzung (Rückseite)
Name: David Geburtsname:
Vorname: Reiner
wohnh.: 104 Berlin, Schwarzkopfstr. 18 geb. am: 27.05.1951
Letzte Arbeitsstelle: Deutsches Theater Berlin Vollz.-Einr. StVK Raßnitz
Az. StA: 221-1057-73 Az. Gericht: 214 S 27/74
Aufnahme: zur U-Haft / Verlegung U-Haft / zum Strafantritt / Strafvollzug
am 10.05.1974 von UHA Berlin I
Reg. Nr. 013 989 TB: 08.10.73 TE: 07.08.75
Entlassung: am Grund:
nach
22.5.74
1. Stadt - Staatsanwalt in Groß-Berlin
2. - Gericht in
3. VPKA - Abt. PM
4. Strafregister GStA, 104 Berlin, Scharnhorststraße 37
5. MdI – VSV – Zentralkartei Berlin
6. WKK
7. Abt. Innere Angelegenheiten Berlin-Mitte
8. Gefangenenakte
Datum: 14.05.74
Unterschrift: Scheitel

Unangepasst. Als 17-jähriger Tramper wartet Reiner David auf eine Mitfahrgelegenheit. Die Karte (r.) dokumentiert seine zweite Haftzeit

Aufgearbeitet. Seine politische Verfolgung in der DDR arbeitet Reiner David, hier zwischen Mauersegmenten am Verlagssitz Axel Springer in Berlin, nach der friedlichen Revolution genau auf

7. 12. mittels eines Schlauches in den Magen ernährt. D. versuchte am 7.12.1973 auch, Widerstand zu leisten, der durch einfache körperliche Gewalt gebrochen wurde."

Auch bei der Hauptverhandlung im Februar 1974 macht er den Richtern deutlich, was er von ihnen hält. Er stellt einen Antrag auf Befangenheit des Gerichts, weil die Richter Mitglied der SED sind. Außerdem erklärt er: „Da in dieser Verhandlung die Öffentlichkeit ausgeschlossen ist, stelle ich hiermit fest, dass für diese Verhandlung gegen mich keine gesellschaftliche Kontrolle gewährleistet ist und keine Garantie für die gerechte Anwendung des sozialistischen Strafrechts gebildet wird." Das Urteil lautet: ein Jahr und sieben Monate wegen des Versuchs des ungesetzlichen Verlassens der DDR. Reiner David legt Berufung ein, worauf auch der Staatsanwalt in Protest geht. In der Berufungsverhandlung wird das Strafmaß noch verschärft: ein Jahr und zehn Monate.

Der „Grotewohl-Express" bringt den ehemaligen Studenten in das Strafvollzugskommando Raßnitz. Ungefähr 30 Häftlinge sind in eine Zelle mit Doppelbetten gepfercht. „Von den anderen Gefangenen erfuhr ich, dass sie außerhalb des Lagers an Eisenbahngleisen arbeiteten, wahrscheinlich in einem Braunkohletagebau." Für Reiner David stellt sich eine Grundsatzfrage: „Soll ich es dulden, dass die DDR meine Arbeitskraft ausbeutet? Dann würde es sich ja für den Staat lohnen, Menschen aus politischen Gründen zu inhaftieren. Ich beschloss, jede Arbeitsleistung während der Haft abzulehnen." Nach fünf Tagen soll der Neuankömmling zur Arbeit ausrücken und erklärt: „Für diesen Staat mache ich keinen Finger mehr krumm." Die Gefängnisleitung reagiert mit drei Wochen verschärftem Arrest in einer dunklen Kellerzelle. David verweigert weiterhin die Arbeit. Immer wieder Arrest. „Dann drohte mir ein Staatsanwalt aus Halle mit einer Anklage wegen asozialem Verhalten und einer zusätzlichen Strafe von fünf Jahren, wenn ich weiterhin die Arbeit verweigern würde. Ich erklärte, ich hätte meine Entscheidung getroffen, und diese würde für meine gesamte Haftzeit gelten, egal, wie lange diese sei."

Im August 1974 wird Reiner David in das Gefängnis nach Naumburg verlegt, einen Tag vor Weihnachten in den Hochsicherheitstrakt des „Schwerverbrecherknastes" Brandenburg. „Ich war mit Mördern und anderen Gewaltverbrechern in einer Zelle. In Brandenburg wurde Arbeit als Vergünstigung angesehen." Trotzdem sitzt David bald wieder in einer dunklen Arrestzelle, weil er die vorgeschriebenen Gruß- und Meldungsvorschriften gegenüber den Wächtern nicht einhält. „Bei meinem zweiten Arrest in Brandenburg kam überraschend ein Offizier der Staatssicherheit zu mir und forderte mich auf, einen neuen Ausreiseantrag zu stellen."

Im Juli 1975 passiert Reiner David im Häftlingsfreikaufbus den Grenzübergang Herleshausen. „Viele Jahre fragte ich mich, wie ich auf die Freikauf-Liste kam. Erst jetzt fand ich die Antwort im Bundesarchiv. Meine Freiheit verdanke ich dem Kirchenanwalt Reymar von Wedel. Wenige Tage nachdem er in meiner Sache einen Brief an den Bundesbeauftragten Klaus Plewa schrieb, war ich frei."

Reiner David hat in den Archiven gesucht und seine Erlebnisse in der DDR rekonstruiert. Sein Buch *Meine Akte – DDR 1969 bis 1975* ist im Verlag C & N erschienen.

Kontrolle. Beamte des Bundesgrenzschutzes kontrollieren im November 1972 die Papiere von angekommenen Häftlingen

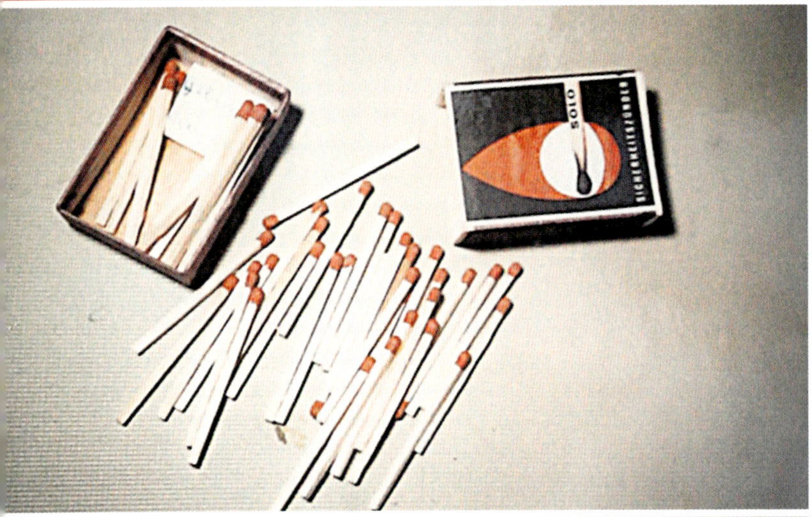

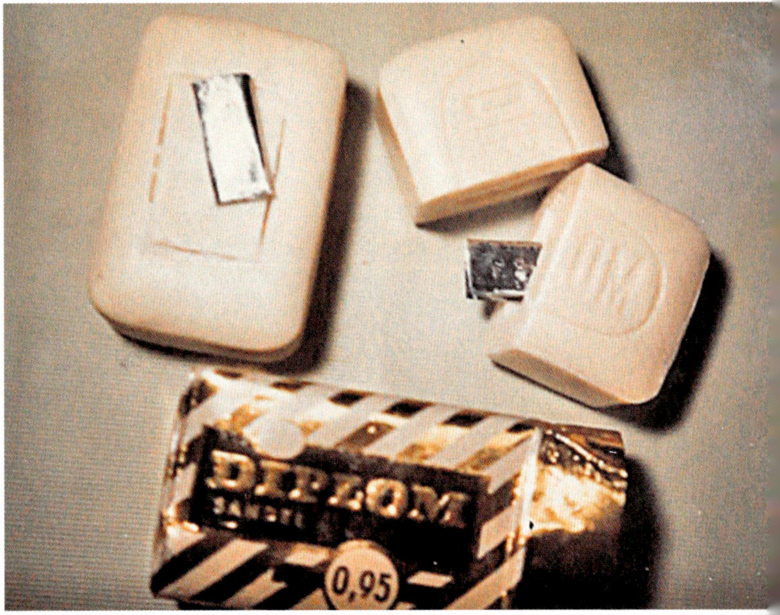

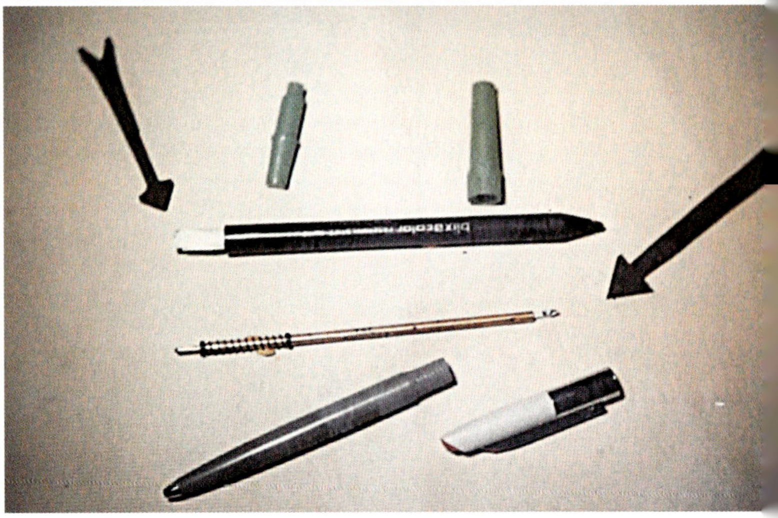

Geheime Botschaften. Informationen sind im Gefängnis ein hohes Gut. Die Häftlinge verstecken Kassiber im Essen, in Kugelschreibern oder Rasierpinseln, wie man auf diesen MfS-Fotos sieht. Nachrichten über enttarnte Spitzel werden so in andere Zellentrakte übermittelt. Wer erwischt wird, bekommt verschärften Arrest. In Ausnahmefällen gibt es sogar eine Haftverlängerung

KAPITEL III

Der Menschenhandel

1972–1989

Der Beginn der 70er-Jahre kommt einem Gezeitenwechsel in der Deutschlandpolitik gleich. Die sozialliberale Koalition unter der Kanzlerschaft Willy Brandts bricht zu neuen Ufern auf. „Wandel durch Annäherung" ist die Losung der Stunde. Der Gedanke, der sich dahinter verbirgt: Die Bundesrepublik rückt von ihrem Alleinvertretungsanspruch ab, und die damit de facto anerkannte DDR dankt dies, indem sie ihre konsequenten Abgrenzungspolitik gegenüber dem Westen aufgibt. Mit dem Grundlagenvertrag von 1972/73, in dem unter anderem die Teilnahme am KSZE-Prozess und die Einrichtung Ständiger Vertretungen vereinbart werden, sollen die Voraussetzungen für den neuen Umgang zwischen den beiden deutschen Staaten geschaffen werden. „Gutnachbarschaftliche Beziehungen" und „Normalität" unter Anerkennung der „Realitäten" sind die Schlagworte der Stunde. Bei den politisch Verantwortlichen am Rhein setzt man dabei nicht zuletzt auf den neuen Mann in Ost-Berlin – auf Erich Honecker, der im Mai 1971 Walter Ulbricht als Ersten Sekretär des ZK der SED abgelöst hat.

Bahr will den Freikauf der Häftlinge neu ordnen

Von dieser Aufbruchsstimmung wird auch der Freikauf erfasst. Dem Bundesminister für besondere Aufgaben und Begründer der Konzeption vom „Wandel durch Annäherung", Egon Bahr, schwebt vor, den Häftlingsfreikauf neu zu ordnen und ihn auf eine andere, weniger „unwürdige" Basis zu stellen. Die Ständigen Vertretungen sollen künftig über etwaige Häftlingsentlassungen ohne Gegenleistungen verhandeln. Ermutigt von Honeckers Generalamnestie vom Oktober 1972, bei der nicht nur 25 000 Häftlinge, politische wie kriminelle, freikommen, sondern auch 2087 Häftlinge ohne die sonst übliche Gegenleistung in die Bundesrepublik entlassen werden, führt Bahr Gespräche mit hochrangigen SED-Funktionären. Zu ihnen zählt auch Paul Verner, Mitglied des SED-Politbüros. Verner verspricht, mit Bahrs Überlegungen bei Honecker vorstellig zu werden.

Bahr informiert nun Brandt von der positiven Resonanz Verners auf seinen eigenmächtigen Vorstoß. Doch genau in diesem Moment, so Bahr später in seinen Memoiren, betritt der SPD-Fraktionsvorsitzende Herbert Wehner den Raum. Als er von Bahrs Initiative erfährt, „explodiert" Wehner regelrecht. Dies sei schrecklich. Es sei ein Fehler, kaum wiedergutzumachen, es würde zur Einstellung der laufenden Aktionen führen, poltert der mürrische Mann mit der Pfeife, der im Oktober 1969 als Bundesminister für gesamtdeutsche Fragen ausgeschieden ist. Egon Franke ist jetzt an der Spitze des Ministeriums, das jetzt Ministerium für innerdeutsche Beziehungen heißt. Doch die Federführung in den humanitären Fragen liegt weiterhin bei Wehner, der regel-

Ideengeber. Bundeskanzler Willy Brandt mit seinem deutschlandpolitischen Berater Egon Bahr, mit dem er schon während seiner Zeit als Berliner Regierender Bürgermeister zusammengearbeitet hat

Geheimtreffen. Herbert Wehner (l.) und Wolfgang Mischnick (r.) unterhalten sich mit Erich Honecker (M.)

mäßig mit Vogel zusammentrifft, der neben dem Freikauf-Geschäft als Verbindungsmann zwischen dem Sozialdemokraten und dem SED-Generalsekretär fungiert. Wehner und Honecker kennen sich nämlich schon aus nationalsozialistischer Zeit, in der sie als KPD-Jungfunktionäre im Saarland aktiv gewesen sind.

Wehner und Honecker finden rasch einen gemeinsamen Nenner

Bei dem Geheimtreffen am 30. und 31. Mai 1973 zwischen beiden, an dem auch Wolfgang Mischnick von der FDP teilnimmt – es wird später im Zusammenhang mit Willy Brandts Rücktritt eine wichtige Rolle spielen –, ist man sich schnell einig, an den bewährten Abmachungen im Kern festhalten zu wollen, denn die DDR kann und will nicht auf die Deviseneinnahmen verzichten. Die von Bahr heraufbeschworenen deutsch-deutschen Irritationen sind damit aus der Welt. Das Vertrauensverhältnis zwischen Honecker und Wehner ist wiederhergestellt. Der Menschenhandel kann abseits der Öffentlichkeit weitergehen, ohne dass das Ansehen der DDR dadurch Schaden nimmt.

Im Ergebnis des Wehner-Besuches ernennt der SED-Generalsekretär noch im Mai 1973 Vogel zu seinem persönlichen Beauftragten für humanitäre Belange, was dessen Stellung im SED-Apparat, beim Staatssicherheitsdienst und im Bereich Kommerzielle Koordinierung nachhaltig stärkt. Die Gesamtverantwortung für den Freikauf und für die Transformation der Warenlieferungen in Devisen soll weiterhin bei Mielke liegen, dem allerdings die Verfügungsgewalt über das Konto 528, auf das die Gewinne aus dem Freikauf fließen, entzogen wird. Verfügungsberechtigt über das Geld, das jetzt auf das Konto 628 der Deutschen Handelsbank AG, der Hausbank der KoKo, geht, ist künftig nur noch der Generalsekretär selbst. Und der gibt es aus, etwa für neue Volvo-Limousinen. Er verteilt es aber auch nach Gutdünken an Gesinnungsfreunde nicht nur in der DDR. Selbst der nicaraguanische Präsident Ortega erhält stattliche Millionen-Beträge vom Konto 628.

Auch gegenüber Vogel gibt sich Honecker mehr als großzügig, indem er ihn verdienen lässt. Alleine von der Bundesrepublik erhält der Unterhändler eine jährliche Pauschale von 320 000 D-Mark. Zusammen mit seinen anderen Einkünften wird Vogel bald zum Einkommensmillionär. Auch das hebt ihn gegenüber seinen Partnern, den Offizieren des Staatssicherheitsdienstes, hervor. Dort wird es wohl zunächst als konspirative Maßnahme zur Hervorhebung seiner Unabhängigkeit verstanden worden sein, als Vogel 1974 Helga Fritsch heiratet. Denn sie ist nicht nur Bürgerin der Bundesrepublik, sondern auch die Tochter eines hohen westdeutschen Polizeibeamten. Vogel hat die 27-jährige Essenerin kennengelernt, als sie sich um die Freilassung ihres in der DDR inhaftierten Freundes Werner Ufer bemüht hat. Der Schwimmtrainer hat 1968 den 18-jährigen DDR-Mei-

Die Annehmlichkeiten des Unterhändler-Daseins. Das in Bonn beliebte Ehepaar Helga und Wolfgang Vogel amüsiert sich auf dem Bundespresseball des Jahres 1987

Der Anstaltsarzt IM „Pit“ pumpte mich mit Psychopharmaka voll, bis ich zusammenbrach

Tatjana Sterneberg liebt einen Italiener. Sie ist 21 Jahre alt, arbeitet als Kellnerin im Ost-Berliner Hotel „Stadt Berlin“. Antonio ist groß, gut aussehend und wohnt in West-Berlin. Beide wollen heiraten. Aber ein Leben in der DDR kann sich der Bräutigam nicht vorstellen. „Ich stellte einen Ausreiseantrag. Der wurde abgelehnt“, sagt Tatjana Sterneberg. Sie versucht es erneut. Wieder abgelehnt. „Das habe ich ein paar Mal wiederholt.“ Was Tatjana Sterneberg und ihr Antonio damals nicht ahnen: Die Stasi setzt zwölf Spitzel auf das junge Paar an, leitet erst den operativen Vorgang „Zille“, dann die operative Personenkontrolle (OPK) „Hänsel und Gretel“ ein. Die verliebte Kellnerin vertraut sich einem Kollegen an. Er lenkt das Gespräch gezielt auf Fluchtmöglichkeiten und berichtet als Inoffizieller Mitarbeiter der Staatssicherheit alles seinem Führungsoffizier.

Am 7. November 1973 wird Tatjana Sterneberg in ihrer Wohnung und ihr Antonio am Checkpoint Charlie verhaftet. Die Ost-Berlinerin wird in einer Zelle des Stasi-Untersuchungsgefängnisses in Berlin-Pankow gefangen gehalten. Einzelhaft, Schlafentzug, Besuch- und Kontaktsperre. Sterneberg: „Die Stasi wollte Aussagen von mir erpressen. Ich wurde ständig verlegt, um mich orientierungslos zu machen.“ Die Erinnerungen daran bringen sie noch heute manchmal um den Schlaf.

Über einer Zelle im Keller liegt eine Autowerkstatt. Als Tatjana Sterneberg eines Tage dort einsitzt, schnürt es ihr die Luft zum Atmen ab. „Von einem Lastwagen quollen durch den verdeckten Luftschacht Abgase in die Zelle. Ich dachte: Jetzt bringen sie dich um. Ich wollte raus, hatte Angst zu ersticken.“ Panisch trommelt sie gegen die Zellentür. „Ein Wächter öffnete und schlug mir derart heftig mit der Faust ins Gesicht, dass ich rückwärts auf den Boden schlug und bewusstlos liegen blieb.“ Als die widerspenstige Gefangene wieder wach wird, erkennt sie verschwommen einen Mann im weißen Kittel. „Er verpasste mir eine Spritze, obwohl ich mich heftig wehrte.“ Der ungelernte Sanitäter spritzt Psychopharmaka – wie Tatjana Sterneberg 20 Jahre später aus ihrer Stasi-Akte erfährt. „Ich bekam eine Zwangsjacke an und wurde in eine Gummizelle gesteckt.“

Entlassungsschein

Name STERNEBERG

Vorname Tatjana

geb. am 14. 3. 1952 in Berlin

wurde am 20. 10. 1976 nach BRD entlassen.

Er/Sie befand sich seit .... in Untersuchungshaft/im Strafvollzug.

DDR-MdI – Verwaltung Strafvollzug (a) – (Dienstsiegel)

Unterschrift

Von den Torturen gezeichnet. Die Haftzeit im DDR-Zuchthaus setzt Tatjana Sterneberg schwer zu. Das Foto auf dem Entlassungsschein entsteht kurz vor dem Freikauf im Oktober 1976

Am 13. Mai 1974 verurteilt das Stadtgericht Berlin Tatjana Sterneberg wegen „staatsfeindlicher Verbindungsaufnahme und Vorbereitung zum ungesetzlichen Grenzübertritt“ zu vier Jahren und sechs Monaten Haft. Ihr italienischer Lebensgefährte bekommt sechs Jahre. Sie besteht auf einer Berufung. Gegen den Willen ihres Rechtsanwalts Vogel. Tatsächlich wird die Strafe reduziert: Drei Jahre, acht Monate für die damals 22-jährige Ost-Berlinerin; fünf Jahre für ihren Verlobten.

Sterneberg: „Ich kam in das berüchtigte DDR-Frauengefängnis Hoheneck. Es war völlig überfüllt. Die hygienischen Bedingungen waren menschenverachtend.“ 1600 Frauen sitzen 1974 in dem Zuchthaus ein, das alte Gebäude ist aber nur auf maximal 600 Häftlinge ausgelegt. Sterneberg: „Es war schrecklich. Die Zelle war gerade mal 30 Quadratmeter groß. 24 Frauen wurden dort zusammengepfercht. Wir schliefen in dreistöckigen Betten und auf Matratzen am Boden. Es gab drei Wasserhähne und nur eine Toilette. Ich bekam am ganzen Körper Ausschlag. Privatsphäre oder eine

Rückzugsmöglichkeit gab es nicht."

Im Schichtsystem müssen die Frauen in Hoheneck arbeiten. Sterneberg: „Ich saß an einer total veralteten Nähmaschine. 50 Häftlinge in einem Saal gehörten zu einem Arbeitskommando. Ich musste Bett- und Kopfkissenbezüge für den VEB Planet nähen. Später im Westen habe ich die Bettwäsche in den Katalogen von Quelle und Neckermann gesehen."

Engagierte Kämpferin. Als ehemalige politische Gefangene engagiert sich Tatjana Sterneberg heute in verschiedenen Opferorganisationen gegen das Vergessen des DDR-Unrechts

Um fünf Uhr werden die Frauen im Zuchthaus Hoheneck geweckt. Um sechs Uhr beginnt die erste von drei Schichten. „Mindestens acht Stunden am Tag mussten wir arbeiten. Lohn gab es 1,80 Ost-Mark pro Stunde. Davon erhielt ich 20 Mark für den Einkauf, der Rest wurde für die Unterkunft einbehalten." Die Aufseherinnen in Hoheneck nennen sich offiziell Erzieherinnen. Sterneberg: „Wir sollten politisch umerzogen werden. Man wollte unseren Willen brechen. Für die Teilnahme an politischem Unterricht gab es Hafterleichterungen. Ich habe dabei nie mitgemacht."

Wer sich gegen das System stellt, wird bestraft. „Wegen sinkender Arbeitsleistungen und weil ich gegen die unzumutbaren Arbeits- und Haftbedingungen protestierte, verhängten die Wärterinnen immer wieder Disziplinarmaßnahmen gegen mich. Das bedeutete kein Hofgang, Besuchssperre, Postsperre und immer wieder Schläge vom Wachpersonal."

Besonders gefürchtet ist bei den Hoheneckerinnen der verschärfte Arrest. Tatjana Sterneberg: „Einmal sah ich durch den Spion einer Zellentür eine Frau, die man auf einer Pritsche festgeschnallt hatte. Sie war misshandelt worden und schrie um ihr Leben. Weil ich das gesehen hatte, kam ich sofort in strengen Arrest." Das heißt in Hoheneck eine Einzelzelle im Keller mit Liegeverbot, Zellenverdunkelung und einem Toilettenkübel. Es gibt keine Fenster, nur Luftschächte. „Das Essen war noch schlimmer als sonst. Es gab 200 bis 300 Gramm trockenes Brot am Tag, dazu einen Topf Malzkaffe. Alle drei Tage erhielt ich ein warmes Mittagessen. Eine kaum essbare Grützwurst."

Die Mangelernährung und die unmenschlichen Zustände in Hoheneck machen sie immer wieder krank. Der Anstaltsarzt, den die Stasi unter dem Decknamen IM „Pit" führt, verordnet Tatjana Sterneberg immer wieder Psychopharmaka: Prothazin, Faustan, Frenolon, Rudotel, Meprobamat, Lepinal und Radepur – Medikamente, die die Reaktionsfähigkeit einschränken, das Sprachzentrum lähmen und sogar zeitweise das Gedächtnis ausschalten und süchtig machen können.
So sollen widerspenstige Strafgefangene ruhiggestellt werden. Nach zwei Jahren Haft bricht Sterneberg nach einer Prothazin-Dosis zusammen. „Mit Vergiftungserscheinungen kam ich ins Haftkrankenhaus. Einige Zeit danach konnte ich nicht sprechen."

Der Fall Sterneberg landet schließlich auf dem Schreibtisch von Stasi-Chef Erich Mielke, Anfang Oktober zeichnet er ihren Freikauf ab. Am 26. Oktober 1976 fährt sie im Häftlingsfreikaufbus von Karl-Marx-Stadt ins Notaufnahmelager nach Gießen. Sterneberg: „Mein Freund war auch entlassen worden. Ich zog zu ihm nach West-Berlin. Endlich waren wir am Ziel." 1984 kommt der gemeinsame Sohn auf die Welt

Doch die Folgen der Haft zerstören das Liebesglück. „Ich bekam Angstzustände, ging nur noch wenig aus dem Haus und bekam meinen Alltag nicht mehr in den Griff." Erst in den 90er-Jahren kann ihr in einer speziellen Klinik geholfen werden. Antonio stirbt 2006 an den mittelbaren Folgen der Haft, einsam, krank, psychisch zerstört.

Tatjana Sterneberg lebt heute in Berlin und engagiert sich in Opferorganisationen gegen das Vergessen. Der Stasi-Arzt, der seine Patientinnen skrupellos mit gefährlichen Psychopharmaka vollpumpte, machte nach der Wende als niedergelassener Arzt in Brandenburg Karriere.

ster im 400 Meter Freistil Axel Mitbauer zur Flucht verhelfen wollen. Doch die Sache ist schiefgegangen. Um Ufer vor einer langen Haftstrafe zu bewahren, sucht Helga Fritsch anwaltlichen Beistand bei Vogel. Und der verliebt sich in die attraktive Frau. Am Ende zieht diese in den Osten, und Ufer kehrt als Freigekaufter in den Westen zurück. Der Schwimmer Axel Mitbauer hilft sich selbst. Zwar wird er zunächst in seiner Heimatstadt Leipzig verhaftet und sieben Wochen im Stasi-Untersuchungsgefängnis Hohenschönhausen eingesperrt. Doch nachdem er gegen die Auflage freigelassen wird, seine gerade begonnene sportliche Karriere an den Nagel zu hängen, entschließt er sich zu einer tollkühnen Tat: Er schwimmt in einer Augustnacht 1969 von Boltenhagen 25 Kilometer entlang der DDR-Küste in die Lübecker Bucht. Dort nimmt den erschöpften, aber glücklichen Mann das Fährschiff „Nordland" auf.

Das „B-Geschäft" wird mit Kupfer, Quecksilber und Erdöl abgewickelt

Nach der Heirat des DDR-Unterhändlers und der Essenerin ist diese fortan mit von der Partie bei dem einträglichen Freikauf-Geschäft, das einen noch nie da gewesenen Umfang erreicht. So wendet die Bundesrepublik im Jahr 1974 mehr als 88 Millionen D-Mark auf. Dafür werden von der DDR 1053 politische Häftlinge entlassen. Ihr Transport, bei dem Vogel und Stange in aller Regel dabei sind, erfolgt unter der Regie des Staatssicherheitsdienstes konspirativ. Zunächst werden die Gefangenen mit zwei Ikarus-Bussen in der Haftanstalt der Staatssicherheit auf dem Kaßberg in Karl-Marx-Stadt (heute Chemnitz) abgeholt. Im Niemandsland in der Nähe der Grenzübergangsstelle Herleshausen/Wartha müssen die Freigekauften dann nachts in die Busse der Firma „Reicherts Reisen" aus Hessen umsteigen. Nun geht die Fahrt weiter zum Notaufnahmelager Gießen. Mit Beginn des Jahres 1976 dürfen die West-Busse auf Anordnung von Staatssicherheitsminister Mielke direkt zum Auslieferungsgefängnis Kaßberg fahren. In einem Vermerk der zuständigen Abteilung des MfS heißt es, dass Maßnahmen einzuleiten seien, die „verhindern, dass mit diesen Bussen einsitzende Häftlinge befreit werden können". Ein Stasi-Begleitkommando flankiert die Fahrzeuge, die zur Tarnung mit einem Ost-Kennzeichen fahren, auf dem Territorium der DDR.

Ebenso unauffällig verläuft im Westen die Abwicklung der Warenlieferungen, für die das Diakonische Werk sorgt. Trotz des rasant wachsenden Umfangs sind bei diesem sogenannten B-Geschäft, das vor allem mit Kupfer, Quecksilber und Erdöl abgewickelt wird, nur eine Handvoll Mitarbeiter in die Zusammenhänge eingeweiht. Der interne Schriftverkehr ist auf ein Minimum reduziert. So wird Geißel von der Bundesregierung – per Telefonanruf – über die zu erbringenden Leistungen für die DDR unterrichtet. Ist das Geschäft abgewickelt, erfolgt eine knappe Rückmeldung. So genügen Geißel zum Beispiel ganze fünfeinhalb Seiten in einer Anlage zu einer Information für Staatssekretär Krautwig, um über

Letzte Station in der DDR. Im Gefängnis auf dem Karl-Marx-Städter Kaßberg werden die freigekauften Häftlinge mit Bussen abgeholt. Rechts: Im Stasi-Jargon heißt das Auslieferungsgefängnis „Peppelanstalt", weil die zu Entlassenden dort neu eingekleidet werden

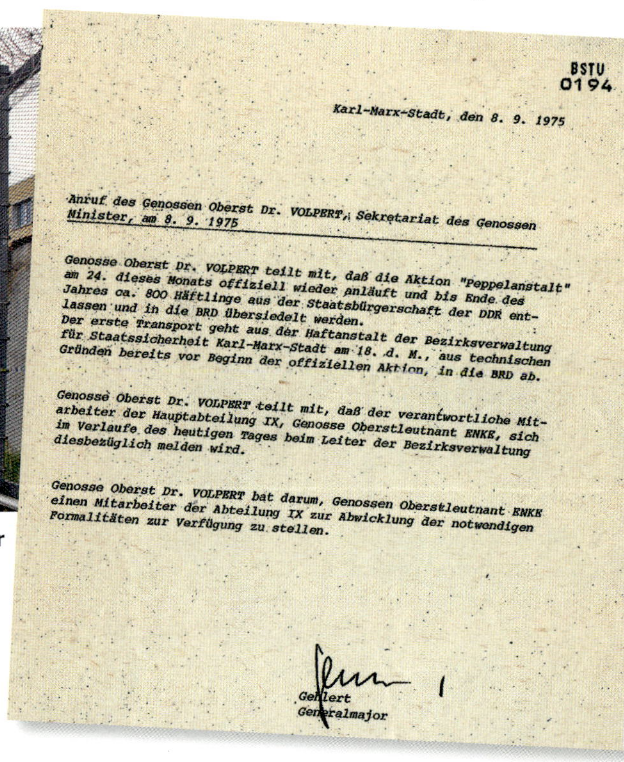

BSTU
0194

Karl-Marx-Stadt, den 8. 9. 1975

Anruf des Genossen Oberst Dr. VOLPERT, Sekretariat des Genossen Minister, am 8. 9. 1975

Genosse Oberst Dr. VOLPERT teilt mit, daß die Aktion "Peppelanstalt" am 24. dieses Monats offiziell wieder anläuft und bis Ende des Jahres ca. 800 Häftlinge aus der Staatsbürgerschaft der DDR entlassen und in die BRD übersiedelt werden.
Der erste Transport geht aus der Haftanstalt der Bezirksverwaltung für Staatssicherheit Karl-Marx-Stadt am 18. d. M., aus technischen Gründen bereits vor Beginn der offiziellen Aktion, in die BRD ab.

Genosse Oberst Dr. VOLPERT teilt mit, daß der verantwortliche Mitarbeiter der Hauptabteilung IX, Genosse Oberstleutnant ENKE, sich im Verlaufe des heutigen Tages beim Leiter der Bezirksverwaltung diesbezüglich melden wird.

Genosse Oberst Dr. VOLPERT bat darum, Genossen Oberstleutnant ENKE einen Mitarbeiter der Abteilung IX zur Abwicklung der notwendigen Formalitäten zur Verfügung zu stellen.

Gehlert
Generalmajor

Auf dem Territorium der Bundesrepublik angekommen. Die Busse mit den Freigekauften haben den DDR-Grenzkontrollpunkt bei Herleshausen/Wartha hinter sich gelassen. Unten: Der Mercedes von DDR-Unterhändler Vogel, der bei diesen Fahrten bis zur Grenze meistens dabei gewesen ist

die Verwendung von fast 37 Millionen D-Mark Bericht zu erstatten. Der Begriff „humanitäre Bemühungen", unter dem der Gesamtvorgang firmiert, oder gar „Häftlingsfreikauf" wird nicht mit einer Silbe erwähnt. Es scheint ihn gar nicht zu geben.

Im Bonner Bundesministerium für das Arbeitsfeld „humanitäre Bemühungen" ist nach Ludwig Rehlinger, der Präsident des Gesamtdeutschen Instituts geworden ist, nunmehr Edgar Hirt zuständig. Der gelernte Sozialarbeiter setzt dort an, wo sein Vorgänger aufgehört hat, und hält bei der Abwicklung des Geschäfts engen Kontakt zu Stange und Vogel. Doch an der Akribie, mit der Rehlinger die Freikauf-Aktionen vorbereitet hat, lässt es der neue Mann fehlen. So ge-

Denk ich an Siggi Faust, den Freund …, der jetzt … in Cottbus, im „VEB Knast" verfault …

Der im November 1976 heimtückisch aus der DDR ausgebürgerte Liedermacher Wolf Biermann schreibt im Nachsatz seiner „Ballade vom Aaleräuchern": „Beim ersten Biss und beim letzten Biss / Denk ich an Sigi Faust, den Freund / Ein Landeskind, das jetzt, wo hier munter / Der Aal schwimmt und der Westwind jault / In Cottbus, im ‚VEB Knast' verfault / Mit fließend Wasser (die Wände runter!) / Ein kranker Mann im Kellerloch / Mit Krätze, mit Hunger und Hass im Magen / Zum Krüppel vom Meister im Knüppelschlagen / Gemacht! – Sitzt vier-ein-halb Jahre ab. / Und nicht, weil er Aale geräuchert hat."

„Dieser ‚Sigi Faust' bin ich, ein ehemals gefördertes Arbeiterkind im Arbeiter- und Bauernstaat, das vom ‚Sozialismus mit menschlichen Antlitz' träumte, bevor ihn der ‚real existierende Sozialismus' durch seine Realitäten vorerst zum Dissidenten, also zum Abweichler von der ‚einzigen wissenschaftlichen Weltanschauung' der größenwahnsinnigen Sozialisten machte", meint Sigmar Faust. Doch dann wird der schon das zweite Mal wegen „staatsfeindlicher Hetze" Eingesperrte im Zuchthaus Cottbus nach dem Vorbild der Weißen Rose, jener studentischen Widerstandsgruppe gegen Hitler, richtig oppositionell, übt sich im geistigen Widerstand. Faust: „Der kostenlos in die Zellen gereichten Parteizeitung *Neues Deutschland* setzte ich eine handgeschriebene Zeitung unter dem Titel ‚Armes Deutschland' entgegen, die von Hand zu Hand gereicht wurde." Dankbar erinnert er sich der Haftkameraden, die ihn unterstützen, ihm heimlich Papier und Stifte zukommen lassen, manchmal sogar in seine Brotration gesteckt.

Faust, als Lyriker oft seiner „Subjektivität" wegen gescholten, schreibt heute lieber in der dritten Person über sich: „Er wusste, sein gewaltloser Widerstand konnte ihm fünf Jahre ‚Nachschlag' einbringen. Er war damals Vater von vier Kindern. Mit Biermann-Versen konnte er in den Katakomben von Cottbus sarkastisch grölen: ‚Nun, bin ich dreißig Jahre alt / Und ohne Lebensunterhalt / Und hab an Lehrgeld schwer bezahlt / Und Federn viel gelassen …' "

Faust hat neben Volker Braun und Wolf Biermann noch ein Vorbild, sogar ein väterliches: Heinz Kucharski, „Hamburger Jung und Kopf des hanseatischen Zweigs" der Weißen Rose. In den Publikationen heißt es: Kucharski, zum Tode verurteilt, konnte auf dem Weg zur Hinrichtung fliehen. Das ermutigt Faust wieder und wieder, niemals aufzugeben.

Mit dieser Trotzhaltung hat er sich während seiner 33-monatigen Haftzeit insgesamt 742 Tage Einzelhaft eingehandelt, zuletzt 401 Tage hintereinander in den Arrestzellen und „Tigerkäfigen" im Kellergeschoss der Strafvollzugseinrichtung Cottbus, wie offiziell dieses Zuchthaus heißt. „Selbst die feuchten, kalten und unhygienische Zellen mussten als ‚Verwahrräume' bezeichnet werden. Doch Faust nuschelte bei Zellenöffnung, zu der stets Meldung gemacht werden musste, in seinen nicht vorhandenen Bart: ‚Zelle 52, Staatsgefangner Faust.' Da alle Verwarnungen bis hin zu Nichtaushändigung von Briefen, insgesamt 63 Tage in einer unbeheizbaren Arrestzelle (nur drei Scheiben Brot täglich, alle drei Tage zusätzlich eine Suppe, schlafen müssend auf einem Lattenrost, monatelange Absonderung und sogar körperliche Misshandlungen mit dem Schlagstock (sozialistischer Wegweiser genannt) nichts gefruchtet hatten, musste man sich halt an seine provokative Meldung gewöhnen."

Faust hält durch, nicht zuletzt deshalb – wie er sagt –, „weil Gott so gnädig war, ihn noch nicht wissen zu lassen, dass Kucharski ihm als Inoffizieller Stasimitarbeiter mit zu seinem Gefängnisaufenthalt verholfen hatte".

Heute ist Sigmar Faust Mitglied des Menschenrechtszentrums Cottbus. Hier will er mithelfen, aus diesem verwahrlosten Zuchthaus eine Gedenk-, Begegnungs- und Bildungsstätte zu errichten. Der Anfang ist schon gelungen.

Misshandlungen mit dem Schlagstock. In der Zelle kommt für Sigmar Faust die Erinnerung zurück

Knast-Alltag. Die Häftlinge in den Haftanstalten der DDR werden zur Arbeit herangezogen. Sie produzieren auch für westliche Billig-Warenhäuser. Bis heute kämpfen die Betroffenen dafür vergeblich um Entschädigung. Unten: Eine Zelle für sechs weibliche Gefangene. Das Foto dürfte gestellt sein. In Wirklichkeit sind die Räume weitaus weniger wohnlich

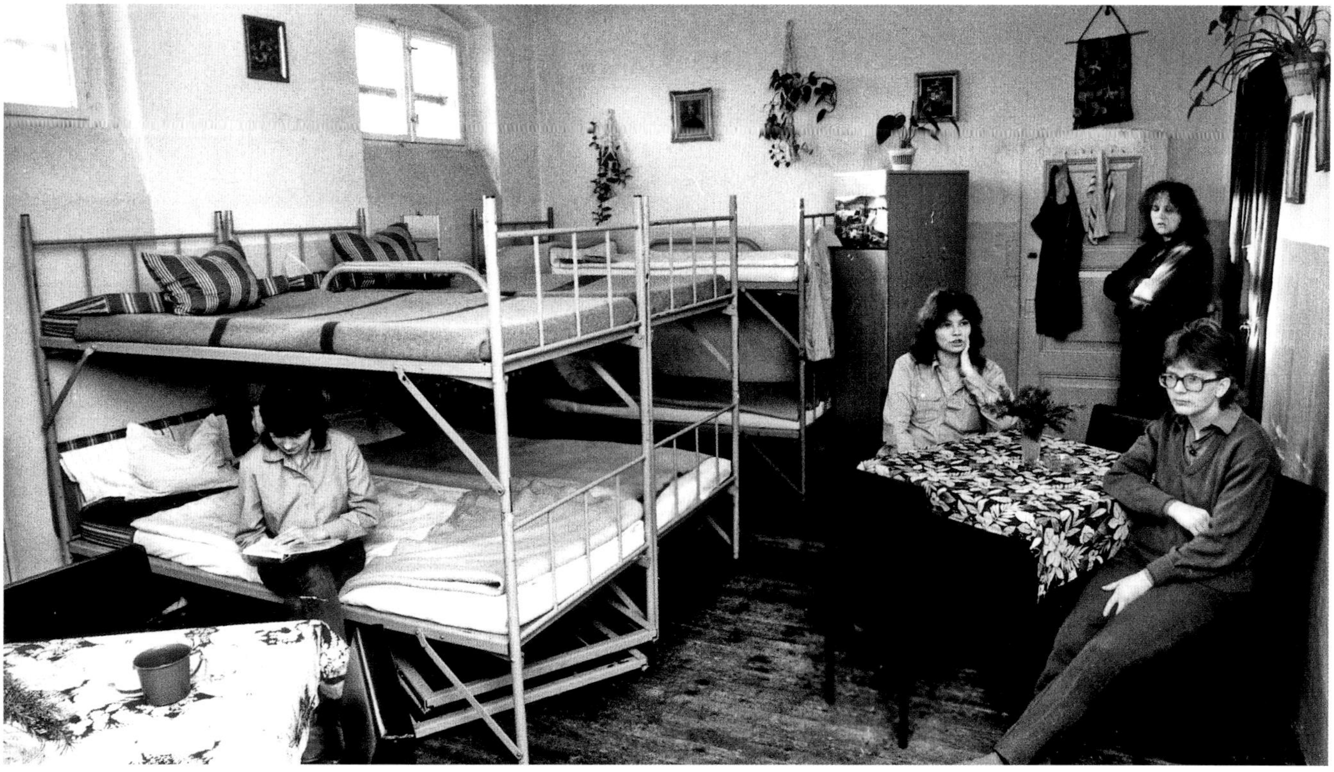

lingt es der „anderen Seite" zunehmend, Häftlinge mit kriminellem Hintergrund auf die Freikauf-Listen zu setzen. Und das bleibt nicht im Verborgenen. Denn manch einer der Freigekauften wird ganz zum Leidwesen der Käufer und zur heimlichen Schadenfreude der Ost-Vermittler ausgerechnet im Westen rückfällig. Bald verschrecken Schlagzeilen von freigekauften Kriminellen die Bundesbürger. So nimmt die *Deutsche Zeitung* in ihrem Bericht vom 20. September 1974 Bezug auf eine Veröffentlichung des „Deutschlandarchivs", in dem dieses die Haftgründe der 1972 in der DDR Amnestierten und in die Bundesrepublik Entlassenen untersucht. Dabei kommt das „Deutschlandarchiv" zum Schluss, dass der Anteil der „echten" politischen Häftlinge nur 56,1 % beträgt. 12,3 % der Inhaftierten sind zwar wegen politischer Vergehen inhaftiert, haben aber zuvor kriminelle Straftaten begangen. 17,7 % der in die Bundesrepublik Freigelassenen sind wegen gemischter politischer und krimineller Delikte und 13,1 % wegen rein krimineller Delikte verurteilt worden.

Besuch beim Verleger. Wie kein Zweiter hat sich Axel Springer für die Freilassung Nico Hübners eingesetzt

Die Öffentlichkeit diskutiert über den Sinn des Freikaufs

Drastisch äußert sich ein Mitarbeiter des Sozialministeriums Rheinland-Pfalz, der seine Erfahrungen mit den Ex-Häftlingen gemacht hat: „Diebe, Gewohnheitsverbrecher, Einbrecher." An anderer Stelle bemerkt er: „Gewaltverbrecher waren keine dabei. Aber man kann sagen, dass auf vier Gerechte sechs andere kamen." Schon wird über den Sinn des Freikaufs als solchem diskutiert, und die öffentliche Meinung droht zu kippen. Den zuständigen Mann im Ministerium für innerdeutsche Beziehungen scheint dies alles nicht sonderlich zu berühren.

Doch auch diejenigen, die auf der anderen Seite von Mauer und Stacheldraht das Geschäft abwickeln, haben immer mehr Probleme damit: Diese bereiten zum Beispiel abgelehnte Ausreisewillige, die bewusst eine Inhaftierung in Kauf nehmen, nur um in die Bundesrepublik ausgeliefert zu werden, so wie der Diplom-Ingenieur Karl Kaempfer. Er protestiert Ende 1977 vor der Ost-Berliner Humboldt-Universität mit einem Schild, auf dem er die Menschenrechte und sein Recht auf Ausreise einfordert. Die Verhaftung erfolgt prompt, ebenso prompt die Verurteilung durch das Kreisgericht Erfurt-Mitte wegen „Beeinträchtigung staatlicher oder gesellschaftlicher Tätigkeit" zu einer Freiheitsstrafe von einem Jahr und zehn Monaten. Nach nur wenigen Wochen Haft besteigt er den Bus in Richtung Wartha-Herleshausen. Karl Kämpfers Kalkül ist aufgegangen. Er ist freigekauft worden.

Der Fall Kaempfer ist kein Einzelfall. Bereits am 26. März 1977 verweist Staatssicherheitsminister Mielke auf die Tatsache, dass „eine Reihe weiterer übersiedlungswilliger Personen versucht (…) durch provokativ-demonstrative Handlungen in der Öffentlichkeit (…) die Entlassung aus der Staatsbürgerschaft der DDR und ihre Übersiedlung nach nichtsozialistischen Staaten oder Westberlin zu erzwingen".

Nicht nur in der Führung des Staatssicherheitsdienstes weiß man allzu gut um die Gründe. Man weiß, dass die Unzufriedenheit in der DDR zunimmt, dass immer mehr ausreisen wollen und immer mehr nach gescheitertem Fluchtversuch im Gefängnis landen. Doch dafür bedarf es längst nicht mehr eines Straftatbestandes. Die enge Auslegung der Straftatbestimmungen führt über Jahre hinweg zu einer größeren Zahl von Verhaftungen und nachfolgenden Verurteilungen. Dies ist insbesondere dort der Fall, wo sich die Leute mit ihren Ausreiseanliegen an westliche Stellen, Behörden, Menschenrechtsorganisationen oder gar Medien wenden. Die Staatssicherheit reagiert gereizt darauf und lässt mit der Begründung, es handle sich um eine „landesverräterische Kontaktaufnahme“ bzw. um die Herstellung „staatsfeindlicher Verbindungen“, willkürlich Hunderte inhaftieren. So ist der Nachschub für den Freikauf gewährleistet. 2927 Politische werden in den Jahren 1977/78 an den Westen verkauft – mehr als je zuvor in einem Zeitraum von zwei Jahren.

Im Zuge einer Amnestie kommen Bahro und Hübner frei

Im Jahr 1980 sind es 1036 politische Häftlinge. Im Zuge der Amnestie aus Anlass des 30. Jahrestags des Bestehens der DDR sind im Vorjahr weitere politische Häftlinge freigekommen, darunter zwei Dissidenten: Rudolf Bahro und Nico Hübner, der bald in den Westen ausreist. Letzterer hat sich als Berliner auf den entmilitarisierten Status der Vier-Sektoren-Stadt berufen und den Wehrdienst verweigert. Ein Gericht hat ihn zu fünf Jahren Haft verurteilt. Der Verleger Axel Springer nimmt sich seiner an. Immer wieder thematisiert er sein Schicksal, so auch am 26. März 1978, als er in der *Welt am Sonntag* schreibt: „Es wäre gut, wenn alle Deutschen wüssten, wer Nico Hübner ist. Der zweiundzwanzigjährige Berliner wird die Osterfeiertage hinter Schloß und Riegel verbringen, vor dem Blechnapf der Diktatur. Das wird wahrscheinlich sein Schicksal für einige Jahre werden. Der Haftgrund: Mut, Freiheitsliebe und Vaterlandstreue.“

Axel Springers aufrüttelnde Worte sind der politischen Entwicklung geschuldet. Die Aufbruchstimmung der frühen Jahre der sozialliberalen Koalition ist verflogen. Die Normalität im deutsch-deutschen Verhältnis besteht am Ende des Jahrzehnts darin, dass man sich mit der Unnormalität abfindet, dass die Diktatur zur Normalität wird. Gleichgültigkeit macht sich breit. Man ist nachsichtiger geworden gegenüber Ost-Berlin, wo Honecker im Februar 1981 auf den Vorwurf von Amnesty International, es gäbe 3000 bis 7000 politische Häftlinge in der DDR, im *Stern* erwidert, dass dies eine Verleumdung eines „anständigen Staates“ und eine „grobe Lüge“ sei. „Seit der Amnestie 1979 gibt es bei uns keinen einzigen politischen Gefangenen mehr“, erklärt der SED-Generalsekretär. Tatsächlich werden im Jahr der Äußerung des Generalsekretärs 1584 freigekauft. Doch was nicht sein darf, kann nicht sein, hat doch Ost-Berlin die KSZE-Schlussakte von Helsinki unterschrieben und sich darin zur Wahrung der Menschenrechte verpflichtet.

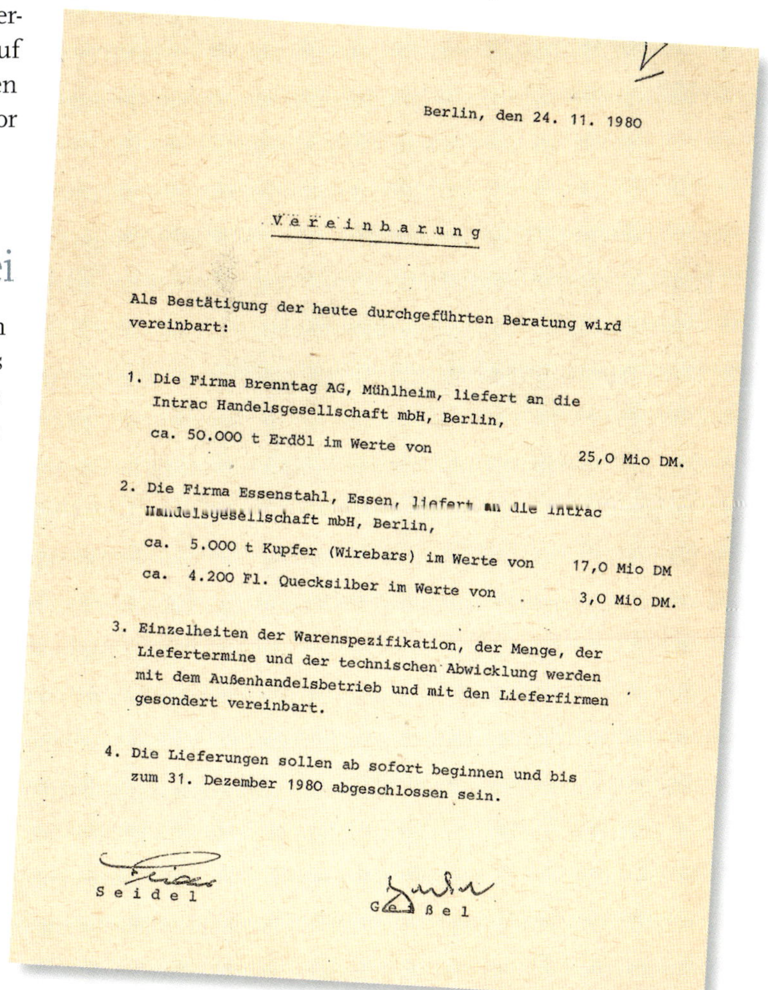

Berlin, den 24. 11. 1980

V e r e i n b a r u n g

Als Bestätigung der heute durchgeführten Beratung wird vereinbart:

1. Die Firma Brenntag AG, Mühlheim, liefert an die Intrac Handelsgesellschaft mbH, Berlin,
   ca. 50.000 t Erdöl im Werte von 25,0 Mio DM.

2. Die Firma Essenstahl, Essen, liefert an die Intrac Handelsgesellschaft mbH, Berlin,
   ca. 5.000 t Kupfer (Wirebars) im Werte von 17,0 Mio DM
   ca. 4.200 Fl. Quecksilber im Werte von 3,0 Mio DM.

3. Einzelheiten der Warenspezifikation, der Menge, der Liefertermine und der technischen Abwicklung werden mit dem Außenhandelsbetrieb und mit den Lieferfirmen gesondert vereinbart.

4. Die Lieferungen sollen ab sofort beginnen und bis zum 31. Dezember 1980 abgeschlossen sein.

S e i d e l   G e i ß e l

Gut auf dem internationalen Markt zu veräußern. In solchen Vereinbarungen wird der Umfang der für die DDR bestimmten Warenlieferungen festgehalten

Es war menschenverachtend, was die Machthaber den sozialistischen Strafvollzug nannten

Uta Franke ist ein typisches Kind des DDR-Systems. Sie wird 1955 in Leipzig geboren. Junge Pionierin, FDJ. Sie absolviert eine Schriftsetzerlehre mit Abitur und arbeitet anschließend im Bibliographischen Institut Leipzig. Mit 19 Jahren heiratet sie und wird Mutter. „Etwas anderes als die DDR kannten meine Freunde und ich nicht. Wir hatten damals keinerlei Vergleichsmaßstäbe."

Trotz vieler negativer Erfahrungen mit dem Staat hält sie die sozialistische Idee damals für die bessere Gesellschaftsform. Uta Franke: „Wir träumten davon, das bestehende System zu verbessern."

Ende 1978 drucken Uta Franke und ihre Freunde mit Buchstaben aus Kinderstempeln die Thesen aus Rudolf Bahros verbotenem Buch *Die Alternative*. Die junge Mutter ist der Überzeugung, dass man etwas gegen das Unrecht in der DDR tun muss. „Ich wollte wenigstens versuchen, mich zu wehren und Kritik anzubringen. Trotz der Gefahr einer Verhaftung, die wir allerdings verdrängten, meinte ich, dies auch für die Zukunft meiner kleinen Tochter tun zu müssen."

Schnell geraten die kritischen jungen Leute ins Visier des Staatssicherheitsdienstes. Von der längst angelaufenen Überwachung merken sie nichts. Am 5. September 1979 wird Uta Franke auf dem Heimweg von ihrer Arbeit festgenommen. Zehn ihrer Freunde aus der Leipziger Oppositionsgruppe werden in den nächsten Tagen verhaftet.

Sorge um das Kind. Uta Franke spielt 1978 mit ihrer Tochter Dörte. Nach der Verhaftung fürchtet sie, dass das Kind den Verwandten weggenommen und in ein Kinderheim eingewiesen werden könnte

Nach elfmonatiger Untersuchungshaft wird sie nach Paragraph 106 („Staatsfeindliche Hetze") zu einer Freiheitsstrafe von zwei Jahren und vier Monaten verurteilt. In der Urteilsbegründung heißt es unter anderem: „Die Gesellschaftsgefährlichkeit des Handelns der Angeklagten besteht generell darin, dass sie der ideologischen Diversion des Klassengegners auf dem Boden der DDR entgegenkommen und durch ihr Handeln zu dieser Diversion einen Beitrag geleistet haben."

Die heute in Berlin lebende Autorin erinnert sich: „Während der Untersuchungshaft begann bei mir ein Prozess des Umdenkens und der Desillusionierung, der durch die Gerichtsverhandlung und das in Hoheneck Erlebte noch verstärkt wurde." Sie verliert den Glauben an einen besseren Sozialismus und stellt einen Ausreiseantrag.

Aktenberg. Die Stasiunterlagen über Uta Franke füllen mehrere Ordner. Sie lebt heute als Autorin in Berlin

„Seitdem war der Bruch mit der DDR endgültig. Durch Erzählungen anderer Inhaftierter wurde mir klar, dass es nach einer politischen Haft für mich und meine Familie kein normales Leben mehr in der DDR geben könnte."

Uta Franke fühlt sich belogen und betrogen. „Ich begriff, wie hervorragend sich diese sozialistische Idee für einen Missbrauch anbietet und was dieser Idee alles untergeordnet werden kann. Es war verlogen und menschenverachtend, was die Machthaber Sozialismus oder sozialistischen Strafvollzug nannten."

Sie muss erkennen, dass es eine Illusion war, das System in der DDR reformieren zu wollen. „Die Machthaber waren keineswegs an Veränderungen interessiert. Ihr Ziel war nur der Machterhalt." Besonders schmerzlich ist für sie in Hoheneck die Trennung von ihrer kleinen Tochter. „Während der gesamten Haftzeit begleitete mich die Angst, dass sie möglicherweise den Verwandten weggenommen und in ein Kinderheim eingewiesen werden könnte. So war ich jedes Mal erleichtert, wenn ein Brief eintraf und über sie berichtet wurde."

Die Behandlung von politischen Gefangenen in den DDR-Zuchthäusern ist auf Drill und Unterordnung angelegt. „Wir sollten zu unterwürfigen Staatsbürgern umerzogen werden. Zudem wurden wir als billige Arbeitskräfte ausgebeutet." Uta Franke verspürt mehr und mehr das Bedürfnis, sich zu wehren, um ihre Menschenwürde zu wahren. Doch es darf nicht so provokativ sein, dass man sie dafür in den Arrest einweisen kann. Davor hat sie höllische Angst. „Es waren kleine Dinge, aber die war ich mir schuldig. Unter anderem musste die Uniform stets korrekt zugeknöpft sein, doch den obersten Knopf ließ ich aus Protest offen, bis die Aufseherin mich ermahnte. Dann musste ich ihn zwar schließen, doch nach einer Weile öffnete ich ihn wieder."

Zweimal erlebt die Dissidentin, wie sogenannte Rollkommandos in dem DDR-Frauengefängnis wüten. Das sind Auszubildende, die später als Aufseherinnen die Gefangenen in Schach halten sollen. Ohne Anlass wird die Tür zum Arbeitsraum mit lautem Krach aufgestoßen. „Etwa zehn Personen stürmten in den Raum. Durch die dunklen Uniformen und schwarzen Stiefel war erst auf den zweiten Blick erkennbar, dass es sich um junge Frauen handelte." Die Gefangenen, die an ihren Nähmaschinen im Akkord arbeiten, erstarren vor Schreck. Uta Franke: „Sie schritten durch den Raum, fuchtelten dabei mit ihren Gummiknüppeln herum, warfen Stoffe vom Nähmaschinentisch auf den Boden und marschierten wieder ab."

Als sie zurück in ihre Zelle kommt, sieht Uta Franke, dass das Rollkommando dort eine Razzia gemacht hat. Alles ist durchwühlt und durcheinandergeworfen. Die Betten sind auseinandergerissen, die Matratzen umgedreht, die Bettwäsche durchwühlt, aus den Spinden sind Sachen herausgeworfen. Briefe und Fotos liegen in der Gegend herum. Fast jeder Frau fehlt danach etwas von ihren wenigen Habseligkeiten.

Am 1. August 1981 hat der Horror ein Ende. Uta Franke wird freigekauft. Ihr damaliger Mann wird ebenfalls in den Westen entlassen. Die DDR weigert sich allerdings, die damals siebenjährige Tochter Dörte ausreisen zu lassen. Als sich der SPD-Politiker Hans-Jürgen Wischnewski (starb 2005) einschaltet, kann das kleine Mädchen vier Monate später endlich wieder ihre Eltern in die Arme schließen. Die psychischen Folgen ihrer Haft belasten Uta Franke bis heute.

Beteuerte Unschuld. Das Bonner Landgericht erhebt Anklage gegen Minister Franke (l.) und Ministerialdirektor Hirt (r.)

Der Freikauf wird auch aus der Sicht derjenigen, die ihn im Westen abwickeln, zunehmend zu einem bloßen Geschäft mit der Ware Mensch. Es ist zu einem Geschachere geworden, denn die Bewertungsmaßstäbe für den einzelnen Häftling liegen oft weit auseinander. So werden für Ärzte oder Häftlinge mit technischen Berufen von der DDR 160 000 bis 200 000 D-Mark verlangt. Um dem ein Ende zu bereiten, verständigt man sich 1977 mit der DDR auf einen Kopfpreis von 95 847 Mark – eine nicht runde Summe – so Vogel im Nachhinein –, um eben den Eindruck zu vermeiden, es handele sich um einen Kopfpreis. Und auch ansonsten nimmt man es im Ministerium für innerdeutsche Beziehungen, wo Hirt wieder das Bargeld-Geschäft belebt, mit den Transaktionen nicht mehr so genau.

Und so fehlen bald aus dem Etat des Ministeriums 5,6 Millionen D-Mark. Mittel, die über ein undurchschaubares, vom Bundestag nicht kontrolliertes Netzwerk verschwinden. Über das katholische Hilfswerk Caritas ist hierfür ein „Dispositionsfond" geschaffen worden, der die unkomplizierte Entnahme von Geldmitteln sichert. So fließen hohe Bargeldbeträge zwischen 10 000 und 700 000 D-Mark an den Ministerialdirektor Hirt zurück, getarnt als Gelder für die humanitären Bemühungen. Franke, der auch wegen seiner Vergangenheit – er hat unter den Nazis zweieinhalb Jahre im Gefängnis gesessen – ein hohes Ansehen genießt, bleibt später nichts anderes übrig, als sich öffentlich zu erklären. Er übernehme „die volle politische Verantwortung für alle Handlungen, die während meiner Amtszeit im Rahmen der humanitären Hilfe für in Bedrängnis geratene Menschen getätigt worden sind". Franke beteuert, er habe im Konfliktfall mit bürokratischen Vorschriften „stets das Gebot der Menschlichkeit" befolgt. Er verschanzt sich hinter den humanitären Leistungen, die in seiner Zeit vollbracht worden sind: 16 786 Häftlinge seien vorzeitig aus den Haftanstalten der DDR in die Bundesrepublik entlassen worden, darunter 60 Lebenslängliche. Im Rahmen des Agentenaustausches seien von westlicher Seite 98 DDR-Agenten gegen 190 in der DDR inhaftierte Bundesbürger freigegeben worden. Darüber hinaus habe man 46 199 Personen die Übersiedlung aus der DDR in die Bundesrepublik ermöglicht sowie einer größeren Zahl von Deutschen in osteuropäischen Staaten geholfen.

Schließlich finden sich im Frühjahr 1984 Hirt und Franke auf der Anklagebank des Bonner Landgerichts wieder. Hirt kann auch im Prozess den Verbleib der Gelder nicht erklären. Er verheddert sich in Widersprüche, tischt dem Gericht

Ich sprühte meine Wünsche und Träume mit Autoreparaturlack auf die Straße

„Klassenauftrag – Wiedervereinigung", „Mauer weg" und „Freiheit statt Sozialismus". Der Staatssicherheitsdienst im Vogtland ist in Aufruhr. Immer wieder stehen solche Sprüche an Wänden und auf Straßen. Sie tauchen an verschiedenen Orten und im Abstand von Wochen auf. Der größte Spruch ist 13 Meter lang.

„Ich sprühte meine Wünsche und Träume mit Autoreparaturlack auf die Straße. Der größte Spruch war 13 Meter breit", sagt Sabine Popp. „Es war ein stiller Protest. Ich wollte die Menschen zum Nachdenken bringen." Mit 17 Jahren schreibt sie im Mai 1978 zum ersten Mal etwas auf den Asphalt. „Ich fühlte mich eingeengt. Mir fehlte die Freiheit, meine Meinung zu sagen und dahin zu reisen, wo ich wollte", sagt Popp. Sie arbeitet damals im elterlichen Gartenbaubetrieb in Reichenbach. „Meine Eltern hatten eine private Firma. Uns legte man immer wieder Steine in den Weg. Trotz guter Noten durfte ich kein Abitur machen."

Sabine Popp weiht nur ihren Freund Andreas in ihren heimlichen Widerstand ein. Er hilft ein paar Mal mit. Und die kleine Schwester bemerkt es. Am Morgen nach solchen Aktionen sorgt die Reaktion der Staatsmacht oft für mehr Aufmerksamkeit als die Sprüche selbst. „Einmal fuhr ich mit dem Moped über eine Landstraße, auf die ich in der Nacht etwas gesprüht hatte. Die Polizei hatte die halbe Straße gesperrt."

Die Staatssicherheit leitet den operativen Vorgang „Landstraße" ein, wertet massenhaft Schriftproben aus, überprüft Verdächtige und setzt Spitzel ein. Die Stasi erstellt ein „Täterprofil". Ein Mann, etwa Mitte dreißig. Zwei Jahre narrt Sabine Popp die Mielke-Truppe. Erst durch Verrat kommt ihr die Stasi auf die Spur. Sabine Popp ist auf dem Heimweg von der Disco. Holm, ein Junge aus der Gegend, und Sabine sind die Letzten aus der Clique. „Wir waren allein unterwegs. Ich erzählte ihm ein bisschen von meinen Protest-Aktionen. Warum, weiß ich bis heute nicht. Am nächsten Tag kamen zwei Männer zu uns nach Hause und nahmen mich mit."

Sabine Popp kommt in die Untersuchungshaftanstalt der Staatssicherheit in Karl-Marx-Stadt. „Einzelhaft. Verhöre, Verhöre. Und immer wieder Verhöre. Sie kamen auch nachts." Wenige Tage später verhaften Stasi-Offiziere auch Sabines Schwester und ihren Freund. „Nach sieben Monaten Untersuchungshaft wurde ich zu fünf Jahren Gefängnis und einer Geldstrafe von 2000 Mark verurteilt", sagt die Gärtnerin. „Meine Schwester bekam zwei Jahre, mein Freund drei Jahre und neun Monate. Das ist für mich das schlimmste. Ich fühle mich bis heute schuldig, dass ich sie da reingezogen hatte." Während die drei im Gefängnis leiden, fliegt Holm, den die Stasi unter dem Decknamen IM „Schubert" führt, als Tourist zu den Olympischen Spielen nach Moskau. Es ist die Belohnung für seinen Verrat.

Nach zweieinhalb Jahren Haft wird Sabine Popp freigekauft. Die Schwester und ihr Freund Andreas sind bereits seit über einem Jahr im Westen. „Es war wunderbar, endlich in Freiheit zu sein. Es bedeutete aber auch, dass ich meine Eltern nicht wiedersehen konnte."

Nach dem Mauerfall zieht Sabine Popp zurück nach Reichenbach und übernimmt den Gartenbaubetrieb der Eltern. IM „Schubert" entschuldigt sich nie. Stattdessen geht er 2008 vor Gericht, als ein Pfarrer seinen Namen in einer Stasi-Ausstellung nennt. Das Landgericht Zwickau schmettert die Klage ab.

Stasi-Haft. 1980 wird Sabine Popp in Karl-Marx-Stadt für ihre Freiheitslosungen (l.) inhaftiert

und der Öffentlichkeit abenteuerliche Geschichten auf: Von einem ausgereisten DDR-Arzt und einer polnischen Professorenfamilie, die freigekauft worden wären, oder von der Bezahlung südafrikanischer Agenten im Zusammenhang mit der Freilassung eines Sowjetagenten namens Koslow. Doch überzeugen kann er damit niemand. So wird Hirt nach mehr als 100 Verhandlungstagen im Februar 1986 wegen Untreue in Tateinheit mit Betrug zu dreieinhalb Jahren Freiheitsstrafe verurteilt. Das Gericht sieht es als erwiesen an, dass Hirt einen großen Teil der von ihm geführten „schwarzen Kasse" für eigene Interessen vereinnahmte – insgesamt sechs Millionen D-Mark, die nie wieder auftauchen. Hirts Chef Franke wird von allen Anklagepunkten freigesprochen und gilt damit als rehabilitiert.
Zu diesem Zeitpunkt lenkt bereits Helmut Kohl an der Spitze einer schwarz-gelben Koalitionsregierung die Geschicke der Bundesrepublik seit mehr als drei Jahren. Ins Ministerium für innerdeutsche Beziehungen ist im Oktober 1982 jener CDU-Politiker zurückgekehrt, unter dessen Verantwortung die humanitären Bemühungen einst begonnen haben. Rainer Barzel. Sein Staatssekretär wird Ludwig Rehlinger, der zwischenzeitlich die Geschäftsführung eines Pipeline-Wirtschaftsunternehmens übernommen hat. Mit seinem früheren Büroleiter hat Barzel seinen Vertrauten und Experten für das Freikauf-Geschäft an seiner Seite. Beide Männer, deren persönliche Beziehungen über all die Jahre aufrechterhalten geblieben sind, versuchen etwas vom Geist der Anfangszeit wiederzubeleben, bei dem der Gefangene im Mittelpunkt gestanden hat. Denn nach wie vor sitzen etwa 5000 politische Häftlinge in den Gefängnissen der DDR. Nach wie vor warten 50 000 Menschen auf eine Familienzusammenführung durch ihre Ausreise.

Ahnungslos. Noch wissen weder Barzel (l.), noch sein Staatssekretär Rehlinger (2. v. l.) etwas von den Machenschaften Edgar Hirts (r.)

Trotz der Vorbehalte Ost-Berlins gegenüber der schwarz-gelben Bundesregierung wird alles dadurch erleichtert, dass man es auf „der anderen Seite“ mit den gleichen Partnern zu tun hat. Rehlinger, der von März 1983 an unter dem Bundesminister Heinrich Windelen Dienst tut, erinnert sich an das Wiedersehen mit Vogel im West-Berliner Bundeshaus: „Nahezu dreizehn Jahre hatten wir uns nicht gesehen. Doch als wir uns die Hände schüttelten und die ersten Worte wechselten, schien es, als wenn wir uns gestern verabschiedet hätten. Die Jahre unseres intensiven Zusammenwirkens, besonders in der heiklen und kritischen Anfangszeit 1963/64, hatten eine Grundlage des gegenseitigen Vertrauens geschaffen und ein Band geknüpft, das es uns beiden ermöglichte, den Faden wieder ohne Umschweife aufzunehmen.“

Treuer Vasall. Erich Honecker zeichnet Wolfgang Vogel mit dem „Stern der Völkerfreundschaft“ aus

Die Zahl der Freigekauften nimmt nach Kohls Regierungsantritt zu

Doch dies ändert nichts daran, dass Vogel deutlich zu erkennen gibt, dass seine Führung die Freikauf-Gespräche von der künftigen Entwicklung der Beziehungen zwischen der Bundesrepublik und der DDR abhängig machen wolle. Finanzielle Überlegungen spielten für die DDR – so der Unterhändler in schroffer Verkehrung der Wirklichkeit – trotz der millionenschweren Einnahmen nur eine untergeordnete Rolle. Geradezu als Grundbedingung zukünftiger Verhandlungen bezeichnet Vogel die Einhaltung der mit der Vorgängerregierung getroffenen Abmachungen. Und an diese hält sich auch die Kohl-Regierung. So werden im Jahr 1984 noch nie da gewesene 2236 Häftlinge freigekauft. Dafür wird aus dem Bundeshaushalt die Rekordsumme von fast 388 Millionen D-Mark aufgebracht (inklusive Familienzusammenführung), die wiederum in Form von Warenlieferungen über das Diakonische Werk in Stuttgart beglichen wird.

Die rasant angestiegenen Zahlen sind nicht zuletzt Ausdruck der Entwicklung in der DDR. Immer mehr wollen dem Land den Rücken kehren, weil sie im bankrotten „Arbeiter- und Bauernstaat“, dem 1983 durch einen vom bayerischen Ministerpräsidenten Franz Joseph Strauß eingefädelten Milliarden-Kredit wieder auf die Beine geholfen werden soll, keine Perspektiven mehr sehen. Hinzu kommen die politische Gängelung und die zunehmende Terrorisierung durch den Staatssicherheitsdienst. Die einen stellen Ausreiseanträge, deren Zahl rasant ansteigt, andere entdecken westliche Botschaften, um auf diese Weise „rauszukommen“. Die Regierung in Ost-Berlin sieht sich nun gezwungen, die Schleusen zu öffnen. Binnen weniger Monate können 1984 mehr als 30 000 Menschen das Land in Richtung Westen verlassen. Um Druck abzulassen und Devisen zu beschaffen, werden auch mehr Häftlinge als jemals zuvor an die Bundesrepublik verkauft.

Der DDR-Staats- und Parteichef ergeht sich derweil in verlogenen Phrasen. In einem Interview mit der schwedischen Zeitung *Svenska Dagbladet* vom Juni 1984 antwortet er nur ausweichend: „Selbst ich weiß nicht, wie viele Bürger der DDR in diesem Jahr aufgrund der Schlussakte von Helsinki im Rahmen der Familienzusammenführung in westliche Länder ausreisen konnten.“ Und geradezu zynisch führt er andere Zahlen an, um zu suggerieren, dass sich die DDR-Praxis nicht von der der Bundesrepublik unterscheide: „Aus mir vorliegenden Materialien geht hervor, dass jährlich zwischen 53 000 und 60 000 Bürger der Bundesrepublik Deutschland auswandern, ohne dass davon in anderen Ländern viel Aufhebens gemacht wird.“

Die Einleitung der Ermittlungen gegen Franke und Hirt 1984 stört dann angesichts der Realität im zweiten deutschen Staat den Freikauf nicht wirklich, auch wenn man es

Wir wollten zu einer Zusammenkunft Ausreisewilliger und wurden verhaftet

Es gibt frische Brötchen und selbst gemachte Marmelade. Der Kaffee duftet. Auf das gemeinsame Frühstück am Wochenende mit ihren Töchter Jaqueline und Juliette legen Ute und Bernd Uhlmann großen Wert. „Wir waren beide berufstätig. Da sollte es wenigstens am Wochenende eine gemeinsame Zeit für die Familie geben", so das Ehepaar. Sie arbeitet damals als Sekretärin im „VEB Kraftwerksanlagenbau" und er als Chemielaborant im „VEB Grafische Speziallacke Dresden". Auch an diesem Samstag, dem 27. August 1983, sitzt die Familie morgens gemeinsam beim Essen. „Keiner von uns ahnte damals, dass es unser letztes Zusammensein war. Wir hatten von einer friedlichen Zusammenkunft ausreisewilligen Bürger auf der Prager Straße in Dresden gehört", sagt Ute Uhlmann. „Diesem Treffen wollten wir uns anschließen. Wir hatten seit 1976 mehrere Ausreiseanträge gestellt, die alle abgelehnt wurden."

Unbeschwerte Tage. Im letzten Urlaub vor der Verhaftung lacht Ute Uhlmann (Mitte) mit ihren Töchtern Jaqueline (rechts) und Juliette in die Kamera

Als die beiden in die Dresdner Innenstadt laufen, ist die Prager Straße weiträumig von Polizei umlagert. Nicht nur die Bürger, die die DDR verlassen wollen, sind über die heimlich geplante Demonstration informiert. Auch die Stasi. Ute Uhlmann: „Als wir vor dem Dresdner Rundkino standen, mussten wir der Volkspolizei unsere Ausweise zur Kontrolle zeigen. Sie wurden einbehalten, und wir sollten zur Klärung eines Sachverhaltes mit in das Kino kommen." Dort sitzen bereits mehrere Bürger, und es kommen ständig neue hinzu. Zwei Stunden später werden alle zur Polizeistation verfrachtet. Männer und Frauen getrennt voneinander.

„Ich bekam den Auftrag, auf einen Zettel zu schreiben, wer in unserer Abwesenheit die Kinder beaufsichtigen soll. Ich verstand das überhaupt nicht. Unsere Kinder waren schon in einem Alter, in dem sie schon mal ein paar Stunden allein zu Hause sein konnten. Im Nachhinein wusste ich warum."

Zu diesem Zeitpunkt denkt die zweifache Mutter noch, dass alles ein Irrtum und sie abends wieder zu Hause ist. Doch am Abend muss sie mit Handschellen gefesselt in einen Kleintransporter steigen. „In dem Auto befanden sich winzige Kabinen, in denen man Platzangst bekam. Die Kabinen hatten keine Fenster und waren nicht beleuchtet. Keiner wusste, wo es hingeht."

Der Transporter hält in der Dresdner Stasi-Zentrale in der Bautzener Straße. Ute Uhlmann: „Man musste sich sofort nackt ausziehen, der Körper wurde nach irgendwelchen Utensilien, die man eventuell am Körper tragen könnte, abgesucht. Ich bekam Anstaltskleidung, musste alle persönlichen Sachen abgeben."

Die vollkommen verängstigte Dresdnerin wird in eine Doppelzelle gesperrt. Zu ihrer Zellenkameradin sagt sie: „Das ist ein Irrtum. Morgen bin ich bestimmt wieder draußen." Die Mitgefangene antwortet: „Wer einmal hier drin ist, kommt nicht wieder heraus. Ich sitze hier schon seit einem Jahr." Nach einer schlaflosen Nacht wird Ute Uhlmann am Sonntagmorgen dem Haftrichter vorgeführt. Kein gemeinsames Frühstück mit der Familie. Sie und ihr Mann getrennt voneinander eingesperrt. Die Kinder sind in großer Sorge, Verwandte kümmern sich um sie.

„Man hatte keinen Namen mehr, man war nur noch eine Nummer. Musste man die

Zelle verlassen, wurde gebrüllt: ‚Häftling 1 oder Häftling 2 raustreten mit dem Gesicht zur Wand!' Erst jetzt wurde mir bewusst, was eigentlich passiert war."

Neues Glück. In der Bundesrepublik können Ute (rechts) und und Bernd Uhlmann ihre Träume verwirklichen. Die Töchter Juliette (Mitte) und Jaqueline (nicht auf dem Foto) machten sie zu Großeltern

Täglich verhören die Stasi-Offiziere Ute und Bernd Uhlmann. Die Vernehmer versuchen, das Ehepaar gegeneinander auszuspielen. „Sie drohten, auch unsere Kinder zu verhören. Das war eine besonders große psychische Belastung."

Der Staatssicherheitsdienst und die Staatsanwaltschaft konstruieren absurde Vorwürfe. „Wir waren zweimal in der Ständigen Vertretung der Bundesrepublik in Ost-Berlin und sprachen dort wegen unserer Ausreiseanträge vor", so die Uhlmanns. „Wir gaben unsere Lebensläufe mit Angaben zu unseren Kindern und deren Schule ab. Für die Stasi war das landesverräterische Nachrichtenübermittlung."

Einmal am Tag gibt es in der Untersuchungshaftanstalt des Staatssicherheitsdienstes eine halbe Stunde den sogenannten ‚Hofgang'. Ute Uhlmann: „Mit einem Hofgang hatte das nichts zu tun. Meine Zellengenossin und ich wurden von einer Zelle in eine andere gebracht – nur dass diese kein Dach hatte und man ein kleines Stück Himmel sehen konnte." Oben patrouillieren Wachposten mit Maschinengewehren, haben die Gefangenen ständig im Blick. „Wir mussten immer hin und her laufen. Ich kam mir vor wie ein eingesperrtes Tier im Käfig."

Ute und Bernd Uhlmann werden während der Untersuchungshaft häufig in andere Zellen verlegt. „Wir hatten dauernd neue Mithäftlinge. Dadurch lernte ich mehrere Menschen und deren Schicksale kennen. Das bestärkte mich, dass unser Entschluss, die DDR zu verlassen, der richtige war. Vor allem für unsere Kinder hatten wir das Richtige getan."

Nach drei Monaten Stasi-Haft und eine Woche vor dem Prozess lässt sich das erste Mal der Dresdner Anwalt aus der Kanzlei Vogel bei seinen Mandanten sehen. „Mein Mann und ich durften den Anwalt nur getrennt voneinander sprechen. Wir sahen uns das erste Mal beim Prozess wieder."

Das Urteil: Vier Jahre Haft wegen „landesverräterischer Nachrichtenübermittlung und Beeinträchtigung staatlicher Gewalt". „Das war ein Schock für uns. Wir hatten Angst, dass die Stasi unsere Kinder ins Heim steckt oder zu einer Zwangsadoption freigibt."

Bernd Uhlmann kommt nach Cottbus, Ute in das Frauenzuchthaus Hoheneck. In einem „Arbeitskommando" näht sie Bettwäsche für den Westen. „Während des Nähens träumte ich von unserer Zukunft. Ich fing an, Gedichte auf kleine Zettelchen zu kritzeln," erinnert sich die heutige Rentnerin. „Die Gedichtzettel nähte ich oft in kleine Säckchen und befestigte sie unter der Nähmaschine für die Frau der nächsten Schicht. Manchmal las ich sie heimlich anderen Frauen vor, um ihnen und auch mir selbst Mut zu machen."

Am 14. Juni 1984 werden die Uhlmanns freigekauft und in die Bundesrepublik entlassen. Die Töchter dürfen am 22. August 1984 in den Westen ausreisen. „Jaqueline und Juliette haben unter der Trennung gelitten. Aber das hat sie auch noch mehr zusammengeschweißt. Wir wussten unsere Kinder bei unseren Verwandten immer in guten Händen. Das Glück hatten nicht alle Häftlinge."

In Linden in Hessen fängt die Familie noch einmal von vorne an. Inzwischen sind zwei Enkelkinder geboren. Ute Uhlmann: „Wir sind dankbar für jeden Tag, den wir in Freiheit erleben durften."

in Bonn befürchtet. Um größeren Schaden abzuwenden, trifft Rehlinger mit Vogel zusammen. Er will die Reaktion Ost-Berlins sondieren. Und Vogel wiederum will in Erfahrung bringen, ob Verantwortliche auf der östlichen Seite von den verschwundenen Hirt-Millionen profitiert haben. Solche Befürchtungen sind nicht unbegründet bei den über die Jahre entstandenen deutsch-deutschen Netzwerken und dem großen Profit, der gemacht wird. Um die Funktion des Devisenbeschaffungsapparats auch weiterhin zu gewährleisten, sind für den Staatssicherheitsdienst Informationen zum Fall Hirt wichtig. Denn nur dann können gezielte Maßnahmen eingeleitet werden. Zu diesen gehört dann auch schon einmal ein Auftragsmord im „Operationsgebiet", wie die Bundesrepublik im Jargon der Ost-Geheimdienstler genannt wird. So kommt in den 80er-Jahren gleich eine ganze Reihe von Geschäftsführern von KoKo-Firmen auf mysteriöse Weise ums Leben. Im Abschlussbericht des Schalck-Untersuchungsausschusses des Deutschen Bundestags wird bereits in den frühen 90er-Jahren festgehalten, dass die Todesfälle „wahrscheinlich einen nachrichtendienstlichen Hintergrund" hätten. Gegenüber einem Pressevertreter mimt Vogel nach dem Gespräch mit Rehlinger hingegen den Betroffenen über die Verfehlungen des Bonner Ministerialdirektors Hirt. Er meint: „Wenn ich bei der Mitteilung von Staatssekretär Rehlinger eine Mokkatasse in der Hand gehabt hätte, wäre sie mir aus der Hand gefallen."

Gewiefter Anwalt. Nach der Anklageerhebung gegen Franke und Hirt ist das Vertrauen gegenüber Stange dahin

Die Hirt-Affäre zieht personelle Veränderungen nach sich

Die Hirt-Affäre zieht auf westlicher Seite organisatorische und personelle Veränderungen nach sich. Rechtsanwalt Stange, jahrelang am Geschäft beteiligt, ist nicht länger haltbar. Auch wenn die Staatsanwaltschaft auf eine Anklage gegen ihn verzichtet hat, ist das notwendige Vertrauen dahin. Statt Stange verhandelt nun Rehlinger direkt mit Vogel. Der Staatssekretär will die laxe Praxis Hirts bei der Auswahl der Häftlinge korrigieren, unter denen sich nach wie vor zahlreiche Kriminelle befinden. Und es gelingt ihm nach zähen Verhandlungen, dass zukünftig nur noch „Politische" freigekauft werden. In seinen Erinnerungen schreibt er allzu optimistisch, „dass in der Zeit von 1983 an bis zu meinem Ausscheiden 1988 nicht ein einziger krimineller Häftling durchgerutscht ist". Wenn dennoch in der Bundesrepublik Berichte über Straftaten von Ex-Häftlingen aus der DDR erschienen seien, läge das – so Rehlinger – daran, dass Ost-Berlin nunmehr die Kriminellen einfach abgeschoben habe.

Der Menschenhandel floriert jetzt ohne Einbeziehung der Kriminellen mehr denn je. Im Jahr 1985 werden 2669 politische Häftlinge freigekauft – es ist die größte Zahl in der 29-jährigen Geschichte der humanitären Bemühungen. Und auch bei den Familienzusammenführungen gehen die Geschäfte gut. Dies hat etwas mit den vermehrten Fluchten über das sozialistische Ausland in den Westen zu tun. Denn in aller Regel werden von den zurückgebliebenen Verwandten Anträge auf Ausreise im Rahmen der Familienzusammenführung gestellt. Gleiches gilt auch für die zunehmenden Eheschließungsbegehren. Zwar ist den Unterhändlern klar, dass viele der deutsch-deutschen Ehepaare nur zum Schein heiraten, doch bleibt es für den Staatssicherheitsdienst schwierig, den Nachweis einer Scheinehe zu führen. Verstärkte Observation und die Verhinderung der Einreise des heiratswilligen West-Partners können nur wenige Beziehungen

Für einen Aufruf zur Abrüstung wurde ich fristlos gekündigt und von der Staatssicherheit verfolgt

Es ist nur ein Vermerk in der Stasi-Akte von Ralf Kotowski. Das Papier vom 5. Juni 1984 dokumentiert die Verzweiflung eines Mannes, der seit Wochen unschuldig in Isolationshaft sitzt.

„Bei der Zuführung des Beschuldigten Kotowski, Ralf, am heutigen Tage um 8.40 Uhr stürzte er unmittelbar nach Betreten des Vernehmerzimmers zu Boden, ohne sich abzufangen. Beim Sturz schlug er mit dem Kopf voll auf den Boden auf", notiert der Stasi-Vernehmer.

Der Fernsehingenieur bleibt sekundenlang am Boden liegen und zieht sich eine Platzwunde über der linken Augenbraue zu. Kotowski wird zu einem Nervenarzt geschickt. Der stellt fest, dass er haftfähig und „strafrechtlich voll verantwortlich" ist. „Meine Inhaftierung stellte eine grobe Menschenrechtsverletzung dar, die mich traumatisiert hat. Das hätte der Arzt erkennen und einen Antrag auf Haftverschonung stellen müssen."

Als Reaktion auf den blutigen Zwischenfall erreicht der Familienvater immerhin, dass er endlich mit seinem Anwalt Lothar de Maizière sprechen darf. „Das Gespräch fand unter Aufsicht des Stasi-Vernehmers statt. Lothar de Maizière war mir als Anwalt keine Hilfe. Meinen Unfall tat er mit den Worten ab: Das sei ganz normal, man sage dazu auch Knastmauke." Der Ingenieur sitzt damals wegen „ungesetzlicher Verbindungsaufnahme" im Stasi-Untersuchungsgefängnis Hohenschönhausen. „Meine Schwierigkeiten in der DDR begannen sechs Jahre vor meiner Verhaftung. Damals arbeitete ich im Betrieb Deutsche Post, Studiotechnik Fernsehen, und legte den zuständigen SED-Vertretern einen Entwurf für einen Aufruf zur atomaren Abrüstung vor. Den Aufruf wollte ich im Arbeitskollektiv unterschreiben lassen und an den Weltsicherheitsrat schicken." Die Post feuert den Familienvater aus Eichwalde fristlos. Die Stasi leitet eine operative Personenkontrolle mit dem Decknamen „Verfasser" ein. Die Wohnung wird konspirativ durchsucht, die Post abgefangen, die ganze Familie ausspioniert. „Ich hatte meine Entlassung und meine Bemühungen, in meinem Beruf wieder arbeiten zu dürfen, prominenten kirchlichen und gesellschaftlichen Persönlichkeiten außerhalb der DDR mitgeteilt. Das erfüllte für die DDR-Justiz den Tatbestand der ungesetzlichen Verbindungsaufnahme."

Das Kreisgericht Potsdam verurteilt den Friedensaktivisten zu dreieinhalb Jahren Zuchthaus. „Kurz vor dem Prozess traf ich meinen Anwalt Lothar de Maizière ein zweites Mal und sprach mit ihm zum ersten Mal unter vier Augen. Er fragte mich, warum ich so viel gestanden hätte, das wäre doch gar nicht nötig gewesen. Ich empfand seine Worte als Hohn. Er begriff nicht, dass ich keinen Rechtsbeistand hatte, allein war und dadurch unter psychischem Druck stand."

Ralf Kotowski wird in das Zuchthaus Cottbus verlegt und dort weiteren Schikanen ausgesetzt. „Briefe zwischen mir und meiner Frau wurden unterschlagen mit dem Ziel, unsere Ehe auseinanderzubringen."

Am 27. August 1985 kauft ihn die Bundesregierung frei. Zwei Monate später – nach einem Psychokrieg um die damals 13-jährige Tochter – dürfen auch Kotowskis Frau und Kind ausreisen. Die Familie zieht nach Köln, bis zu seiner Pensionierung arbeitet Kotowski beim WDR als Fernsehingenieur.

Bittere Vergangenheit. Ralf Kotowski arbeitet zu Hause in Köln seine Akte der Staatssicherheit, OPK „Verfasser", auf

BUNTE **Tagesthemen** Das aktuelle Magazin: Nachrichten, Informationen, Hintergründe

Fotos: Erwin Decker (4), Klaus Mehner

KARL GLAWE
OSCHA.
6.3.22 +4.10.44
WOLFGANG-HEINRICH VOGEL
30.10.25

Die Geheimdienste rätseln: Wer liegt wirklich unter dieser Grabplatte, wenn es sich nicht um den prominenten DDR-Anwalt Wolfgang Vogel handelt?

Unterhändler in heiklen politischen Missionen: Wolfgang Heinrich Vogel (59)

DDR-Geheimnis

Ein falscher Vogel?

Ein Soldatengrab am Futa-Paß in Norditalien gibt Rätsel auf

Der Steinmetz auf dem Cimitero Militare Germanico, dem größten deutschen Soldatenfriedhof in Italien, bekommt Arbeit. Unter den 30 665 Gefallenen, die am Futa-Paß an der Autobahn Bologna–Florenz die letzte Ruhestätte fanden, liegt ein Toter unter falschem Namen.

Auf dem Grabstein, einer 70 mal 40 cm großen Platte aus dem in dieser Gegend gebrochenen grauen Sandstein, wird in diesen Tagen ein Name herausgemeißelt, dessen Träger ein weltbekannter Ost-Berliner Anwalt und Unterhändler des DDR-Staatsratsvorsitzenden Erich Honecker in heiklen politischen Missionen ist: Wolfgang Vogel (59).

Beim Skifahren am Wilden Kaiser in Tirol war der Staranwalt in der letzten Januarwoche von seiner Wehrmachtvergangenheit eingeholt worden. Bei der Durchsicht des Nachlasses vermißter und gefallener Angehöriger der ehemaligen deutschen Wehrmacht hatte die Wehrmachtsauskunftsstelle in West-Berlin festgestellt: Unter dem Namen Wolfgang Vogel wurde am Futa-Paß ein Soldat bestattet, dessen Identität haargenau der des Anwaltes Vogel aus Ost-Berlin entspricht.

Der Name Vogel wiederum wurde in den vergangenen 30 Jahren durch die Vermittlertätigkeit des gleichnamigen Anwaltes beim Austausch von Spionen und beim Freikauf von 25 000 politischen Gefangenen aus DDR-Strafanstalten weithin bekannt.

Für seine Rolle hat das kommunistische Regime Vogel Privilegien wie keinem anderen Anwalt im Mauerstaat eingeräumt. Wann immer es der Ju-

Ältere Grabplatte eines Namensvetters von Wolfgang Vogel auf demselben Friedhof

Wegweis… Florenz …

114 BUNTE

Der Freikauf hat Vorrang. Im Bericht der Illustrierten *Bunte* klingen Zweifel an der Identität Vogels an. Auch in Tageszeitungen wie der *FAZ* werden diese genährt

auseinanderbringen. Spätestens mit der Ausreise, die erst nach der Hochzeit genehmigt wird, sehen sich die zuständigen DDR-Stellen dann mit neuen Familienzusammenführungsbegehren konfrontiert.

Die Zusammenarbeit zwischen Rehlinger und Vogel ist bei allem Ringen um die Erstellung der immer neuen Listen zum Freikauf oder zur Familienzusammenführung gut. Es ist das verbindliche Wesen Vogels, seine Fähigkeit, andere für sich zu gewinnen, die das Geschäft für Rehlinger erträglich machen. Und die unterschiedlichen politischen Grundeinstellungen werden weitgehend ausgeklammert. „Vogel und ich", so Rehlinger später, „haben über diese Frage auch nie gestritten, wir haben das Thema nicht berührt. Wie wir auch sonst nicht kontrovers politisch philosophiert haben. Unausgesprochen hielten wir es beide für ratsam, diese Themen nicht anzuschneiden. In unserer Zusammenarbeit ging es schließlich nicht darum, den anderen beeinflussen oder zu einer anderen Weltanschauung bekehren zu sollen, sondern konkret ganz bestimmten einzelnen Menschen zu helfen."

An dem Arbeitsverhältnis zwischen beiden Männern ändert auch eine Begebenheit nichts, die sich schon zu Beginn des Jahres 1985 ereignet hat und die Frage aufgeworfen hat, wer denn dieser Wolfgang Vogel überhaupt ist. Die Illustrierte *Bunte* veröffentlichte nämlich einen Beitrag unter der Überschrift „Ein falscher Vogel? Ein Soldatengrab am Futa-Pass in Norditalien gibt Rätsel auf". Dort auf dem größten Soldatenfriedhof der Appeninhalbinsel trägt eine der unzähligen Grabplatten nicht nur den Namen Vogels, sondern auch dessen Geburtsdatum. Und die dazugehörigen Unterlagen des Volksbundes Deutscher Kriegsgräberfürsorge weißen den Toten eindeutig als den DDR-Unterhändler aus. Der Luftwaffensoldat ist 1945 bei Bologna gefallen und zunächst auf einem Gemeindefriedhof als „unbekannter Soldat" begraben worden. Im Zuge einer Umbettungsaktion zu Beginn der 60er-Jahre hat sich bei dem Toten die Erkennungsmarke gefunden, sodass er als Wolfgang Vogel, geboren am 30.10.1925 im schlesischen Wilhelmsthal, identifiziert und am Futa-Pass bestattet werden kann. Mehr als 20 Jahre lang ist das niemandem aufgefallen, ehe ein findiger Journalist die Parallelität der Daten entdeckt.

Vogel bricht seinen Winterurlaub am Wilden Kaiser nicht ab

Unterhändler Vogel bricht nach der Veröffentlichung seinen Winterurlaub am Wilden Kaiser nicht ab. Rehlinger ist es, der in Berlin kurze Zeit später mit einer Erklärung des Sachverhalts aufwartet. Im Verlauf einer Pressekonferenz zeigt der Bonner Staatssekretär nunmehr eine Erkennungsmarke, die – laut Wehrmachtsauskunftsstelle – in den Dokumenten einem schlesischen Landsmann von Vogel namens Fritz Wunderlich zugeordnet worden sein soll. Bei der Ausgabe der Erkennungsmarken – so Rehlinger – habe Vogel versehentlich die Marke Wunderlichs an sich genommen und Wunderlich diejenige Vogels. Die Geschichte von der Verwechslung hat einen Schönheitsfehler, denn Wunderlich oder einen seiner Angehörigen kann niemand mehr fragen. Er ist seit 1945 vermisst, und niemand hat sich seitdem beim Volksbund und bei der Wehrmachtsauskunft nach seinem Schicksal erkundigt. In der Wehrmachtsauskunftstelle wird noch in Zusammenhang mit dem Volksbund ein geheim zu haltendes Gutachten zur Klärung des Sachverhaltes in Auftrag gegeben, in dessen Folge man auf der Grabplatte nicht den Namen Vogel durch Wunderlich ersetzt. Am Futa-Pass ist seitdem ein „Unbekannter Soldat" mehr in den Stein gemeißelt.

Gefangenentransport. Im „Grotewohl-Express", einem Eisenbahnwaggon, werden Häftlinge zwischen den Haftanstalten verlegt. Die Fernseh-Ansagerin Edda Schönherz (o.) erleidet als politischer Häftling so einen Transport in einer engen Zelle. Kurze Fahrten erfolgen im Barkas B 1000 mit dunklen Kleinstzellen und mangelnder Belüftung. Die Fahrzeuge sind in der Gedenkstätte Hohenschönhausen zu besichtigen

Es war wie bei Orwells Gedankenpolizei. Meine Flucht fand nur in Kopf statt

Kirsten Israel steht im Eingang des Hauses Schönhauser Allee 96 in Ost-Berliner Stadtteil Prenzlauer Berg. Um Punkt 15 Uhr soll hier ein Fluchthelfer erscheinen und die damals 22-jährige Sekretärin in den Westen schleusen. „Ich guckte auf die Uhr und zweifelte, ob der angekündigte Helfer auch wirklich kommen würde."

Die junge Frau hat einen Bekannten in ihre Pläne eingeweiht und ihn zur Sicherheit zum konspirativ verabredeten Treffpunkt mitgenommen. „Plötzlich kam ein Mercedes angerast und hielt auf dem Bürgersteig", erinnert sich die heute in Hessen lebende Autorin. Ein kleiner Mann steigt aus und nennt das geheime Erkennungswort. „Der Schleuser sagte, die Sache sei zu gefährlich. Er drückte mir einen Zettel in die Hand und verschwand." Auf dem Papier steht: „Niemegk – Belzig – Tankstelle Niemegk, 19.30 Uhr; 500 Meter Richtung Berlin einsteigen." Kirsten Israel: „Es war wie in einem Krimi. Aber ich war vollkommen verwirrt."

Der Bekannte bemerkt verdächtige Gestalten. „Er meinte, wir werden beobachtet. Die Stasi weiß Bescheid. Wir müssen abhauen." Die geborene Erfurterin, die mit zehn Jahren nach Potsdam gezogen ist, geht mit schnellen Schritten zur S-Bahn-Station. „Die Beobachter folgten uns, griffen aber nicht ein. Ich steckte mir den Zettel in den Mund und schluckte ihn runter." Doch es gibt noch ein Problem. „Ich hatte einen Abschiedsbrief für meine Eltern geschrieben. Der lag bei mir zu Hause auf dem Tisch", erzählt Kirsten Israel, die an ihrem 18. Geburtstag den ersten Ausreiseantrag stellte. Auf Umwegen erreicht sie ihre Wohnung. „Der Staatssicherheitsdienst war noch nicht bei mir zu Hause." Was die junge Frau, die von Freiheit und einem Leben als Schauspielerin träumt, nicht weiß: Der Schleuser, den ihr Freund im Westen in gutem Glauben bezahlt hat, ist ein Stasi-Spitzel.

Tage später, als sie nicht mehr damit rechnet, erscheint die Staatssicherheit an ihrem Arbeitsplatz. „Am 17. Dezember 1984 wurde ich verhaftet und ins Stasi-Untersuchungsgefängnis gebracht. Als wir durch das Tor fuhren, sah ich überall Hunde und Uniformierte", so Israel. „Die Zustände waren menschenunwürdig. Wir wurden in abgewetzte Armeeklamotten gesteckt. Nächtliche Verhöre, Spitzel und manchmal Wasser in der Zelle." Nach fünf Monaten beginnt der Prozess wegen „geplanter Republikflucht" und „ungesetzlicher Verbindungsaufnahme". Das Urteil: Zwei Jahre und drei Monate Haft. „Es war wie bei George Orwells Gedankenpolizei. Die Flucht fand nur in meinem Kopf statt, aber dafür kam ich ins Gefängnis." Kirsten Israel kommt zum Strafvollzug ins gefürchtete Frauengefängnis Hoheneck, ist dort knüppelnden Wächterinnen und Gewaltverbrecherinnen ausgeliefert.

Rückblick. Kirsten Israel besucht das Stasi-Gefängnis Potsdam, das heute eine Gedenkstätte ist

Der Westen kauft sie am 6. November 1985 frei. „Rechtsanwalt Vogel stieg in Karl-Marx-Stadt in den Bus und sagte: Es tut mir leid, was Ihnen passiert ist. Aber das ist der moderne Menschenhandel." Im Notaufnahmelager wartet der Freund aus dem Westen, die beiden bekommen einen Sohn. Ihre Erlebnisse verarbeitet Kirsten Israel in einem Roman (*Suche nach Sanssouci*, Pappon-Verlag).

Vogel, wer immer sich auch hinter diesem Namen verbergen mag, ist inzwischen aus westlicher Sicht zu einem deutsch-deutschen Superstar geworden, zu einem unabhängigen Rechtsanwalt und Helfer über die Weltanschauungsgrenze hinweg, die ohnehin zu verwischen scheint. Kaum jemand bringt den Mann mit dem goldenen Mercedes und der so sympathischen Frau mit der dunklen Welt der Staatssicherheit oder gar des sowjetischen KGB in Verbindung. Sein Image verbessert sich eher noch, als er im Auftrag und in Zusammenarbeit mit demselben Mitte der 80er-Jahre die beiden großen Agentenaustausch-Aktionen auf der Glienicker Brücke aushandelt.

Doch keine Woche, nachdem unter den Augen der Weltöffentlichkeit der sowjetische Bürgerrechtler Anatolij Schtscharanski in Anwesenheit des Bonner US-Botschafters Richard Burts, Rehlingers und Vogels in die Freiheit entlassen wurde, erlebt der DDR-Unterhändler einen Rückschlag. Sein Freund und langjähriger Führungsoffizier Heinz Volpert stirbt einen seltsamen Tod. Vogel erfährt davon durch einen Anruf von Ingrid Volpert, der Frau des Obristen, der ihn in der Nacht zum 16. Februar 1987 erreicht. Der Unterhändler eilt sofort nach Rauchfangwerder ganz im Süden Berlins. Als er das Haus des Weggefährten erreicht, trifft er auf mehrere Generäle und hohe Offiziere des MfS. Von denen erfährt er, dass Volpert tot in der hauseigenen Sauna liegt. Die Obduktion, die im Institut für Gerichtliche Medi-

Enge Bande. Zum 75. Geburtstag von Erich Mielke tritt Heinz Volpert (o., 2. v. r.) 1982 zur Gratulation an. Er ist dem Minister direkt unterstellt. Mit einem Blumenstrauß beglückwünscht der MfS-Oberst für Sonderaufgaben KoKo-Chef Schalck-Golodkowski zin der Militärmedizinischen Akademie der NVA in Bad Saarow vorgenommen wird, ergibt als Todesart einen „nicht natürlichen Tod", als Todesursache „Tod durch allgemeine Hitzeschädigung im Sinne des hyperthermischen Kreislaufzusammenbruchs". Weiter heißt es in dem Bericht: „Wesentliche Bedeutung für den Todeseintritt besitzt die nachgewiesene sehr starke alkoholische Beeinflussung zum Zeitpunkt des Todeseintritts beim Genossen Heinz Volpert." Der hat 2,9 Promille Alkohol im Blut, die er binnen kürzester Zeit aufgenommen haben muss. Volpert ist ein durchtrainierter Mann im Alter von knapp 54 Jahren gewesen und ein erfahrener Sauna-Gänger obendrein. Die Frage, ob er an diesem Abend getrunken habe, verneint Volperts Frau. Es gehört im Zusammenhang mit dem Tod Volperts zu den Pikanterien, dass nicht nachweisbare Sauna-Morde ausgerechnet vom DDR-Staatssicherheitsdienst – wie aus den erhalten gebliebenen Unterlagen hervorgeht – als Möglichkeit zur Beseitigung von Menschen diskutiert und sogar erforscht wurden.

Volpert hat in seinem Privathaus westliche Luxusartikel gebunkert

Volperts Tod, von dem ehemalige Offiziere des MfS behaupten, er stünde im Zusammenhang mit den Millionengeschäften der KoKo, wirft bei den Untersuchern ein denkbar schlechtes Licht auf die ideologische Grundhaltung des Genossen Oberst. So wird in einem Bericht der Hauptabteilung Kader und Schulung – Bereich Disziplinar des Ministeriums für Staatssicherheit hervorgehoben, dass alle Installationen, Möbel und Ausstattungsgegenstände in Volperts Haus „sämtlich Produkte aus dem NSW", dem nichtsozialistischen Wirtschaftsgebiet, seien. Außerdem hätten sich „sehr große Mengen Getränke, Lebensmittel, Kosmetika, Medikamente und Garderobe westlicher Produktion" gefunden. Besonders hervorgehoben werden „etwa 250 Packungen verschiedenster Parfüms", die der Offizier gebunkert hat.

Volperts Ehefrau Ingrid wird künftig in Vogels Anwaltskanzlei beschäftigt, wo sie bei der Abwicklung des Häftlingsfreikaufs mitwirkt. Und der geht mit 1209 im Jahr 1987 entlassenen Politischen weiter, so als gäbe es ein geradezu unausschöpfliches Reservoir. Es liegt auf der Hand, dass besonders unter denen, denen die Ausreise verweigert wird, die Gefahr, mit einem immer rigider werdenden Gesetz in Händel zu geraten, zunimmt – gleichgültig, ob sie sich heimlich organisieren, Protestaktionen planen oder mit schweigenden Menschenketten, wie in Jena, auf sich aufmerksam machen. Immer sind Prozesse und Verurteilungen die Folge. Rehlinger schreibt in seinen Erinnerungen, dass er sich damals des Eindrucks nicht habe erwehren können, „dass die DDR in dieser Weise fortfahren würde, um sich gewissermaßen ein Polster an politischen Häftlingen für Verhandlungen zu schaffen". Der Historiker Jan Philipp Wölbern sieht zumindest handfeste Indizien dafür. In einer von ihm gefundenen internen Anweisung des MfS heißt es nämlich, dass sich „die Notwendigkeit der Entlassung von Strafgefangenen in die BRD" erhöhe, denn schließlich gehe es „um Devisen für unsere Republik, die wir schnell und in möglichst großer Höhe benötigen". Zwecks „nahtloser Fortsetzung der bekannten Praxis" sei es „erforderlich, kurzfristig alle infrage kommenden Personen zu prüfen und möglichst sofort zu melden", heißt es in der Anweisung des MfS.

Diese Republik schliddert in der zweiten Hälfte der 80er-Jahre, in denen es längst zum guten Ton gehört, dass Politiker bei ihrem DDR-Besuch Freikauf-Listen übergeben, immer tiefer in die Krise. Der Unmut in der Bevölkerung wächst weiter. Wer nicht rauswill, kämpft für die Veränderung à la Gorbatschow. Das Ventil des Freikaufs funktioniert da nicht mehr. Ungeachtet dessen veräußert der „Arbeiter- und Bauerstaat" seine politischen Häftlinge weiter – Häftlinge, die es offiziell gar nicht mehr gibt. 1048 sind es 1988. Es sind die letzten, deren Freilassung im Bonner Ministerium von Rehlinger verantwortet wird, denn am Ende dieses Jahres wird er als Justizsenator in die West-Berliner Regierung berufen. Ihm folgt Walter Priesnitz, der die Auffassung vertritt, dass sich der Freikauf, wie er so lange zwischen beiden deutschen Staaten betrieben worden ist, überlebt hat.

Am 10. Februar 1989 trifft Priesnitz Vogel, dessen Verbindungsmann im Ministerium für Staatsicherheit seit dem Tod Volperts Generalmajor Gerhard Niebling ist. Der Bonner Staatssekretär schlägt eine Pauschalisierung der humanitären Bemühungen vor. Doch Vogels Hintermänner im Ministerium für Staatssicherheit schieben die Sache zunächst auf die „lange Bank". Eine Entscheidung sei infolge der Kürze der Zeit nicht möglich. Außerdem gäbe es keinen vertragslosen Zustand, heißt es in einer Stellungnahme für den Stellvertreter des Ministers. Gleichwohl will man eine Pauschalisierung in der zweiten Hälfte des Jahres 1989 nicht ganz ausschließen. Die entsprechende Antwort überbringt Unterhändler Vogel, als er zwischen dem 23. und 25. Juli 1989 wiederum mit Priesnitz zusammentrifft.

Schließlich verständigen sich Bonn und Ost-Berlin doch

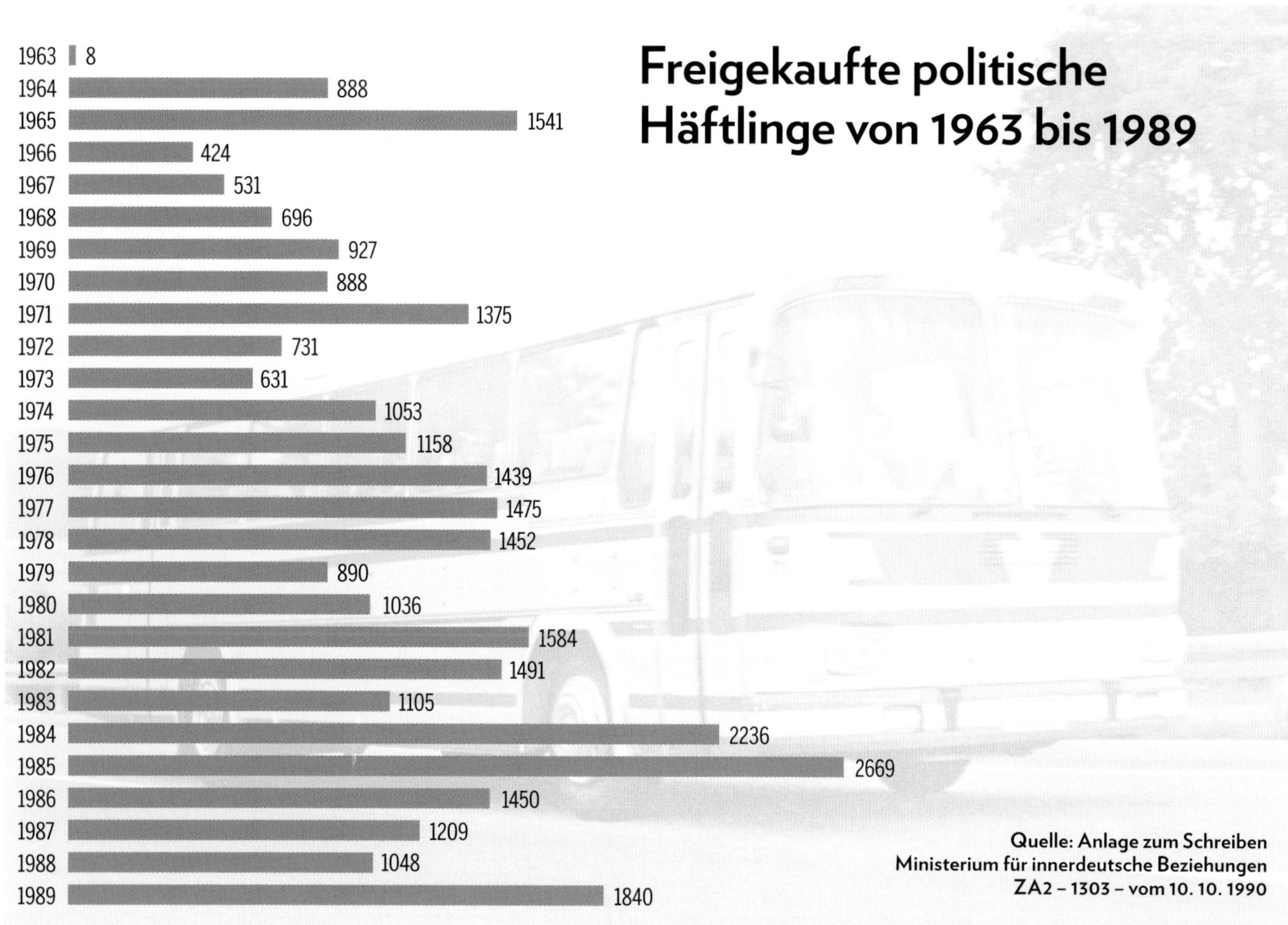

noch auf die „pauschale Abgeltung aller in diesem Zeitraum gelösten (…) Fälle“, nachdem bis dahin bereits 1840 Häftlinge freigekauft worden sind. Vereinbart wird ein Betrag von 115 Millionen D-Mark, der in zwei Hälften zum 1. Oktober und zum 20. Dezember fällig sein soll. Abgegolten werden sollen damit mindestens 11 000 Fälle von Familienzusammenführungen sowie jeweils 600 Häftlings- und ebenso viele Botschaftsfälle. Kaum jemand der damals an dieser letzten deutsch-deutschen Freikauf-Vereinbarung Beteiligten hat es sich wohl vorstellen können, dass am 9. November desselben Jahres die Mauer fallen und Deutschland kein Jahr später wiedervereinigt sein würde.

Realsozialistisches Knast-Idyll mit Partei-Losung. Ein Wartburg ist vor einem Eisentor der Haftanstalt Bautzen II abgestellt. In dem berüchtigten Gefängnis sind besonders viele politische Häftlinge untergebracht

Die Grenze in Ungarn war mit Stolperdrähten gespickt. Die Patrouille entdeckte uns schnell

Es soll eine Reise in die Freiheit werden. Doch sie endet in Stasi-Haft. Der damals 21-jährige Hardy Lohwasser und sein Freund Rene aus Rudolstadt in Thüringen fliegen am 9. Juli 1988 von Leipzig nach Budapest. „Wir wollten in den Westen abhauen, hatten genug von der DDR und ihrer Politik. Ungarn wählten wir aus, weil Gerüchten zufolge dort die Grenzanlagen nicht so gesichert waren wie in der DDR."

Von Budapest geht es per Bahn und Anhalter weiter nach Sopron zur ungarisch-österreichischen Grenze. Lohwasser: „Am 12. Juli erreichten wir unser Ziel und versuchten bei Dunkelheit in den frühen Morgenstunden die Grenze nach Österreich zu überschreiten." Was die beiden nicht wissen. Die Grenze ist mit Stolperdrähten gespickt. „Eine Patrouille entdeckte uns ziemlich schnell. Die Grenzer leuchteten mit Taschenlampen, schrien etwas auf Ungarisch und führten uns mit Kalaschnikows im Anschlag ab."

Einen Tag und eine Nacht hocken die Freunde getrennt voneinander in einer dunklen Zelle – nackt und ohne Decke. Am nächsten Tag werden sie zu einer Polizeiwache nach Györ gebracht und verhört. „Die Zustände in der Haftanstalt waren miserabel, das Essen ungenießbar. Ein pampiger Brei aus einem Blechnapf. Nach einer Woche verlegte man uns in die U-Haft nach Budapest. Ein kompletter Zellenblock war nur für Republikflüchtige aus der DDR abgetrennt", erinnert sich der gelernte Meß- und Regeltechniker.

Es folgen wieder Verhöre. Diesmal von Offizieren des DDR-Staatssicherheitsdienstes. Hardy Lohwasser: „Ich war mit den Nerven am Ende. In so einer Situation im Gefängnis hatte ich mich noch nie befunden. Der Stasi-Vernehmer mit seinen barschen Befehlstönen brauchte nicht lange auf mich einzureden, um zu erfahren, was er wollte." Zu Hause in Thüringen ahnt niemand etwas von dem Schicksal der beiden. Sie haben keinen in ihre Fluchtpläne eingeweiht.

Lohwasser: „Die konnten mit uns machen, was sie wollten. Ich fragte mich: Was soll ich jetzt tun, was passiert jetzt mit uns?"

Nach einer Woche Verhören in Budapest werden Lohwasser und sein Freund mit Handschellen gefesselt in eine Interflug-Maschine gesteckt und nach Berlin-Schönefeld geflogen." Rechts und links von jedem der insgesamt zwölf Flüchtlinge saß ein Stasi-Mann. Wir durften nur geradeaus und nicht aus dem Fenster gucken."

Vom Flughafen geht es in einem Barkas B 1000 Gefangenen-Transporter in die Bezirkshauptstadt Gera. Lohwasser: „Die Stasi wollte mich in der U-Haft anwerben, stellte dafür ein mildes Urteil in Aussicht." Er lehnt ab. „Von anderen vier Häftlingen in meiner Zelle erfuhr ich, dass ein gewisser Anwalt Vogel sich der Verteidigung politisch Verfolgter und Republik-

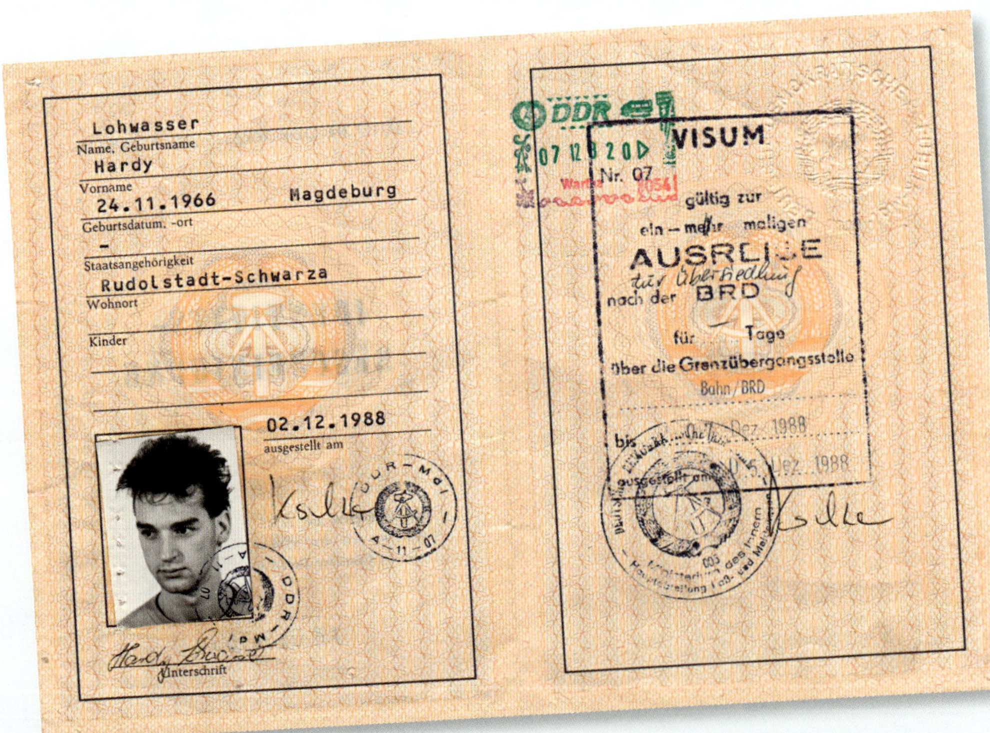

Lohwasser
Name, Geburtsname
Hardy
Vorname
24.11.1966 Magdeburg
Geburtsdatum, -ort
-
Staatsangehörigkeit
Rudolstadt-Schwarza
Wohnort
Kinder
02.12.1988
ausgestellt am
Unterschrift

VISUM
Nr. 07
gültig zur
ein – mehr maligen
AUSREISE
nach der BRD
für Tage
über die Grenzübergangsstelle
Bahn / BRD
Dez. 1988
bis
ausgestellt am
Dez. 1988

In die Freiheit. Mit dieser Identitätsbescheinigung kann Hardy Lohwasser die DDR im Dezember 1988 über den Grenzübergang Bebra verlassen

flüchtiger annahm – mit Aussicht auf eine Abschiebung in die Bundesrepublik. Das war mir überhaupt nicht bekannt."

Am 26. August 1988 werden die beiden gescheiterten Flüchtlinge in Rudolstadt nach § 213 wegen „ungesetzlichen Grenzübertritts" zu einem Jahr Haft verurteilt. Lohwasser: „Auch wenn ich einen Anwalt aus der Kanzlei Vogel als Verteidiger hatte, war mir doch flau im Magen, ob das mit der Abschiebung so einfach klappt." Die beiden Freunde werden in die Jugendhaftanstalt „Frohe Zukunft" nach Halle verlegt. „Wir bekamen ausgemusterte NVA-Uniformen mit gelben Streifen als Gefängniskleidung. Man erklärte uns, dass wir ab jetzt Menschen dritter Klasse seien. Dies empfand ich als sehr beunruhigend."

Die Wochenenden verbringt der Thüringer zwangsweise mit Exerzieren, Spind und Stube reinigen. Lohwasser: „Unter der Woche mussten wir im Akkord in einer Stanzerei arbeiten, die Teile für Werkzeugkisten herstellte. Diese gingen in den Export, ausgerechnet in die Bundesrepublik."

Die beiden Freunde beobachten, wie einige Mithäftlinge ganz plötzlich aus der Jugendhaftanstalt, in der auch Erwachsene eingesperrt waren, weggebracht werden. Lohwasser: „Jeder wusste, dass es in den Westen ging." Seinen 22. Geburtstag am 24. November 1988 verbringt er in Haft. „Einmal im Monat durfte ich Besuch empfangen. Kurz nach meinem Geburtstag durfte meine Mutter kommen. Sie brachte Mon Cheri zum Anstoßen mit. Es war das letzte Mal vor dem Mauerfall, dass ich sie sah."

Wenige Tage später wird er nachts von Wärtern geweckt. „Man brachte mich zur Anstaltsärztin, untersuchte, ob ich transportfähig bin. Klamotten packen, kein Auf Wiedersehen zu den Mithäftlingen, und ab ging es nach Karl-Marx-Stadt in die Abschiebehaft."

Am 6. Dezember werden Lohwassers Ausreisepapiere unterschrieben. „Endlich geschafft", denkt er. Der ehemalige Arbeiter des VEB Chemiefaserkombinats „Wilhelm Pieck" in Rudolstadt-Schwarza wird mit drei jungen Frauen entlassen. Sein Freund Rene muss noch zwei Monate auf seine Freiheit warten. Die Ausreise soll nicht mit den Häftlingsbussen erfolgen, sondern am nächsten Morgen in einem Zug nach Erfurt mit Anschluss nach Frankfurt/Main. Lohwasser: „Ich fuhr noch einmal durch Thüringen und bekam ein wenig Heimweh. Man hatte ja nicht die Möglichkeit, sich von allen zu verabschieden." Die DDR-Reichsbahn kommt mit Verspätung in Erfurt an, der Zug in den Westen ist schon weg.

Neue Heimat. Der Thüringer Hardy Lohwasser wohnt seit seinem Freikauf in Nordrhein-Westfalen und arbeitet als Haustechniker

Lohwasser: „Wir wussten uns nicht zu helfen, beknieten einen Taxifahrer, uns bis zur Grenze zu bringen." Nach dem ersten Schlagbaum im grenznahen Gebiet weigert sich der Taxifahrer weiterzufahren. „Wir irrten umher und versuchten die Einwohner anzusprechen. Alle wandten sich aus Angst ab. Schließlich ließ uns ein Bauer auf seinen Hof und brachte uns zum Bahnhof nach Eisenach. Im Grenzgebiet wären wir auch mit unseren Ausreisepapieren sofort verhaftet worden."

Die Transportpolizei überprüft die Papiere, erteilt den vier Freigekauften dann die Erlaubnis, mit einem Bus in den Westen zu fahren. Lohwasser: „In dem Bus saß außer uns nur noch eine Frau, die nach Bochum fuhr. Am Übergang in Bebra beguckten uns die Grenzer argwöhnisch. Dann hatten wir es wirklich geschafft. Wir konnten es nicht glauben, wir waren im Westen." Hardy Lohwasser wohnt heute in Selm (NRW) im Münsterland und arbeitet als Haustechniker.

Geschafft. Das Glück ist den politischen Häftlingen anzusehen, nachdem ihr Bus die Grenze zur DDR hinter sich gelassen hat. Doch was wird sie im Westen erwarten?

Mutterliebe. Die Tochter ist auf dem Gelände der Prager Botschaft und hofft auf die Ausreise in die Bundesrepublik. Die Mutter wird in die DDR zurückkehren

KAPITEL IV

Die Botschaftsflüchtlinge

1982–1989

Zu Beginn der 80er-Jahre klafft in der DDR der Gegensatz zwischen Anspruch und Wirklichkeit weiter auseinander. Immer mehr Menschen haben genug vom Leben im realexistierenden Sozialismus. Sie haben genug von der staatlichen Gängelung, von der Mangelwirtschaft und der stark eingeschränkten Reisefreiheit. Die Zahl derer, die rauswollen, wird inzwischen auf annähernd eine halbe Million geschätzt. Doch wie das Land verlassen, wenn der Ausreiseantrag abgelehnt wird? Das Risiko einer Flucht über die hermetisch abgeriegelte innerdeutsche Grenze und Berliner Mauer ist zu groß. Sich über das benachbarte sozialistische Ausland abzusetzen kostet Geld, das den allermeisten fehlt. Doch Not macht erfinderisch. Und so schlagen einige neue Wege ein, um den „Arbeiter- und Bauernstaat“ zu verlassen.

Negative Schlagzeilen kann die DDR-Regierung nicht gebrauchen

Zu diesen gehören die sechs jungen Leute, die sich am 20. Januar 1984 in Ost-Berlin treffen. Der 23-jährige Jörg Hejkal und der 43 Jahre alte Bernd Apel haben es schon einmal über die Grenze versucht und sind dafür 22 beziehungsweise 18 Monate ins Gefängnis gegangen. Das Ehepaar Petra und Daniel Klingenberg sowie Bernd Macke und Rene Faccin haben schon vergeblich Ausreiseanträge gestellt und entsprechende Repressalien ertragen müssen. Nun schreiten sie zu einer ungewöhnlichen Tat, von der sie den SED-Parteichef und Staatsratsvorsitzenden Erich Honecker mit einem Brief informieren. Nachdem sie diesen aufgegeben haben, fahren sie zur Amerikanischen Botschaft und bitten dort um politisches Asyl. Wie sie in einem, für Präsident Ronald Reagan bestimmten Brief schreiben, wollen sie unter dem Schutz der Vereinigten Staaten in ein demokratisches Land übersiedeln. Verlassen wollen sie die Botschaft – wie sie ankündigen – nicht, ehe ihnen die Ausreise direkt in den Westen ermöglicht werden würde – und sie haben Glück. Völlig unerwartet lässt sie die DDR nach einigen Tagen ziehen.
Sicherlich dazu beigetragen hat das Bekanntwerden ihres Falles in der Öffentlichkeit. Denn die sechs haben aus der Botschaft einen in Ost-Berlin akkreditierten ARD-Hörfunkkorrespondenten angerufen, der über die Botschaftsflucht berichtet. Und noch etwas: Es stehen die Besuche des französischen Außenministers Cheysson und des kanadischen Ministerpräsidenten Trudeau in der DDR bevor. Negativ-Schlagzeilen und einen damit verbundenen internationalen Prestigeverlust kann die DDR da nicht gebrauchen.
Die Flucht der sechs Deutschen in die Amerikanische Botschaft ist nicht die erste in die Ost-Berliner Mission. Bereits am 15. April 1982 hat sich der DDR-Dissident Bernhard Marquardt Zugang zu dem Gebäude in der Neustädtischen Kirchstraße verschafft und um politisches Asyl gebeten. Unter Vermittlung Vogels und unter Einschaltung der Ständigen Vertretung der Bundesrepublik kann der 32 Jahre alte Mitarbeiter der DDR-Akademie der Wissenschaften einige Monate darauf in den Westen ausreisen. Doch Marquardts Aktion ist unter Ausschluss der Öffentlichkeit abgelaufen. So ruft sie keine Nachahmer auf den Plan. Anders die der sechs Botschaftsbesetzer vom Januar 1984. Ihr Beispiel macht nämlich Schule. Fluchten in Botschaften beziehungsweise in die Ständige Vertretung der Bundesrepublik in Ost-Berlin gehören fortan zum Repertoire der Möglichkeiten, in den Westen zu gelangen. Ludwig Rehlinger schreibt dazu: „Zu viele Bürger der DDR hatten Ausreiseanträge gestellt, die abgelehnt worden waren. In Tausenden von Familien grübelten die Menschen über den besten Weg nach, die DDR verlassen zu können. Viele haben dabei sicher auch an den Gang in westliche Botschaften oder in unsere diplomatischen Vertretungen gedacht, aber diesen Plan aufgegeben, weil es zu wenig Aussicht

Düsterer Humor. „Hier US-Botschaft in Ost-Berlin, kann ich mal den Herrn Außenminister sprechen“ ist auf der Haitzinger-Karikatur in der *Berliner Zeitung* zu lesen

Tor in den Westen. Die Ständige Vertretung der Bundesrepublik in Ost-Berlin wird 1984 zunehmend zu einer Anlaufstelle für Ausreisewillige

Abschreckend. Ein Angehöriger der «bewaffneten Organe« „sichert" das Objekt Ständige Vertretung

auf Erfolg zu haben schien. Das Schicksal des Kardinals Jozsef Mindszenty, der 1956 nach der Niederschlagung des Aufstands in Ungarn in die US-Botschaft in Budapest geflohen war und dort bis September 1971 – also fünfzehn Jahre – zubringen musste, stand abschreckend vor Augen. Und nun diese Lösung in einem konkreten Fall. Vor aller Öffentlichkeit. Mit Blindheit musste geschlagen sein, wer nicht voraussah, dass sich zahlreiche Nachahmer finden würden."

Und so geschieht es dann auch. Keine Woche vergeht, in der nicht Deutsche in der Ständigen Vertretung Zuflucht suchen. Auch dort hat man es schon seit einigen Jahren vereinzelt mit Botschaftsflüchtlingen zu tun gehabt, wie aus bislang unbekannten Unterlagen hervorgeht. Doch die Fälle sind unter Einbeziehung Vogels abseits jeglicher Öffentlichkeit geklärt worden. Jetzt ist die Presse mit dabei. So ist es auch als die Botschaft der Bundesrepublik in Prag Ziel von Flüchtlingen wird. Am 24. Februar 1984 kommt es dort zu einem spektakulären Fall: Die Nichte des DDR-Ministerpräsidenten Willi Stoph, Ingrid Berg, setzt sich mit Ehemann, zwei Kindern und Schwiegermutter in die Botschaft ab. „Stophs Nichte

Wird es klappen? Ausreisewillige verlassen die Ständige Vertretung

bringt Bonn in Verlegenheit", titelt die *Berliner Morgenpost*. Tatsächlich ist die Verlegenheit in der DDR-Nomenklatur ungleich größer. Denn die Frage, die sich jedermann geradezu aufdrängt, liegt auf der Hand: Was muss das für ein Staat sein, wenn diesem sogar die Privilegierten den Rücken kehren?

Das MfS gründet Einsatzgruppe gegen Botschaftsflüchtlinge

Was für ein Staat die DDR ist, zeigt sich einmal mehr, da sie das Problem mit ihrem Repressionsapparat lösen will. Noch im Januar 1984 hat das Ministerium für Staatssicherheit eine Einsatzgruppe zur Aktion „Botschaft" ins Leben gerufen. Sie gehört zur Zentralen Koordinierungsgruppe (ZKG), die von Oberst Gerhard Niebling geführt wird. Ein Maßnahmenplan nach dem anderen wird erarbeitet. Doch man kommt nicht so richtig weiter gegen den Klassenfeind und seine Vertretung. Denn die Handlungen „der Angehörigen der sogenannten diplomatischen Vertretungen zielen darauf ab, die betreffenden Bürger der DDR in ihrer Übersiedlungsabsicht zu bestärken. Sie werden zu Hartnäckigkeit und zur ständigen Wiederholung ihrer Übersiedlungsversuche aufgefordert und für ihr weiteres Auftreten gegenüber den zuständigen staatlichen Organen der DDR instruiert", heißt es in einem Bericht der ZKG vom 6. März 1984. Und in einem anderen Papier vom selben Monat fordern die Tschekisten, dass die BRD-Vertretungen die DDR-Deutschen „1. Nicht registrieren; 2. nicht befragen; 3. nicht beraten; 4. sie unverzüglich aus der Vertretung bzw. Botschaften verweisen, wenn ersichtlich ist, dass die betreffenden Besucher die Frage der Übersiedlung stellen wollen."

Solche sind hehre Wünsche des Staatssicherheitsdienstes, wo man die Fürsorgepflicht der Bundesrepublik für die Menschen in der DDR als völkerrechtlich unzulässige Einmischung in die inneren Angelegenheiten ansieht. Nach dem Rechtsverständnis der östlichen Seite sind nach dem Untergang des Deutschen Reiches zwei neue, voneinander unabhängige, völkerrechtlich selbstständige Staaten entstanden. Eine einheitliche deutsche Staatsangehörigkeit könne es daher nicht geben. Von dieser geht aber die westliche Seite aus.

Ich hoffte, dass man mich in einer US-Uniform über die Grenze nach West-Berlin fährt

Rund um die Uhr steht die US-Botschaft in Ost-Berlin im Visier der DDR-Staatssicherheit. Die Geheimdienstler notieren und fotografieren, wer die diplomatische Vertretung verlässt, sie betritt oder sich nur in der Nähe aufhält. Die SED-Machthaber wollen verhindern, dass DDR-Bürger vor der Botschaft demonstrieren oder dort Zuflucht suchen. Auch am Vormittag des 15. April 1982 ist eine Fotokamera auf den Eingang des Gebäudes gerichtet, das die Stasi intern als „Objekt 501“ bezeichnet. Doch es nützt Mielkes Häschern nichts. Gegen elf Uhr läuft Dr. Bernhard Marquardt mit seiner Lebensgefährtin auf den Volkspolizisten zu, der die Botschaft bewacht, und trickst ihn mit einfachen Mitteln aus. „Ich sprach den Vopo auf Englisch an, um ihn zu verwirren. Ich sagte, ich wolle den Sicherheitsoffizier sprechen. Er verstand nichts, hielt mich für einen Amerikaner und trat zur Seite“, erinnert sich der damals 32-jährige Volkswirt und Soziologe, Mitarbeiter der Akademie der Wissenschaften der DDR. „Ich erklärte dem CIA-Mitarbeiter der US-Botschaft, dass ich um politisches Asyl bitte. Amerika war für mich das Land der Freiheit. Ich hoffte, dass man mich einfach in eine US-Uniform steckt und in einem Militärfahrzeug über die Grenze nach West-Berlin bringt. Und von dort vielleicht weiter bis in die Vereinigten Staaten.“

Die Amerikaner reagieren völlig perplex. Die unerwarteten Besucher werden in einen Sonderbereich gebracht. Ein Offizier kopiert die Ausweispapiere. Marquardt bekommt etwas zu lesen und belegte Brötchen. Dann lässt man ihn und seine Begleiterin allein. „Es dauerte sechs Stunden, bis der damalige Botschafter Herbert Okun kam. Er erklärte, dass es kein Asyl in einer Botschaft gibt, und wollte mich wieder rausschicken.“ Für den jungen Akademiker eine riesige Enttäuschung, doch aufgeben kommt für ihn nicht infrage: „Ich konnte nicht einfach zurück in die DDR gehen. Man hätte mich sofort verhaftet. Vor allem gab es Gründe, dass ich um politisches Asyl bat. In der Akademie der Wissenschaften hatte ich massive Probleme. Ich forschte über die Sozialpolitik der DDR. Meine Texte wurden im Sinne der SED umgeschrieben, die Wahrheit sollte nicht veröffentlicht werden. Mir drohte Berufsverbot.“

Die Nacht verbringt Bernhard Marquardt im Kinosaal der US-Botschaft. Am nächsten Morgen gibt es frische Brötchen und noch immer die Hoffnung auf eine baldige Ausreise in die Freiheit. Doch die schwindet bald. Der US-Botschafter, der zweimal täglich bei Marquardt vorbeischaut, erklärt, dass er keine Lösung für seinen Fall sehe. Der enttäuschte Asylsuchende bekommt nach zwei Nächten im Botschaftskino ein kleines Zimmer mit einem Kocher. „Am dritten Tag kam der Leiter der Ständigen Vertretung, Klaus Bölling. Er bot uns an, in die StäV überzuwechseln. Er würde alles für uns tun – aber wir dürften nicht an die Öffentlichkeit gehen. Ein Aufenthalt in der StäV kam für mich nicht infrage.“

DDR-Unterhändler Vogel soll den schwierigen Fall lösen. Doch er befindet sich auf einer Auslandsreise. Am fünften Tag des Botschaftsdra-

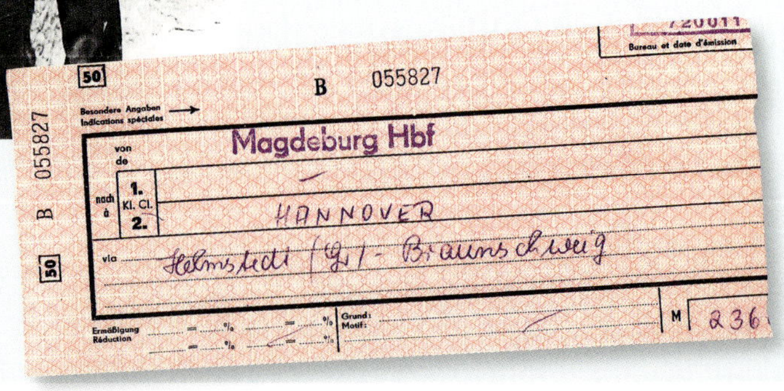

In der DDR schwer intergrierbar. Bernhard Marquardt arbeitete an der Akademie der Wissenschaften Rechts: Mit diesem Fahrschein fährt er in den Westen

Der Wissenschaft treu geblieben. Bernhard Marquardt lebt und arbeitet heute in Bonn

mas, am 20. April 1982, fährt der goldene Mercedes des Anwalts vor. „Ich hatte nicht damit gerechnet, dass Vogel in der Botschaft auftaucht", erzählt Bernhard Marquardt. „Er sagte, er würde eine Lösung finden. Ich müsse die Botschaft wieder verlassen, einen Ausreiseantrag stellen, mich als Reserveleutnant der NVA entpflichten und dürfe vor allem niemandem – vor allem keinen Medien – erzählen, dass ich in der US-Botschaft war. Dann könnte ich innerhalb von sechs Monaten in die Bundesrepublik ausreisen." Nach einer Bedenkzeit stimmt Marquardt dem Vorschlag zu. „Ich unterschrieb eine Erklärung mit den von Vogel geforderten Punkten. Im Gegenzug sollte der gegen mich erlassene DDR-Haftbefehl wegen des Asylantrags in der Botschaft zurückgenommen werden. Die Ausreise in den Westen wurde mir innerhalb eines halben Jahres zugesichert." Was Marquardt damals überzeugte: „Der US-Botschafter erklärte mir vor der amerikanischen Flagge, er garantiere mir als persönlicher Vertreter des Präsidenten, dass die Absprachen mit Rechtsanwalt Vogel eingehalten würden."

Marquardt verlässt daraufhin zusammen mit seiner Begleitung und dem DDR-Unterhändler die Botschaft. Was von den Vereinbarungen zu halten ist, bekommt er einen Monat später zu spüren. „Am 20. Mai 1982 verhaftete die Stasi mich wegen nachrichtendienstlicher Agententätigkeit in meiner Wohnung." In Handschellen wird er in das Stasi-Untersuchungsgefängnis Berlin-Hohenschönhausen gebracht und die ganze Nacht verhört. Marquardt: „Meine Freundin rief im Büro Vogel an. Ihr wurde mitgeteilt, dass Dr. Vogel bis zum 26. Mai nicht zu erreichen sei. Meine Mutter versuchte bei der Generalstaatsanwältin Häber in Erfahrung zu bringen, wo man mich inhaftiert hatte. Sie bestätigte ihr nur meine Verhaftung wegen eines politischen Delikts und dass mit einer längeren Untersuchungshaft zu rechnen sei." Nach neun Tagen Stasi-Untersuchungshaft darf Marquardt plötzlich gehen. Vogel hatte einen Brief an den Generalstaatsanwalt Josef Streit geschrieben. „Ich bekam Berlin-Verbot und durfte mich nur bei meinen Eltern in Wernigerode im Kreis Magdeburg aufhalten. Im Gefangenentransporter auf der Autobahn zeigte mir ein Stasi-Mann seine Schusswaffe und sagte: ‚Wenn Sie abhauen, erschieße ich Sie.'"

Die nächsten Wochen arbeitet Marquardt als Aushilfe in dem kleinen privaten Schrotthandel seines Vaters. Am 28. September 1982 wird ihm vor dem Kreisgericht Wernigerode der Prozess gemacht. „Ich bekam wegen ungesetzlicher Verbindungsaufnahme 18 Monate auf Bewährung. Das Urteil teilte mir Anwalt Vogel schon vorher mit. Er selbst war zur Verhandlung, die eine Farce war, nicht erschienen.

Ein Vierteljahr später erhalten Marquardt und seine Lebensgefährtin endlich die Ausreisegenehmigung. „Am 25. Januar 1983 bekam ich einen Anruf, dass wir die DDR innerhalb von 24 Stunden zu verlassen haben." Bernhard Marquardt wohnt heute in Bonn. In den 90er-Jahren arbeitete er als wissenschaftlicher Mitarbeiter in der Enquete-Kommission des Deutschen Bundestags zur Aufarbeitung der SED-Diktatur. Heute ist er noch als freiberuflicher Wissenschaftler an der Universität Trier tätig.

„Die ersten Jahre hatte ich es schwer, an einer bundesdeutschen Universität eine Arbeit zu finden. Ich beschäftigte mich in den 80er-Jahren mit der Totalitarismustheorie und ihrer Anwendung auf die DDR und die Sowjetunion. Dieser Forschungsansatz widersprach dem damaligen Zeitgeist der Entspannungspolitik. Ein ‚Kalter Krieger', der das totalitäre System der DDR in seinen Veröffentlichungen beschrieb, war damals an Hochschulen in der Bundesrepublik nicht gerne gesehen."

Familien-Idyll. Ingrid Berg ist die Nichte von Willi Stoph, dem Vorsitzenden des DDR-Ministerrats. Das Foto (l.) zeigt sie mit Ehemann Hans-Dieter sowie den Kindern Jens und Simone unmittelbar nach ihrer Ausreise im Frühjahr 1984
Oben rechts: Die Bergs treffen im Notaufnahmelager Gießen mit einer sowjetischen Wolga-Limousine ein. Für „Normalsterbliche" in der DDR war sie nicht zu erwerben
Unten: Die Flüchtlinge unterhalten sich nach ihrer Ankunft in der Bundesrepublik mit den *BILD*-Reportern Kummer (3. v. l.) und Pollack (4. v. l.). Aus Hannover angereist ist Ingrid Bergs Halbschwester Monika Tismer (2. v. l.)

Diese deutsche Staatsangehörigkeit ist seit 1913 im noch gültigen „Reichs- und Staatsangehörigkeitsgesetz“ festgelegt und gilt für alle Deutschen, auch für die Deutschen in der DDR und in den Ostgebieten. Die Bundesrepublik muss daher jeden „Bürger der Deutschen Demokratischen Republik, der in den Schutzbereich der Bundesrepublik und ihrer Verfassung gerät, gemäß Artikel 116 Absatz 1 und 16 Grundgesetz als Deutschen, wie jeden Bürger der Bundesrepublik“ behandeln. Dies hat auch das Bundesverfassungsgericht im Urteil vom 31. Juli 1973 bekräftigt. Zur Rolle der diplomatischen Vertretungen der Bundesrepublik heißt es darin, dass diese für den „Schutz der Deutschen im Sinne des Artikels 116 Absatz 1 Grundgesetz“ einzutreten hätten. Sie hätten Hilfe zu leisten für jeden einzelnen von ihnen, „der sich an eine Dienststelle der Bundesrepublik Deutschland wendet mit der Bitte um wirksame Unterstützung in der Verteidigung seiner Rechte, insbesondere seiner Grundrechte. Hier gibt es für die Bundesrepublik Deutschland auch künftig keinen rechtlichen Unterschied zwischen den Bürgern der Bundesrepublik und den ‚anderen‘ Deutschen“, heißt es.

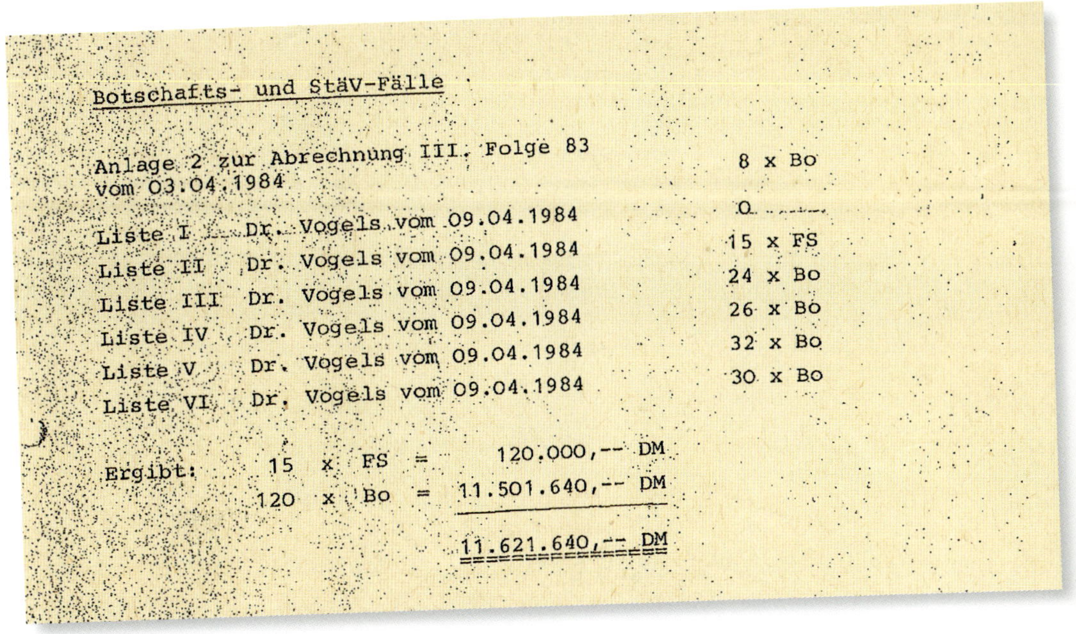

Botschafts- und StäV-Fälle

Anlage 2 zur Abrechnung III. Folge 83 vom 03.04.1984 — 8 x Bo

Liste I	Dr. Vogels vom 09.04.1984	0
Liste II	Dr. Vogels vom 09.04.1984	15 x FS
Liste III	Dr. Vogels vom 09.04.1984	24 x Bo
Liste IV	Dr. Vogels vom 09.04.1984	26 x Bo
Liste V	Dr. Vogels vom 09.04.1984	32 x Bo
Liste VI	Dr. Vogels vom 09.04.1984	30 x Bo

Ergibt: 15 x FS = 120.000,-- DM
120 x Bo = 11.501.640,-- DM
11.621.640,-- DM

Satte Rechnung. Der Staatssicherheitsdienst listet die von DDR-Unterhändler Vogel der Bundesrepublik in Rechnung gestellten Beträge für Botschaftsflüchtlinge auf

Unterschiedliche Rechtsauffassung wird weitgehend ausgeklammert

Und dennoch wissen die Verantwortlichen auf westdeutscher Seite, dass der Umgang mit dem Thema ein Drahtseilakt zwischen Recht und praktischer Politik ist. Wie dieser von der westdeutschen Seite gehandhabt wird, wie mit den unüberbrückbaren Gegensätzen umgangen wird, spiegelt das Gespräch wider, das der Leiter der Ständigen Vertretung in Ost-Berlin Hans Otto Bräutigam mit dem stellvertretenden Außenminister der DDR, Kurt Nier, am 23. Februar 1984 führt. Dabei weist Nier sein Gegenüber darauf hin, dass die westdeutsche Mission lediglich die Interessen der eigenen Staatsbürger im Aufenthaltsland wahrnehmen, in keiner Weise aber für Bürger des Empfangsstaates tätig werden könne. Diesen allgemeingültigen Grundsätzen, wie sie für alle diplomatischen Missionen gelten, trage auch die zwischen der DDR und der BRD getroffene Vereinbarung über die Einrichtung einer Ständigen Vertretung Rechnung. Ohne auf die Staatsbürgerschaftsfrage explizit einzugehen, erwidert Bräutigam, dass die Ständige Vertretung in keiner Weise Interessen für die Bürger der DDR wahrnehme. In allen Fällen, in denen von DDR-Besuchern Fragen der Übersiedlung oder der Ausreise aufgeworfen worden wären, sei ihnen eindeutig erklärt worden, dass dies eine Angelegenheit der DDR sei und die Ständige Vertretung nicht tätig werden könne. Bräutigam fährt dann fort, er habe keinerlei Möglichkeiten, die betreffenden Personen mit Gewalt aus der Vertretung zu entfernen, worauf Nier einwirft, dass es „genügend Mittel und Möglichkeiten“ dafür gebe. Bräutigam wiederholt daraufhin, dass Gewaltanwendung für ihn ausgeschlossen sei. Er habe in solchen Fällen keine andere Möglichkeit, als die Hilfe eines DDR-Anwaltes in Anspruch zu nehmen, wie das in den bekannten Fällen auch geschehen sei.

Immer wieder wird Vogel eingeschaltet, der dann die Ausreise für die Botschaftsflüchtlinge organisiert, die die diplomatische Vertretung verlassen und einen Ausreiseantrag stellen müssen. Bis Anfang April 1984 werden 120 Fälle über ihn nach dem üblichen Procedere abgewickelt, darunter auch derjenige der Stoph-Nichte. Später wird ihr Mann, Hans-Dieter Berg – ein selbstständiger Installateur –, einer Illustrierten erklären, sie hätten es sattgehabt, nicht reisen zu dürfen. „Ein Leben lang heucheln, wir wären mit dem System einverstanden, ist nicht unsere Sache.“ Sie hätten daher keinen Tag länger in der DDR bleiben wollen, obwohl es ihnen nicht schlecht gegangen sei. Die Bergs haben am 1. März die Prager Botschaft verlassen, reisen in die DDR zurück und stellen Ausreiseanträge. Am 20. März unterschreiben sie gegen eine Gebühr von 90 Ostmark die Aberkennungsurkunden der Staatsbürgerschaft. Wenige Stunden später treffen sie im Notaufnahmelager Gießen ein.

Voraussetzung für die Ausreise der Botschaftsflüchtlinge sind Zahlungen der Bundesrepublik. Und diese belaufen sich auf 11 501 640 D-Mark.

Die Abwicklung der schwierigen Fälle beansprucht meist viel Zeit

Die Abwicklung des Freikaufs – besonders die der schwierigen Fälle – beansprucht aber Zeit. Und so füllen sich die diplomatischen Vertretungen. Im Mai halten sich wiederum mehr als 30 Menschen in der Prager Botschaft auf. In der Ständigen Vertretung sind es im Juni 59, darunter 15 Kinder. Sie hausen in der 5. Etage des Plattenbaus in der Hannoverschen Straße. Es gibt lediglich zwei Toiletten und zwei Duschen. Die Menschen schlafen auf beschafften Matratzen. Verpflegt werden sie von einer West-Berliner Großküche. Das Klima ist gereizt, obwohl sich die Mitarbeiter der Vertretung aufopferungsvoll um die Flüchtlinge kümmern. Und das Gebäude verlassen, das von Staatssicherheit und Polizei umstellt ist, will auch niemand. Denn was sie dann erwarten würde, können sich die meisten vorstellen, besonders diejenigen, die einen Ausreiseantrag gestellt haben. Schon sie sind Schikanen ausgesetzt. Am Anfang steht dabei oft der Verlust des Arbeitsplatzes. „Wir waren nur noch Bürger zweiter Klasse." Sein Personalausweis sei eingezogen worden, Bekannte wechselten auf der Straße plötzlich den Bürgersteig, berichtet ein Lehrer aus Thüringen, der nichts anderes als mit seiner Familie wegwollte.

Das Ministerium für Staatssicherheit intensiviert unterdessen seine Arbeit. Da eine Absperrung der diplomatischen Vertretungen den internationalen Abmachungen zuwiderlaufen würde, lautet jetzt die Devise: Früherkennung von potenziellen Botschaftsflüchtlingen. In einem Papier vom 15. Mai 1984 heißt es dazu, es komme künftig noch stärker darauf an, „alle politischen und rechtlichen Möglichkeiten und Mittel zu nutzen, Übersiedlungsersuchende, die eine derartige Absicht haben, rechtzeitig zu erkennen und vorbeugend daran zu hindern, diplomatische Vertretungen nichtsozialistischer Staaten zur Erzwingung ihrer Übersiedlungsabsichten einzubeziehen". Da das Aufsuchen westlicher Botschaften an sich kein Straftatbestand ist, sollen die betreffenden Personen kriminalisiert werden. In dem Papier des Staatssicherheitsdienstes heißt es, dass es bei diesen Personen darauf ankomme, „noch eingehender die Gesamtpersönlichkeit, das Verhalten und Auftreten, alle anderen Handlungen und Aktivitäten zur Durchsetzung der Übersiedlungsersuchen, andere feindlich-negative, kriminelle, das gesellschaftliche Zusammenleben störende Handlungen aufzuklären". Um dies zu gewährleisten, empfiehlt Generalmajor Niebling seinen Mitarbeitern, im Umgang mit Ausreisewilligen „mit höherem psychologischem Geschick Gespräche zu führen" und „gewisse Vertrauensverhältnisse zu den Ersuchenden herzustellen, ohne prinzipielle politisch-ideologische Positionen preiszugeben".

Was am 22. Juni 1984 passiert, steht in keinem Maßnahmenplan der Staatssicherheit. Ein Passant, der in die Ständige Vertretung will, wird von Volkspolizisten daran gehindert und brutal zusammengeschlagen. Vier Tage später eilt ein junger Mann zum Eingang des Gebäudes. Doch hinter dem kleinen Windfang an der geschlossenen Pforte wartet bereits ein Dutzend Menschen auf Einlass. Plötzlich zieht der Mann einen Behälter aus seiner Aktentasche und begießt sich mit Benzin. Zu zittrig ist er, als dass er das Streichholz anzünden kann. Ein Wachmann stürzt vom Vertretungsgelände herbei und verhindert die Selbstverbrennung. Die Nerven aller Beteiligten liegen blank, vor allem die der Flüchtlinge, die mit Transparenten, die sie aus den Fenstern hängen, auf sich und ihr Schicksal aufmerksam machen wollen. Am 27. Juni schließlich entscheidet sich die Bundesregierung, die Vertretung zu schließen. Am heruntergelassenen Rollgitter ist ein Zettel befestigt, auf dem zu lesen ist: „Die Ständige Vertretung kann vorübergehend leider keine Besucher empfangen. Sie können sich schriftlich oder telefonisch – Rufnummer 282 5261 – an uns wenden."

Die DDR weigert sich, nach der üblichen Praxis zu verfahren

Alles konzentriert sich jetzt darauf, den Botschaftsflüchtlingen, von denen sich einige bereits seit zwei Monaten in dem Gebäude befinden, die Ausreise in die Bundesrepublik zu ermöglichen. Doch die DDR signalisiert über ihren Unterhändler Vogel, dass nicht mehr nach der üblichen Praxis verfahren werden könne. Zufluchtsfälle müssten fortan verhindert werden, heißt es. Schon scheint die hart erkämpfte und erkaufte Ausreisemöglichkeit aus der DDR durch die Flüchtlinge in der Ständigen Vertretung gefährdet. Bräutigam formuliert es so: „Ich konnte zwar die Besetzer verstehen, aber ihr Handeln belastete die deutsch-deutschen Beziehungen enorm und gefährdete damit die legitimen Bedürfnisse von vielen Tausend Menschen, die sich legal für ihre Ausreise einsetzten."

Was soll also geschehen mit den 59 Flüchtlingen? Noch am Nachmittag des 27. Juni treffen Vogel, Rehlinger, Bräutigam

Kontrolle. Ein DDR-Polizist steht vor der Einfahrt zur Ständigen Vertretung in Ost-Berlin. Rechts: Im Gebäude verhandeln der Ständige Vertreter der Bundesrepublik Hans Otto Bräutigam (l. vorne), Rehlinger (r. vorne), Vogel (l. hinten) und ein Beamter der Vertretung

Der Pförtner in der Ständigen Vertretung fragte: In welcher Angelegenheit kommen Sie?

Der Moment ist günstig. Die Studenten der Tiermedizinischen Fakultät der Ost-Berliner Humboldt-Universität haben gerade Vorlesungsschluss und strömen auf den Bürgersteig. „Wir mischten uns unauffällig unter den Pulk und gingen engumschlungen Richtung Ständige Vertretung“, erzählen Kathrin und Martin Siebert. An diesem 27. Januar 1984 wollen die beiden mit ihrem Freund Andre einen lange beschlossenen Plan in die Tat umsetzen: Die Flucht in die Ständige Vertretung der Bundesrepublik, um so endlich ihre Ausreise durchzusetzen. Wenige Tage zuvor war dies bereits einem Dutzend DDR-Bürgern gelungen, wie das West-Radio an diesem Morgen meldet. „Die Hannoversche Straße war von Stasi-Zivilisten überwacht. Die standen an strategisch wichtigen Punkten, man erkannte sie sofort.“

Die MfS-Leute nehmen das junge Ehepaar ins Visier: „Als die Stasi-Typen durch einen Bus kurz abgelenkt waren, liefen wir im 90-Grad-Winkel so schnell wir konnten auf die STÄV zu“, erinnert sich Martin Siebert. „Vor dem Eingang stand ein Vopo, der uns noch aufhalten wollte. Mit aller Kraft zwängten wir uns an ihm vorbei“, so Kathrin Siebert.

Der Pförtner der STÄV fragt in breitem Rheinisch: „In welcher Angelegenheit kommen Sie? „Die Frage kam uns in dieser Situation etwas absurd vor.“

Der Beamte schickt das Paar in einen Warteraum. „Da saßen etwa 30, 40 Leute. Als wir um die Ecke bogen, brachen sie in Jubel aus. Als Letzter kam Andre. Auch seine Ankunft wurde gefeiert.“

Die drei Freunde sind endlich am Ziel. Unzählige Abende haben sie mit Gleichgesinnten in ihrer runtergekommenen Altbauwohnung im Berliner Stadtteil Prenzlauer Berg verschiedene Fluchtmöglichkeiten diskutiert. Mit einem Gleitschirm vom Hochhaus über die Mauer fliegen oder über die ungarisch-österreichische Grenze abhauen. Ihren ersten Ausreiseantrag stellen die Sieberts direkt nach ihrer Hochzeit im September 1982. Martin verliert als Reaktion darauf seinen Platz als Me-

Jung verliebt. Schon als junges Paar träumen Martin und Kathrin Siebert von einem Leben in Freiheit. Den ersten Ausreiseantrag in den Westen stellen sie nach der Hochzeit 1982

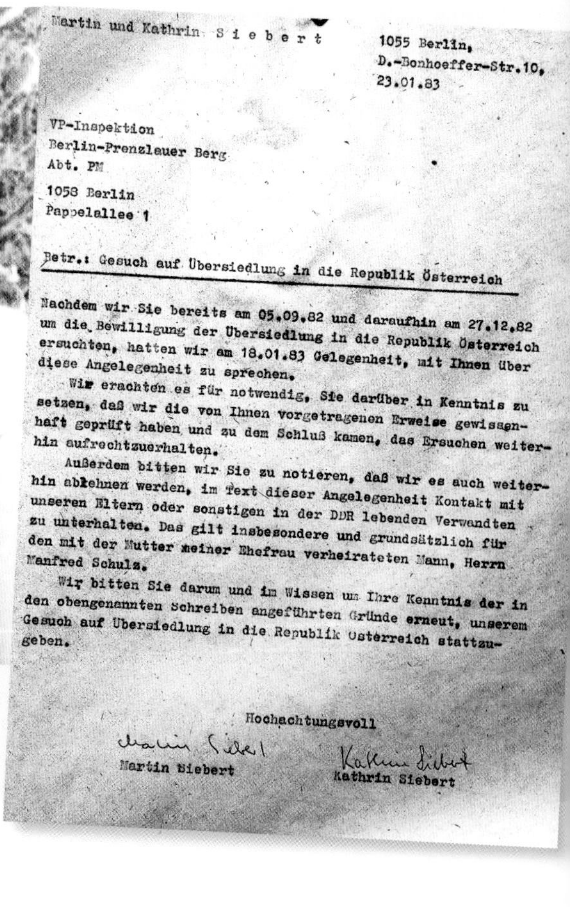

Martin und Kathrin Siebert

1055 Berlin,
D.-Bonhoeffer-Str.10,
23.01.83

VP-Inspektion
Berlin-Prenzlauer Berg
Abt. PM

1058 Berlin
Pappelallee 1

Betr.: Gesuch auf Übersiedlung in die Republik Österreich

Nachdem wir Sie bereits am 05.09.82 und daraufhin am 27.12.82 um die Bewilligung der Übersiedlung in die Republik Österreich ersuchten, hatten wir am 18.01.83 Gelegenheit, mit Ihnen über diese Angelegenheit zu sprechen.

Wir erachten es für notwendig, Sie darüber in Kenntnis zu setzen, daß wir die von Ihnen vorgetragenen Erweise gewissenhaft geprüft haben und zu dem Schluß kamen, das Ersuchen weiterhin aufrechtzuerhalten.

Außerdem bitten wir Sie zu notieren, daß wir es auch weiterhin ablehnen werden, im Text dieser Angelegenheit Kontakt mit unseren Eltern oder sonstigen in der DDR lebenden Verwandten zu unterhalten. Das gilt insbesondere und grundsätzlich für den mit der Mutter meiner Ehefrau verheirateten Mann, Herrn Manfred Schulz.

Wir bitten Sie darum und im Wissen um Ihre Kenntnis der in den obengenannten Schreiben angeführten Gründe erneut, unserem Gesuch auf Übersiedlung in die Republik Österreich stattzugeben.

Hochachtungsvoll

Martin Siebert
Kathrin Siebert

dizinstudent, Kathrin fliegt als Musikstudentin von der Uni. Im Herbst 1983 gibt ihnen ein gut informierter Freund den „Geheimtipp“, sich in eine westliche Botschaft zu flüchten. „Wir waren von der Idee total überzeugt, konnten uns aber nicht einigen, sofort loszulegen. Die Initialzündung kam durch die Radiomeldung.“

Im Wartesaal der bundesdeutschen Vertretung erzählen sich die Flüchtlinge gegenseitig ihre Geschichten. „Ein Taxifahrer hatte zweimal Leute zur STÄV gefahren, die dann dort geblieben waren. Beim dritten Mal kam er mit seiner eigenen Familie. Es gab dramatische Schicksale. Familien, bei denen es nicht alle in die Botschaft geschafft hatten und die voller Sorge um die Draußengebliebenen waren.“

Pünktlich zum Betriebsschluss erscheint ein Mitarbeiter der Ständigen Vertretung bei den Flüchtlingen und bringt sie in einen größeren Raum. Er erklärt: „Wir können uns vorstellen, warum Sie hier sind. Sie werden Gelegenheit kriegen, Ihr Anliegen im Einzelnen vorzutragen.“ Matratzen und Decken werden verteilt. „Jemand brachte Hamburger, Pommes und Hot Dogs, die er in West-Berlin bei einer Fastfood-Kette gekauft hatte“, erinnert sich Kathrin Siebert.

Es ist schon später Abend, als die ersten Botschaftsbesetzer zum Gespräch gebeten werden. „Die Menschen stiegen in einen Aufzug, der nach unten fuhr. Der Fahrstuhl kam immer wieder leer zurück, und die nächsten stiegen ein. Das hatte etwas Unheimliches.“

In den frühen Morgenstunden sind die Sieberts und Freund Andre an der Reihe. „Wir wurden in ein Büro geführt. Die Beamten zeigten keinerlei Solidarität mit uns. Im Gegenteil: Sie gaben uns zu verstehen, wir seien Störer der deutsch-deutschen Verständigung. Die Botschaftsmitarbeiter wollten uns nur so schnell wie möglich wieder loswerden.“

Karriere. In der Bundesrepublik schafft es Martin Siebert zum Vorstandsmitglied eines Konzerns, Kathrin Siebert ist Musiklehrerin. Die beiden haben fünf Kinder

Der damals 23-jährige Martin Siebert erklärt den Beamten: „Wir wollen von der Ständigen Vertretung direkt in die Bundesrepublik ausreisen. Wir gehen auf keinen Fall zurück in die DDR. Und wir haben den Ost-Berliner ARD-Korrespondenten in unsere Pläne eingeweiht.“

Nach längerer Diskussion erklärt ein Verantwortlicher der Botschaft: „Rechtsanwalt Vogel ist mandatiert. Er bietet an: Ausreise innerhalb von drei Monaten, wenn Sie unsere Vertretung verlassen.“ Die drei beraten sich. „Ich wollte auf keinen Fall zurück in die DDR, traute der Sache nicht“, sagt Kathrin Siebert. Ihr Mann argumentiert „So ein Angebot kriegen wir nie wieder“, und stimmt seine Frau und den Freund um.

„Als wir den Beamten unsere Entscheidung mitteilten, sprang einer von ihnen vor Erleichterung auf. Wir wurden sofort in einen Mercedes der Botschaft gesetzt, der uns zu Anwalt Vogel brachte.“

Kurz vor Morgengrauen erklärt der verschlafene DDR-Unterhändler: „Melden Sie sich am Montag bei der Staatssicherheit im Prenzlauer Berg. Sie können innerhalb von sechs Wochen ausreisen.

Martin Siebert: „Als wir dort vorstellig wurden, fragte mich der Beamte nur: Sind Sie der Botschaftsfall? Wir müssten die DDR innerhalb von 14 Tagen verlassen und bekamen einen Laufzettel. Darauf stand eine lange Liste von Formalitäten, die wir zu erledigen hatten.“

Am 10. Februar 1984 können die Eheleute Siebert die DDR endlich verlassen. Das Paar lebt heute in Berlin und hat fünf Kinder. Kathrin Siebert arbeitet als Musiklehrerin. Martin Siebert ist zweifacher Doktor und Vorstandsmitglied eines großen Klinikkonzerns.

und der Leiter der Rechtsabteilung der Vertretung, Staab, in der Hannoverschen Straße zusammen. Rehlinger erinnert sich: „Die Atmosphäre des Gesprächs war recht kühl und geschäftsmäßig. Unausgesprochen rechneten alle Beteiligten damit, dass der Ablauf, jedes Wort, von dritter Seite aufgezeichnet wurde. (...) Schließlich befanden wir uns in Ost-Berlin, und im Haus gegenüber hatte der Staatssicherheitsdienst einen Stützpunkt." Wie Rehlinger weiter berichtet, sei das Gespräch danach unter vier Augen in Vogels Büro fortgesetzt worden. Schließlich nähern sich beide Unterhändler einander an, was nichts anderes bedeutet, als dass man sich über den Freikauf-Preis einig geworden ist.

Die Unterhändler Rehlinger und Vogel einigen sich wieder einmal

Doch da sind drei Problemfälle, die die DDR nicht ziehen lassen will. Nach langen Verhandlungen findet man eine Einigung bei zweien, nicht aber im Fall des 21 Jahre alten Andreas Obojes. Er ist von der Nationalen Volksarmee desertiert. Und gegen Deserteure aus den Reihen der bewaffneten Organe geht die DDR in aller Regel mit äußerster Härte vor. Schließlich finden Vogel und Rehlinger einen Präzedenzfall – eine Ausnahme, die die Regel sozusagen bestätigt. Einige Jahre zuvor hat sich ein Oberstleutnant in die Bundesrepublik abgesetzt. Die DDR hat ihm Straffreiheit zugesagt, wenn er in den Arbeiter- und Bauernstaat zurückkehre, worauf sich der Oberstleutnant eingelassen hat. Obojes, der einfache Soldat, soll nun die Ständige Vertretung der Bundesrepublik verlassen und in seine Heimat zurückkehren. Danach könne er einen Ausreiseantrag stellen, den man nicht abschlägig bescheiden werde. Die Flüchtlinge in der Ständigen Vertretung sind jedoch alles andere als begeistert, als sie den Lösungsweg über die DDR von Rehlinger erläutert bekommen. Der berichtet darüber: „Man hörte mich an; in den Mienen stand Misstrauen und zunächst überwiegend Ablehnung. Unsere Besucher hatten sich offenkundig in eine Situation des ‚alles oder nichts' – Ausreise direkt in den Westen oder Verbleiben in der Ständigen Vertretung – hineingesteigert. Ich konnte ihnen den Standpunkt nicht übel nehmen. Sie hatten gewissermaßen alles auf eine Karte gesetzt, die Brücken abgebrochen und waren sich – jedenfalls in der Mehrzahl – des persönlichen Risikos bewusst. (...) Zugleich schwang auch die Angst mit, ob sie den Zusagen trauen konnten." Man verständigt sich schließlich auf einen Testlauf, und der sieht so aus: Drei Flüchtlinge verlassen die diplomatische Vertretung der Bundesrepublik und machen sich auf den Heimweg. Am Abend rufen sie an und berichten, dass sie völlig unbehelligt geblieben seien. Für 23 ist dies Anlass, dem Beispiel der drei zu folgen. Noch am selben Abend, dem 28. Juni, teilt Vogel das Ergebnis der Presse mit. Nach langer Überzeugungsarbeit verlassen auch die übrigen Flüchtlinge bis zum 5. Juli den Plattenbau in der Hannoverschen Straße. Ost-Berlin hält Wort: Ende August sind sämtliche Besetzer der Ständigen Vertretung in die Bundesrepublik übergesiedelt.

Wollen und nicht können. „Los, bitte flieg endlich!" lautet der Text der Karikatur aus dem *Spiegel* von Horst Haitzinger

Das Eindringen in die Ständige Vertretung soll erschwert werden

Während die Ständige Vertretung in Ost-Berlin umgebaut wird, um Besetzern das Eindringen in das Gebäude zu erschweren, während Nieblings Staatssicherheitsverband versucht, die Bespitzelung potenzieller Ausreisewilliger zu maximieren, eskaliert die Situation in der Prager Botschaft der Bundesrepublik. Am 2. Oktober 1984 haben sich mehr als 40 Deutsche aus der DDR dort eingefunden. Die ausführliche Berichterstattung des Fernsehens lässt die Verantwortlichen auf westdeutscher Seite mit einer regelrechten Lawine von Nachahmern rechnen, denn die Tschechoslowakei ist als sozialistisches Bruderland für Ostdeutsche leicht zu erreichen. Bereits am 4. Oktober schließt daher die diplomatische Vertretung offiziell. Da das Palais Lobkowitz, die Botschaft der Bundesrepublik, lediglich von zwei tschechoslowakischen Milizionären bewacht wird, klettern die einen über den schmiedeeisernen Zaun, der das nicht eben kleine Areal eingrenzt. Die anderen suchen sich den Zutritt zu dem Gebäude über Nebeneingänge. So sind es Mitte/Ende Oktober 1984 bereits 140 Personen, die sich in dem alten Palais aufhalten, oder besser gesagt: die dort notdürftig kampieren.

Ersatzspielplatz. Kinder von Botschaftsflüchtlingen bauen einen Schneemann im verschneiten Garten des Palais Lobkowitz in Prag

Medienkontakte. Ein Journalist bietet jungen Männern, die in der Prager Botschaft der Bundesrepublik Zuflucht gesucht haben, Zigaretten an

Langeweile. Botschaftsflüchtlinge spazieren durch den Park des Palais Lobkowitz. Alle Gespräche kreisen um die Frage: Werden wir in den Westen ausreisen können?

Anders als gegenüber denen, die in die Ständige Vertretung geflohen sind, zeigt sich die Führung um Honecker unnachgiebig. Und die Kommunisten in Prag sind mit im Boot, das heißt, sie üben sich in Solidarität mit den Genossen in Ost-Berlin. Dort will man ein Exempel statuieren und dieses „Loch in der Mauer" endgültig stopfen, nagt es doch an der internationalen Reputation der DDR, die soeben mit viel Pomp und Propaganda den 35 Jahrestag ihrer Staatsgründung begangen hat. Die DDR sagt zwar Straffreiheit zu, verweigert aber den Botschaftsflüchtlingen die bislang damit verbundene Ausreise aus dem Land.

Die Botschaftsbesetzung gefährdet die innerdeutschen Beziehungen

Kommuniziert wird dies von Ost-Berlin, indem Vogel am 19. Oktober gegenüber *BILD* eine Erklärung abgibt, in der es heißt: „Nach wie vor gilt die Herrn Rehlinger gegebene Zusage, dass alle Betroffenen straffrei ausgehen, wenn sie an ihren Wohnort zurückkehren. Sie können bezüglich Ausreise vor den örtlich zuständigen Behörden vorsprechen. Darüber hinaus gab und gibt es weder Zusagen noch Verhandlungen. Es sollte dennoch auf dieser Grundlage eine beiden Seiten zumutbare, letztlich gute Lösung gefunden werden; das heißt, im Gespräch mit Herrn Staatssekretär Rehlinger. Ich warne vor Überforderung. Wir haben sonst das Mindszenty-Exempel und eine nicht überschaubare Belastung der Beziehungen." Mitte November bekräftigt er seine Erklärung wiederum in *BILD*. Und denen, die daran zweifeln, hält er entgegen, die DDR stehe das durch – auch international.

Das Wort von der Krise macht nun die Runde. Rehlinger spricht von der „ernstesten Belastung des innerdeutschen Verhältnisses nach dem Volksaufstand vom 17. Juni 1953 und dem Mauerbau am 13. August 1961", fürchten doch viele um das mühsam Erreichte, insbesondere beim Reiseverkehr. Bei aller Sympathie für die Botschaftsflüchtlinge – auch in den diplomatischen Vertretungen in Warschau und Budapest haben sich inzwischen einige DDR-Deutsche eingefunden – darf das Erreichte nichts aufs Spiel gesetzt werden, argumentiert man in Bonn, ohne allerdings die Ausreiseinteressen der Botschaftsflüchtlinge aus den Augen zu verlieren.

Bei denen ist die Stimmung mehr als schlecht, denn das Ausharren im Provisorium ist trotz aller Anstrengungen der Botschaftsangehörigen beschwerlich. Überall in dem Gebäude stehen die Notbetten oder liegen die Matratzen zwischen den Schreibtischen. Es gibt nur vier Toiletten. Einige der Flüchtlinge sind krank. Am schlimmsten aber ist die

Hoffnungsträger. Bundesaußenminister Hans-Dietrich Genscher kommt am 20. Dezember 1984 in der Prager Botschaft an

schlechte Perspektive für die Menschen, die dort nunmehr schon seit Wochen darauf warten, dass irgendetwas passiert. Es passiert aber nichts. Stattdessen streiten in Bonn die Politiker. Die einen solidarisieren sich mit den Botschaftsflüchtlingen und kündigen an, „das Menschenmögliche" tun zu wollen, wie zum Beispiel Bundeskanzler Helmut Kohl. Die außenpolitische Sprecherin des Koalitionspartners, Frau Hildegard Hamm-Brücher, plädiert derweil dafür, den Zugang zu den deutschen Botschaften zu erschweren. Denn: „Wenn es bei der bisherigen Praxis bleibt, laufen wir Gefahr, dass die DDR ihre Grenzen für ausreisewillige Bürger wieder undurchlässig macht." Solch eine Äußerung zieht den Hinweis auf die eine deutsche Staatsbürgerschaft nach sich. Und die verbietet es, DDR-Deutschen den Zugang zu den diplomatischen Vertretungen der Bundesrepublik zu verwehren. Kurzum: Niemand weiß so richtig, wie es weitergehen soll. Schon Ende Oktober haben die ersten Botschaftsflüchtlinge resigniert. Von immer mehr von ihnen ist zu hören: „Ich halt das hier nicht mehr aus. Ich geh zurück." Zu dieser Haltung beigetragen haben eingeschleuste Agenten des Staatssicherheitsdienstes, die Stimmung machen, indem sie verbreiten, dass von der Bundesrepublik keine Hilfe zu erwarten sei. Die ersten Flüchtlinge entschließen sich zur Rückkehr. Ein Ehepaar mit einem Kind und ein weiterer Mann verlassen Ende Oktober das Palais Lobkowitz in Richtung Heimat. Bis zum 12. November sind „65 raus", wie die *BILD*-Zeitung meldet. Am Tag zuvor hat sich Staatssekretär Rehlinger in Prag eingefunden und ihnen einmal mehr klarzumachen versucht, dass der Weg in den Westen nur über die DDR führe. Ost-Berlin sichere Straffreiheit zu und ermögliche das Stellen eines Ausreiseantrags.

Anfang Dezember sind noch 70 Deutsche in der Prager Botschaft

Anfang Dezember 1984 sind es noch 70 DDR-Deutsche, die sich in der Botschaft aufhalten, darunter 14 Kinder. Die Zustände im Palais Lobkowitz sind chaotisch. 40 Flüchtlinge treten in den unbefristeten Hungerstreik, um ihre Ausreise vor dem Fest vielleicht doch noch zu erzwingen. Sie fordern die großzügige Behandlung von Ausreiseanträgen in der DDR ohne Repressalien, die Aufgabe der starren Position der DDR-Regierung gegenüber den Botschaftsflüchtlingen, Zugang zur Presse und ärztlichen Beistand durch das Deutsche Rote Kreuz. Über die Beweggründe ihre Flucht heißt es: Wir erklären, dass diese „aufgrund der politischen Verhältnisse erfolgte und für uns der einzige mögliche Schritt aus einer ausweglosen Situation war".

Am 13. Dezember spricht Vogel mit den Botschaftsflüchtlingen, nachdem er sich gegenüber Rehlinger „nach reiflichen Überlegungen" zu einem solchen Schritt bereit erklärt hat. Für die Idee habe gesprochen – so der Bonner Staatssekretär –, dass Vogel durch seine anwaltliche Tätigkeit bei den Flüchtlingen inzwischen „ein gewisses Vertrauenskapital" aufgebaut habe. Jeder habe um seine Verbindung zur DDR-Führung gewusst. „Vogel sprach nahezu eine halbe Stunde (...) Man hörte ihm gespannt zu. (...) Dass der Beifall ausblieb, wer konnte es verargen. Vogel und ich wussten, dass in dieser Stunde nur das Gefühl der Enttäuschung vorherrschen würde. Es gab dann noch Fragen und Antworten. Sie brachten für niemanden neue Erkenntnisse." Sie beide seien auch noch aus einem anderen Grund erleichtert gewesen, erinnert sich Rehlinger weiter, denn im Palais Lobkowitz ging das Gerücht um, dass ein harter Kern der Botschaftsflüchtlinge sie als Geiseln nehmen würde.

Zu Weihnachten sinkt die Stimmung unter den Botschaftsflüchtlingen

Als das Weihnachtsfest naht, sinkt die Stimmung unter den „Gästen", wie Botschafter Klaus Meyer die Flüchtlinge nennt, auf den Tiefpunkt. Die Äußerungen von Bundeskanzler Kohl haben dazu beigetragen. Nach ihrer Lage gefragt, hat dieser der *BILD am SONNTAG* geantwortet, die Situation sei „menschlich bedrückend. Sie fasten und warten auf Freiheit. Aber diese Freiheit lässt sich nicht auf dem Weg über die Botschaften und auch nicht mit dem Mittel des Hungerstreiks erreichen. Wer aus der DDR heraus will, schafft das ohne Gefahr für Leib und Leben nur, wenn er einen Ausreiseantrag stellt. Auf diesem Weg kamen in diesem Jahr fast 40 000 Übersiedler zu uns." Kohls Äußerung korrespondiert mit der Vogels, der am 13. Dezember gegenüber dem Fernsehmagazin „Kontraste" erklärt, dass seine Regierung „unverrückbar" darauf bestehe, dass allein die zuständigen Heimatbehörden nach freiwilliger Rückkehr souverän zu entscheiden haben. Weitergehende Zugeständnisse als Straffreiheit und Bearbeitung der jeweiligen Anliegen sind (...) auf keinen Fall zu erwarten. Auch gegenüber dem Prager Botschafter Bonns, Klaus Meyer, erläutert der DDR-Unterhändler noch einmal den „unverrückbaren" Standpunkt Ost-Berlins.

Am 20. Dezember reist Bundesaußenminister Hans-Dietrich Genscher in Begleitung von Rehlinger nach Prag. Auch er hat nichts anderes im Gepäck als den Ratschlag, in die Heimat zurückzukehren und dort einen Ausreiseantrag zu stellen. Und dennoch trägt das Treffen, in dessen Verlauf Genscher versichert, dass keiner gegen seinen Willen aus der diplomatischen Vertretung fortgeschickt werde, zu einer gewissen Beruhigung bei, scheinen sich doch die „Botschaftsgäste" allmählich mit der Wirklichkeit zu arrangieren. Während Botschafter Meyer und seine Mitarbeiter mit den Vorbereitungen des Weihnachtsfestes, das sie für die „Gäste" organisieren, befasst sind, hagelt es Kritik an dem Besuch des Außenministers. Der CSU-Vorsitzende Franz Josef Strauß poltert, die Lage der Flüchtlinge werde „durch spektakuläre Reisen (...) mit zahlreichen Fernsehkameras im Tross nicht besser, sondern schlechter". Nur „lautloses Verhandeln" könne eine Lösung bringen.

Kaum ist das Weihnachtsfest vorüber, da erhöht Ost-Berlin den Druck, indem es Vogel erklären lässt, dass die Zusage der Straffreiheit nicht ewig gelte. Die „Frist läuft ab", teilt er mit. Kurz darauf geben die 40 Hungerstreikenden auf. 17 von ihnen verlassen das Palais Lobkowitz in Richtung Heimat. Weitere folgen ihnen bald. Am 6. Januar sind noch acht Botschaftsflüchtlinge in der Vertretung. Vogel droht erneut, dass man hier fest entschlossen sei, „ein evtl. Verbleiben dieser DDR-Bürger auszuhalten und durchzustehen". Am 15. Januar 1985 haben dann die letzten sechs Flüchtlinge die Botschaft verlassen. Die Bundesregierung sichert ihnen noch eine Einbeziehung in ihre „besonderen Bemühungen" zu. Mit anderen Worten: Bonn ist bereit, sie freizukaufen. Um neue potenzielle Botschaftsflüchtlinge abzuschrecken, erklärt Vogel gegenüber der Deutschen Presse-Agentur, dass die letzten sechs Flüchtlinge „mit Problemen primär aus dem kriminellen Bereich" die Botschaft in Prag freiwillig verlassen hätten. „Ab 16. Januar hätte meine Vermittler-Vollmacht mit der Zusage der Straffreiheit und Bearbeitung durch die zuständigen Behörden nicht mehr gegolten. Künftig werde ich sie auch nicht mehr erhalten. Ich warne daher mit viel Ernst und Nachdruck vor jedem Wiederholungsversuch."

Mehr als Straffreiheit sichert die DDR den Besetzern nicht zu

In einem Vermerk für Honecker drängt dessen Unterhändler darauf, dass seine den Botschaftsbesetzern gegenüber gemachten Zusagen eingehalten werden sollten, ginge es doch um seine (Vogels) Glaubwürdigkeit. In demselben Vermerk legt Vogel dem SED-Generalsekretär noch dar, dass mit den ersten Ausreisen „unbedingt" gewartet werden solle, „sonst gibt es neue Botschaftsbesetzungen". „Daher haben

Offizieller Auftrag „Objektschutz". Ein DDR-Polizist wacht vor dem Eingang zur Königlich Dänischen Botschaft in Ost-Berlin

mich u. a. darum gebeten, bei uns mit Nachdruck zu erklären, dass vorschnelle Ausreisen der Botschaftsbesetzer die erkennbare Wiederholung zur Folge hätten: Stolpe, Bischof Hempel, Bischof Forck, Prälat Lang (...), Rehlinger, Jenninger, Schäuble, Hans-Jochen Vogel, Wischnewski, Rau. Ich könnte noch eine Reihe namhafter Journalisten, wie Merseburger, Jürgen Engert, Lothar Löwe etc." nennen. Abschließend heißt es in Vogels Vermerk für Honecker: „Ich schreibe dies auf in der Erkenntnis, dass mir so viel Freimut vielleicht verübelt wird. Ich tue das dennoch in der Überzeugung, unserer gemeinsamen Sache zu dienen."

Noch ehe die allerletzten Botschaftsflüchtlinge das Palais Lobkowitz verlassen haben, treffen am Abend des 14. Januar 1985 Vogel, Schalck und Kanzleramtschef Wolfgang Schäuble in Berlin zusammen. Ziel ist es, durch bauliche Veränderungen nach dem Vorbild der Ständigen Vertretung in Ost-Berlin den Zugang zu den Botschaften der Bundesrepublik zu erschweren. Am Ende des Gesprächs verspricht Schäuble, mit Genscher darüber zu reden. Statt eines Umbaus weist der das Botschaftspersonal in den Ostblock-Staaten an, den Zugang für die DDR-Bürger restriktiver zu handhaben.

Die *FAZ* schreibt von einem „weiteren Kapitel der Teilung"

Die *Frankfurter Allgemeine Zeitung* kommentiert unterdessen das Ende der Prager Botschaftsbesetzung, dass damit ein „weiteres Kapitel der deutschen Teilung" vorerst zu Ende geschrieben sei. „Genutzt hat dabei einzig, dass die Mitwelt wieder einmal zu sehen bekam, wie es im vierzigsten Jahr nach dem Ende des Zweiten Weltkrieges im Herzen Europas zugeht. (...) Die abschließende Beurteilung des Falles der Prager Botschaftsflüchtlinge wird wohl davon abhängen, ob die Führung der DDR sie in angemessener Frist in die Bundesrepublik ausreisen lässt; ein gewisses Maß von Geneigtheit hat der regimenahe Kontakt-Rechtsanwalt Vogel mit wohldosierten Andeutungen erkennen lassen. Träfen die Flüchtlinge von Prag bis – sagen wir – Pfingsten in Gießen ein, dann könnte die Bundesregierung aller Kritik an ihrem Verhalten und ihren oftmals verlegenen Stellungnahmen die Spitze nehmen." Diese Stellungnahmen – so die *Frankfurter Allgemeine Zeitung* weiter – würfen die Frage auf, „was unter den Bedingungen der fortdauernden Teilung in der freien Hälfte Deutschlands als nationale Würde noch verstanden wird und gefordert werden kann. Viel war es diesmal nicht."

Ab März 1985 treffen die Prager Botschaftsflüchlinge in Gießen ein

Nicht Pfingsten 1985, sondern bereits im März treffen dann die ersten Prager Botschaftsflüchtlinge im Notaufnahmelager Gießen ein. Regierungssprecher Peter Boenisch gibt sich zufrieden: „Diese ersten Übersiedler bestätigen erneut unsere Erfahrungen, dass die DDR gemachte Zusagen auf Punkt und Komma einhält." Und Bundeskanzler Kohl bezeichnet das Verhalten Ost-Berlins als hilfreich. Er sagt, es sei wichtig zu betonen, dass die DDR ihr Wort gehalten habe. Es habe sich ausgezahlt, dass die Regierungen in Bonn und Ost-Berlin „vernünftig miteinander sprechen". Und es soll sich auch für die darauffolgenden Jahre auszahlen. Denn immer wieder finden – trotz aller Erschwernisse beim Zugang – sich Menschen aus der DDR in den diplomatischen Vertretungen der Bundesrepublik ein, die dann abseits der Öffentlichkeit nach dem gleichen Muster behandelt werden.

Was sich am 8. September 1988 in Ost-Berlin ereignet, lässt sich nicht verheimlichen: 18 Ausreiseantragsteller, sieben Männer, sechs Frauen und fünf Kinder aus dem thüringischen Ilmenau, besetzen die Dänische Botschaft. Den Termin haben sie mit Bedacht gewählt, denn in der „Hauptstadt der Deutschen Demokratischen Republik" steht der offizielle Staatsbesuch des dänischen Ministerpräsidenten Poul Schlüter an. Nachdem die 18 um Unterstützung bei ihren jahrelang verweigerten Ausreiseersuchen gebeten haben, weist dies der Botschafter zurück und lässt die Flüchtlinge auffordern, die Mission „umgehend zu verlassen". Danach telefonieren sie mit der Ständigen Vertretung der Bundesrepublik, die einen Mitarbeiter schickt. Der nimmt die Personalien der Flüchtlinge auf. Kurz darauf erscheint

Die Mütter mussten mit ansehen, wie ihre Kinder der Willkür des MfS ausgeliefert waren

Jahrelange Berufsverbote, PM-12-Ersatzausweise, die Zeit der Repression, totaler Entmündigung, der physischen und psychischen Erschöpfung lässt 18 Menschen aus Ilmenau am 8. September in die Ost-Berliner Botschaft des Königreiches Dänemark flüchten. Ihr verbrieftes Recht auf freie Wohnsitzwahl einfordernd, vertrauen sie vor dem anstehenden Staatsbesuch des dänischen Ministerpräsidenten in der DDR den ausländischen Diplomaten und rechnen mit deren Hilfe. Doch es kommt ganz anders.

Wolfgang Mayer, der Sprecher der Gruppe, erinnert sich daran, wie ihre Flucht am 9. September endet: „Nach Mitternacht formierten sich um das Gebäude zivile Polizeieinheiten. Um 1.30 Uhr waren sie bereits ins Treppenhaus vorgedrungen. Hinten auf dem Hof der Komischen Oper, die durch einen Zwischengang mit dem Botschaftsgebäude Unter den Linden 41 verbunden war, sahen wir zwei Busse parken; ein Reise- und ein Kleinbus ‚Barkas B 1000' – Stasi-Autos!"

Alles habe auf einen bevorstehenden Polizeizugriff hingedeutet. „Fassungslos schauten wir uns an, kaum einer sprach noch ein Wort. Abwarten. ‚Wenn sie uns einsperren wollen, so tun sie das auch ohne Botschaftsbesetzung. Und wenn sie uns raushauen wollen, fahren sie uns mit dem Reisebus da unten gleich jetzt nach West-Berlin', versuchte ich noch einmal, die gedrückte Stimmung zu heben. Freilich, der Wunsch war Vater dieses Gedankens. ‚Keine Angst, wir haben uns ausreichend abgesichert. Denkt an die Freunde in Ilmenau …, die Ständige Vertretung, das bundesdeutsche Außenministerium helfen uns garantiert!'."

Um 2.30 Uhr, erzählt Mayer, habe ein wuchtiger Oberstleutnant der Volkspolizei den Raum betreten. „Er erinnerte ein wenig an Samson aus der ‚Sesamstraße'. Nuschelnd stellte er sich vor, sodass sein Name nicht verstanden werden konnte. ‚Sie halten sich widerrechtlich in den Räumen der Botschaft auf und kamen bisherigen Aufforderungen durch Botschaftspersonal zum Verlassen der Räume nicht nach. Ich fordere Sie auf, die Räume der Botschaft unverzüglich zu verlassen.'"

Verschworene Gemeinschaft: 15 der 18 Ilmenauer haben sich zu einem Foto aufgestellt, ehe sie nach Ost-Berlin aufbrechen, um die Dänische Botschaft zu besetzen

Der ehemalige „Rädelsführer". Wolfgang Mayer, der in Erfurt als Lehrer arbeit, hat ein Buch über die unglaublichen Ereignisse in der Dänischen Botschaft geschrieben. Unten: Das Transparent haben die Botschaftsbesetzer aus dem Fenster gehängt

Keine Reaktion. Einer der Botschaftsflüchtlinge habe gebeten, doch das Licht wieder auszumachen. „Der Uniformierte putzte nun seine angelaufene Brille. Auf seiner Stirn hatten sich dicke Schweißperlen gebildet. Plötzlich stand ein untersetzter, etwa 50-jähriger Mann neben dem Samson. Obwohl in Zivil, schaute der gefährlich aus! ‚So, das war's. Packen Sie Ihre Sachen zusammen!', forderte der furchteinflößende Stasi-Mann resolut."

Vom Botschaftspersonal sei weit und breit keine Spur gewesen. Das habe sich komplett zurückgezogen. Ob man den Botschaftsstatus dieser Einrichtung kurzfristig einfach aufgehoben habe, fragen sich die Ilmenauer. Mayer: „Eine Handbewegung des Stasi-Mannes in Hüfthöhe reichte aus, und etwa 20 sportliche Typen einer Spezialeinheit in Zivil drangen in unseren Raum ein." Nach wenigen Sekunden seien die Botschaftsflüchtlinge von den Männern umstellt worden.

Mayer erinnert sich: „Für mich brach eine Welt zusammen. Nie und nimmer hätte ich damit gerechnet, dass sich der Staatssicherheitsdienst der DDR so weit vorwagen würde und nicht einmal scheute, Hoheitsgebiet eines konservativ-liberal regierten Staates der Europäischen Gemeinschaft zu verletzen. Es schlug die bitterste Stunde meines Lebens. Für alles fühlte ich mich in diesem Augenblick verantwortlich. Für alles! Und alle schauten zu mir. Fassungslos, wie nach einem K.-o.-Schlag benommen, stand ich da."

Um 2.45 Uhr seien die Botschaftsflüchtlinge aus dem Raum gedrängt worden. „Am Fenster machte ich noch wirre Zeichen mit den Händen, um die Einsatztruppe glauben zu machen, ich hielte Kontakt zur Britischen Botschaft gegenüber."

Im Treppenhaus hätten sich Einsatzkräfte im Reißverschlusssystem unter die Botschaftsflüchtlinge gemischt. „Auf jeder zweiten Stufe standen Stasi-Leute, durch deren Spalier wir runter in den Innenhof geleitet wurden. Dort brüllte einer: ‚Die Männer in den Kleinbus!' ‚Nichts gibt's! Die Familien bleiben zusammen!', rief ich völlig enthemmt zurück."

Schließlich hätten sie alle in den Reisebus, der nach Lichtenberg, direkt ins Gefängnis Magdalenenstraße, fährt, steigen müssen. Im Inneren des Fahrzeugs habe Totenstille geherrscht; zwei Stunden lang, bevor kurz nach fünf Uhr morgens die vordere Tür geöffnet worden sei. Mayer: „Nach Uwe und Jörg holten sie mich als letzten der Männer, während die Mütter vollauf damit beschäftigt waren, die Kinder still zu halten. Und dann Weinen und Schreien, als sie gewaltsam getrennt wurden. Conny Küpper, die Letzte, musste erleben, wie unsere Kinder allein der Willkür des Staatssicherheitsdienstes ausgeliefert waren."

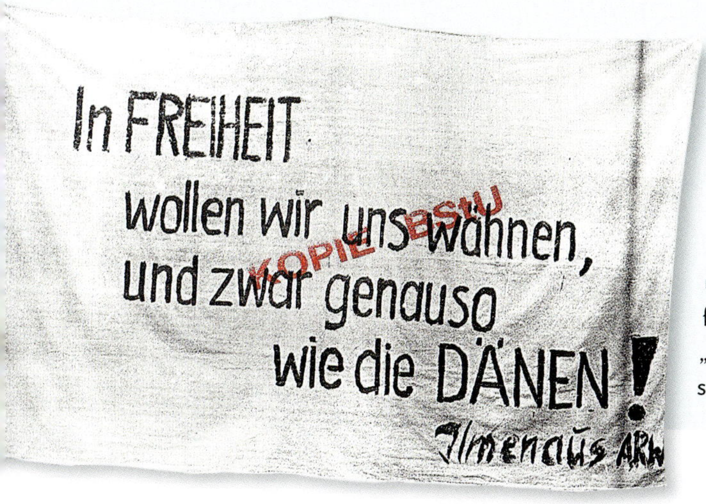

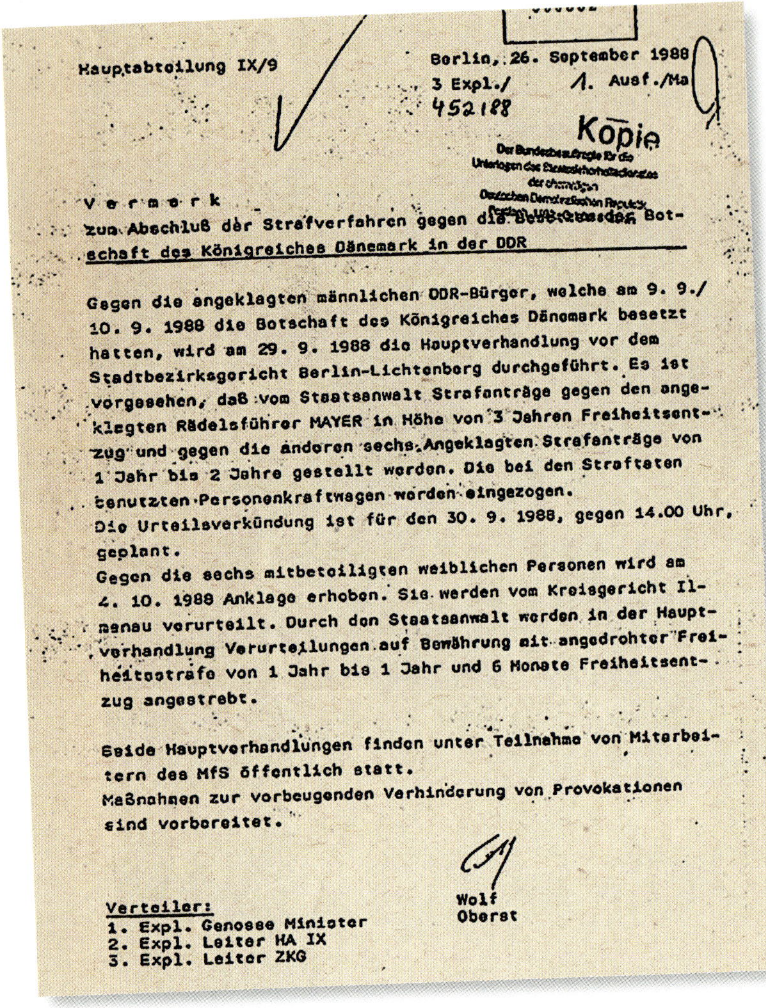

Hauptabteilung IX/9

Berlin, 26. September 1988
3 Expl./ 1. Ausf./Ma
452188

Kopie

V e r m e r k

zum Abschluß der Strafverfahren gegen die Besetzer der Botschaft des Königreiches Dänemark in der DDR

Gegen die angeklagten männlichen DDR-Bürger, welche am 9. 9./10. 9. 1988 die Botschaft des Königreiches Dänemark besetzt hatten, wird am 29. 9. 1988 die Hauptverhandlung vor dem Stadtbezirksgericht Berlin-Lichtenberg durchgeführt. Es ist vorgesehen, daß vom Staatsanwalt Strafanträge gegen den angeklagten Rädelsführer MAYER in Höhe von 3 Jahren Freiheitsentzug und gegen die anderen sechs Angeklagten Strafanträge von 1 Jahr bis 2 Jahre gestellt werden. Die bei den Straftaten benutzten Personenkraftwagen werden eingezogen.
Die Urteilsverkündung ist für den 30. 9. 1988, gegen 14.00 Uhr, geplant.
Gegen die sechs mitbeteiligten weiblichen Personen wird am 4. 10. 1988 Anklage erhoben. Sie werden vom Kreisgericht Ilmenau verurteilt. Durch den Staatsanwalt werden in der Hauptverhandlung Verurteilungen auf Bewährung mit angedrohter Freiheitsstrafe von 1 Jahr bis 1 Jahr und 6 Monate Freiheitsentzug angestrebt.

Beide Hauptverhandlungen finden unter Teilnahme von Mitarbeitern des MfS öffentlich statt.
Maßnahmen zur vorbeugenden Verhinderung von Provokationen sind vorbereitet.

Wolf
Oberst

Verteiler:
1. Expl. Genosse Minister
2. Expl. Leiter HA IX
3. Expl. Leiter ZKG

Von wegen Rechtsstaat. Aus dem Schreiben des Staatssicherheitsdienstes geht hervor, dass das Urteil gegen die Botschaftsbesetzer schon feststeht, ehe die Hauptverhandlung überhaupt begonnen hat

der dänische Diplomat Becker-Hansen. Er spricht von „guten Aussichten", die die 18 hätten, wenn sie die Dänische Botschaft verlassen und auf normalem Wege ihre Ausreise betreiben würden. Er hätte diese Zusicherung vom DDR-Außenministerium erhalten. Bald darauf wird von dort angeboten, am 12. September ein Gespräch mit „höherrangigen Beamten" der Bezirksverwaltung Suhl führen zu können, die angeblich für Übersiedlungen zuständig seien. Doch die Botschaftsflüchtlinge trauen der Sache nicht. Daran ändert sich auch nichts, nachdem die Anwaltskanzlei Vogel eingeschaltet worden ist. Denn auch dessen Kompagnon Klaus Hartmann, mit dem zwei Botschaftsflüchtlinge zusammentreffen, hat nicht mehr anzubieten.
Nach Stunden hektischer Aktivitäten in der dänischen Vertretung übergeben die Botschaftsflüchtlinge einen Bittbrief an Königin Margarete. Doch der wird – so ein dänischer Diplomat – nur weitergereicht, wenn die Deutschen die Botschaft verlassen. Zu diesem Zeitpunkt bereiten die Dänen mit den DDR-Behörden längst den Zugriff auf die Flüchtlinge vor. Denn Kopenhagens Geschäftsträger hat sich damit einverstanden erklärt, dass „die DDR-Organe die Erpresser auch mit Polizeigewalt aus der Botschaft entfernen würden".
Am 9. September zwischen 2.30 und 2.45 Uhr erfolgt schließlich der Zugriff des Wachkommandos Missionsschutz. Die Männer und Frauen werden in die berüchtigten Staatssicherheitsgefängnisse Hohenschönhausen und Magdalenenstraße gebracht, die fünf Kinder in ein Heim. Nach stundenlangem Verhör werden die Botschaftsflüchtlinge in einem geheimen Schnellverfahren abgeurteilt. Die sieben Männer erhalten Gefängnisstrafen zwischen zwei und drei Jahren, die Frauen kommen auf Bewährung frei. Wohl dem öffentlichen Druck, der vor allem der Berichterstattung der westlichen Medien zu verdanken ist, ist es zuzuschreiben, dass bald alle Gefängnisstrafen auf Bewährung ausgesetzt werden. Unter Druck gerät auch Dänemarks Botschafter in Ost-Berlin. Ihm wird vorgeworfen, er habe bei seiner Entscheidung, die Botschaft räumen zu lassen, zuerst Kontakt mit den DDR-Behörden gesucht und nicht mit dem Außenministerium in Kopenhagen. Außerdem habe er gegen den ausdrücklichen Rat der Ständigen Vertretung der Bundesrepublik in Ost-Berlin gehandelt und sich nach der Räumung nicht mehr um das Schicksal der 18 aus Ilmenau in Thüringen stammenden Deutschen gekümmert.

Am Ende gibt es für die Besetzer doch noch ein Happy End

Die Zuflucht der 18 in der Dänischen Botschaft hat zunächst nicht zur Ausreise geführt. Und dennoch kommt das Happy End. Denn die rührigen Thüringer, die teils von DDR-Anwalt und Stasi-Mitarbeiter Wolfgang Schnur vertreten werden, sind zu einem peinlichen Ärgernis für das Regime geworden. Nach langem Hin und Her und unter reichlichem Mittun der westlichen Medien lässt die DDR die Botschaftsflüchtlinge ziehen. Im März bricht ihr Wortführer, Wolfgang Mayer, mit seiner Familie von Ilmenau in Richtung Gießen auf.
Das Beispiel der Besetzung der dänischen Mission löst nach Jahren relativer Ruhe in Sachen Botschaftsbesetzungen einen Domino-Effekt aus. So versuchen in der ersten Hälfte des Jahres 1989 nahezu 2000 Menschen aus der DDR, ihre Ausreise über das Mittel Botschaftsbesetzung durchzusetzen. Es ist ein Reflex auf die Wirklichkeit im zweiten deutschen Staat: Die Führung um Honecker verweigert sich jed-

Unter dem Schutz des Kirchendaches. In der überfüllten Ost-Berliner Gethsemanekirche wird im Oktober 1989 mit einem Transparent für die Freilassung der verhafteten und angeklagten Demonstranten protestiert

Aufbegehren. Nach den offiziellen Feierlichkeiten aus Anlass des 40. Jahrestages der DDR-Staatsgründung protestieren Tausende. Die Umgebung der Gethsemanekirche ist von Angehörigen der bewaffneten Organe weiträumig abgeriegelt

Nur erst mal rein. Flüchtlinge aus der DDR warten vor der Deutschen Botschaft Prag auf Einlass weden Reformen, wie sie der sowjetische Staats- und Parteichef Michail Gorbatschow mit Glasnost und Perestroika vormacht. Wachsende Pression und die Manipulation der Kommunalwahlen im Mai 1989 lassen die Unzufriedenheit der Bevölkerung der DDR ständig zunehmen. Die Folge: Die einen hören auf zu schweigen, organisieren sich in einem dichter werdenden Netz von Friedens-, Menschenrechts- oder Umweltgruppen, die vielfach unter dem schützenden Dach der Kirchen und unter Berufung auf Gorbatschow die Staatspartei SED und ihren Allmachtsanspruch infrage stellen. Die anderen wollen nur noch raus aus dem „Arbeiter- und Bauernstaat“. 1989 warten offiziell mehr als 100 000 DDR-Deutsche auf die Genehmigung ihrer Anträge auf Ausreise in die Bundesrepublik. Doch die tatsächliche Zahl ist höher. Die Malerin und DDR-Bürgerrechtlerin Bärbel Bohley schätzt sogar, dass jeder zweite der 16,6 Millionen DDR-Deutschen schon einmal mit dem Gedanken gespielt hat, einen Ausreiseantrag zu stellen, oder dies bereits getan hat.

Es liegt auf der Hand, dass bei einer solchen Entwicklung die diplomatischen Vertretungen der Bundesrepublik wie nie zuvor in den Fokus rücken. Im August füllt sich die Ständige Vertretung der Bundesrepublik in Ost-Berlin mit 131 Ausreisewilligen. Zum wiederholten Mal schließt sie ihre Tore, denn nichts geht mehr in dem hoffnungslos überfüllten Plattenbau. Ganz ähnlich gestalten sich die Dinge in Prag, wo zur gleichen Zeit 300 DDR-Deutsche in der Botschaft Zuflucht gesucht haben. Nichts geht mehr, auch bei den Gesprächen, die Rehlingers Nachfolger Priesnitz mit dem DDR-Unterhändler Vogel führt. Nur noch straffreien Abzug will die DDR zugestehen. Vom DDR-Außenministerium verlautet flankierend dazu, dass alles in Gefahr sei, was sich an Reiseerleichterungen und auf dem Gebiet der Familienzusammenführung in den letzten Jahren an Positivem entwickelt hat, während sich Bonn beeilt zu beteuern, dass es nicht das Ziel der Bundesrepublik sei, „die DDR zu entvölkern“. Am Ende geben dann die Flüchtlinge der Ständigen Vertretung auf, lediglich mit der spärlichen Zusicherung, anwaltliche Betreuung für die Beantragung der Ausreise aus der DDR zu erhalten.

Doch als Ungarn, das im Frühsommer 1989 mit russischem Einverständnis den Eisernen Vorhang nach Österreich zu demontieren begonnen hat, am 11. September 1989 die Gren-

Alles ist relativ. Einst haben die Besitzer viele Jahre auf ihren Trabant warten müssen. Jetzt lassen sie ihn in Prag einfach stehen

Mehr Flüchtlingslager als Botschaft. Im Park des Palais Lobkowitz ist eine regelrechte Zeltstadt entstanden

Oft auch psychologische Betreuung. Eine Krankenschwester hört geduldig den Nöten zweier Flüchtlinge zu

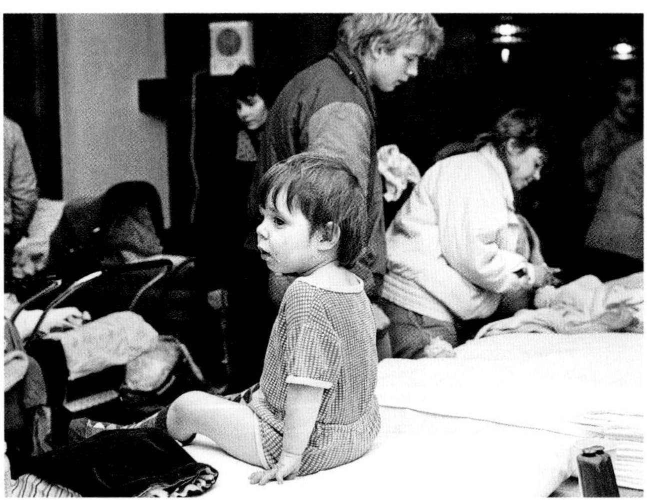

Die Schwächsten. Die vielen kleinen Kinder sind im Palais Lobkowitz und nicht in den Zelten untergebracht

ze zum Westen öffnet, wird alles anders. Jetzt gibt es für die Menschen von Rostock bis Suhl, von Frankfurt a. d. Oder bis Magdeburg kein Halten mehr. Binnen drei Tagen reisen mehr als 15 000 DDR-Deutsche nach Ungarn und in die Tschechoslowakei aus. Die meisten von ihnen gelangen in den Westen, wo sie auf verschiedene Bundesländer verteilt werden. Nachdem die tschechoslowakische Regierung für die DDR-Deutschen die Grenze zu Ungarn dichtgemacht hat, füllen sich in Prag – und auch in Warschau – die Botschaften der Bundesrepublik. Am 26. September sind es allein in Prag schon 1600 Ausreisewillige, die sich im altehrwürdigen Palais Lobkowitz und in dessen Park, in dem 20 große Zelte aufgebaut worden sind, aufhalten. „Nie wieder zurück in die DDR" lautet die Parole der Menschen. Nicht viel anders ist die Stimmung in Warschau, wo sich mehrere Dutzend Deutsche aufhalten. Zu ihrer Beruhigung hat die polnische Regierung erklärt, dass niemand in die DDR abgeschoben wird.

Genscher und Schewardnadse sprechen in New York miteinander

Vorstöße, die Deutschen zur Rückkehr in den „Arbeiter- und Bauernstaat" zu veranlassen, gibt es in diesem späten September viele. Während Genscher mit dem tschechoslowakischen Außenminister Jaromir Johanes und mit Schewardnadse bei den Vereinten Nationen spricht, reisen der Staatssekretär im Auswärtigen Amt Jürgen Sudhoff, sein Kollege aus dem Innerdeutschen Ministerium Priesnitz sowie der Leiter der Ständigen Vertretung in Ost-Berlin, Staatssekretär Franz Bertele, zusammen mit Vogel nach Prag. Letzterer hat die Zusage im Gepäck, dass die Rückkehrer binnen eines halben Jahres ausreisen dürften. Doch solche Angebote zeitigen nicht mehr ihre Wirkung. „Zu lang und zu ungewiss", meint dann auch ein Flüchtlingssprecher. Andere verweisen auf die Stasi, die auch an der Prager Botschaft ihr Unwesen treibe. Vogel glaube man ja gerne, aber was wäre, wenn der Staatssicherheitsdienst im Falle einer Rückkehr in die DDR Vorkommnisse provoziere, die dann eine Bewilligung des Ausreiseantrages vereitelten? Das eigentliche Kalkül, das hinter der Zurückhaltung gegenüber Vogels Angebot steht, ist jedoch ein anderes: Die Jubelfeiern zum 40. Jahrestag der Gründung der DDR, zu denen auch der Sowjetführer Gorbatschow erwartet wird, stehen bevor, und bis dahin müssen Honecker & Co. das für das Regime so peinliche Flüchtlingsproblem gelöst haben. Man müsse nur noch eine Weile ausharren, und die DDR – so die Überlegung der

Flüchtlinge – werde sie in die Freiheit ziehen lassen.

Dieses Ausharren wird mit jedem Tag zu einem größeren Problem, denn der Zustrom in das Palais Lobkowitz will nicht enden. Zum Monatsende steigt die Zahl der Flüchtlinge weiter an. Hinzu kommt, dass die Temperaturen sinken. Es ist nur noch sechs Grad. Es regnet. Alles ist feucht. Erkältungen und Grippefälle machen zu schaffen. Und auch sonst ist das (Über-)Leben beschwerlich. Anstehen fürs Essen und für alles und jedes. Ausweichquartiere, wie sie die polnische Regierung den Warschauer Botschaftsflüchtlingen angeboten hat, gibt es nicht. Die tschechoslowakischen Kommunisten, die von Reformen wenig wissen wollen, stellen sich aus Solidarität zu den Genossen in Ost-Berlin stur.

Unterdessen wird auch im Bonner Kanzleramt unter der Leitung des dortigen Ministers Seiters in Zusammenarbeit mit dem Innerdeutschen Ministerium und dem Auswärtigen Amt fieberhaft an einer Lösung gearbeitet. Man will dort bei den tschechoslowakischen Behörden im Sinne einer „erträglichen Zwischenlösung" für die DDR-Deutschen ein „Mindestmaß an menschenwürdiger Unterbringung" erwirken. Genscher richtet in erneuten Begegnungen an Johanes und Schewardnadse einen ähnlichen Appell. Doch erst Telefonate zwischen Kohl und Gorbatschow bringen am 30. September 1989 die Wende. Kohl schreibt darüber in seinen frühen Erinnerungen: Wenn das Problem der Prager Botschaftsflüchtlinge doch noch habe gelöst werden können, dann habe dies nicht am Prager Regime gelegen. „Es waren vielmehr die Reformer in Moskau, die hinter den Kulissen wirkten." Auf Ost-Berlin ist der Druck aus Moskau nicht geringer. Prestigegründe tun ein Übriges. Und so gibt man ein paar Tage vor den Jubelfeiern nach. Über ihren Ständigen Vertreter in Bonn wird der Vorschlag unterbreitet, dass die Prager Botschaftsflüchtlinge über das Territorium der DDR in die Bundesrepublik ausreisen

Michael Fleischmans unvergessenes Erlebnis. Während die tschechoslowakische Polizei den Flüchtling davon abhalten will, über den Zaun zu klettern, leisten seine Landsleute Hilfestellung

Erlösende Worte. Bundesaußenminister Hans-Dietrich Genscher verkündet vom Balkon der Prager Botschaft, dass die Flüchtlinge ausreisen dürfen

Genugtuung. Hans-Dietrich Genscher und Kanzleramtsminister Rudolf Seiters stellen sich den Fragen der Reporter, nachdem sie den Flüchtlingen die gute Nachricht überbracht haben

dürften. Diese Lösung bewahrt das Ost-Berliner Regime vor dem totalen Gesichtsverlust, denn eine ungarische Lösung, also die direkte Ausreise aus der Tschechoslowakei in die Bundesrepublik, hätte diesen unweigerlich nach sich gezogen.

Das Ende von Genschers Satz geht im Jubel der Menschen unter

Um den Menschen in der Prager Botschaft die Angst vor der Zugfahrt durch die DDR zu nehmen, beschließt die Bundesregierung, dass Bundesaußenminister Genscher und Kanzleramtsminister Seiters noch an jenem 30. September in die tschechoslowakische Hauptstadt aufbrechen. In dem von Kohl autorisierten Text des Buches *Ich wollte Deutschlands Einheit* heißt es dazu: „Es soll Kohl geärgert haben, dass Genscher Seiters nach Prag zunächst nicht habe mitnehmen wollen – wohl, so wird im Kanzleramt vermutet, um den publizistischen Lorbeer selbst zu ernten. Noch größer wird der Unmut, als wenige Minuten nach dem Start der Luftwaffenmaschine mit Genscher und Seiters an Bord eine Eilmeldung der Nachrichtenagenturen über den Ticker läuft, der Bundesaußenminister befinde sich auf dem Weg nach Prag. Obwohl ausdrücklich Vertraulichkeit vereinbart war, ist eine entsprechende Meldung aus dem Auswärtigen Amt an die Presse lanciert worden."

Kurz vor 19 Uhr erreichen die beiden westdeutschen Politiker das Palais Lobkowitz. Sie werden bereits von den Botschaftsflüchtlingen, die sich im Treppenhaus drängeln, begeistert empfangen, obwohl niemand von diesen weiß, mit welchen Nachrichten sie kommen. Später, als Genscher und Seiters den Balkon betreten, brandet Beifall auf. Dann beginnt er zu sprechen: „Ich bin heute zu Ihnen gekommen, um Ihnen zu sagen, dass heute Ihre Ausreise …" Das Ende des denkwürdigen Satzes geht im Jubel unter. Unbeschreibliche Szenen spielen sich unter den mehr als 4000 Menschen ab. Als sich der Außenminister wieder Gehör verschaffen kann, ruft er mit bewegter Stimme den Botschaftsflüchtlingen zu: „Wir heißen Sie herzlich als Deutsche unter Deutschen willkommen. Ich wünsche Ihnen eine gute Reise – und auf Wiedersehen in der Bundesrepublik!" Zur selben Stunde eröffnet Staatssekretär Sudhoff den Botschaftsflüchtlingen in Warschau, dass auch ihre Ausreise – über das Territorium der DDR – gewährleistet sei.

Gleich nach Genschers Auftritt auf dem Balkon des Palais Lobkowitz heißt es: Familien mit Kindern samt Gepäck zum Ausgang kommen. Ein paar Meter vom Portal der Botschaft

Shuttle-Service. In Bussen werden die Flüchtlinge aus der DDR zum Prager Hauptbahnhof gefahren, wo die Sonderzüge auf sie warten

Auf Umwegen nach Westen. Flüchtlinge aus der DDR besteigen einen Sonderzug, der sie über das Territorium der DDR in die Bundesrepublik Deutschland bringt

werk hat zwei Feldküchen bereitgestellt und für eine warme Mahlzeit gesorgt. Sechs Mal wiederholt sich die Szenerie auf dem Bahnhof der oberfränkischen Stadt. Kaum ist der letzte Sonderzug aus Prag abgefahren, ist die Deutsche Botschaft wieder Anlaufstelle für Flüchtlinge. Um auch für sie die Ausreise zu bewirken, bestellt Kanzleramtsminister Seiters den Leiter der Ständigen Vertretung der DDR ein. Der attackiert die Bundesregierung und fordert von dieser, die Prager Botschaft für

warten Omnibusse, die etwa 1200 Flüchtlinge zum Prager Hauptbahnhof bringen. Um 20.50 Uhr verlässt der Zug der DDR-Reichsbahn die tschechoslowakische Metropole in Richtung Dresden. Nachdem die Grenze zur DDR passiert ist, ziehen zugestiegene Volkspolizisten die Kennkarten und Sozialversicherungsausweise der Flüchtlinge ein. Über Chemnitz, Reichenbach geht es weiter nach Plauen. Hier und da winken die Menschen mit Taschenlampen und Lichtern, als der Zug vorbeifährt. Sie kennen offenbar den Fahrplan ganz genau und wissen, dass es einer jener Sonderzüge ist, der die Prager Botschaftsflüchtlinge nach Westen bringt. Einigen gelingt es sogar, auf den Zug aufzuspringen.

Um 6.14 Uhr erreicht der erste Sonderzug das oberfänkische Hof

Es ist noch dunkel, als die innerdeutsche Grenze passiert wird. Um 6.14 Uhr ist das oberfränkische Hof erreicht. In einer Reportage der *Frankfurter Allgemeinen Zeitung* wird der Augenblick festgehalten: „Anhaltenden und herzlichen Beifall spendende Menschen auf dem Bahnsteig, winkende und weinende Männer und Frauen an den geöffneten Abteilfenstern, die Rosen und Margeriten als Willkommensgruß entgegennehmen. Ein junger Flüchtling, der für einen Augenblick vom grellen Schein der Lampen eines Fernsehteams geblendet wird, ruft: ‚Noch nie in meinem Leben habe ich mich so glücklich gefühlt.'" Es sind zwei Stunden erlebte Solidarität, die sich auf dem Hofer Hauptbahnhof vor der Weiterfahrt des Sonderzugs nach Gießen abspielen. 300 Mitarbeiter des Deutschen Roten Kreuzes tragen dazu bei, indem sie die übernächtigten Menschen umsorgen. Obst und Getränke werden verteilt. Kleidung wird ausgegeben. Das Technische Hilfs-

Flüchtlinge „dichtzumachen". Seiters widerspricht empört. Die Bundesrepublik baue keine Mauern um ihre Botschaften. Dennoch muss sie in der Nacht zum 3. Oktober schließen, denn 4700 Menschen haben dort inzwischen Zuflucht gesucht. Vor dem Palais Lobkowitz warten bis zur Mittagszeit weitere 1000 DDR-Deutsche. Sie überrennen die aufgezogene tschechoslowakische Miliz, die ihrerseits mit brutaler Härte vorgeht. Und Tausende sind noch unterwegs nach Prag, auch wenn es schwieriger geworden ist, die DDR zu verlassen. Aus den Zügen in die Tschechoslowakei werden Familien mit schulpflichtigen Kindern herausgefiltert. Wer Geburtsurkunden oder sonstige Dokumente mit sich führt, dem ergeht es nicht anders. In Bad Schandau, vor der Grenze, filmen DDR-Zöllner mit Videokameras vom Nachbargleis aus, wer nach bestandener Kontrolle jubelt, um die betreffenden Personen dann doch noch an der Ausreise zu hindern.

Im Bonner Kanzleramt jagt unterdessen eine Krisensitzung die andere. Kohl erinnert sich: „Da sich Ost-Berlin unnachgiebig zeigte und sich die Lage weiter zuspitzte, meldete ich ein Telefongespräch bei Honecker an. Bei Rudi Seiters ging daraufhin eine schroffe Absage ein: Der Generalsekretär stehe bis zum 7. Oktober aus Termingründen nicht zur Verfügung." An diesem Tag feiert das Ost-Berliner Regime den 40. Jahrestag der DDR-Staatsgründung. Am Nachmittag des 3. Oktober versucht Kohl, den tschechoslowakischen Ministerpräsidenten Adamec zu erreichen. Als die Verbindung steht, sagt er diesem, dass er über die Vorgänge in Prag „zutiefst beunruhigt" sei. Sein Wunsch sei es, dass diese Frage unter humanitär akzeptablen Bedingungen geregelt werde und dass die Tschechoslowakei ihren Beitrag dazu leiste. Adamec berichtet Kohl zunächst über die aktuelle Situation:

Aufgeheizte Stimmung. Vor dem Dresdner Hauptbahnhof protestieren Tausende während die Züge mit Prager Botschaftsflüchtlingen passieren. Die Staatsmacht geht hart gegen die Demonstranten vor.
Unten: DDR-Sicherheitskräfte bewachen nach der nächtlichen Gewalt einen Zugang zum Bahnhof, der teilweise renoviert werden muss

Von überall streckten sich mir Hände entgegen, die mir über den Zaun halfen

„Bloß nicht auffallen", denkt Silke Claus. Nur mit einer kleinen Tasche bepackt schlendert sie mit ihrem Mann durch Prag. Hunderte DDR-Bürger haben sich bis zu diesem sonnigen Tag im September 1989 bereits in die Botschaft der Bundesrepublik geflüchtet. Auch die damals 21-jährige Weißenfelserin will dorthin. Doch nirgends sieht sie ein Schild, das den Weg zu bundesdeutschen Vertretung weist. „Wir trauten uns nicht, jemanden auf der Straße anzusprechen. Man hatte immer die Angst im Nacken, dass man gleich verhaftet wird. Schließlich fragte ich eine ältere Dame in einem kleinen Laden, von der ich dachte, die wird uns nicht verraten."

Je näher die gelernte Bürokauffrau zur westdeutschen Botschaft kommt, desto mehr tschechoslowakische Polizisten begegnen ihr. „Wir liefen einen schmalen Weg durch einen Wald, um von hinten an den Zaun der Botschaft heranzukommen. Das hatte ich im Westfernsehen gesehen. Auch da war alles voller tschechischer Polizei. Ich dachte nur, das schaffen wir nie." Die Thüringerin und ihr Mann fassen sich ein Herz, rennen auf den Zaun zu. „Ich reichte meine Tasche durch den Zaun und kletterte auf eine Kabeltrommel, die direkt am Zaun stand. Plötzlich streckten sich mir von überall Hände entgegen, die mir über den Zaun halfen."

Jemand sagt: Geht da rüber zu dem Zelt. Da sind Botschaftsmitarbeiter. Die helfen euch. „An einem Bierzelttisch wurden die Personalien aufgenommen. Ich bekam die Nummer 507, mein damaliger Mann die 508. Dann fragte jemand, ob wir Durst oder Hunger hätten und zeigte uns die Engel vom Roten Kreuz."

Silke Claus bezieht mit ihrem Mann ein Zelt im Garten der Botschaft. Sie bekommen Feldbetten und Schlafsäcke. „Die Angst war auf einmal verflogen. Es

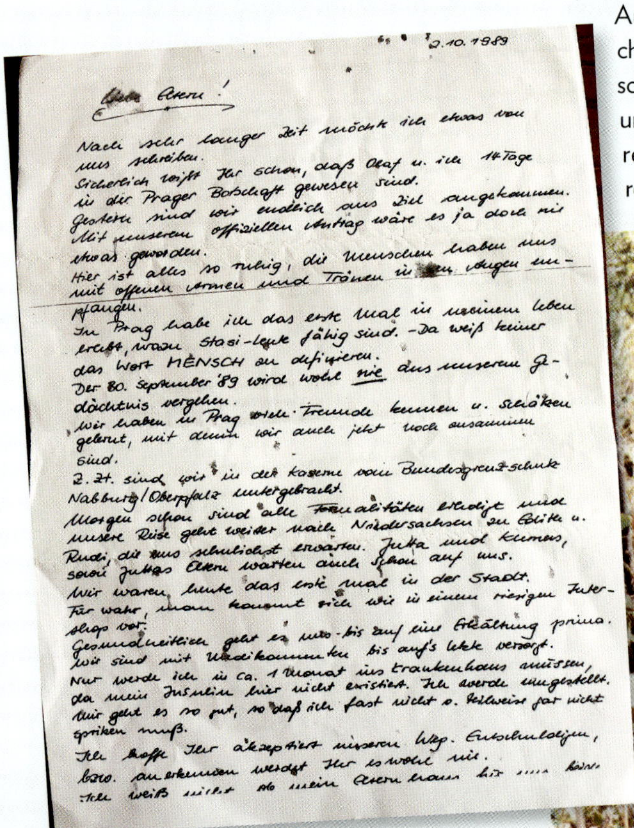

2.10.1989

[illegible] Eltern!

Nach sehr langer Zeit möchte ich etwas von uns schreiben.
Sicherlich wißt Ihr schon, daß Olaf u. ich 14 Tage in der Prager Botschaft gewesen sind.
Gestern sind wir endlich ans Ziel angekommen.
Mit unserem offiziellen Antrag wäre es ja doch nie etwas geworden.
Hier ist alles so ruhig, die Menschen haben uns mit offenen Armen und Tränen in den Augen empfangen.
In Prag habe ich das erste Mal in meinem Leben erlebt, wozu Stasi-Leute fähig sind. – Da weiß keiner das Wort MENSCH zu definieren.
Der 30. September '89 wird wohl nie aus unserem Gedächtnis vergehen.
Wir haben in Prag viele Freunde kennen u. schätzen gelernt, mit denen wir auch jetzt noch zusammen sind.
Z. Zt. sind wir in der Kaserne vom Bundesgrenzschutz Nabburg/Oberpfalz untergebracht.
Morgen schon sind alle Formalitäten erledigt und unsere Reise geht weiter nach Niedersachsen zu [illegible] u. Rudi, die uns sehnlichst erwarten. Jutta und [illegible], sowie Juttas Eltern warten auch schon auf uns.
Wir waren heute das erste mal in der Stadt.
Für wahr, man kommt sich wie in einem riesigen Intershop vor.
Gesundheitlich geht es uns – bis auf eine Erkältung prima.
Wir sind mit Medikamenten bis auf's letzte versorgt.
Nur werde ich in ca. 1 Monat ins Krankenhaus müssen, da mein Insulin hier nicht existiert. Ich werde umgestellt.
Mir geht es so gut, so daß ich fast nicht o. teilweise gar nicht spritzen muß.
Ich hoffe Ihr akzeptiert unseren Weg. Entschuldigen, bzw. anerkennen werdet Ihr es wohl nie.
Ich weiß nicht ob mein Elternhaus hier [illegible]

Im Sommer 1989 sitzt Silke Claus (hieß damals Kuntze) am Gartenteich der Eltern in Weißenfels, am 2. Oktober schickt sie den ersten Brief aus dem Westen

herrschte Urlaubsstimmung. Ich habe nicht darüber nachgedacht, dass uns die DDR vielleicht nicht ausreisen lässt und was uns dann droht. Ich war jung und wusste eigentlich nicht, was ich da tat", erinnert sich Silke Claus. „Wildfremde Menschen wurden im Lager zu unseren Freunden. Die Solidarität unter den Flüchtlingen war sehr groß. Die Mitarbeiter der Botschaft kümmerten sich mit großem Einsatz um uns. Sogar die Frau des Botschafters organisierte Schulunterricht für die Kinder."

Immer mehr Menschen klettern über den Zaun, suchen in der bundesdeutschen Vertretung Zuflucht. „Botschaftsmitarbeiter rodeten Bäume, um Platz für neue Zelte zu schaffen. Viele Flüchtlinge halfen tatkräftig mit. Es war eine willkommene Abwechslung zur Warterei. Die Stimmung war noch immer gut. Jeder half jedem. Wir hatten ein großes Zusammengehörigkeitsgefühl."

Mit dem Wetter verändert sich auch die Stimmung im Flüchtlingscamp. Regen verwandelt den Botschaftsgarten in ein Schlammloch. Die Enge wird unerträglich. „Die Betten wurden zusammengerückt, und es kamen immer mehr Menschen in unser Zelt. Ich teilte meinen Schlafsack mit einem fremden Kind. Inzwischen mussten einige auf den Treppen in der Botschaft schlafen. Die Warteschlagen vor den Toiletten wurden immer länger." Am 26. September 1989 meldet Botschafter Hermann Huber dem Auswärtigen Amt in Bonn 1600 Flüchtlinge. „Die Nächte wurden kälter, und ich fragte mich, wie halten wir es hier draußen aus, wenn der erste Schnee fällt", so Silke Claus. „Ich machte mir Sorgen um unsere Verpflegung. Die Engel vom DRK kochten rund um die Uhr Eintöpfe für uns in einer Feldküche. Aber wie sollten sie so viele Menschen satt kriegen? Wir hörten, dass die Konvois mit den Lebensmitteln manchmal aufgehalten wurden."

Als Rechtsanwalt Vogel am 26. September ins Lager kommt, um die Flüchtlinge zur Rückkehr in die DDR zu bewegen, schlägt ihm eisige Ablehnung entgegen: „Keiner wollte mehr zurück in die DDR. Wir wollten endlich in den Westen." Nachts stellen die Flüchtlinge Wachen auf, die für Ruhe im Camp sorgen sollen. „Es gab jetzt öfter Streitereien. Ich kriegte mit, wie Männer ihre Frauen für Alkohol verscherbeln wollten. Die Zustände waren katastrophal und unerträglich geworden." Besonders groß ist der Hass auf vermeintliche Stasi-Spitzel unter den Flüchtlingen. „Mehrmals meinten einige aus dem Lager, sie hätten einen Stasi-Spion überführt. Wenn nicht andere Flüchtlinge und Botschaftsmitarbeiter begonnen dazwischengegangen wären, hätten sie die wahrscheinlich totgeprügelt."

Neutart. In Niedersachen findet Silke Claus ein neues Zuhause. Sie ist Mutter eines Sohnes und arbeitet im Callcenter

Nachts hören die Menschen im Lager plötzlich Schüsse. „Hinten im Wald lag ein Fußballstadion. Wir sahen Menschen mit Taschenlampen, hörten Schüsse und Hilferufe. Einige Männer wollten rausklettern und helfen. Das Botschaftspersonal hielt sie auf. Das Ganze war wahrscheinlich eine Stasi-Falle, um Panik zu verbreiten und die Helfenden zu verhaften. Ich hatte trotzdem ein schlechtes Gewissen, weil die Menschen vielleicht wirklich unsere Hilfe brauchten."

Am 30. September kommen wieder neue Flüchtlinge in das ohnehin vollkommen überfüllte Zelt von Silke Claus. Einer hat einen Radiowecker dabei. „Plötzlich hörte ich: ‚RIAS Berlin. Wir unterbrechen unser Programm für eine Sondersendung aus Prag. Außenminister Genscher befindet sich in der Prager Botschaft.' Ich war total verunsichert. Bringt Genscher eine gute Nachricht? Oder verkündet er, dass wir hier nie rauskommen?"

Gespannte Ruhe, als der bundesdeutsche Außenminister nach langem Warten um 18.58 Uhr auf dem Botschaftsbalkon verkündet: „Liebe Landsleute, ich bin heute zu Ihnen gekommen, um Ihnen mitzuteilen, dass heute Ihre Ausreise in die Bundesrepublik bevorsteht." Silke Claus erinnert sich noch heute mit Gänsehaut an diesen Augenblick. „Wir brachen in Jubel aus. Ich fiel irgendwelchen fremden Menschen, die neben mir standen, um den Hals. Wir weinten. Wir jubelten. Wir schrien vor Glück."

Nach einer langen Nacht. Besonders die Kinder sind von den Anstrengungen der Reise gezeichnet. Unten: Helfende Hände reichen eine heiße Suppe

Auf dem Gelände der Deutschen Botschaft hielten sich 6000 Menschen auf und in deren Umgebung noch einmal 2000. Außerdem befänden sich 3000 bis 4000 Ostdeutsche auf dem Weg nach Prag. Sodann fährt der tschechoslowakische Ministerpräsident fort, dass mit der DDR vereinbart worden sei, dass an diesem 3. Oktober von 17 Uhr an die Grenze geschlossen werde und alle DDR-Bürger, die sich zu diesem Zeitpunkt in der Tschechoslowakei befänden, die Möglichkeit bekämen, noch am selben Abend oder in der Nacht über die DDR in die Bundesrepublik auszureisen.

Menschen suchen wieder Zuflucht in der Ständigen Vertretung Bonns

Nachdem die Grenze zum sozialistischen Nachbarn dichtgemacht worden ist, suchen DDR-Deutsche wieder Zuflucht in der Ständigen Vertretung. Es sind nur wenige, denn die Volkspolizei geht gewaltsam gegen jene vor, die versuchen, den Eingangsbereich des Plattenbaus zu erreichen. In der Amerikanischen Botschaft in Ost-Berlin sind es 18 Personen, die die diplomatische Vertretung wieder verlassen, nachdem die DDR eine wohlwollende Prüfung ihrer Ausreiseanträge zugesichert hat. Während Vogel und Priesnitz über eine Lösung verhandeln, wirft Ost-Berlin der Bundesregierung vor, sie betreibe eine „zügellose Kampagne zur Abwerbung von DDR-Bürgern und zur Verketzerung des sozialistischen deutschen Staates". Wieder einmal ist in der staatlich gelenkten Presse der DDR „vom mehrfachen Bruch des Völkerrechts" durch Bonn die Rede. Parallel dazu kommen jene zu Wort, die sich noch mit der Honecker-Führung solidarisieren, wie der Generalsekretär der tschechoslowakischen KP Jakeš, der bei einem Empfang in der Prager DDR-Botschaft aus Anlass des 40. Jahrestag des „Arbeiter- und Bauernstaates" erklärt, dass die aktuell existierenden Probleme „eine Randerscheinung" seien, und bekräftigt: „Wir stehen – das möchte ich betonen – an der Seite der Deutschen Demokratischen Republik." Das tun auch nicht wenige diesseits von Mauer und Stacheldraht.

In der DDR gärt es derweil. Immer mehr Unzufriedene gehen auf die Straßen. Der Parteiapparat ist kaum noch handlungsfähig. Gerüchte, dass Honecker nach den Jubelfeiern zurücktritt, machen die Runde. In Moskau ist die Rede vom „neuen Mann", und der heißt Hans Modrow. Aber noch sind die Reformgegner um den starrsinnigen Generalsekretär am Ruder. Und die greifen durch. Was die bevorstehende Ausreise der Flüchtlinge in Sonderzügen über das Territorium der DDR angeht, werden – um ein Aufspringen zu verhindern – die Eisenbahnstrecken durch die Volkspolizei systematisch abgesichert. Bahnhöfe werden gesperrt. Doch verhindern können die Machthaber in Ost-Berlin die Fahrten nicht mehr. Zu groß ist der Druck, der von Gorbatschow und den Moskauer Reformern ausgeübt wird.

Und so rollen die Züge wieder. Am 4. Oktober, an dem vier Züge durch den Dresdner Hauptbahnhof geleitet werden, versammeln sich dort 5000 Menschen – viele von ihnen, um mit in die Freiheit zu fahren. Als die Volkspolizei den Bahnhof räumt, kommt es zu gewalttätigen Auseinandersetzungen. Die Polizei knüppelt auf die Demonstranten ein, und diese wehren sich, indem sie mit Pflastersteinen nach der Polizei werfen. Es gibt zahlreiche Verletzte und 1300 Festnahmen, darunter auch zahlreiche Unbeteiligte. Verantwortet wird das brutale Vorgehen der Staatsmacht vom 1. SED Bezirkssekretär Hans Modrow. Er hat den Einsatz gegen die „asozialen Elemente", von denen in den DDR-Medien die Rede ist, angeordnet.

Endlich im Westen. Ein Zug mit Prager Botschaftsflüchtlingen fährt in den Hauptbahnhof des oberfränkischen Hof ein

In der DDR, wo man am 7. Oktober den Gründungstag mit allem Pomp begeht, gleiten der Führung um Honecker die Dinge zusehends aus den Händen. Nicht zuletzt der Besuch Gorbatschows macht den Menschen Mut. Der Protest, ob in Berlin, Leipzig oder Plauen, schwillt ebenso an wie die Zahl derer, die in den Westen wollen. Der Exodus des Staatsvolkes aus der DDR zwingt das Politbüro, Honecker zu stürzen. An seine Stelle tritt sein Thronfolger Egon Krenz. Um den Hochdruck aus dem Dampfkessel DDR zu nehmen und um sich vor dem Ansturm der Reformkräfte behaupten zu können, entschließt er sich, den Menschen in der DDR die Reisefreiheit zu gewähren. Vom 9. November 1989 an trennen Berliner Mauer und innerdeutsche Grenze nicht mehr. Millionen Deutsche aus der DDR fahren in den für die meisten nur aus dem Fernsehen bekannten Westen. Unmittelbar darauf öffnet auch die tschechoslowakische Regierung ihre Grenze zur Bundesrepublik, um den Abertausenden, die sich im Land aufhalten, den Weg in die Freiheit nicht mehr zu versperren. In den diplomatischen Vertretungen Bonns ist jetzt Ruhe eingekehrt.

Wiedervereinigt. Deutsche-West und Deutsche-Ost jubeln auf dem Bahnsteig des Hofer Hauptbahnhofs

Heimkehr in die Fremde.
Der KGB-Topspion Heinz Felfe (l.) verlässt im Februar 1969 am Grenzübergang Herleshausen-Wartha die Bundesrepublik Deutschland. Rechts neben ihm Wolfgang Vogel und wahrscheinlich Ludwig Rehlinger

KAPITEL V

Der Agentenaustausch

1955–1989

Es ist die Zeit, in der der Kalte Krieg immer kälter wird. In Berlin haben die Sowjets und ihre deutschen Helfer eine Mauer errichtet, und um Fidel Castros Kuba, das zu einer Art militärischem Vorposten Moskaus vor der Haustür der Vereinigten Staaten geworden ist, spitzt sich jener Konflikt dramatisch zu, der ein paar Monate später die Welt an den Abgrund eines atomaren Krieges führen wird. Umso spektakulärer ist der Agentenaustausch, der sich am 10. Februar 1962 auf der Glienicker Brücke zwischen dem West-Sektor Berlins und der DDR abspielt. Einer, der auf amerikanischer Seite dabei war, erinnert sich: „Als wir ankamen, war die Luft klar, aber es war bitterkalt. Überall auf unserer Seite war amerikanische Militärpolizei zu sehen. Sie hatte die West-Berliner Grenzpolizisten abgelöst." Auf der anderen Seite der Brücke hätten sie eine Gruppe von Männern in dunklen Pelzkappen erkannt, unter ihnen Iwan A. Schischkin, ein Diplomat der Ost-Berliner Sowjetbotschaft, mit dem er über den Agentenaustausch verhandelt hätte, so James B. Donovan, der US-Chefunterhändler.

Auf der Glienicker Brücke läuft alles nach einem festgelegten Plan ab

Was jetzt auf der Glienicker Brücke geschieht, ist vorab in allen Einzelheiten ausgehandelt worden. Zunächst nähern sich von Westen Unterhändler Donovan, der Leiter der West-Berliner CIA-Dienststelle Alan Lightner und der CIA-Mann Joseph Murphy der weißen Linie in der Brückenmitte, die die Grenze zwischen der freien Welt und dem kommunistischen Machtbereich markiert. Von Osten sind es Schischkin, der KGB-Offizier Nikolai Korznikow und ein weiterer Geheimdienstler. Mitten über der Havel schütteln sich Amerikaner und Russen feierlich die Hände und versichern einander, dass alles – wie vereinbart – bereit sei. Dann geben sie ihren Helfern an den Brückenköpfen das Zeichen, dass der Agentenaustausch beginnen könne.

Nun laufen der amerikanische U2-Pilot Francis G. Powers sowie der sowjetische Topagent Rudolf Iwanowitsch Abel, flankiert von zwei Bewachern, in Richtung Brückenmitte. Fast zwei Jahre sind vergangen, seitdem Powers mit seinem Spionageflugzeug am 1. Mai 1960 im pakistanischen Peschawar gestartet ist, um die UdSSR vom Südosten nach Nordwesten zu überfliegen und dabei militärische Objekte zu fotografieren. Der 30-Jährige ist nie in Norwegen angekommen. Über Swerdlowsk wird seine in etwa 20 Kilometern Höhe fliegende Maschine von einer sowjetischen S-75-Flugabwehrrakete getroffen. Sie zerbirst. Doch Powers kann sich in letzter Sekunde mit dem Schleudersitz retten. Während er am Fallschirm der Erde entgegentreibt, feuert die sowjetische Raketenabwehr eine zweite S-75 ab. Diese trifft versehentlich einen der beiden aufgestiegenen eigenen Abfangjäger. Sein Pilot, Leutnant Sergej Safronow, hat weniger Glück als der Amerikaner. Er kommt dabei ums Leben. Powers wird rasch von einem Suchtrupp aufgegriffen.

Bereits am 5. Mai 1960 tritt der sowjetische Generalsekretär Nikita S. Chruschtschow polternd vor die Weltöffentlichkeit und präsentiert Beweise für die amerikanische Aggression gegen die „friedliebende" Sowjetunion. Ein Gipfeltreffen mit Präsident Dwight D. Eisenhower lässt der Sowjetführer platzen – keine gute Voraussetzung für den inhaftierten U2-Piloten. Im August 1960 – drei Monate nach der Tragödie am Himmel über Swerdlowsk – wird ihm im eigens dafür hergerichteten Säulensaal des Moskauer Gewerkschaftshauses unter Beteiligung der internationalen Presse der Schauprozess gemacht. An dessen Ende verurteilt ihn der Militärsenat des Obersten Gerichts der Sowjetunion unter dem Vorsitz des sowjetischen Chefanklägers in Nürnberg, Roman A. Rudenko, zu zehn Jahren Haft und Arbeitslager.

Beweismaterial. KPdSU-Generalsekretär Nikita Chruschtschow zeigt amerikanische Spionagefotos

Streng geheim. Ein amerikanisches Spionageflugzeug vom Typ Lockheed U2 steht vor einem Hangar Unten: Francis G. Powers in Fliegermontur lächelt in die Kamera eines Kameraden. Das Foto entsteht, kurz bevor er über der Sowjetunion abgeschossen wird

Dabei ist von vorneherein die Möglichkeit eines Austauschs erwogen worden, sitzt doch im fernen Atlanta mit Rudolf Abel ein sowjetischer Topagent im US-Staatsgefängnis.
Der 1903 unter dem Namen William Genrichowitsch Fisher in Großbritannien geborene und auch dort aufgewachsene Abel geht mit seiner Familie nach dem Ersten Weltkrieg nach Russland. Er erhält eine Ausbildung bei der Tscheka, dem gefürchteten Geheimdienst der Bolschewiki. Nach einer wechselhaften Laufbahn beim NKWD wird er im Alter von 45 Jahren mit den Papieren eines in der Sowjetunion verstorbenen amerikanischen Staatsbürgers über Kanada in die Vereinigten Staaten eingeschleust. Von seiner New Yorker Atelier-Wohnung aus baut der als Maler und Fotograf Emil R. Goldfus Legendierte ein umfangreiches Agentennetz auf, das vor allem die amerikanische Atomrüstung ausspioniert. Hierzu nimmt er Kontakte zu führenden Wissenschaftlern auf. Besonders über den jungen Atomphysiker Theodore Alvin Hall gelangt Abel an geheimste Informationen aus dem Herzen der US-Atomforschung, dem Los Alamos National Laboratory.
Nur durch einen Zufall ist Abel aufgeflogen. Sein Mitarbeiter – ein Alkoholiker – fürchtet sich vor Disziplinarmaßnahmen des KGB und offenbart sich dem FBI. Nachdem der untergetauchte Abel verhaftet worden ist, wird er im November 1957 – jetzt als „Martin Collins“ – von einem Geschwo-

Moskauer Schauprozess. Im Säulensaal des Gewerkschaftshauses wird Francis G. Powers der Prozess gemacht
Unten links: Der Angeklagte während seiner Befragung im Zeugenstand
Unten rechts: Die Pistole des Spionagefliegers. Das Gericht unter dem Vorsitz des sowjetischen Chefanklägers von Nürnberg Roman A. Rudenko verurteilt Powers zu zehn Jahren Haft und Arbeitslager

Erschöpft. Rudolf I. Abel (l.) nach der Anklageerhebung im August 1957 vor dem U.S. District Court in New York renengericht für schuldig befunden, entgeht aber der für diesen Tatbestand obligatorischen Todesstrafe. Die Begründung: Man will den zu 30 Jahren Zuchthaus Verurteilten als Tauschobjekt behalten, für den Fall, dass ein hochrangiger amerikanischer Spion in der Sowjetunion den KGB-Häschern ins Netz gehen würde. Powers ist zwar kein hochrangiger Agent, aber durch die sowjetische Propaganda weltbekannt geworden.

Die sowjetische Propaganda macht Francis G. Powers weltbekannt

Nachdem auf der Glienicker Brücke Murphy, ein U2-Fliegerkamerad von Powers, dessen Identität bestätigt und Abels KGB-Führungsoffizier dasselbe getan hat, muss durch einen Telefonanruf noch sichergestellt werden, dass der amerikanische Student Frederic L. Pryor am innerstädtischen Berliner Grenzübergang Checkpoint Charlie in die Freiheit entlassen worden ist. Pryor ist im Ost-Sektor festgenommen worden, als er sich am Ende seiner wirtschaftswissenschaftlichen Studien für eine Doktorarbeit von einem Bekannten verabschieden wollte. Das MfS konstruiert eine Anklage wegen Verletzung der amtlichen Geheimhaltung. Die Eltern des Doktoranden schalten daraufhin Vogel ein. Da dieser bereits 1959 im Auftrag des KGB als angeblicher Anwalt der Familie Abel Kontakte mit dessen Verteidiger Donovan aufgenommen hat und damit auch in den Fall des Atomspions involviert gewesen ist, kommt es am Ende zu dem Deal, Abel, Pryor und einen weiteren in der Sowjetunion einsitzenden amerikanischen Studenten gegen Powers auszutauschen. Nachdem die Bestätigung vorliegt, überschreiten Powers und Abel die weiße Linie. Wortlos gehen beide aneinander vorbei, steigen dann mit den anderen in die dunklen Limousinen und brausen davon.
Das Spektakel auf der Glienicker Brücke, das gerade einmal sieben Minuten dauert und unter Ausschluss der Öffentlich-

„Schlapphüte". Agenten des amerikanischen Geheimdienstes CIA warten an der Glienicker Brücke, die West-Berlin mit der DDR verbindet, auf den Austausch des russischen Atomspions gegen den amerikanischen U2-Piloten

keit stattfindet, wird in die Geschichte des Kalten Krieges eingehen. Die Anfänge der damals noch ganz jungen Praxis des Agentenaustauschs sind hingegen in Vergessenheit geraten. Erstmals angeregt wird dieser von Friedrich Weihe, dem West-Berliner Residenten der amerikanischen Spionageabwehr CIC. Dessen Mitarbeiterin und Geliebte Katharina Kunow sitzt in DDR-Haft. Durch den West-Berliner Anwalt Commichau vermittelt, trifft Weihe im April 1955 im Halenseer Lokal „Goldtröpfchen" mit Vogel zusammen. Weihe, über den der GM „Eva" (Vogel) in seinem Bericht für das MfS festhält, er sei ein „ganz widerliches Ekel", schlägt nun vor, Katharina Kunow gegen einen im Westen inhaftierten Ost-Agenten auszutauschen. Doch dazu kommt es trotz mehrerer Begegnungen mit Vogel nicht. Offenbar hat das MfS kein Interesse mehr. Stattdessen kidnappt im Juni 1957 ein Stasi-Kommando Weihe vor seiner West-Berliner Wohnung und verschleppt ihn in den Sowjetsektor, wo er noch im selben Jahr wegen nachrichtendienstlicher Tätigkeit zu lebenslanger Haft verurteilt wird. Vogel kommentiert gegenüber seinem Führungsoffizier, dass das Urteil „zu niedrig" ausgefallen sei und er mit der „Todesstrafe gerechnet" habe. Die Ironie der Geschichte ist, dass ausgerechnet Weihe, der den Agentenaustausch ins Gespräch gebracht hat, erst nach 20 Jahren Zuchthaus zusammen mit einem anderen CIA-Agenten im Tausch gegen den chilenischen Kommunistenführer Jorge Montes freikommt.

Die Spionageabwehr von KGB und MfS arbeitet sehr effizient

Die ersten Initiativen für den Austausch von Agenten gehen in der zweiten Hälfte der 50er-Jahre von der westlichen Seite aus, arbeitet doch die Spionageabwehr von MfS und KGB äußerst effizient. In drei großen Verhaftungsoperationen unter den Decknamen „Feuerwerk", „Pfeil" und „Blitz" werden Agentennetze des soeben aus dem „Amt Gehlen" entstandenen Bundesnachrichtendienstes und der amerikanischen Geheimdienste in der DDR weitgehend zerschlagen. Der Erfolg, der auf die Arbeit von Ost-Agenten bei den West-Diensten – wie George Blake oder Heinz Felfe – zurückzuführen ist, beinhaltet, dass 547 Personen verhaftet werden. Die CIA muss seinerzeit einräumen, sämtliche Mitarbeiter in der DDR verloren zu haben. Die und die vielen anderen Agenten sitzen – sofern sie nicht zum Tode verurteilt und hingerichtet wurden – nunmehr in den Zuchthäusern. Die Verantwortung für diese Männer und Frauen gebietet es, alles für sie zu tun.

So steht der amerikanische Geheimdienst hinter Ilse Burghardt, die sich im Januar 1957 schriftlich an Vogel wendet. Ihr Ehemann ist Wochen zuvor in West-Berlin mit K.-o.-Tropfen willenlos gemacht worden, in den Sowjet-Sektor gefahren, dort ausgesetzt und im Zuge der Stasi-Operation sogleich verhaftet worden. Es kommt zu einem ersten Treffen zwischen der von westlichen Agenten begleiteten Ehefrau und Vogel, der von Ersterer mit der Verteidigung beauftragt wird.

Ein West-Apotheker wird gegen eine Ost-Agentin ausgetauscht

Wie es in dem Bericht Vogels für das MfS heißt, habe einer der Männer gefragt, „ob die Möglichkeit bestünde, den Herrn Burghardt auszutauschen". Nachdem sich Vogel aufgeschlossen zeigte, sei äußerste Diskretion vereinbart worden, weil ansonsten der „Weg eines Gefangenenaustauschs endgültig versperrt" sein würde. Doch weitere Gespräche mit Vogel in Westdeutschland führen nicht so recht weiter. Schließlich machen Querelen im MfS die Sache, der Volpert eigentlich sehr aufgeschlossen gegenübersteht, zunichte. Vogel erhält daraufhin im April 1958 die Anweisung, dass „von einem Austausch nicht gesprochen" werden könne, da dieser Burghardt eine sehr lange Strafe zu verbüßen habe. So muss Burghardt, der gestanden hat, im Auftrag der Amerikaner Bürger der DDR für die Spionage angeworben zu haben, noch sechs lange Jahre in Bautzen einsitzen, ehe er 1964 freigekauft wird.

Unter Erich Mielke, der 1957 Erich Wollenweber als Staatssicherheitsminister ablöst, geht die DDR erstmals auf ein westliches Austauschangebot ein. Dabei handelt es sich allerdings weder um einen Spion noch um einen Dissidenten. Der West-Berliner Apotheker Josef Priemer verschiebt im Ostteil Berlins pharmazeutische Produkte und unterhält dafür ein geheimes Lager. Als der promovierte Chemiker festgenommen und sein Magazin ausgehoben wird und er wegen des Verstoßes gegen den innerdeutschen Handel angeklagt werden soll, schalten Angehörige Anfang 1958 Vogel ein. Der Fall Priemer wäre einer von vielen gewesen, wäre dieser nicht mit einem Referenten Adenauers verwandt gewesen, der nunmehr über Vogel die Möglichkeit eines Austausches ins Spiel bringen lässt. Das Ministerium für Staatssicherheit zeigt sich aufgeschlossen und verlangt für die Freilassung des Medikamentenschmugglers diejenige eines seiner Topagenten: Er heißt Alfred Geißler und verbüßt in der Justizhaftanstalt Münster eine sechsjährige Haftstrafe.

Ausgreifender Sowjetführer. Der Generalsekretär der KPdSU, Nikita Chruschtschow, der Erste Sekretär des ZK der SED, Walter Ulbricht, und DDR-Ministerpräsident Otto Grotewohl fahren durch Ost-Berlin. Mit von der Partie ist auch Staatssicherheitsminister Erich Mielke

Der Mitarbeiter der Hauptabteilung V/2, der späteren Hauptabteilung XX, ist in das Ost-Büro der SPD eingeschleust worden, das – einem Nachrichtendienst gleich – eine rege Aufklärungsarbeit nach dem Osten hin betreibt. Außerdem dient das Ost-Büro als Anlauf- und Betreuungsstelle für alte Sozialdemokraten, die nach der Zwangsverschmelzung ihrer Partei mit der KPD zur SED in der DDR ausharren. Der GM „Lohmann" – wie Geißlers Deckname lautet – ermöglicht es dem MfS in Zusammenarbeit mit seiner Ehefrau, der GM „Carola", mehr als 50 Informanten des Ost-Büros dingfest zu machen.

Doch nun blockiert die westdeutsche Seite den Deal. Geißler sei ein zu „großer Fisch". Es ließe sich bestenfalls dessen Ehefrau gegen Priemer austauschen. Im Mai 1958 regt daraufhin Staatssicherheitsminister Mielke an, den in einem DDR-Zuchthaus einsitzenden Journalisten Udo Tornau noch „dazuzugeben". Tornau hat für das „Informationsbüro West" gearbeitet, einem als Handelsorganisation getarnten Nachrichtenumschlagplatz, der vom Bundesministerium für gesamtdeutsche Fragen finanziert wird. Doch die Verhandlungen ziehen sich hin, und das MfS beginnt das Interesse an dem Austausch zu verlieren. Erst die großzügige Behandlung eines DDR-Wirtschaftsfunktionärs, der soeben wegen eines Verkehrsunfalls in Hannover inhaftiert worden ist, veranlasst Ost-Berlin, auf das Bonner Angebot einzugehen. So wird der inzwischen vom Bezirksgericht Erfurt zu zweieinhalb Jahren Gefängnis verurteilte Priemer gegen die Ehefrau Geißlers ausgetauscht. Aus der von Bonn angekündigten vorzeitigen Entlassung Geißlers wird allerdings nichts. Bundespräsident Theodor Heuss persönlich verweigert sich dieser im Juni 1959, nachdem Bundesgerichtshof, Generalbundesanwalt und Justizministerium sich dagegen ausgesprochen haben. In Ost-Berlin ist die Verärgerung beträchtlich, fühlt man sich doch „über den Tisch gezogen".

Die Wogen haben sich längst wieder geglättet, als sich Jahre später auf Vermittlung von Werner Commichau der West-Berliner Rechtsanwalt Jürgen Stange an Vogel wendet. Er vertritt den Kölner Studenten der Wirtschaftswissenschaften Engelbert Nelle, der gleichzeitig Bundesvorsitzender der Katholischen Deutschen Studenten-Einigung ist. Nelle und zwei Ost-Berliner Kommilitonen, die sich aus dem Arbeiter- und Bauernstaat absetzen wollen, schreiben mehr oder weniger verschlüsselte Briefe. Was sie nicht wissen: Der Staatssicherheitsdienst liest mit. Einen Tag vor einem für den 3. Februar 1962 in Ost-Berlin verabredeten Treffen verhaften Mielkes Mannen die beiden ostdeutschen Kommilitonen. Der anreisende ahnungslose Nelle wird dann auf dem

Tschechischslowakischer Topspion. Alfred Frenzel gibt sich als biederer Ehemann

Bahnhof Friedrichstraße von der Stasi festgenommen. Nach nimmer enden wollenden Verhören und wochenlanger Haft im berüchtigten Hallenser Stasi-Gefängnis „Roter Ochse" wird Nelle, dem Vogel als Pflichtverteidiger beigegeben worden ist, im Juni zu einem Jahr Gefängnis verurteilt.
In der Ost-Berliner Normannenstraße hat man frühzeitig den katholischen Studentenfunktionär, für dessen Freilassung namhafte westdeutsche Persönlichkeiten eingetreten sind, als geeignetes Objekt für einen „Kuhhandel" angesehen. Auf Anordnung Volperts schlägt daher Vogel kurz nach der Verurteilung seines Mandanten einem hochrangigen Vertreter der Caritas vor, Nelle gegen einen in Westdeutschland wegen Spionage einsitzenden Atomphysiker der Ost-Berliner Humboldt-Universität auszutauschen. Nach einigem Hin und Her erreicht Adenauer beim Bundespräsidenten Heinrich Lübke die Begnadigung des DDR-Spions. Am Nachmittag des 10. Juli 1962 findet dann auf dem Bahnhof Friedrichstraße in Anwesenheit von Stange, Vogel und Volpert der erste deutsch-deutsche (Agenten-)Austausch statt.

Prager Geheimdienstler schalten DDR-Unterhändler Vogel ein

Der Erfolg des Staatssicherheitsdienstes ermutigt auch die eng mit diesem zusammenarbeitenden tschechischen Tschekisten, einen ihrer Topspione freizubekommen. Sein Name: Alfred Frenzel. Der Sudetendeutsche ist nach Kriegsende in die bayerische SPD eingetreten, sitzt zunächst im Landtag und seit 1953 im Bundestag. Nachdem er 1957 in den Verteidigungsausschuss gewählt worden ist, wird Frenzel vom tschechoslowakischen Geheimdienst ob seiner kriminellen Vergangenheit in Böhmen erpresst. Der ehemalige Kommunist verrät daraufhin Geheimnisse über die „Starfighter"-Planungen der Bundeswehr bis hin zu den Standorten der NATO-Raketenstellungen. Nach seiner Enttarnung verurteilt ihn der Bundesgerichtshof im April 1961 zu 15 Jahren Haft, die er im Zuchthaus Straubing antritt.
Erste Anstrengungen der Prager Machthaber, ihren Topspion auszulösen, schlagen fehl. Selbst das Angebot, im Gegenzug 30 politische Häftlinge freizulassen, geht ins Leere, sind doch „die Verbrechen Frenzels so schwerwiegend" – wie der SPD-Parteisprecher Franz Barsig meint –, „dass das deutsche Volk einen Anspruch darauf hat, dass die Sühne in vollem Umfang vollzogen wird". Schließlich schalten die Prager Geheimdienstler den GM „Georg" der Ost-Berliner Genossen ein. Um den Vorstoß zu legendieren, wendet sich eine angebliche Tochter Frenzels namens Elsa Nová an Vo-

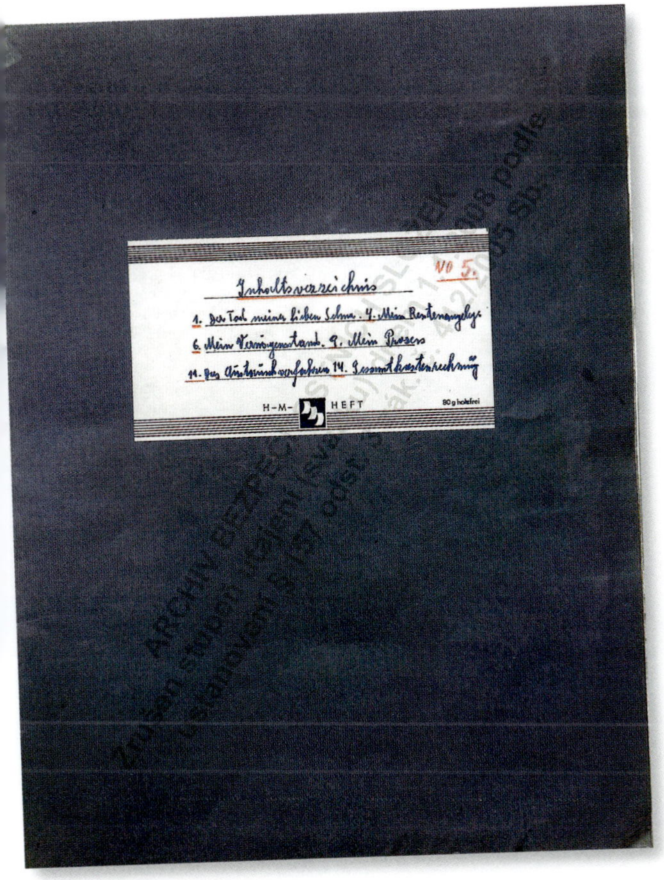

Hinterlassenschaft eines Spions. Akribisch schreibt Alfred Frenzel ein Tagebuch, in dem er auch seine Auslieferung festhält Rechts: Die Entlassungsurkunde aus der Staatsbürgerschaft der Bundesrepublik Deutschland. Die Dokumente stammen aus dem „Archiv der Sicherheitseinrichtungen/Prag" und trägt dessen Markierung

BUNDESREPUBLIK DEUTSCHLAND

Entlassungsurkunde

Alfred Frenzel, Rentner, Klosterlechfeld
(Namen, Stand und Wohnort)

geboren am 18. Sept. 1899 in Josefstal

hat mit dem Zeitpunkt der Aushändigung dieser Urkunde die deutsche Staatsangehörigkeit durch Entlassung verloren. Die Entlassung erstreckt sich nur auf die vorstehend aufgeführte Person.

Schwabmünchen, den 22. Dez. 1966

Landratsamt

(Dr. Frey)
Landrat

Gebühr: 20,– DM
Gebührenkontrolle Nr. – niedergeschlagen gem. § 66 RWB i.V. mit § 54 RHO
Tgb.-Nr. 1/66

Ausgehändigt am 23. XII. 1966

LANDRATSAMT SCHWABMÜNCHEN
(Schlichter)
Reg.Dir.

Bundesdruckerei Berlin
13271 1000 11.64

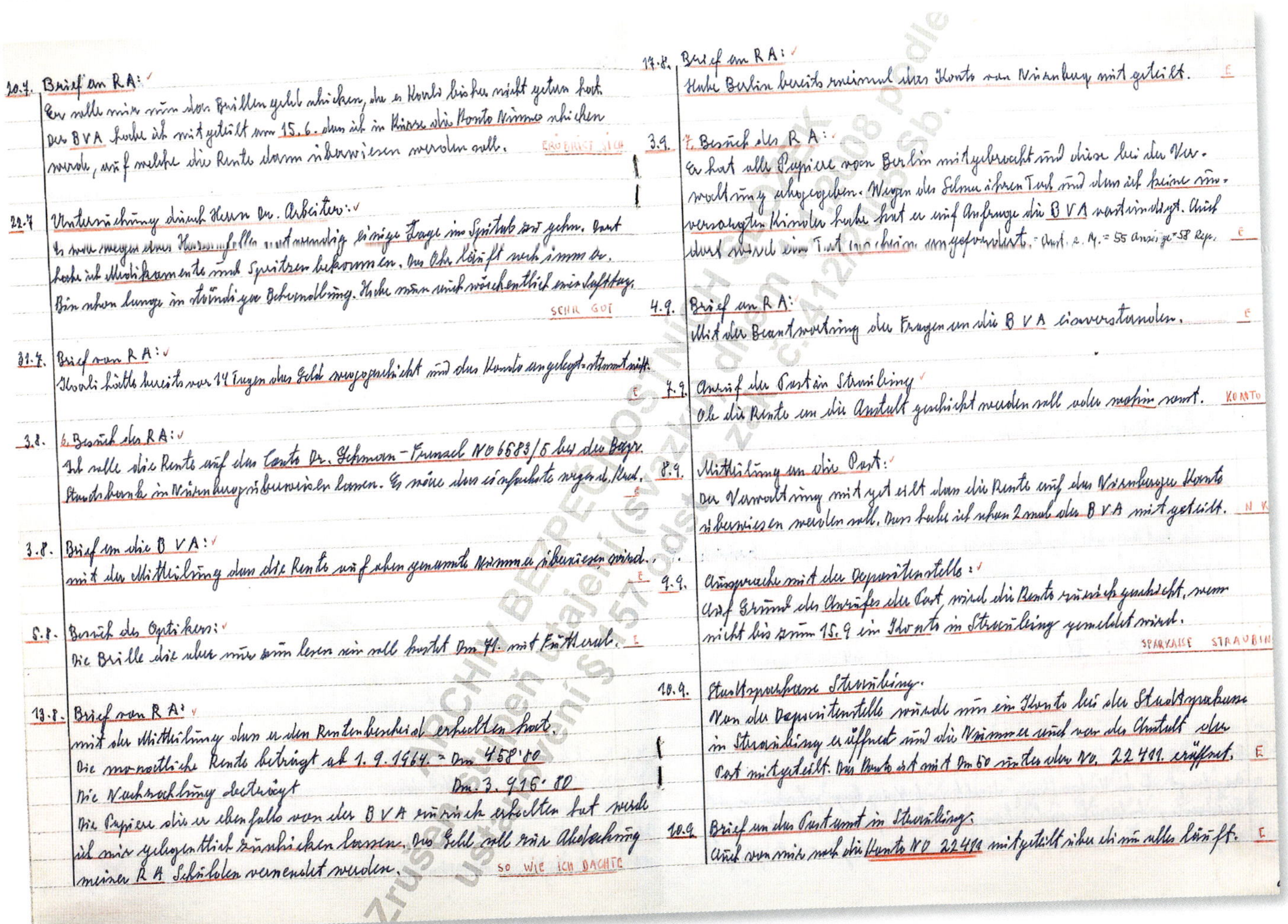

20.7. Brief an RA:
Er solle mir nun das Brillengeld schicken, da er Kovali bisher nicht getan hat.
Der BVA habe ich mitgeteilt am 15.6. dass ich in Kürze die Konto Nummer schicken werde, auf welche die Rente dann überwiesen werden soll. ERÜBRIGT SICH

22.7 Untersuchung durch Herrn Dr. Arbeiter:
Es war wegen eines Herzanfalles notwendig einige Tage ins Spital zu gehen. Dort habe ich Medikamente und Spritzen bekommen. Der Arzt läuft noch immer. [illegible]
Bin schon lange in ständiger Behandlung. [illegible] SEHR GUT

31.7. Brief von RA:
Kovali hätte bereits vor 14 Tagen das Geld weggeschickt und das Konto angelegt – stimmt nicht.

3.8. 6. Besuch des RA:
Ich solle die Rente auf das Konto Dr. Schmon-Frenzel NO 6683/5 bei der Bayr. Staatsbank in Nürnberg überweisen lassen. Es wäre das einfachste wegen d. [illegible]

3.8. Brief an die BVA:
mit der Mitteilung dass die Rente auf oben genannte Nummer überwiesen wird.

5.8. Besuch des Optikers:
Die Brille die aber nur zum Lesen sein soll kostet DM 71.- mit Futteral.

13.8. Brief von RA:
mit der Mitteilung dass er den Rentenbescheid erhalten hat.
Die monatliche Rente beträgt ab 1.9.1964 = DM 458'80
Die Nachzahlung beträgt DM 3.916'80
Die Papiere die er ebenfalls von der BVA zurück erhalten hat werde ich mir gelegentlich zuschicken lassen. Das Geld soll zur Abdeckung meiner RA Schulden verwendet werden. SO WIE ICH DACHTE

17.8. Brief an RA:
Habe Berlin bereits zweimal das Konto von Nürnberg mitgeteilt. E

3.9. 7. Besuch des RA:
Er hat alle Papiere von Berlin mitgebracht und diese bei der Verwaltung abgegeben. Wegen des Selma ihren Tod und dass ich keine unversorgten Kinder habe hat er auf Anfrage die BVA verständigt. Auch dort wird ein Totenschein angefordert. – Anf. e. A. = 55 Anzeige = 58 Rep. E

4.9. Brief an RA:
Mit der Beantwortung der Fragen an die BVA einverstanden. E

7.9. Anruf der Post in Straubing
Ob die Rente an die Anstalt geschickt werden soll oder wohin sonst. KONTO

8.9. Mitteilung an die Post:
Der Verwaltung mitgeteilt dass die Rente auf das Nürnberger Konto überwiesen werden soll. Dies habe ich schon 2 mal der BVA mitgeteilt. NK

9.9. Aussprache mit der Depositenstelle:
Auf Grund des Anrufes der Post wird die Rente zurück geschickt, wenn nicht bis zum 15.9 ein Konto in Straubing gemeldet wird. SPARKASSE STRAUBING

10.9. Stadtsparkasse Straubing.
Von der Depositenstelle wurde nun ein Konto bei der Stadtsparkasse in Straubing eröffnet und die Nummer und von der Anstalt der Post mitgeteilt. Das Konto ist mit DM 50 unter der No. 22411 eröffnet. E

10.9. Brief an das Postamt in Straubing:
Auch von mir noch die Konto NO 22411 mitgeteilt über die nun alles läuft. E

gel, der in der Folgezeit zu mehreren Besuchen nach Straubing reist. Vogel, der von Frenzel nun auch direkt mit seiner Vertretung beauftragt worden ist, bietet Stange nun an, sich für die Freilassung einer Reihe von West-Spionen einzusetzen. Darunter ist der Ost-Referent des Liberalen Studentenbundes, Dieter Koniecki, der in Ost-Berlin verhaftet und in Prag zu zehn Jahren Haft verurteilt worden ist. Doch Bonn weigert sich infolge der Intervention des Bundesnachrichtendienstes beständig, Frenzel zu begnadigen.

Selbstgerecht. Alfred Frenzel, wie ihn seine sozialdemokratischen Genossen in Erinnerung behalten haben

Der KGB setzt einen teuflischen Plan um

Nun schaltet sich der sowjetische KGB ein und setzt einen „Operativplan" um, dessen Ziel die westdeutsche Journalistin Martina Kischke ist. Die 31 Jahre alte Redakteurin der *Frankfurter Rundschau* mit einem Faible für Russland hat bei einem Urlaub in Kasachstan einen Ingenieur kennen und lieben gelernt. Im August 1966 macht sie sich erneut auf den Weg in die Sowjetrepublik, um in Alma-Ata den Bund fürs Leben zu schließen. Doch dazu wird es nie kommen. Martina Kischke wird im Auto des „Bräutigams", der sich unter einem fadenscheinigen Vorwand davongemacht hat, von Angehörigen des sowjetischen Geheimdienstes verhaftet. In ihrer Handtasche „finden" die KGB-Männer einen in einer Streichholzschachtel versteckten Mikrofilm mit Aufnahmen militärischer Objekte. Die ahnungslose Journalistin wird in die Moskauer Lubjanka gebracht und von ihren Verhörern der Spionage für den Bundesnachrichtendienst bezichtigt.

Vom Chefredakteur der *Frankfurter Rundschau* wird nun Vogel eingeschaltet, der Frenzel als Austauschobjekt für Martina Kischke ins Spiel bringt. Da die Neigung in Bonn für einen solch ungleichgewichtigen Deal nicht sonderlich groß ist, täuscht Vogel seine westlichen Gesprächspartner, indem er behauptet, dass eine Anklageerhebung gegen die Journalistin unmittelbar bevorstehe und dann die Dinge ihren Lauf nähmen, sodass ein Austausch vorerst nicht mehr möglich sei. Als Dreingabe bietet der Unterhändler jetzt zwei weitere in der DDR einsitzende Lebenslängliche gegen Frenzel an. Da einer von ihnen in der Haft stirbt, ist es ein Nachrücker, der in die Freiheit entlassen wird, nachdem man sich verständigt hat.

Frenzels Austausch findet am 23. Dezember 1966 statt. In dem unveröffentlichten Tagebuch des Topagenten, das in dem „Archiv der Sicherheitseinrichtungen Prag" aufbewahrt wird, berichtet dieser, wie er über Frankfurt und Bad Hersfeld an die innerdeutsche Grenze gefahren worden ist. „Um 21 Uhr wurde mir im Zollhaus in Herleshausen die Begnadigungsurkunde von Dr. Lübke verlesen (...) Der Mercedes von RA Vogel brachte mich durch das Niemandsland (...) In der DDR wurde ich von einem hohen Beamten mit 40 roten Nelken empfangen. Gleichzeitig wurde ich herzlich auf dem Gebiete der DDR begrüßt und zu einem Besuch eingeladen (...) Dann brachte mich irgendein Wagen über die Autobahn (...) nach Zinnwald im Erzgebirge, wo herrliches Winterwetter herrschte." Nach einer weiteren Begrüßungszeremonie an der Grenze zur Tschechoslowakei mit viel Alkohol sei es weiter nach Prag gegangen, wo er „ein wirklich frohes Fest" erlebt habe.

Vogel ist, bevor er Frenzel in Herleshausen willkommen heißt, nach Moskau gereist, um bei den „Freunden" Martina Kischke in Empfang zu nehmen und sie über Berlin-Schönefeld nach Wartha zu bringen. Norbert F. Pötzl, der in seinem Bestseller *Basar der Spione* diesen Fall erzählt, berichtet, dass die Journalistin Vogel später ein goldenes Rowenta-Feuerzeug schenken und auf die Rückseite ihrer beigelegten Visitenkarte schreiben wird: „als Ergänzung zu einer sowjetischen Streichholzschachtel – ein deutsches Feuerzeug".

Felfe steht für die größte Pleite des Bundesnachrichtendienstes

In der Straubinger Justizvollzugsanstalt hat Vogel seit Spätsommer 1966 nicht nur Frenzel als Mandanten, sondern einen zweiten Ost-Spion: Es ist Heinz Felfe. Sein Name steht für eine der größten Pleiten in der Geschichte des Bundesnachrichtendienstes. Der ehemalige SS-Obersturmführer hat es in Gehlens BND zum Leiter des Referats „Gegenspionage Sowjetunion" gebracht. Als solcher hat er nicht nur Einblick in die geheimen Aktivitäten des CIA, sondern auch Zugang zu den Geheimakten des Auswärtigen Amtes und der Bundesregierung. Der Schaden, den Felfe anrichtet, ist verheerend: Kaum eine Operation von BND und CIA, von der der KGB nichts weiß. Mehr als 100 amerikanische Maulwürfe in der Sowjetunion und weltweit noch mehr Agenten und V-Leute des BND werden verraten.

Heinz Felfe, der nach dem Zweiten Weltkrieg zunächst in britische Gefangenschaft geraten ist und dann beim Bundesministerium für innerdeutsche Beziehungen mitarbeitet, lässt sich 1950 vom KGB unter dem Decknamen „Paul" anwerben. Bereits im Jahr darauf kommt er zur „Organisation Gehlen", dem Vorläufer des BND. Vom KGB mit „Spielmaterial" ausgestattet, macht er dort schnell Karriere. Er ist ein enger Vertrauter Gehlens, dieser hält noch die Hand über ihn, als ihn sein aufwändiger Lebensstil sowie seine zu reibungslos verlaufenden nachrichtendienstlichen Akti-

Spartanisch. Heinz Felfes Zelle in der Straubinger Justizvollzugsanstalt. Hartnäckig widersetzt sich BND-Chef Reinhard Gehlen der Freilassung seines ehemaligen Kollegen
Links: Der KGB-Spion vor seiner Enttarnung

Ich legte mir den Decknamen „Karel“ zu und brachte dem BND Stadtpläne aus der DDR mit

„Hast du eigentlich schon mal etwas vom BND gehört?“, will ein Freund 1964 von Günther Schulz wissen. Eine scheinbar belanglose Frage, die sein Leben 20 Jahre später auf dramatische Weise verändert. „BND“, davon hat der damals 20-jährige Abiturient noch nie etwas gehört. „Ich hatte meinem Freund kurz vorher erzählt, dass ich im nächsten Jahr meinen Onkel in der DDR besuchen wollte. Da wurde er hellhörig.“

Offiziell studiert der Freund, der auch Günther heißt, damals an der TH Hildesheim. Nebenbei ist er mit einem weiteren Freund heimlich für den Bundesnachrichtendienst im Einsatz. „Er meinte, der BND wäre eine Behörde, die Informationen über die Zustände in der DDR für die Bundesregierung sammelt und aufarbeitet. Das klang alles sinnvoll und ganz harmlos für mich.“

Die beiden Günthers verbindet die gemeinsame Kindheit im mecklenburgischen Waren an der Müritz und dass beide aus der DDR flüchten. Schulz findet in Münster ein neues Zuhause, studiert Betriebswirtschaftslehre, heiratet, wird Vater einer Tochter und baut ein Haus. „Mein Freund fragte mich an jenem verhängnisvollen Tag, ob ich mir vorstellen könnte, aus der DDR Stadtpläne, Landkarten und Zeitungen mitzubringen. Und ob ich solche und ähnliche Dinge bei künftigen Reisen erneut mitnehmen würde. Die Reisekosten und Spesen würde der BND übernehmen.“

Schulz willigt ein. „Es waren meine Abneigung und Verachtung gegen das diktatorische DDR-Regime. Gleichzeitig konnte ich damit der westdeutschen Regierung meinen Dank für die Hilfe nach der Flucht aus der DDR zum Ausdruck bringen. Und ein bisschen Abenteuerlust war auch dabei“, so der heutige Rentner. „Als richtiger Spion fühlte ich mich nicht. Ich brachte nur Sachen rüber, die man ganz normal in der DDR kaufen konnte.“

Günther Schulz bekommt von seinem BND-Freund eine halbtägige Schulung und erhält den Auftrag, sich ein Postfach anzumieten. Schulz: „Ich sollte mir auch einen Decknamen zulegen und entschied mich für ‚Karel‘.“ Schulz lässt sich von seinem Onkel und einer Tante aus Mecklenburg die DDR-Lokalzeitungen *Freie Erde* und *Ostseezeitung* schicken. Er erinnert sich: „Im Gegenzug sandte ich meinen Verwandten auf Kosten des BND Westpakete.“

Günther Schulz schmuggelt 1966 geheime Anweisungen für einen BND-Agenten in einer Kapsel zur Leipziger Messe – doch der Mann erscheint nicht. Ein anderes Mal übergibt er Geld an Gewährsleute des Bundesnachrichtendienstes in der DDR. Der Familienvater beginnt zu zweifeln. „Ich fragte mich: Bin ich jetzt ein richtiger Spion?“, so Schulz. „Doch mein Freund beruhigte mich: Nein, keine Sorge, meinte er.“ Und fügt hinzu: „Wenn du einem Mitarbeiter eines DDR-Staatsorgans auffallen solltest, wird man dich intensiv befragen. Nach spätestens

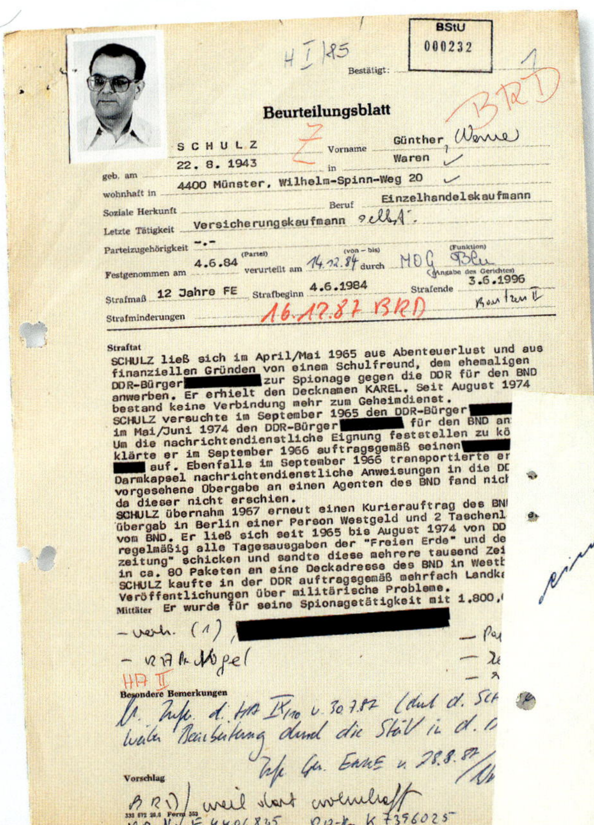

BStU 000232

H I/85

Bestätigt:

BRD

Beurteilungsblatt

Name: S C H U L Z — Vorname: Günther

geb. am 22. 8. 1943 in Waren

wohnhaft in 4400 Münster, Wilhelm-Spinn-Weg 20

Soziale Herkunft — Beruf: Einzelhandelskaufmann

Letzte Tätigkeit: Versicherungskaufmann

Parteizugehörigkeit: -.- (Partei) (von – bis) (Funktion)

Festgenommen am 4.6.84 verurteilt am 14.12.84 durch MOG (Angabe des Gerichtes)

Strafmaß 12 Jahre FE Strafbeginn 4.6.1984 Strafende 3.6.1996

Strafminderungen 16.12.87 BRD

Straftat

SCHULZ ließ sich im April/Mai 1965 aus Abenteuerlust und aus finanziellen Gründen von einem Schulfreund, dem ehemaligen DDR-Bürger [redacted] zur Spionage gegen die DDR für den BND anwerben. Er erhielt den Decknamen KAREL. Seit August 1974 bestand keine Verbindung mehr zum Geheimdienst.
SCHULZ versuchte im September 1965 den DDR-Bürger [redacted]
im Mai/Juni 1974 den DDR-Bürger [redacted] für den BND an
Um die nachrichtendienstliche Eignung feststellen zu kö
klärte er im September 1966 auftragsgemäß seinen [redacted]
[redacted] auf. Ebenfalls im September 1966 transportierte er
Darmkapsel nachrichtendienstliche Anweisungen in die DD
vorgesehene Übergabe an einen Agenten des BND fand nich
da dieser nicht erschien.
SCHULZ übernahm 1967 erneut einen Kurierauftrag des BN
übergab in Berlin einer Person Westgeld und 2 Taschenl
vom BND. Er ließ sich seit 1965 bis August 1974 von DD
regelmäßig alle Tagesausgaben der "Freien Erde" und de
zeitung" schicken und sandte diese mehrere tausend Zei
in ca. 80 Paketen an eine Deckadresse des BND in Westb
SCHULZ kaufte in der DDR auftragsgemäß mehrfach Landk
Veröffentlichungen über militärische Probleme.
Er wurde für seine Spionagetätigkeit mit 1.800,

Mittäter
– verh. (1), [redacted]

HA II

Besondere Bemerkungen

Vorschlag

BRD / weil dort ...

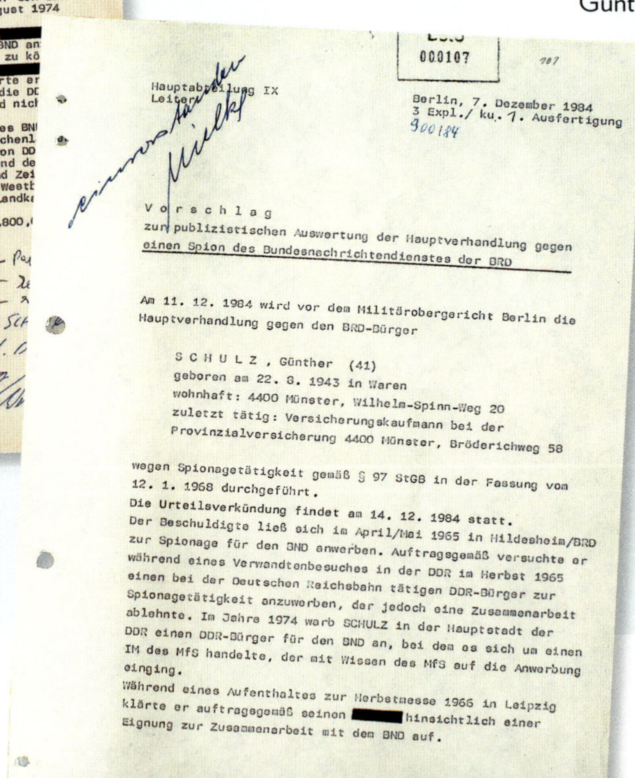

BStU 000107

Hauptabteilung IX
Leiter

einverstanden Mielke

Berlin, 7. Dezember 1984
3 Expl./ ku. 1. Ausfertigung
900184

V o r s c h l a g
zur publizistischen Auswertung der Hauptverhandlung gegen einen Spion des Bundesnachrichtendienstes der BRD

Am 11. 12. 1984 wird vor dem Militärobergericht Berlin die Hauptverhandlung gegen den BRD-Bürger

S C H U L Z , Günther (41)
geboren am 22. 8. 1943 in Waren
wohnhaft: 4400 Münster, Wilhelm-Spinn-Weg 20
zuletzt tätig: Versicherungskaufmann bei der Provinzialversicherung 4400 Münster, Bröderichweg 58

wegen Spionagetätigkeit gemäß § 97 StGB in der Fassung vom 12. 1. 1968 durchgeführt.
Die Urteilsverkündung findet am 14. 12. 1984 statt.
Der Beschuldigte ließ sich im April/Mai 1965 in Hildesheim/BRD zur Spionage für den BND anwerben. Auftragsgemäß versuchte er während eines Verwandtenbesuches in der DDR im Herbst 1965 einen bei der Deutschen Reichsbahn tätigen DDR-Bürger zur Spionagetätigkeit anzuwerben, der jedoch eine Zusammenarbeit ablehnte. Im Jahre 1974 warb SCHULZ in der Hauptstadt der DDR einen DDR-Bürger für den BND an, bei dem es sich um einen IM des MfS handelte, der mit Wissen des MfS auf die Anwerbung einging.
Während eines Aufenthaltes zur Herbstmesse 1966 in Leipzig klärte er auftragsgemäß seinen [redacted] hinsichtlich einer Eignung zur Zusammenarbeit mit dem BND auf.

Einverstanden Mielke. Der Schulz-Prozess soll 1984 „publizistisch ausgewertet“ werden, der Minister zeichnet ab

drei, vier Tagen bis du wieder zu Hause in Münster." Günther Schulz: „Ich war so naiv und ohne jegliches Misstrauen, dass ich ihm diese folgenschwere Lüge geglaubt habe."

Neun Jahre übernimmt der damalige Substitut eines großen Warenhauses kleine Dienste für den Auslandsgeheimdienst. 1974 steigt er aus. „Ich sollte meinen ehemaligen Schulfreund Hartmut in Ost-Berlin gezielt ausspionieren und für den Bundesnachrichtendienst gewinnen. Er gehörte dem MfS-Wachregiment Felix Dzierzynski an. Das wollte ich nicht und beendete die Zuammenarbeit." Zehn Jahre ohne BND-Kontakt vergehen, dann wird Schulz seine Vergangenheit zum Verhängnis. Ausgerechnet sein Freund Hartmut verrät ihn, zeichnet ein vertrauliches Gespräch mit ihm im Auto über den BND auf – wie er nach dem Mauerfall aus seiner Stasi-Akte erfährt.

„Im Juni 1984 feierte mein Onkel in Ost-Berlin Geburtstag. Auf der Rückfahrt überholte uns ein Auto mit rasender Geschwindigkeit." Ein Stasi-Mann in Zivil zeigt seinen Ausweis und sagt: „Kommen Sie mit zur Klärung eines Sachverhaltes." Es ist der Anfang unzähliger Verhöre und von vier Jahren in der Stasi-Untersuchungshaftanstalt Berlin-Hohenschönhausen und im berüchtigten DDR-Zuchthaus Bautzen.

Schulz: „Ich gab im Verhör meine Tätigkeit für den BND sofort zu, denn so hatte man es mir bei meiner BND-Schulung geraten. Ich hielt mich für keinen richtigen Spion und dachte, nach zehn Jahren wäre ohnehin alles verjährt." Ein Irrtum. Das Militär-Obergericht der DDR verurteilt ihn im Dezember 1984 wegen „geheimdienstlicher Agententätigkeit" zu zwölf Jahren Haft.

Schulz wird ins Zuchthaus nach Bautzen II verlegt. Die ersten Wochen sind die schlimmsten. „Morgens um vier Wecken. Zu viert in einer Zelle. Hofgang – wenn überhaupt – nur eine halbe Stunde." Günther Schulz muss Häftlingsarbeit leisten. Täglich mindestens 8 Stunden bei Neon-Licht kleine Metallfedern mit winzigen Schrauben in Kunststoffrelais befestigen. Schulz: „Bei mehreren Untersuchungen wird festgestellt, das sich die Augenkrankheit grüner Star ständig verschlimmert. Ein Betreuer der Ständigen Vertretung musste mir bei seinen Besuchen Medikamente mitbringen."

Rückkehr. In der Untersuchungshaftanstalt Hohenschönhausen sitzt Günther Schulz 1984 sechs Monate ein. 2012 kehrt er als Besucher der Gedenkstätte zurück

Nach einigen Wochen wird der Familienvater in eine fünfeinhalb Quadratmeter große Zweimannzelle verlegt, zusammen mit einem ebenfalls wegen Spionage verurteilten Hamburger. Bei ihrem zweiten Besuch im Gefängnis gesteht seine Frau: „Ich lebe jetzt mit einem anderen Mann zusammen." Der Kalte Krieg kostet ihn nicht nur die Freiheit, sondern auch seine Ehe. „Je länger ich in Bautzen einsaß, desto verzweifelter wurde ich." 1987 ist Schulz psychisch am Ende: „Mein Zellenkompagnon und ich verabredeten, dass wir unserem Leben ein Ende bereiten, wenn wir Weihnachten noch immer nicht in Freiheit sind."

Am 17. Dezember 1987 werden Schulz und seine westdeutschen Mithäftlinge gegen im Westen inhaftierte DDR-Spione ausgetauscht. „DDR-Anwalt Vogel händigte mir meine Papiere aus, und dann wurde ich mit den anderen Gefangenen in den Interzonenzug nach Bebra gesetzt."

Doch sein Leben vor der Verhaftung gibt es nicht mehr. In seinem Haus wohnt ein fremder Mann mit seiner Frau. Keine Arbeit. Keine Einkünfte. „Da meine Frau während meiner Haft Witwenrente und meine Tochter Halbwaisenrente bekam, musste ich den Behörden erst mal erklären, dass ich nicht tot bin." Schulz bemüht sich lange um einen Job, macht sich im Telefonmarketing selbstständig. „Ich habe nach der Haft viel probiert. Richtig Fuß gefasst habe ich nie wieder", sagt Schulz bitter. Der Bundesnachrichtendienst zahlt ihm nach anwaltlichen Verhandlungen einen Ausgleich von 150000 DM (75 00 Euro). „Das hört sich viel an. Für viele verlorene Lebensjahre, für meine andauernden posttraumatischen Störungen und meine schlechte psychische Verfassung ist es verdammt wenig", empört sich Schulz. „Der BND hat mich schamlos ausgenutzt und mich nie vor den Gefahren gewarnt. Hätte man mir die Wahrheit gesagt, hätte ich mich niemals auf diese gefährliche Angelegenheit eingelassen, für die ich noch nicht mal eine Entlohnung erhielt."

Der KGB-Topspion verlässt nach einem Verhör die Karlsruher Bundesanwaltschaft. Der Justizvollzugsbeamte wartet schon

onen unter Verdacht geraten lassen. Schließlich wird er mit zwei weiteren BND-Mitarbeitern am 6. November 1961 verhaftet. Im Prozess – eineinhalb Jahre später – wird der Topspion des KGB zu 14 Jahren Haft verurteilt.

DDR-Unterhändler Vogel schreibt einen harten Brief an Bonn

Da Moskau ein großes Interesse hat, Felfe auszutauschen, wird frühzeitig Vogel eingeschaltet. Im Juni 1967 fordert dieser den Austausch des KGB-Spions; im Dezember desselben Jahres schreibt er einen „harten Brief", in dem er „mit außerordentlichem Nachdruck" dessen Freilassung verlangt und im Gegenzug drei Studenten in sowjetischer Haft und einige BND-Quellen in DDR-Zuchthäusern anbietet. Doch Vogel beißt auf Granit. BND-Chef Gehlen setzt alle Hebel in Bewegung, um einen Austausch zu verhindern. An Justizminister Heinemann schreibt er, dass die Bedenken und Risiken einer Freilassung Felfes fortbestünden. In dem erstmals freigegebenen BND-Dokument heißt es: „Das zunehmende Drängen und die immer verlockenderen Angebote der östlichen Seite sind nur dazu angetan, ihr Gewicht zu unterstreichen und vor ihrer Inkaufnahme nachdrücklich zu warnen. (...) Nach Sachlage kann diese Bedeutung nur in dem Wert liegen, den die Sowjets ihrem ehemaligen Spitzenagenten trotz dessen 6-jähriger Haft als potentiellem Helfer zur Bekämpfung des BND und als Berater ihrer psychologischen Kriegführung gegen die Bundesrepublik immer noch beimessen."

Die östliche Seite kündigt nunmehr an, sämtliche von der Großen Koalition eingeleiteten Gespräche über humanitäre Angelegenheiten auf Eis zu legen. Im März 1968 weist Vogel seinen Partner Stange dann noch einmal darauf hin, dass eine Freilassung Felfes „Voraussetzung für alle weiteren Regelungen" über menschliche Erleichterungen sei. Dem Bundeskanzleramt empfiehlt Gehlen daraufhin, dies nicht allzu ernst zu nehmen, denn „im Hinblick auf den festen Platz, welchen allein der aus den Freikauf-Aktionen gezogene Erlös mittlerweile im Staatshaushalt der SBZ erlangt hat, ist zu vermuten, dass die Zonenmachthaber von einer Verwirklichung ihrer Drohung Abstand nehmen und letztendlich einlenken werden". Der BND-Chef versäumt es nicht, noch hinzuzufügen, dass er im Übrigen der Ansicht sei, „dass die weitere Ausschaltung des für die Bundesrepublik so gefährlichen Agenten Felfe selbst die Inkaufnahme eines zeitweiligen Freikauf-Stopps rechtfertigen würde". Bodo Hechelhammer, Leiter der Forschungs- und Arbeitsgruppe „Geschichte des BND", weist noch auf einen anderen Grund für das vehemente Eintreten Pullachs gegen eine Freilassung Felfes hin. „Für Gehlen hatte der Fall Felfe auch eine persönliche Komponente. Es war die schlimmste Panne in seiner Dienstzeit, die stark an seinem Image kratze."

Unterdessen forciert der Minister für gesamtdeutsche Fragen Herbert Wehner seine Anstrengungen für eine Freilassung Felfes. Unter dem Datum 11. Juni 1968 findet sich in den Akten des Staatssicherheitsdienstes ein Bericht über ein Gespräch zwischen dem Sozialdemokraten und einem Geheimen Mitarbeiter (GM) mit dem Decknamen „Georg". Danach bekräftigt Wehner „seine grundsätzliche Zusage, den Fall zu lösen". Weiter heißt es: „Sodann gab Wehner dem GM die gesamte Akte, damit er sich davon überzeugen könne, was er bis dato alles unternommen habe." Die Entscheidung liege jetzt bei Bundeskanzler Kiesinger. „Das Ergebnis" dieser für den 17. Juni anberaumten Unterredung, an der neben Wehner Bundesjustizminister Heinemann teilnehmen werde, „bekommen wir umgehend mitgeteilt", heißt es in dem Papier des Staatssicherheitsdienstes.

Herbert Wehner bemüht sich um die Freilassung Heinz Felfes

Bemerkenswert an dem Bericht des GM „Georg" ist, dass sich Vogel an diesem Tag nachweißlich nicht in Bonn aufgehalten hat. Wehners Mitstreiter, der Schwede Carl-Gustav Svingel, berichtet, dass er zur besagten Zeit ein mehrstündiges Gespräch mit dem Minister geführt habe, an dem Vogel nicht teilgenommen habe. Und auch Herbert Wehners Witwe Greta bestätigt später, dass im Terminkalender ihres verstorbenen Mannes unter besagtem Zeitpunkt lediglich „Svingel" vermerkt sei. Bleibt die Frage: Wer ist der Geheime Mitarbeiter, der dem MfS die Informationen für den dort erstellten und dem GM „Georg" zugeordneten Bericht geliefert hat?

Da immer noch nichts in Sachen Felfe passiert ist, ergreift Ost-Berlin im November 1968 die Initiative. Vogel droht in einem bislang unveröffentlichten Brief, der sich im Bundesarchiv fand, unverholen mit dem Abbruch der laufenden H-Aktion, der lediglich deshalb nicht erfolgt sei, weil von Bonn eine Lösung des Falls Felfe für September/Oktober angekündigt worden sei. Weiter heißt es: „Nunmehr ist meine Seite zu weiteren Konzessionen nicht mehr bereit. Mit per-

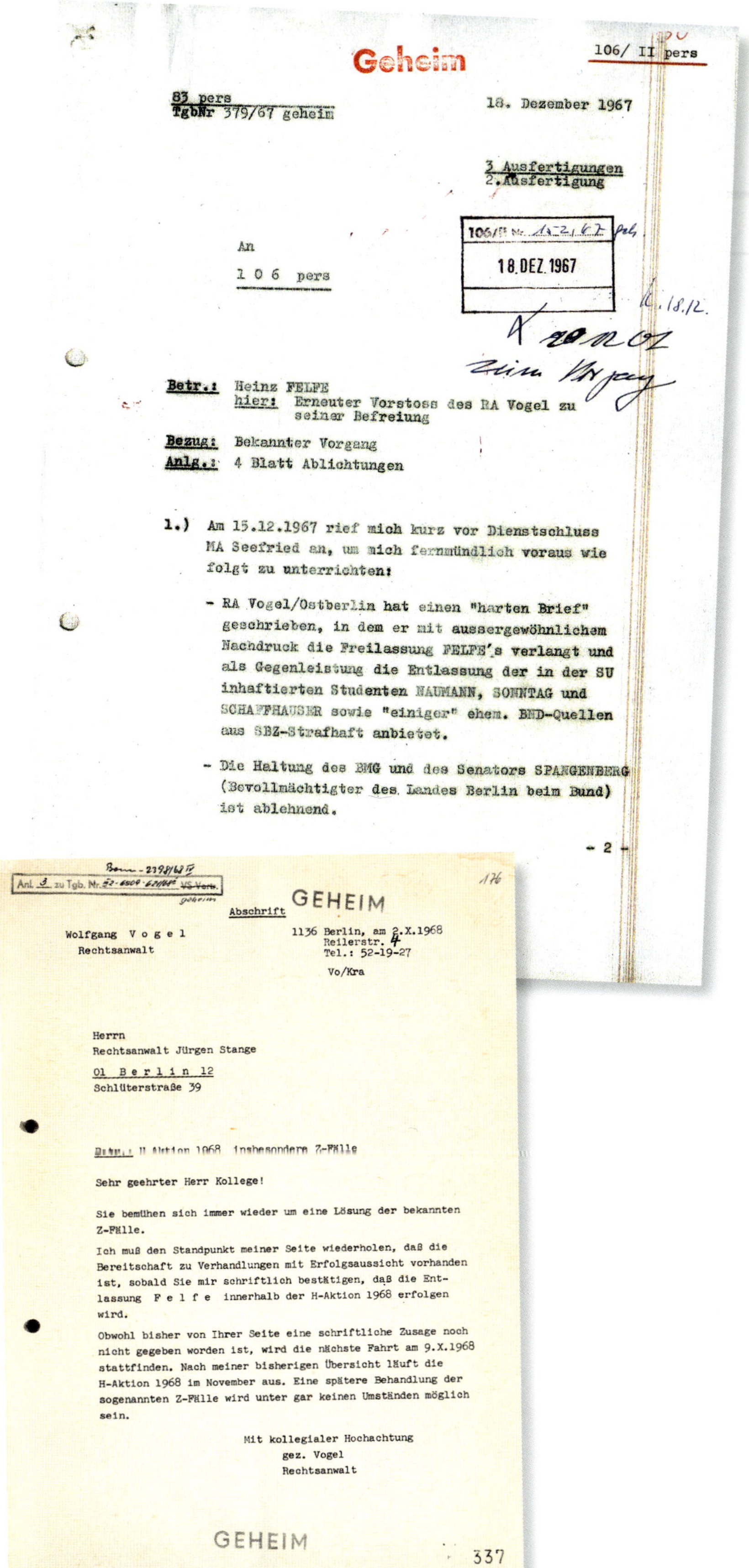

Geheim

106/ II pers

83 pers
TgbNr 379/67 geheim

18. Dezember 1967

3 Ausfertigungen
2. Ausfertigung

An
1 0 6 pers

106/II Nr. 15-2-67 geh.
18. DEZ. 1967

Betr.: Heinz FELFE
hier: Erneuter Vorstoss des RA Vogel zu seiner Befreiung

Bezug: Bekannter Vorgang
Anlg.: 4 Blatt Ablichtungen

1.) Am 15.12.1967 rief mich kurz vor Dienstschluss MA Seefried an, um mich fernmündlich voraus wie folgt zu unterrichten:

- RA Vogel/Ostberlin hat einen "harten Brief" geschrieben, in dem er mit aussergewöhnlichem Nachdruck die Freilassung FELFE's verlangt und als Gegenleistung die Entlassung der in der SU inhaftierten Studenten NAUMANN, SONNTAG und SCHAFFHAUSER sowie "einiger" ehem. BND-Quellen aus SBZ-Strafhaft anbietet.

- Die Haltung des BMG und des Senators SPANGENBERG (Bevollmächtigter des Landes Berlin beim Bund) ist ablehnend.

- 2 -

Anl. 3 zu Tgb. Nr. 52-6509-621/68 VS-Vertr.
geheim

Abschrift

GEHEIM

176

Wolfgang V o g e l
Rechtsanwalt

1136 Berlin, am 2.X.1968
Reilerstr. 4
Tel.: 52-19-27
Vo/Kra

Herrn
Rechtsanwalt Jürgen Stange
01 B e r l i n 12
Schlüterstraße 39

Betr.: H-Aktion 1968 insbesondere Z-Fälle

Sehr geehrter Herr Kollege!

Sie bemühen sich immer wieder um eine Lösung der bekannten Z-Fälle.

Ich muß den Standpunkt meiner Seite wiederholen, daß die Bereitschaft zu Verhandlungen mit Erfolgsaussicht vorhanden ist, sobald Sie mir schriftlich bestätigen, daß die Entlassung F e l f e innerhalb der H-Aktion 1968 erfolgen wird.

Obwohl bisher von Ihrer Seite eine schriftliche Zusage noch nicht gegeben worden ist, wird die nächste Fahrt am 9.X.1968 stattfinden. Nach meiner bisherigen Übersicht läuft die H-Aktion 1968 im November aus. Eine spätere Behandlung der sogenannten Z-Fälle wird unter gar keinen Umständen möglich sein.

Mit kollegialer Hochachtung
gez. Vogel
Rechtsanwalt

GEHEIM

337

Geheimer Schriftverkehr. Vogel droht nach einem BND-Vermerk von 1967 (o.) in einem „harten Brief „mit dem Abbruch des Freikaufs, wenn Felfe nicht freikommt. In einem Brief an Stange 1968 wiederholt er das

sönlichem Bedauern muß ich Sie unterrichten, daß die letzten Fahrten am 13. und 14. XI. stattfinden, obwohl noch zahlreiche Entlassungen möglich wären." Flankierend dazu hat Sowjetbotschafter Pjotr Abrassimow dem Wehner-Mitarbeiter Svingel, mit dem er befreundet ist, bei einem Treffen in Ost-Berlin zwei Dutzend Personen – tatsächliche und vermeintliche Agenten sowie bislang abgewiesene und nicht abgewiesene Ausreisewillige – im Tausch gegen Felfe angeboten. Die offizielle Offerte kommt kurz darauf von Vogel. Doch der Bundesnachrichtendienst, der seit Mai 1968 von Gerhard Wessel geführt wird, lässt – unterstützt vom Generalbundesanwalt – nichts unversucht, einen solchen Deal zu verhindern. Zeitenweise wird in Pullach erwogen, wie aus einem erstmals veröffentlichten BND-Dokument zum Fall Felfe hervorgeht, den Meisterspion zu kaufen. Mit anderen Worten: Felfe sollte entlassen und mit Geldmitteln dazu bewogen werden, in einem westlichen Land zu bleiben.

An der Grenze wird der KGB-Spion mit einem Blumenstrauß begrüßt

So bedarf es einer abermaligen persönlichen Intervention des später – nach dem Ende der Sowjetunion – durch Aktenfunde ins Zwielicht geratenen Wehners beim Bundeskanzler. Kurt Georg Kiesinger spricht bei dem Treffen von einer „großen Verantwortung" und redet einer „sorgfältigen Prüfung" das Wort. Als Wehner erwidert, dass er genügend Zeit und einige Brote dabeihabe, meint der Kanzler: „Herr Wehner, Sie sind unverbesserlich. Aber so mag ich Sie!" Kurz darauf wendet sich Kiesinger an den Bundespräsidenten und Parteifreund Heinrich Lübke und bittet diesen, die Begnadigung des sowjetischen Topspions zu unterzeichnen.

Es ist schon dunkel, als am frühen Abend des 14. Februar an der Grenzübergangsstelle Herleshausen/Wartha der Austausch stattfindet. Die dafür bestimmten 26 Häftlinge sind in das Stasi-Gefängnis nach Karl-Marx-Stadt gebracht, neu eingekleidet und mit dem Bus nach Wartha gefahren worden, wo sie Vogel unweit der Grenzübergangsstelle in Empfang nimmt. Auf der westlichen Seite wartet unterdessen Ministerialrat Schlichter vom Justizministerium in einer Baracke des Bundesgrenzschutzes. Laut Vermerk, der sich im Bundesarchiv fand, wird Felfe – nachdem Vogel dessen Identität festgestellt hat – die Begnadigung durch den Bundespräsidenten eröffnet. Am eigentlichen Grenzkontrollpunkt vollzieht sich dann alles recht zügig. Die Unterhändler verabschieden sich von den Auszutauschenden. Der Bus fährt über die Grenze, während Felfe diese in entgegengesetzter Richtung passiert. Was den trotz aller verabredeten Geheimhaltung zahlreich anwesenden Journalisten noch auffällt, ist der Blumenstrauß, den Vogel dem Topspion der „Freunde" zur Begrüßung überreicht.

Der Osten hält sich an die Abmachungen. Zeitgleich zum Austausch kündigte Vogel an, dass nun die H-Aktion (Häftlingsaktion) sowie die Familienzusammenführung fortgesetzt werden könne. So geschieht es dann auch. Und als Willy Brandt Bundeskanzler einer sozialliberalen Koalition wird, die unter dem Schlagwort „Wandel durch Annäherung" eine neue Ostpolitik auf den Weg bringt, sieht es nach anfänglichen Störungen des deutsch-deutschen Verhältnisses wegen der Bundespräsidentenwahl in Berlin aus, als würden sich auf dem Gebiet der humanitären Bemühungen (und somit auch beim Agentenaustausch) die Dinge weiterentwickeln. Dazu scheinen neben dem neuen Klima auch die personellen Beziehungen beizutragen. Erich Honecker, der Anfang Mai 1971 Walter Ulbricht als SED-Generalsekretär abgelöst hat, kennt den neuen SPD-Fraktionschef Wehner aus gemeinsamer Zeit im KPD-Untergrund. So entbehrt es nicht einer gewissen Ironie der Geschichte, dass sich Wehner zu geheimen Gesprächen mit der SED-Führung in der DDR aufhält, als in Bonn ein Spionagefall seine Kreise zu ziehen beginnt, der das Verhältnis der beiden deutschen Staaten einer schweren Belastungsprobe unterziehen wird.

Günter Guillaume gibt sich als Offizier der DDR zu erkennen

Am 29. Mai 1973 informiert Verfassungsschutzpräsident Nollau den Bundesinnenminister Hans-Dietrich Genscher, dass Brandts persönlicher Referent für Gewerkschaftsfragen, Günter Guillaume, der Spionage für den Osten verdächtigt wird. Da Genscher dem Bundeskanzler rät, sich unauffällig zu verhalten, bis die Dinge endgültig geklärt seien, behandelt dieser den Fall schleppend. Schon kurze Zeit darauf ist dann auch der Topagent des MfS mit dabei, als Brandt mit seiner Familie in die norwegischen Berge fährt, um dort Ferien zu machen. Doch nicht nur das: Guillaume wickelt die gesamte, teils streng geheime Kommunikation des Kanzlers ab. Im Herbst desselben Jahres reist er wieder mit, als Brandt Urlaub in Südfrankreich macht. Weder der Wehner-Freund Nollau noch Genscher haben den Regierungschef in Kenntnis gesetzt, dass sich die Verdachtsmomente gegen seinen persönlichen Referenten erhärtet haben. Der ahnungslose Kanzler wiegt sich stattdessen in dem Glauben, die Sache Guillaume habe sich längst erledigt.

Das Auge des Staatssicherheitsdienstes. Günter Guillaume und Bundeskanzler Willy Brandt sind auf einer Informationsreise durch Niedersachsen im April 1974 unterwegs

Ganz Ohr. Guillaume überbringt Brandt auf einer Wahlveranstaltung im November 1972 eine wichtige Nachricht

Erst am 24. April 1974 werden Günter Guillaume und seine Frau verhaftet. Den Polizeibeamten hält er entgegen: „Ich bin Bürger der DDR und ihr Offizier – respektieren Sie das!" Der 1927 geborene Berliner hat sich im Alter von 29 Jahren vom Staatssicherheitsdienst anwerben lassen und ist mit seiner Frau Christel Boom – auch sie war MfS-Agentin – nach Frankfurt am Main übergesiedelt. Dort betreibt er zunächst einen Kaffeeladen, macht aber daneben schnell Karriere in der SPD. Beim Bundestagswahlkampf 1969 ist er dem Verkehrsminister Georg Leber wegen seines Organisationstalents aufgefallen. Der Altsozialdemokrat vermittelt Guillaume 1972 ins Bonner Kanzleramt, wo er bald zum persönlichen Referenten Brandts aufsteigt und nicht nur tiefe Einblicke in dessen dienstliche Obliegenheiten gewinnen kann, sondern auch in dessen Privatleben.

Der Fall Guillaume zieht eine Regierungskrise nach sich und führt schließlich unter maßgeblicher Beteiligung Wehners zum Sturz des Mannes, der die neue Ostpolitik auf den Weg gebracht hat. Brandt tritt als Kanzler ab, Helmut Schmidt folgt ihm, und Honecker schickt Vogel mit der zynischen Botschaft nach Bonn, dass er nichts vom Kanzlerspion gewusst habe. Staatssicherheitsminister Mielke habe ihm ver-

Ich bin einer der politischen Gefangenen, die für den Topspion Guillaume freikamen

Den Namen Günter Guillaume hört Yorck Maecke das erste Mal als 14-jähriger Schüler während einer Klassenfahrt. „Im West-Radio wurde vermeldet, dass Willy Brandt als Bundeskanzler zurückgetreten war. Es wurde auch ein Spion Guillaume genannt. Ich erinnere mich noch genau daran", erzählt der gebürtige Leipziger. Schon damals träumt Yorck Maecke davon, den Zwängen der DDR zu entfliehen und im Westen zu leben. Sieben Jahre später hört er den Namen Günter Guillaume wieder. Im Notaufnahmelager in Gießen (Hessen). Ausgerechnet dieser DDR-Spion bringt ihm die Freiheit.

Bereits zwei Tage nach der Verhaftung des Kanzlerspions debattiert der Deutsche Bundestag, im April 1974, ob Guillaume gegen politische Gefangene der DDR ausgetauscht werden soll, und entscheidet sich dagegen. Erst 1981 wird ein solcher Deal ausgehandelt (siehe Haupttext). Yorck Maecke ist einer von etwa 80 politischen Gefangenen, die neben einigen Spionen für Guillaume in den Westen entlassen werden. „Ich saß wegen versuchter Republikflucht in Cottbus, war zu 18 Monaten Haft verurteilt worden", erzählt er.

Nach der zehnten Klasse beendet Maecke seine Schullaufbahn und absolviert eine Lehre als Zimmermann im „VEB Bau- und Montage-Kombinat Leipzig Süd". „Ich wuchs in einem Elternhaus auf, das der DDR kritisch gegenüberstand. Mit 17 trat ich aus der FDJ aus." Die große Leidenschaft des jungen Leipzigers ist das Bergsteigen. „Hohe Berge gab es nun mal nicht in der DDR. Ich wollte unbedingt einmal in den Alpen klettern. Alleine deswegen wollte ich raus aus der DDR."

Ein Flucht über die Berliner Mauer oder den Todesstreifen der deutsch-deutschen Grenze hält er für zu gefährlich. „Ich wollte mich nicht erschießen lassen und entschloss mich, es über Bulgarien zu versuchen. Mein Gedanke: Je weiter ich von der DDR weg bin, desto einfacher müsste es sein, über die Grenze zu kommen." Ein Trugschluss. Am 2. August 1980 spüren bulgarische Grenzer ihn und seinen Freund in ihrem Versteck im Auflieger eines Lastwagens auf. „Die Bulgaren zogen zuerst meinen Kum-

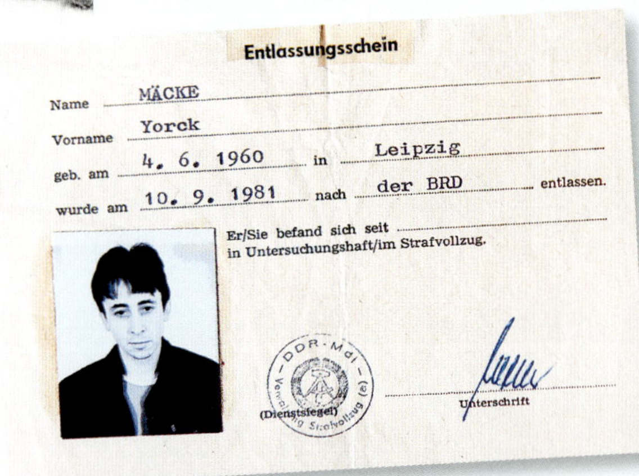

Entlassungsschein

Name MÄCKE
Vorname Yorck
geb. am 4. 6. 1960 in Leipzig
wurde am 10. 9. 1981 nach der BRD entlassen.
Er/Sie befand sich seit
in Untersuchungshaft/im Strafvollzug.
(Dienstsiegel)
Unterschrift

1979 reisen Yorck Maecke und sein später ebenfalls freigekaufter Freund Patrick Kliszak zu einer Klettertour in die CSSR. Rechts: Der Entlassungsschein dokumentiert das Haftende von Yorck Maecke am 10. September 1981

pel heraus und schlugen ihn brutal zusammen. Mich als Zweiten traktierten sie nicht mehr ganz so heftig." Vier Wochen sitzen die beiden Freunde voneinander getrennt in einem bulgarischen Gefängnis: „Es war unerträglich heiß und stickig in der Zelle. Ich hatte einen Eimer als Toilette und einen Kanister für frisches Wasser, den ich morgens in einem Waschraum auffüllen musste. Zu essen gab es Suppe und Joghurt." Von Bulgarien wird der junge Zimmermann in das Stasi-Untersuchungsgefängnis Cottbus verlegt. „Eine Sondermaschine der Interflug holte uns mit etwa einem Dutzend gefangenen DDR-Bürgern ab. Für jeden gefesselten Passagier war ein Aufpasser aus der DDR mitgekommen." Als York Maecke in Cottbus ankommt, ist es tiefe Nacht. „Um zwei Uhr morgens musste ich nach dieser anstrengenden Reise direkt zur ersten Vernehmung."

Letzte Station. In Zelle 007 des Stasi-Abschiebeknastes Karl-Marx-Stadt verbringt Yorck Maecke 1981 die letzten Tage in der DDR. 30 Jahre später kehrt er als Fotoreporter an den Ort zurück

Vor dem Kreisgericht Bad Liebenwerda verteidigt er sich selber. „Ich hielt mein eigenes Plädoyer und erklärte, dass ich nur in den Westen wollte", so Yorck Maecke, der heute als Fotograf in Berlin lebt. „Als besonders absurd ist mir die Richterin in Erinnerung geblieben. Sie meinte, unser Fluchtversuch hätte zu einem Missverständnis zwischen den türkischen und den bulgarischen Grenzbeamten führen können. Und das wiederum hätte der Auslöser für den Dritten Weltkrieg sein können."

Zur Verbüßung seiner Haftstrafe wegen „versuchten, ungesetzlichen Grenzübertritts" kommt Yorck Maecke in die berüchtigte Strafvollzugsanstalt Cottbus. „Dort machte ich Bekanntschaft mit den Schließern ‚Roter Terror' und ‚Arafat'. Sie waren die beiden schlimmsten Schinder im Knast." Der junge Häftlinge versucht sich dem Terror-Regime in Gefängnis so weit wie möglich zu entziehen. In einer Einschätzung, die er später in seiner Stasi-Akte findet, heißt es über Maecke: „In die Gemeinschaft des Verwahrraumes fügt er sich schwer ein, ist nicht bestrebt, die im Strafvollzug festgelegten Verhaltensnormen einzuhalten. Stets tritt er undiszipliniert, herausfordernd und frech auf und lehnt erzieherische Einflussnahme ab."

Und weiter hält die Gefängnisleitung fest: „Der Strafgefangene M. besitzt eine negative Grundeinstellung, die gegen die sozialistische Gesellschaftsordnung in der DDR gerichtet ist, woraus auch seine strafbare Handlung resultiert ... Sein Ziel ist es, unbedingt in die BRD zu gelangen."

In Cottbus wissen die Häftlinge, dass der Westen Gefangene freikauft. Wenn jemand freikommt, ertönen die „Transporthörner". Maecke: „Montags in aller Frühe wurden manchmal Mitgefangene zum Transport abgeholt. Jedem war klar, dass sie nach Chemnitz und von dort in den Westen gebracht werden. Sobald das Häftlinge mitbekamen, tröteten sie auf den Blechkannen, die es in jeder Zelle gab, aus den Fenstern. Das nannten wir Transporthörner."

Am 28. August 1981 öffnet sich für Yorck Maecke die Zelle zum Abtransport nach Chemnitz. „Der Schließer mit dem Spitznamen Hektik schrie: ‚Maecke, jetzt geht es ab zur Nazi-Oma nach Bayern.'" Am 10. September 1981 fährt er mit einem Freikauf-Bus von Chemnitz ins Notaufnahmelager in Gießen. „Dort sagte ein Beamter, der mich in Empfang nahm und mich zu meiner Haft befragte: ‚Für euch mussten wir nichts bezahlen. Für euch lassen wir den Guillaume frei.'" Auch anderen Freigekauften aus Maeckes Bus wird die gleiche Mitteilung gemacht. „Mir war in diesem Moment völlig egal, warum wir freigekommen waren. Ich war einfach nur überglücklich. Ich holte mein Abitur nach und startete ein völlig neues Leben. Die DDR zu verlassen habe ich nie auch nur eine Sekunde bereut."

Vor neugierigen Blicken geschützt. In einem Wohnmobil wird Günter Guillaume am 1. Oktober 1981 bei Herleshausen in die DDR abgeschoben

sichert, Guillaume sei kurz nach seiner Beförderung ins Kanzleramt „abgeschaltet“ worden. Und auch der Kreml stellt sich unwissend. Valentin Falin, einst Botschafter der Sowjetunion in Bonn, erklärt sogar, der KPdSU-Generalsekretär Breschnew sei empört gewesen und habe die Vermutung geäußert, Honecker habe den Fall inszeniert, um den in ganz Deutschland populären Brandt zu Fall zu bringen. Solche Mutmaßungen werden später noch dadurch genährt, dass sich Guillaume – obwohl er wusste, dass der Verfassungsschutz ihm auf den Fersen war – nicht über die grüne Grenze in die DDR abgesetzt hat. Dieselbe Tatsache beförderte auch Spekulationen, dass Guillaume durch seine Festnahme die Aufmerksamkeit auf sich lenken und damit einen noch wichtigeren Einflussagenten des Ostens in Bonn hat schützen wollen.

Um den Austausch Günter Guillaumes wird lange gerungen

Doch nach der Guillaume-Affäre ist die Zeit nicht gut für Agentenaustausch-Aktionen. Eine solche will das Ministerium für Staatssicherheit, um ihr Topagenten-Paar in die DDR heimzuholen. Dieses ist im Dezember 1975 wegen Landesverrats zu dreizehn bzw. acht Jahren Haft verurteilt worden. Vogel ist längst instruiert worden, dass die Angelegenheit bei den Verhandlungen mit der Bundesrepublik höchste Priorität genießen müsse. Drei Mal ist Ost-Berlins Unterhändler im Jahr 1976 mit Wehner zusammengetroffen. Doch an einen Austausch Guillaumes ist nicht zu denken, auch wenn sich unter Bundeskanzler Helmut Schmidt die Wogen allmählich wieder glätten. Und auch die DDR sendet ein Signal des guten Willens aus: Im Juli 1976 begnadigt sie den West-Spion Hans Möhring, der bereits 16 Jahre im Bautzener Zuchthaus gesessen hat. Als Gegenleistung zahlt die Bundesrepublik eine halbe Million D-Mark, die am Berliner Sektorenübergang Invalidenstraße, als man Möhring in Empfang nimmt, in bar an Vogel übergeben werden.

In der Angelegenheit Guillaume folgt ein jahrelanges Gezerre zwischen Ost-Berlin und Bonn. Am Rhein vertritt man konsequent die Auffassung, dass die Guillaumes mindestens zwei Drittel ihrer Strafe zu verbüßen hätten, ehe eine Begnadigung infrage komme. An dieser Haltung ändert sich auch nichts, als sich Vogel 1978 mit einem Schreiben direkt an Bundeskanzler Schmidt wendet. Darin will der Unterhändler diesen für einen großen Austausch erwärmen, indem er auf das Schicksal einer Reihe von BND-Spionen hinweist, die in DDR-Zuchthäusern langjährige Strafen zu verbüßen haben. Schließlich unterbricht Ost-Berlin Häftlingsfreikauf und Familienzusammenführungen. Ermächtigt von Honecker droht Vogel jetzt wieder einmal mit der Aufkündigung der humanitären Vereinbarungen. Seinem Verbindungsmann Stange schreibt er im April 1980: „Es wird seit geraumer Zeit immer sichtbarer, dass man bei Ihnen von der seit 1964 vereinbarten und geübten Praxis wegwill, im humanitären Bereich unter bestimmten Konditionen auch Inhaftierte auf Ihrer Seite vorzeitig zu entlassen.“ Die DDR lasse sich „diese Handhabung“ nicht mehr bieten. Sie laufe „letztendlich auf eine Aufkündigung der humani-

tären Vereinbarungen hinaus, die ohne vorzeitige Haftentlassungen auch auf Ihrer Seite nicht zustande gekommen und demzufolge auch nicht aufrechtzuerhalten wären".
Bonn reagiert mit der Ankündigung, die Angelegenheit „sorgfältig" zu prüfen und alsbald Stellung zu beziehen, was jedoch auf sich warten lässt. Ohne auf den Fall Guillaume einzugehen, erklärt Helmut Schmidt dann gegenüber Vogel, als dieser ihn im August 1980 in seinem Ferienhaus am holsteinischen Brahmsee aufsucht, dass der Gefangenenaustausch mit Beginn des Jahres 1981 fortgesetzt werde, was die DDR dazu veranlasst, die Familienzusammenführungen und die H-Aktion wieder aufzunehmen. Doch als sich das Jahr seinem Ende entgegenneigt und Guillaume immer noch in der Justizvollzugsanstalt Rheinbach einsitzt, droht Vogel in einem weiteren, „an höchster Stelle" abgestimmten Brief, die Familienzusammenführungen endgültig einzustellen.

Der „Kundschafter" wird mit Ehrungen geradezu überhäuft

Im Frühjahr 1981 kommt dann tatsächlich Bewegung in die Angelegenheit Guillaume. Christel Guillaume wird begnadigt und im Tausch gegen sechs tatsächliche und vermeintliche Agenten sowie eine Reihe politischer Häftlinge in die DDR entlassen. Unter ihnen ist der Kölner Journalist Peter Felten, der im Auftrag der westlichen Seite sogenanntes Spielmaterial über das neue NATO-Kampfflugzeug „Tornado" beschafft hat. Felten, der in Bautzen eingesessen hat, schildert die menschenunwürdige Situation im DDR-Strafvollzug und das besonders schwere Los seiner Kollegen, die dort seit vielen Jahren dahinvegetierten. Und noch etwas: Der Journalist erklärt, dass es „für unsere Bundesbehörden oberste Pflicht" sei, „auch diese Mitbürger dort herauszuholen". Solches kann in der westdeutschen Politik nicht ungehört verhallen. Selbst Altkanzler Brandt meldet sich zu Wort und fordert, dass für diese Landsleute – deren Zahl sich auf die Tausende zubewegt – alles getan werden müsse. Ohne dass der Name Guillaume fällt, bedeutet dies, dass Brandt gegen einen Austausch des DDR-Topspions nichts einzuwenden hat. Für den endet dann die Haftzeit am 1. Oktober 1981.
Guillaume befindet sich zu diesem Zeitpunkt nicht in seiner komfortablen Einzelzelle 173, Abteilung 4, Flügel A im „Breitkreuz-Haus" der Justizvollzugsanstalt Rheinbach, sondern in der Bonner Universitätsklinik, wo er wegen eines Nierenleidens behandelt wird. Vor neugierigen Blicken abgeschirmt, wird er zum Flugplatz Hangelar gebracht, von wo ihn ein Hubschrauber des Bundesgrenzschutzes nach

Bart nach historischem Vorbild. Der Träger des Karl-Marx-Ordens Günter Guillaume und seine Frau Christel im Gespräch mit Erich Mielke. Dahinter Markus Wolf, der Chef der DDR-Auslandsspionage

Ein letzter Gruß für den „Kundschafter". Markus Wolf, der vorletzte Chef der HVA, am offenen Grab von Günter Guillaume

Herleshausen fliegt. Nachdem er noch in der Grenzschutzbaracke nahe dem Kontrollpunkt seinen Häftlings-Trainingsanzug gegen Anzug und Krawatte getauscht hat, fahren Hirt und zwei Sicherheitsbeamte mit einem amerikanischen Wohnmobil mit verhangenen Fenstern zum Übergang. Dort begrüßt ihn Vogel mit den Worten: „Eigentlich habe ich viel eher mit Ihnen gerechnet."

Die „Kundschafter" Günter und Christel Guillaume, die einen Bundeskanzler gestürzt und der Bundesrepublik eine Regierungskrise beschert haben, sollten nach ihrer Rückkehr in die DDR geradezu mit Ehrungen überhäuft werden. Die zum Oberst bzw. Oberstleutnant des Ministeriums für Staatssicherheit Beförderten erhalten den Karl-Marx-Orden; Günter Guillaume zudem einen juristischen Ehrendoktortitel von der Hochschule des MfS in Potsdam. Später veröffentlicht er noch unter dem Titel *Die Aussage* seine Memoiren. Als er im April 1995 als Günter Bröhl stirbt, erweist ihm die gesamte SED- und Stasi-Prominenz der untergegangenen DDR, darunter auch Spionagechef Markus Wolf, die letzte Ehre.

Der Fall des „Roten Admirals" ist einer der tragischsten gewesen

Am Abend des 1. Oktober 1981 hat Guillaume nicht als Einziger die innerdeutsche Grenze in Richtung Osten passiert. Mit ihm wird die zu sechs Jahren Haft verurteilte Renate Lutze abgeschoben. Sie ist die Sekretärin eines Ministerialdirektors im Bonner Verteidigungsministerium gewesen. Als solche ist sie das Opfer des Stasi-Agenten Lothar Erwin Lutze, der ebenfalls auf der Bonner Hardthöhe beschäftigt gewesen ist. Bündelweise haben sie geheime Akten aus der Rüstungsabteilung abends nach Hause geschafft, um sie dort zu kopieren. Nachdem die ganze Dimension des Verrats bekannt geworden ist, muss der damalige Verteidigungsminister Georg Leber um seinen Posten bangen, denn das Agentenpaar hat eine Reihe von Staatsgeheimnissen ausgekundschaftet, darunter den Notfallplan des zentraleuropäischen Pipeline-Systems der NATO.

In Richtung Westen überschreiten am 1. Oktober 1981 sieben Männer die innerdeutsche Grenze. Es sind die zu lebenslangen bzw. langjährigen Gefängnisstrafen verurteilten Ernst Gustav Tschentscher, Philipp Durweiler, Horst Jahn, Wolfgang Rietig, Jürgen Seeger, Kurt Spengler sowie Gerhard Dreßler. Alle sieben sollen im Sold des Bundesnachrichtendienstes gestanden haben. Einer allerdings ist nicht mehr dabei, obwohl Vogel seinen Austausch mit Guillaume in Aussicht gestellt hat. Er heißt Horst Hering.

Der ehemalige IM des Staatssicherheitsdienstes und V-Mann des BND ist in den wohl tragischsten deutsch-deutschen Spionagefall der 80er-Jahre verwickelt gewesen – in den Fall des „Roten Admirals". Der BND-Deckname steht für Win-

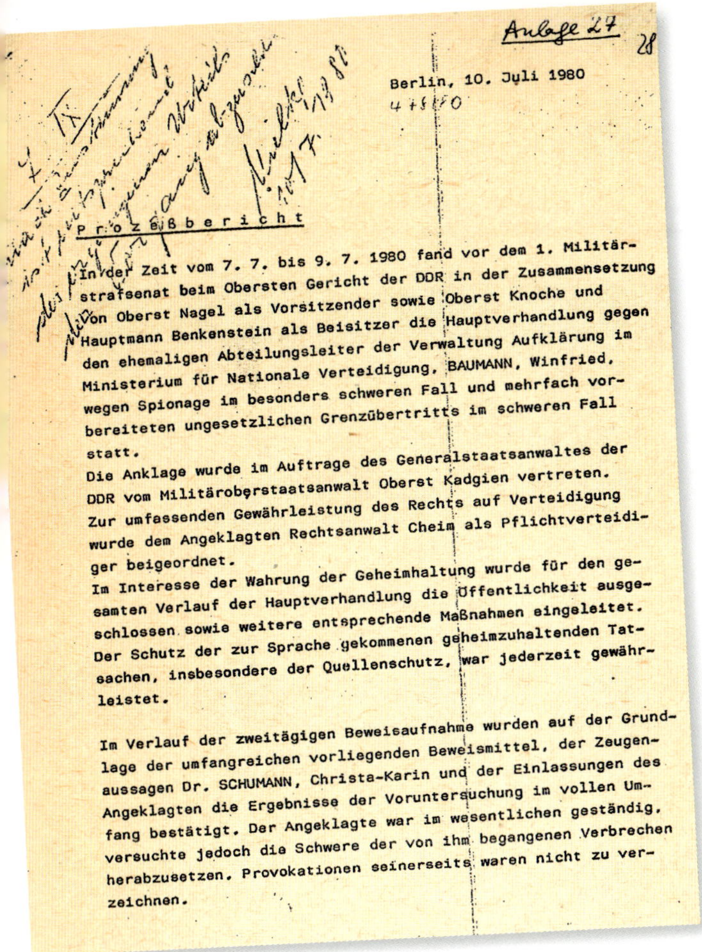
Anlage 27 28

Berlin, 10. Juli 1980

Prozeßbericht

In der Zeit vom 7. 7. bis 9. 7. 1980 fand vor dem 1. Militärstrafsenat beim Obersten Gericht der DDR in der Zusammensetzung von Oberst Nagel als Vorsitzender sowie Oberst Knoche und Hauptmann Benkenstein als Beisitzer die Hauptverhandlung gegen den ehemaligen Abteilungsleiter der Verwaltung Aufklärung im Ministerium für Nationale Verteidigung, BAUMANN, Winfried, wegen Spionage im besonders schweren Fall und mehrfach vorbereiteten ungesetzlichen Grenzübertritts im schweren Fall statt.
Die Anklage wurde im Auftrage des Generalstaatsanwaltes der DDR vom Militäroberstaatsanwalt Oberst Kadgien vertreten.
Zur umfassenden Gewährleistung des Rechts auf Verteidigung wurde dem Angeklagten Rechtsanwalt Cheim als Pflichtverteidiger beigeordnet.
Im Interesse der Wahrung der Geheimhaltung wurde für den gesamten Verlauf der Hauptverhandlung die Öffentlichkeit ausgeschlossen sowie weitere entsprechende Maßnahmen eingeleitet.
Der Schutz der zur Sprache gekommenen geheimzuhaltenden Tatsachen, insbesondere der Quellenschutz, war jederzeit gewährleistet.

Im Verlauf der zweitägigen Beweisaufnahme wurden auf der Grundlage der umfangreichen vorliegenden Beweismittel, der Zeugenaussagen Dr. SCHUMANN, Christa-Karin und der Einlassungen des Angeklagten die Ergebnisse der Voruntersuchung im vollen Umfang bestätigt. Der Angeklagte war im wesentlichen geständig, versuchte jedoch die Schwere der von ihm begangenen Verbrechen herabzusetzen. Provokationen seinerseits waren nicht zu verzeichnen.

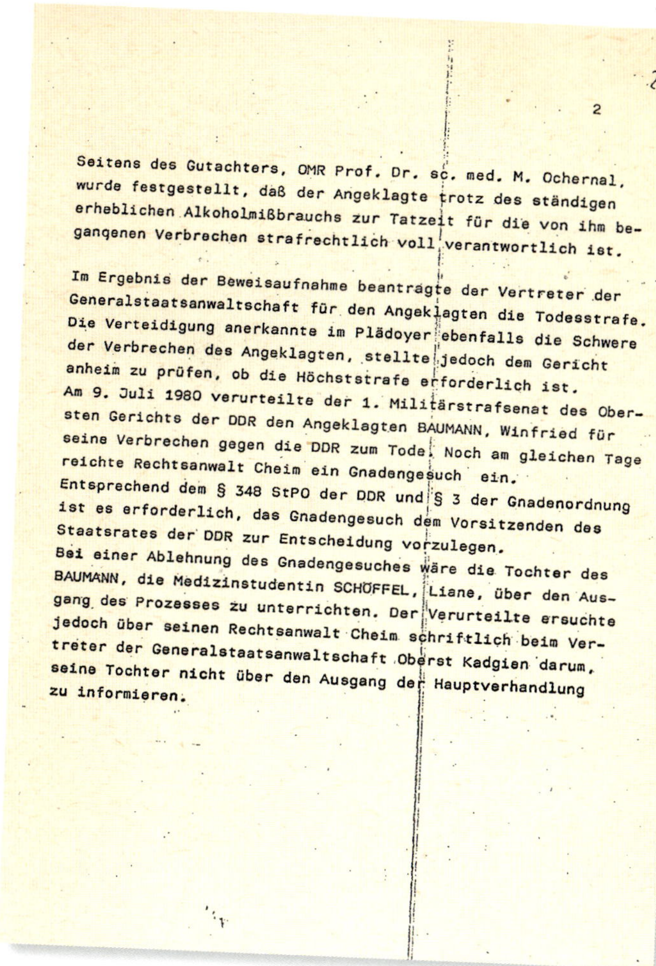
28

2

Seitens des Gutachters, OMR Prof. Dr. sc. med. M. Ochernal, wurde festgestellt, daß der Angeklagte trotz des ständigen erheblichen Alkoholmißbrauchs zur Tatzeit für die von ihm begangenen Verbrechen strafrechtlich voll verantwortlich ist.

Im Ergebnis der Beweisaufnahme beantragte der Vertreter der Generalstaatsanwaltschaft für den Angeklagten die Todesstrafe.
Die Verteidigung anerkannte im Plädoyer ebenfalls die Schwere der Verbrechen des Angeklagten, stellte jedoch dem Gericht anheim zu prüfen, ob die Höchststrafe erforderlich ist.
Am 9. Juli 1980 verurteilte der 1. Militärstrafsenat des Obersten Gerichts der DDR den Angeklagten BAUMANN, Winfried für seine Verbrechen gegen die DDR zum Tode. Noch am gleichen Tage reichte Rechtsanwalt Cheim ein Gnadengesuch ein.
Entsprechend dem § 348 StPO der DDR und § 3 der Gnadenordnung ist es erforderlich, das Gnadengesuch dem Vorsitzenden des Staatsrates der DDR zur Entscheidung vorzulegen.
Bei einer Ablehnung des Gnadengesuches wäre die Tochter des BAUMANN, die Medizinstudentin SCHÖFFEL, Liane, über den Ausgang des Prozesses zu unterrichten. Der Verurteilte ersuchte jedoch über seinen Rechtsanwalt Cheim schriftlich beim Vertreter der Generalstaatsanwaltschaft Oberst Kadgien darum, seine Tochter nicht über den Ausgang der Hauptverhandlung zu informieren.

Ein Dokument des Terrors. Auf dem Bericht über den Prozess gegen Winfried Baumann vermerkt Erich Mielke, dass der „Vergang“ abzuschließen sei

fried Baumann. Der als Winfried Zakrzowski in Ostpreußen geborene Fregattenkapitän hat eine Abteilung des militärischen Aufklärungsdienstes der Nationalen Volksarmee (NVA) der DDR geleitet. 1970 ist er wegen allerlei Verfehlungen aus der NVA entlassen worden, erhält aber wegen seiner guten Beziehungen – er ist mit der Schwägerin des Chefs der Volksmarine Admiral Waldemar Verner verheiratet – zunächst eine Anstellung beim Nationalrat in Ost-Berlin, danach bei der Gewerkschaftszeitung *Tribüne*. Des Lebens im real existierenden Sozialismus überdrüssig, plant er schließlich mit seiner neuen Lebensgefährtin, der Ärztin Christa-Karin Schumann, die Flucht in den Westen. Baumann nimmt Kontakt zum BND auf, wobei Horst Hering behilflich ist. Die Pullacher halten Baumann für einen „großen Fisch“ und bereiten die Ausschleusung des Paares über Ungarn vor. Doch die Sache schlägt fehl: Baumann, Schumann und Hering werden festgenommen.

Das Verfahren gegen Baumann erinnert an die des Volksgerichtshofs

Während die Spionageabwehr des Staatssicherheitsdienstes den Fall Baumann untersucht und der DDR-Militäroberstaatsanwalt die Anklageschriften vorbereitet, hat es zunächst den Anschein, als würde der „Rote Admiral“ und möglicherweise auch die anderen gegen Guillaume ausgetauscht. Vogel ist nämlich von der Rechtsschutzstelle der Bundesregierung mit der Verteidigung der drei beauftragt worden und hat auch vom Militäroberanwalt Einblick in die Akten erhalten. Doch dann wird Vogel der Fall entzogen. Offenbar hat sich Staatssicherheitsminister Mielke eingeschaltet, der mit Überläufern aus den Reihen der „bewaffneten Organe“ „kurzen Prozess“ machen will. Nach der Pleite mit dem Stasi-Oberleutnant Werner Stiller, der mit einem Koffer geheimer Dokumente in den Westen übergelaufen ist, will der Staatssicherheitsminister offensichtlich ein Exempel statuieren.
So wird dem nach monatelanger Stasi-Haft gebrochenen Baumann nach einem vom MfS vorgegebenen Regieplan zwischen dem 7. und dem 9. Juli 1980 der Geheimprozess gemacht. Der erinnert in seinem Verlauf an die Verfahren vor dem Volksgerichtshof. In einem für Mielke bestimmten Bericht heißt es: „Der Angeklagte war im wesentlichen geständig, versuchte jedoch, die Schwere der von ihm begangenen Verbrechen herabzusetzen. Provokationen seinerseits waren nicht zu verzeichnen.“ Und weiter: „Im Ergebnis der Beweisaufnahme beantragte der Vertreter der Generalstaatsanwaltschaft für den Angeklagten die Todesstrafe.“ Und die wird dann auch verhängt – „wegen Spionage im besonders schweren Fall und mehrfach vorbereiteten ungesetzlichen Grenzübertritts im schweren Fall“. Baumanns Verteidiger Hans-Gerhard Cheim – so der Prozessbericht –

hat zuvor „ebenfalls die Schwere der Verbrechen des Angeklagten" erklärt, hat aber dem Gericht anheimgestellt zu prüfen, „ob die Höchststrafe erforderlich ist". Das Gnadengesuch, das der Verurteilte über seinen Verteidiger eingereicht hat, wird erst gar nicht weitergegeben. Denn Mielke hat in einem handschriftlichen Vermerk angeordnet, die Angelegenheit rasch abzuschließen.

Todesraum. Ein Kreuz erinnert in der Hinrichtungsstätte der DDR in der Leipziger Arndtstraße an die hier Liquidierten

Am 18. Juli 1980 tritt Baumann seine letzte Reise an. Er wird mit einem fensterlosen Barkas vom Berliner Staatssicherheitsgefängnis Hohenschönhausen nach Leipzig gefahren. In der dortigen Arndtstraße befindet sich die geheime Hinrichtungsstätte der DDR. Exekutiert wird nach den Durchführungsbestimmungen vom Juli 1968. Darin ist zu lesen: „Die Vollstreckung der Todesstrafe wird durch Nahschuss in das Hinterhaupt vollzogen (...) Der Leiter der Vollstreckungseinrichtung hat unmittelbar nach der Durchführung der Vollstreckung die Einäscherung des Leichnams zu veranlassen. Dabei ist zu gewährleisten, dass keinerlei Tatsachen oder Hinweise über die Person, Umstände oder die Art des Todes bekannt werden." So geschieht es dann auch im Falle Baumanns. Bis der Tod eingetreten ist, habe es „rund 10 Sekunden gedauert", heißt es im Vollstreckungsprotokoll. Wie aus dem Eingangsbuch des Krematoriums des Leipziger Südfriedhofs hervorgeht, ist die Leiche des „Roten Admirals" als „1xAnatomie" ausgewiesen worden.
Im Westen weiß man von Baumanns Verurteilung und Hinrichtung nichts. Der BND hat Zurückhaltung empfohlen, nimmt man doch an, eine Intervention zugunsten des „Roten Admirals" würde diesen erst überführen. Tatsächlich ist der Spionageabwehr des MfS nahezu alles über dessen Aktivitäten bekannt, nicht zuletzt deshalb, weil bei seiner Festnahme Chiffrierunterlagen, Deckadressen und anderes Geheimdienstmaterial beschlagnahmt worden sind. Erst als es still um Baumann geworden ist, bemüht man sich immer wieder einmal, den ehemaligen Fregattenkapitän der Nationalen Volksmarine bei Austauschaktionen ins Gespräch zu bringen. Im Sommer 1987, nachdem Vogel in der Bundesrepublik eine entsprechende Andeutung gemacht hat, muss man bei den Geheimdienstlern in Pullach schließlich einsehen, dass man im Falle des „Roten Admirals" auf der ganzen Linie versagt hat.

Mit Gorbatschow entspannt sich die politische Großwetterlage

Um eine vorzeitige Freilassung bemüht sich die westliche Seite für Baumanns Lebensgefährtin Christa-Karin Schumann und für Horst Hering, die zu 15 Jahren bzw. lebenslanger Haft verurteilt worden sind. Hering, der für Baumann Kurierdienste geleistet hat, hat Glück. Er gelangt im Zuge eines Agentenaustausches, bei dem der KGB-Oberstleutnant Alexej Michailowitsch Koslow die Hauptperson gewesen ist, am 1. Mai 1982 in die Freiheit. Im Fall der Christa-Karin Schumann zeigt sich Ost-Berlin, namentlich Staatssicherheitsminister Mielke, unnachgiebig. Entsprechend notiert Vogel: „Dieser Fall ist leider z. Zt. nach wie vor unlösbar. Zu einer Prognose bin ich außerstande."

Weltanschauungsgrenze Glienicker Brücke zwischen West-Berlin und der DDR. Lediglich die Fahrzeuge der alliierten Militär-Missionen passieren die Stahlkonstruktion, die die Havel überspannt. Für Deutsche ist die Brücke gesperrt

Der zweite große Agentenaustausch auf der Glienicker Brücke. Im Juni 1985 werden 25 echte und vermeintliche West-Agenten gegen vier zu langjährigen Haftstrafen verurteilte KGB-Spione ausgetauscht

Ich träumte davon, dass mich die Amis mit dem Hubschrauber aus dem DDR-Gefängnis holen

Aus dem DDR-Bürger Eberhard Fätkenheuer wird 1975 der CIA-Spion mit dem Decknamen Helmut Prantl. „Die gefährlichste und wohl auch fragwürdigste Mission meines Lebens", wie er heute beklagt. Zehn Jahre später steht Fätkenheuer auf der Glienicker Brücke und ist Teil des größten Agentenaustauschs des Kalten Krieges. Er soll gegen Ost-Agenten in die Freiheit entlassen werden.

Es beginnt 1968, der Ost-Berliner Ingenieuer lernt auf einer Zugfahrt nach Prag den jungen, lebenslustigen Bäckermeister Carli aus Österreich kennen. Carli beeindruckt den jungen Fätkenheuer, es entwickelt sich eine enge Freundschaft. 1975 wirbt Carli im Prager „Hotel Flora" seinen Freund für einen amerikanischen Militärgeheimdienst an: „Ich sollte ihm hin und wieder Informationen über das sowjetische Militär in der DDR weiterleiten. Auch die Volksarmee war von Interesse. Angeblich völlig ungefährlich", erinnert sich der ehemalige Spion. „Ich willigte ein, dachte nicht einen Moment an die möglichen Konsequenzen für mich." Es folgt ein Spionage-Crashkurs am Plattensee in Ungarn, das Agentenleben beginnt: „Mal beobachtete ich Panzer, ein anderes Mal zählte ich die Raketen eines sowjetischen Militärobjektes in der Nähe des Werbellinsees oder ich kundschaftete ein Raketensilo der NVA bei Kremmen aus."

Die Stasi wird schnell auf Fätkenheuer aufmerksam und verwanzt 1978 seine Wohnung. Die Verhaftung folgt am 28. Juni 1979: Vorwurf der Spionage, 13 Jahre Haftstrafe lautet das Urteil ein Jahr später. Der anfänglichen Einzelhaft und monatelangen Verhören in Hohenschönhausen folgen fünf Jahre Haftstrafe in einer Neun-Mann-Zelle des Stasi-Knasts in Pankow.

Am 11. Juni 1985 wird Eberhard Fätkenheuer frühmorgens aus dem Auslieferungsgefängnis der Staatssicherheit in Karl-Marx-Stadt abgeholt, wohin man ihn mit anderen Gefangenen, eingefercht in einem Barkas-Gefangenentransporter, gebracht hatte. Das für ihn unbekannte Ziel: Potsdam, zum Agentenaustausch auf der Glienicker Brücke.

„Wir näherten uns mit dem Bus der Grenze zwischen Ost und West. Ich war nervös. Gleich sollte ich mit anderen Agenten von den Amerikanern abgeholt werden. Erst im Bus hatte ich von dem Austausch erfahren", erinnert sich Fätkenheuer. Es ist Mittagszeit. Im Bus liegen pappige Brötchen für die Gefangenen. Fätkenheuer isst nichts. Er kann es nicht glauben. Sechs Jahre ist er in DDR-Gefängnissen inhaftiert gewesen.

„Immer wieder habe ich von der Freiheit geträumt. Die Amis holen mich mit dem Hubschrauber aus dem Gefängnis, mich, den Spion im Auftrag der USA, das war mein Traum der mich am Leben hielt", so der Berliner. „In meiner Hand hielt ich meine Tasche mit meinen Papieren und meinen ersparten Ost-Mark. Ich klammerte mich an meine Tasche, fühlte mich immer

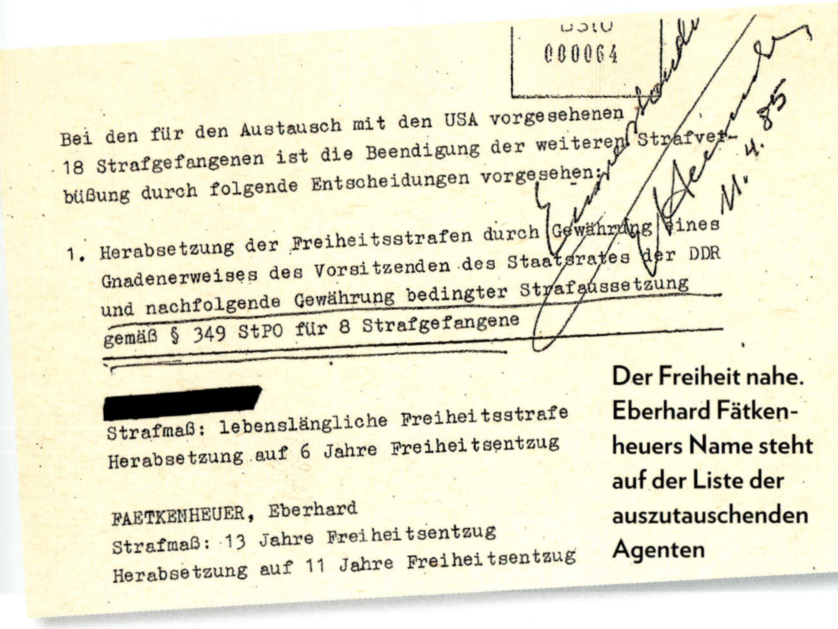

000064

Bei den für den Austausch mit den USA vorgesehenen 18 Strafgefangenen ist die Beendigung der weiteren Strafverbüßung durch folgende Entscheidungen vorgesehen:

1. Herabsetzung der Freiheitsstrafen durch Gewährung eines Gnadenerweises des Vorsitzenden des Staatsrates der DDR und nachfolgende Gewährung bedingter Strafaussetzung gemäß § 349 StPO für 8 Strafgefangene

[redacted]
Strafmaß: lebenslängliche Freiheitsstrafe
Herabsetzung auf 6 Jahre Freiheitsentzug

FAETKENHEUER, Eberhard
Strafmaß: 13 Jahre Freiheitsentzug
Herabsetzung auf 11 Jahre Freiheitsentzug

Der Freiheit nahe. Eberhard Fätkenheuers Name steht auf der Liste der auszutauschenden Agenten

Abgezeichnet. Den Austausch von Fätkenheuer (Foto) und anderen Agenten zeichnet Erich Honecker persönlich mit „Einverstanden" ab

aufgeregter." Er fährt an grauen Häusern vorbei, sieht keine Menschen auf der Straße.

Ausgetauscht. Auf der Glienicker Brücke wird Eberhard Fätkenheuer 1985 gegen Ostagenten ausgetauscht. Er lebt heute als Rentner in Berlin

„Der Bus fuhr in die Sperrzone vor der Mauer. Dann kamen die Grenzanlagen. Es ging vorbei an parkenden Ladas. Der Bus bremste. Vor uns sah ich die Brücke, den Schlagbaum, die Mauer, die Wachtürme", erinnert sich der ehemalige Geheimdienstler. Er beobachtet Grenzsoldaten und Männer in Zivilkleidung, die Fotos von dem Bus machen. „Mit Sicherheit waren das Stasi-Leute. Waren es dieselben Stasi-Leute, die meine Wohnung in Pankow verwanzt haben, jedes Telefonat mit Frau und Freunden abgehört haben?" Nach dem Ende der DDR erfährt er aus den Akten des ehemaligen Staatssicherheitsdienstes, wie sein Leben bis ins privateste Details vom DDR-Geheimdienst beobachtet worden ist.

„Der Bus fuhr langsam auf die Brücke. Vorbei an Betonblöcken. Jemand machte wieder Fotos. Mein Herz raste. Plötzliches Anhalten. Ich schaute wie durch einen Nebel aus dem Fenster. Der grüne Stahl der Brücke, Absperrungen. Auf der Westseite der Brücke stand ein Van, quer zur Fahrrichtung", beschreibt Fätkenheuer.

„Ich sah dunkel gekleidete Menschen am Auto, Amerikaner? Vier Männer stiegen aus. Das waren die Ost-Agenten, gegen die wir ausgetauscht wurden." Plötzlich der Ruf „Aussteigen". Fätkenheuer springt auf, taumelt mit den anderen Gefangenen zur Tür. Er fühlt sich wie im Traum, vergisst seine Tasche auf dem Sitz. Fätkenheuer: „Ich dachte: Schnell, es muss schnell gehen. Irgendwo tauchte der US-Botschafter John Kornblum auf, dirigierte uns zum Bus auf die Westseite." Es ist windig, der ehemalige CIA-Agent schaut auf den Boden. Er sieht den Grenzstrich und kann es nicht glauben. „Ich lief über den weißen Grenzstrich in den Westen! Ich war wie betrunken, ging einfach geradeaus. Von irgendwo kamen Stimmen. Es waren die anderen Ausgetauschten. Wie ein Schlafwandler bewegte ich mich", so Fätkenheuer.

Er steigt in den Bus und setzt sich ans Fenster. Es ruckt, der Bus wendet scharf. „Wir verließen die Glienicker Brücke nach West-Berlin. Wie aus dem Off kam da plötzlich John Kornblum und fragt mich: ‚Sind Sie Eberhard Fätkenheuer? Ihre Tasche. Bitte sehr.'"

Eberhard Fätkenheuer blickt aus dem Fenster. „Ich sah eine Kamera, daneben ein Frau. Ich winke, lächelte wie in Trance in die Kamera. Die Journalistin Renate Bütow, wie ich heute weiß, hatte als Einzige einen Tipp von den Amerikanern bekommen. Meine Gefühle waren völlig durcheinander. Ich weinte." Endlich ist der Berliner im Westen. Wie oft hat er in seiner Gefängniszelle davon geträumt. Er denkt an seine Frau, die er in der DDR zurückgelassen hat. Wie geht es ihr? Sieht er sie wieder? Was macht sein Sohn, den er sechs Jahre nicht sehen konnte? „Ich empfand Freude und zugleich Angst vor der Zukunft. Vor uns fuhr ein Polizei-Auto mit Blaulicht. Ich höre keine Sirene. Mittlerweile war ich wie betäubt. Wir fuhren durch Wannsee in Richtung Flughafen Tempelhof. Mein neues Leben lag vor mir – ungewiss, aber als freier Mann!"

Eberhard Fätkenheuer wird mit den anderen Agenten in ein amerikanisches Auffanglager nach Frankfurt a.M. geflogen. Von dort geht es mit einem Reisebus zum Auffanglager Gießen.

Auf eigenen Wunsch, reist Fätkenheuer erneut nach West-Berlin und bezieht dort später eine Wohnung. Seine Frau folgt über den Grenzübergang Invalidenstraße wenige Wochen später. Der mittlerweile siebenjährige Sohn erkennt seinen Vater nicht. Heute lebt Eberhard Fätkenheuer mit seiner Familie als Renter in Berlin. Seine Ängste, dem Leben im Westen nicht gewachsen zu sein, sind für immer vergessen.

Während Christa-Karin Schumann im Bautzener Zuchthaus auf einen baldigen Austausch hofft, verbessert sich mit der Machtübernahme Michail S. Gorbatschows die politische Großwetterlage. Seitdem er der mächtigste Mann in der kommunistischen Welt ist, arbeiten die Warschauer-Pakt-Staaten an der Entlassung von 25 westlichen Agenten, deren Identitäten zunächst geheim gehalten werden. Die Amerikaner planen im Gegenzug die DDR-Bürger Alice Michelson und Alfred Zehe, den Polen Marian Zacharski sowie den Bulgaren Penju Kostadinow zu begnadigen. Die KGB-Agenten haben in den Vereinigten Staaten Gefängnisstrafen von bis zu zehn Jahren zu verbüßen.

Washington drängt auf die Freilassung Schtscharanskis

Der Tauschaktion ist ein langes Tauziehen vorangegangen, bei dem ein Name im Mittelpunkt steht: der des Bürgerrechtlers Anatolij Schtscharanski. Der ist zur Moskauer Helsinki-Gruppe gestoßen, die sich für die Einhaltung der Menschenrechte in der Sowjetunion starkmacht, zu denen sich die Supermacht durch die Unterzeichnung der KSZE-Schlussakte in Helsinki zumindest auf dem Papier verpflichtet hat. Schtscharanski, der gut Englisch spricht, hat im Zuge seiner Tätigkeit, bei der er sich besonders für die Ausreise der Juden engagiert, Kontakte zu amerikanischen Journalisten und Diplomaten unterhalten. Nachdem er mit Robert Toth, dem Korrespondenten der *Los Angeles Times*, seine Anstrengungen erörtert, die Zahl der Gulag-Häftlinge mithilfe von Fragebogen zu ermitteln, sieht die Staatsmacht nicht weiter tatenlos zu. Der Bürgerrechtler wird verhaftet und 1978 wegen „antisowjetischer Agitation“ sowie wegen „Landesverrats in Form von Spionage“ zu drei Jahren Haft und zehn Jahren Straflager verurteilt.
Schtscharanski hat immer wieder bestritten, dass er Spionage betrieben habe. Es sei ihm vielmehr darum gegangen, auf die Lage der in der Sowjetunion unterdrückten Juden hinzuweisen. Dies tut auch seine nach Israel ausgereiste Frau Avital, wenn sie in der ganzen westlichen Welt auf das Schicksal ihres Mannes hinweist und mit Bittschriften, Protestmärschen und Hungerstreiks für dessen Freilassung eintritt. Einzig ihrem Mut und ihrem Engagement ist es zuzuschreiben, wenn sich schließlich die amerikanische Administration für Schtscharanski einsetzt. Immer wieder hat diese auf den Austausch des in der Gulag-Lagern Tschistopol und Perm zwangsarbeitenden Gefangenen gedrängt. In einem Brief an Vogel vom 27. Februar 1984 heißt es: Unterstaatssekretär Lawrence Eagleburger habe klargestellt, dass die Regierung der Vereinigten Staaten nicht bereit sei, sich für den Austausch von Zehe, Zacharski und Kostadinow einzusetzen, wenn dies nicht die Freilassung Schtscharanskis bedeute.
Als die anhaltenden Bemühungen um den Bürgerrechtler in Moskau nicht fruchten, übergibt die amerikanische Administration Vogel eine Liste mit den Namen von 25 Gefangenen in ostdeutschen und polnischen Gefängnissen. Dies ist dreist, doch der Kreml willigt ein. Als Tag des Agentenaustauschs – es ist bis dahin der größte in der Geschichte des Kalten Krieges – ist der 11. Juni 1985 vorgesehen, als Ort die Glienicker Brücke, also dort, wo 23 Jahre zuvor der sowjetische Atomspion Abel und der amerikanische U2-Pilot Powers den weißen Grenzstrich passierten.
Abgesehen vom Wetter und dem Zeitpunkt des Austauschs, der für den frühen Abend vorgesehen ist, erinnert tatsächlich manches an jenen 10. Februar 1962. Wie damals geht man nach einem eigens dafür abgestimmten Fahrplan vor, der in einem gemeinsamen Protokoll festgehalten worden ist. Wie damals ist das Gelände um die Brücke weitflächig abgesperrt, und wie damals werden die Identitäten der Auszutauschenden penibel festgestellt. Und doch geht alles legerer vonstatten. So fährt der amerikanische Botschafter Richard Burt mit in Vogels goldfarbenem Mercedes über die Brücke auf die Ost-Seite, wo 23 West-Spione – zwei haben es vorgezogen, in der DDR zu bleiben – ihrer Entlassung entgegenfiebern. Und auch mit dem gleichzeitigen Überqueren der Grenzlinie nimmt man es nicht mehr so genau. Die einen fahren im amerikanischen Kastenwagen hinüber, die anderen danach im Omnibus herüber. Am Ende feiern der amerikanische Botschafter Burt und Vogel sogar den gelungenen Agentenaustausch im Ost-Berliner Palast-Hotel. Der Bericht, den Letzterer für Mielke schreibt, bleibt allerdings nicht erhalten.

Im „Gaspinger Hof“ in Gerlos wird das Packet geschnürt

Dem Tauwetter zwischen den Supermächten ist es schließlich zuzuschreiben, dass ein Jahr später wieder Bewegung in den Fall Schtscharanski kommt. Vogel teilt Rehlinger bei einer routinemäßigen Besprechung mit, dass seine Seite an einen Ringtausch dächte, bei dem möglicherweise auch der Bürgerrechtler mit einbezogen werden könne. Der Staatssekretär im Innerdeutschen Ministerium, dem sofort klar ist, dass sein Gegenüber von den Sowjets zu dem Vorstoß ermächtigt worden ist, hält in seinen Erinnerungen darüber

Erste Schritte in ein neues Leben. Der Bonner Unterhändler Ludwig Rehlinger und der amerikanische Botschafter in Bonn, Richard Burt, begleiten Anatolij Schtscharanski über die Brücke

Nichts deutete darauf hin, dass wenig später ein Weltereignis auf der Glienicker Brücke stattfand

Der 11 . Juni 1985 beginnt für Hans-Dieter Behrendt wie die meisten Arbeitstage in den letzten 20 Jahren. Auch an diesem Dienstag betritt er um 7.00 Uhr sein Dienstbüro in der prachtvollen Villa „Kampffmeyer" in Potsdam. Von seinem Schreibtisch aus kann der damals 55-Jährige direkt auf die „Glienicker Brücke" sehen. Nichts deutet darauf hin, dass dort wenige Stunden später ein Weltereignis stattfinden wird.

Seit 1965 ist Behrendt beim Staatssicherheitsdienst der DDR verantwortlich für die 13 Grenzübergangsstellen im Bereich Potsdam. Auch die Glienicker Brücke gehört dazu. „Kurz nach dem Dienstantritt klingelte mein Telefon. Mein Berliner Chef Oberst Ziegenhorn war am Apparat", erzählt der ehemalige Stasi-Oberleutnant. „Ich sollte mich zur Brücke begeben. Dort würden Agenten ausgetauscht." Es ist das erste Mal, dass Oberstleutnant Behrendt einen Agentenaustausch koordinieren muss.

„Ich beauftragte meinen Mitarbeiter, Major Schade, den Austausch mit seinem Fotoapparat zu dokumentieren. An so etwas hatte niemand gedacht." Behrendt läuft die wenigen Hundert Meter bis zur Brücke. „Vonseiten der DDR war bei diesem Austausch Oberst Volpert im Auftrag von Minister Mielke direkt auf der Brücke tätig. Oberst Enke von der Hauptabteilung IX und Oberst Koppelt von der Hauptverwaltung Aufklärung warteten unmittelbar vor der Grenzübergangsstelle. Die Nachrichtendienste des Ostens, deren Agenten von West nach Ost gebracht wurden, hatten ebenfalls Vertreter geschickt", so Behrendt. „Auf der Brücke traf ich MfS-Oberst Volpert, der mir die Einzelheiten des Agentenaustausches übermittelte. Meine Aufgabe war es, dafür zu sorgen, dass es zu keinen Zwischenfällen kommt, und die ganze Aktion abzusichern."

Alte Zeiten. Oberstleutnant Hans-Dieter Behrendt (r.) leitet mehr als 20 Jahre die Passkontrolle auf der Glienicker Brücke

Alles läuft in Ost und West unter strengster Geheimhaltung ab. Trotzdem bekommen westliche Journalisten davon Wind. Einem Team des SFB (Sender Freies Berlin) gelingt es, den größten Agentenaustausch seit Kriegsende zu filmen.

Der 11. Juni 1985 ist ein kühler Tag für die Jahreszeit. 15 Grad und bewölkt. Um 11.45 Uhr bricht die Sonne durch. Von beiden Seiten des Eisernen Vorhangs nähern sich Fahrzeuge. „Als Erstes kam Rechtsanwalt Vogel in seinem goldfarbenen Mercedes. Seine Frau saß am Steuer, er auf dem Beifahrersitz. Ich selbst habe den Schlagbaum für ihn geöffnet. Zusätzliche Kräfte waren ja nicht im Einsatz", so Hans-Dieter Behrendt. „Direkt dahinter folgte ein West-Bus. Er hatte die Agenten, die in den Westen gebracht werden sollten, aus einem Gefängnis in Karl-Marx-Stadt abgeholt."

25 im Osten inhaftierte Agenten gegen vier im Westen verurteilte Spione. Und mittendrin Hans-Dieter Behrendt. Eigentlich soll der Bus bis zur Brückenmitte fahren. Doch Bauarbeiten verhindern das. „Auf dem DDR-Teil der Brücke liefen gerade große Instandsetzungsarbeiten. Es konnte deshalb nur eine schmale Fahrspur benutzt werden, die für den Bus zu eng war", so Behrendt. „Der Zeitpunkt, auf der Glienicker Brücke einen Agentenaustausch durchzuführen, war denkbar ungünstig."

Ort der Erinnerung. Der Rentner Hans-Dieter Behrendt ist an seine frühere Wirkungsstätte zurückgekehrt

Die Arbeiter des Bautrupps werden nach Hause geschickt. Niemand soll mitbekommen, was sich an diesem Tag Geheimnisvolles auf der „Brücke der Einheit" abspielt. Nur Stasi-Major Schade hält alles für die DDR im Foto fest. Behrendt: „Der Bus hielt vor der Brücke. Rechtsanwalt Vogel und die Vertreter der Amerikaner stiegen ein." 23 der 25 Agenten entscheiden sich, in den Westen zu gehen. Zwei bleiben in der DDR. Behrendt: „Nach etwa 20 Minuten war alles vorbei. Die vier Agenten, die in den Osten kamen, fuhren gleich weiter." Für Behrendt hat der Austausch noch ein seltsames Nachspiel. „Eine West-Zeitung brachte ein Foto, auf dem Major Schade verdeckt hinter seinem Fotoapparat zu sehen war. Das erregte den Unwillen meiner Potsdamer Vorgesetzten, und man hielt mich für den Fotografen. Ich musste mich rechtfertigen, warum ich den Befehl zum Fotografieren gegeben hatte. Das war typisch DDR."

Wenige Monate später ist der Brandenburger Stasi-Oberleutnant wieder Zeuge eines Weltereignisses. „Diesmal war ich frühzeitig informiert. Ich gehörte zu den Genossen, die aus dienstlichen Gründen West-Presse bekamen. So wusste ich durch die *BILD*-Zeitung, dass ein weiterer Austausch bevorstand." Auch offiziell wird Behrendt vorab benachrichtigt. „Am 4. Februar bekam ich ein Schreiben, dass in den nächsten Tagen ein Agentenaustausch stattfinden würde. Nur das genaue Datum war noch unklar. Schließlich wurde es der 11. Februar." Dieses Mal belagern schon Tage vorher Dutzende Journalisten die Agentenbrücke. Behrendt: „Der 11. Februar 1986 war ein herrlicher Wintertag mit viel Sonnenschein. Die Einzelheiten des Austausches kannte ich nicht. Meine Aufgabe war es, Rechtsanwalt Vogel den Rücken freizuhalten. Ich musste dafür sorgen, dass es keine Zwischenfälle gab und dass die Grenzkontrollstelle ungehindert überquert werden konnte."

Nicht nur vom Westen wurde jeder Schritt auf der Glienicker Brücke genau beobachtet. „Das Ereignis hatte sich auch in der DDR rumgesprochen. Damals spekulierte man, ob auch der sowjetische Dissident Sacharow ausgetauscht würde. Einige DDR-Bürger kamen und guckten ungehindert aus einer Entfernung von etwa 200 Metern in Richtung Brücke. Sie konnten aber nicht viel sehen." Behrendt erinnert sich: „Für meinen Arbeitsbereich Passkontrolle gab es keinen Einsatzplan oder irgendwelche Festlegungen. Es galt, entsprechend der Situation zu handeln. Ich entschied aus der Bewegung heraus." Eine seiner Aufgaben: „Ich musste Oberst Ziegenhorn über jeden Schritt, der auf der Brücke passierte, informieren. Sobald Vogel oder die auszutauschenden Spione eintrafen, rief ich ihn von einem Telefon von der Brücke aus an. Er gab diese Information dann wahrscheinlich direkt an Minister Mielke weiter." Behrendt sieht, wie die Ost-Spione aus dem Westen in die DDR laufen. „Die Führungsoffiziere begrüßten ihre Agenten freundlich und umarmten sie. Dann wurden die Freigelassenen offiziell in der DDR begrüßt. Ich hatte einen Raum in der Villa Kampffmeyer herrichten lassen und gutes Essen aus dem Interhotel Potsdam organisiert." Es ist das Ende des letzten Agentenaustausches auf der Glienicker Brücke. Behrendt: „Ich war immer hautnah dran, habe mich aber an keiner Unterhaltung mit den Ausgetauschten beteiligt. Das war nicht meine Aufgabe. Es war aber schon ein angenehmes Gefühl, wenn man mit seiner Arbeitsstätte im Blickpunkt des Geschehens steht."

Vier Jahre später steht die Glienicker Brücke wieder im Blickpunkt des Geschehens – es ist der Tag des Mauerfalls.

Ausdauer gefordert. Mehr als 100 Reporter und Fotografen aus aller Welt warten bei eisiger Kälte auf das Ereignis
Unten links: In schneller Fahrt verlassen die Limousinen der US-Botschaft in Ost-Berlin den Schauplatz des spektakulärsten Austauschs nach dem von Powers und Abels 24 Jahre zuvor. Im ersten Fahrzeug sitzen Botschafter Richard Burt und Anatolij Schtscharanski, der kurz darauf nach Frankfurt fliegt, um dort seine Frau wiederzusehen
Unten rechts: Nach teils langer Haft fahren die aus den DDR-Gefängnissen Entlassenen in die Freiheit

fest: „Vogel genoss sichtlich seine Rolle, Anwalt in einem Handel von so hohem internationalem Rang zu sein. Es verstand sich, dass dieses Angebot zunächst absolut geheim bleiben musste.“

Neben dem Bürgerrechtler werden 13 Agenten ausgetauscht

Was folgt, ist ein Interessenabgleich unter den westlichen Partnern, vor allem aber zwischen West und Ost. Wer will welchen Agenten in den großen Tausch mit einbeziehen? Wer ist bereit, wen zu begnadigen? Ein Streitpunkt ist es, wie Schtscharanski zu gewichten sei. Die sowjetische Seite will ihn wie einen normalen Agenten behandelt wissen. Die westliche verwahrt sich dagegen mit dem Hinweis, er sei ein Bürgerrechtler. Schließlich findet man auch hier eine Kompromiss-Lösung, sodass vor Weihnachten 1985 unter der Federführung des amerikanischen Botschafters in Ost-Berlin Francis J. Meehan und Vogel ein Gesamtpaket geschnürt ist.

In Rehlingers Urlaubsort im österreichischen Gerlos, genauer gesagt im „Gaspingerhof“, wird die abschließende Vereinbarung in Anwesenheit der wichtigsten Beteiligten getroffen. Neben Schtscharanski sollen acht Personen ausgetauscht werden. Der Westen entlässt das Ehepaar Karel und Hanna Köcher, das in den Vereinigten Staaten für den tschechoslowakischen Geheimdienst spioniert hat, sowie den Russen Jewgeni Semljakow, den Polen Jerzy Kaczmarek und den ostdeutschen Detlef Scharfenorth, die in der Bundesrepublik tätig gewesen sind. Im Gegenzug sollen sich die Gefängnistore für Dietrich Niestroj und Wolf-Georg Frohn sowie Jaroslaw Jaworsky öffnen. Die drei West-Agenten sind zu lebenslanger beziehungsweise 13-jähriger Haft verurteilt worden und haben schon einige Jahre davon abgesessen.

Fast auf den Tag 24 Jahre nach der ersten großen Agentenaustausch-Aktion auf der Glienicker Brücke findet das Spektakel statt. Anders als bei den beiden vorangegangenen Agentenaustausch-Aktionen ist diesmal die Weltöffentlichkeit mit dabei. Hunderte Journalisten haben trotz klirrender Kälte tagelang auf der West-Berliner Seite der Brücke ausgeharrt. Sie kampieren in Wohnwagen und Wohnmobilen. Satellitenschüsseln sind installiert und Telefonleitungen verlegt worden. Ludwig Rehlinger schreibt darüber: „Die öffentliche Aufmerksamkeit nahm schließlich eine solche Dimension an, dass wir ernsthaft daran dachten, den Austausch zu verschieben oder an einen anderen Ort zu verlegen. (...) Hier waren jedoch größere Mächte am Werk. (...) Nein, alles musste so bleiben, wie es verabredet worden war. Es hieß nun einfach durchstehen. Mehr und mehr verdichtete sich

Glücksmoment: Die tschechoslowakische Agentin Hanna Köcher, die in den Vereinigten Staaten wegen Spionage im Gefängnis saß, wird in Ost-Berlin von einem Offiziellen begrüßt

bei mir auch die Ahnung, dass nicht nur die USA an einer breiten Öffentlichkeit ein Interesse hatten; die Sowjetunion schien ebenfalls Gefallen daran zu finden, Schtscharanski unter den Augen der Welt ausreisen zu lassen. Die Fachleute für Agitation und Propaganda drüben waren wohl zu der Überzeugung gelangt, dass dieses öffentliche Spektakel dem Image der Sowjetunion Nutzen einbringen würde."
Am 11. Februar um 11.42 MEZ ist es dann endlich so weit. Eine Wagenkolonne,– von West-Berlin kommend – bestehend aus Vogels Mercedes, dem Wagen des amerikanischen Botschafters in der Bundesrepublik, Richard Burt, und zwei Kleinbussen –, fährt vor. Da die Amerikaner Wert darauf gelegt haben, dass die Freilassung Schtscharanskis mit dem eigentlichen Agentenaustausch nichts zu tun hat, kommt er zusammen mit Meehan und Vogel als Erster zur weißen Grenzlinie in der Brückenmitte, an der er von Burt und Rehlinger begrüßt wird.

Schtscharanski spricht später vom Ende einer fast endlosen Reise

Schtscharanski, der später israelischer Handelsminister werden wird, spricht später vom Ende einer endlosen Reise aus der Gefangenschaft „vom Gulag in Sibirien über Moskau nach Potsdam über die Brücke". Burt habe ihm den Streifen in der Mitte gezeigt und gesagt: „‚Hier, diese Linie ist die Grenze zum Westen.' Ich sprang drüber, und es war ein unglaubliches Gefühl." Eilig besteigen sie dann zusammen mit Rehlinger die Limousine des US-Botschafters, die sie zum Tempelhofer Flughafen bringt, von wo ein amerikanisches Militärflugzeug mit dem Bürgerrechtler in Richtung Frankfurt am Main startet. In einem VIP-Raum der dortigen Air-Force-Base gibt es nach elf Jahren der Trennung ein Wiedersehen mit dessen Frau Avital, die niemals aufgehört hat, für die Freilassung Anatolijs zu kämpfen. Zu diesem Zeitpunkt ist bereits eine Botschaft von Präsident Ronald Reagan und Bundeskanzler Helmut Kohl verbreitet worden, in der sich beide Staatsmänner zufrieden über die Freilassung des aus Gewissensgründen inhaftierten Schtscharanskis äußern. Von den ausgetauschten Agenten ist darin nicht die Rede.
Ihr Seitenwechsel ist eine schnelle Sache. Der DDR-„Kundschafter" Detlef Scharfenorth, der dabei war, erinnert sich: „Unser Bus war recht klein (...) Wir durften aussteigen, standen in einer Linie an der Grenzmarkierungslinie, die schneefrei gemacht wurde. Erst ging der (...) Pulk derjenigen, die aus dem Osten kamen, in den Westen, dann gingen die Köchers zunächst, dann Semljakow und Kaczmarek. Alle wurden abgefahren, bis auf mich, ich stand dann da mutterseelenalleine. Inzwischen waren fast alle Leute verschwunden, und dann brauste ein Mercedes, von Potsdamer Seite kommend, rückwärts auf mich zu. Frau Vogel sprang aus dem Wagen, Herr Vogel kam auch und sagte: ‚Herr Scharfenorth, Sie haben wir fast vergessen.'"

Ein Medizin-Professor kämpft für die Freiheit seiner Schwester

Tatsächlich vergessen worden wäre gewiss der Fall der zu lebenslanger Haft verurteilten Christa-Karin Schumann, der ehemaligen Lebensgefährtin des hingerichteten Korvettenkapitäns, Winfried Baumann, wäre da nicht ihr Bruder, der Heidelberger Medizin-Professor Wolf-Dieter Thomitzek, gewesen. Zusammen mit seiner Ehefrau fordert er immer wieder vor der Ständigen Vertretung der DDR in Bonn und am Berliner Checkpoint Charlie mit Transparenten „Freiheit für Dr. Karin Schumann". Und auch auf den Ex-BND-Chef, den Staatssekretär im Justizministerium, übt der Professor moralischen Druck aus – offenbar nicht ohne Erfolg, denn Kinkel bringt tatsächlich den Fall Schumann wieder auf die Tagesordnung der deutsch-deutschen Agentenaustausch-Gespräche. Am 10. Februar 1987 trifft er in der An-

Forscher Blick. Der BND-Präsident Klaus Kinkel bemüht sich um die Freilassung Christa-Karin Schumanns

Am Ziel. Christa-Karin Schumann (D. v. l.) wird nach langen Jahren im Gefängnis ausgetauscht Links neben ihr: Wolfgang Vogel

gelegenheit mit dem DDR-Staatsanwalt Carlos Foth zusammen. Norbert F. Pötzl schreibt in seinem Buch von einem Lamento des FDP-Politikers, der laut Protokoll erklärt habe, dass Christa-Katrin Schumann „vonseiten der DDR völlig zu Recht zu 15 Jahren Freiheitsentzug verurteilt" worden sei, dass der Bruder der Inhaftierten „unerhörten Druck" auf ihn ausübe und er (Kinkel) darum bitte, den Fall einer Lösung zuzuführen.

Erst der Bonn-Besuch Honeckers macht ihre Entlassung möglich

Doch im Ministerium für Staatssicherheit weigert man sich beharrlich, Christa-Karin Schumann freizugeben. Zum einen fürchtet man, der Fall des hingerichteten Baumann könnte nach einem Austausch weite Kreise ziehen. Zum anderen ist dessen Partnerin in den Besitz streng geheimer Informationen gekommen, die nicht in den Westen gelangen sollen. Da sich in der Angelegenheit nichts tut, droht Bonn sogar, die Gespräche über den Agentenaustausch abzubrechen. Vogel warnt daraufhin: „Eine derartige Stagnation hat es im Austauschverfahren noch nie gegeben, auch nicht im Falle Guillaume. Zurzeit nicht lösbare Fälle haben in dieser Hinsicht nie zum totalen Stillstand geführt, wie er von Ihrer Seite derzeit für angebracht gehalten wird. Möge man es dabei belassen. Meine Seite wird durchhalten. Wie aber die zahlreichen wegen unbestreitbarer Spionage verurteilten Bundesbürger freikommen sollen, vermag ich mir nicht vorzustellen." Schließlich droht Ost-Berlin über Vogel, dass dies nicht ohne Folgen für den Häftlingsfreikauf und die Familienzusammenführung bleiben könne.

Doch dies will Bonn wiederum vermeiden. So kommt es, dass man am 1. April 1987 Lothar-Erwin Lutze, den Spion im Bundesverteidigungsministerium, ein Jahr vor dem Ablauf seiner Haftzeit freilässt. Zusammen mit zwei weiteren Ost-Agenten wird er am Grenzübergang Herleshausen/Wartha den DDR-Unterhändlern überstellt. Im Gegenzug gelangen vier Agenten des BND beziehungsweise des Bundesamts für Verfassungsschutz, die schon jahrelang in DDR-Gefängnissen sitzen, in die Freiheit. Christa-Karin Schumann ist wiederum nicht dabei.

Erst im Vorfeld des Besuchs von DDR-Staats- und Parteichef Erich Honecker in der Bundesrepublik zeigt sich die DDR in der Sache generös. Voraussetzung für die Ost-Seite ist dabei, dass ein Austausch ohne großen Medienrummel stattfinden muss. In einem Brief an ihren Bruder schreibt Christa-Karin Schumann daher im Juli 1987, er möge stillhalten und nicht durch Aktionen seinerseits diese Chance vertun. Am 12. August 1987 ist es dann so weit: Ihre siebenjährige Haft in DDR-Zuchthäusern ist vorüber. Nicht zu Ende ist ihr Leidensweg, denn das Erlebte lässt sie nicht mehr los. Im Sommer 2012 erklärt sie: „Man nimmt sicher als Außenstehender an, dass so ein Trauma mit der Zeit verschwindet bzw.

Enttarnt. Der KGB-Agent Manfred Rotsch steigt in ein Fahrzeug der Ermittlungsbehörden

wenigstens weniger wird. Auch ich hatte das vermutet und muss nun feststellen, dass das Gegenteil der Fall ist."

Unter denjenigen, die an jenem Sommertag des Jahres 1987 an der Grenzübergangsstelle Herleshausen-Wartha die Seiten wechseln, ist auch der KGB-Agent Manfred Rotsch. Bereits Mitte der 50er-Jahre ist der Sudetendeutsche als Flüchtling in die Bundesrepublik eingeschleust worden. Dort macht er Karriere in der Luftfahrtindustrie. Zunächst bei Heinkel in Stuttgart beschäftigt, leitet er die Konstruktionspläne des dort montierten Düsentrainers der Bundeswehr, der Fouga Magister, in den Osten weiter. Später als Mitarbeiter des MBB-Konzerns verrät er Geheimstes über den Jagdbomber Panavia Tornado.

Nicht nur der Ost-Agent Manfred Rotsch will im Westen bleiben

Rotsch, der ein unauffälliges bürgerliches Leben führt, wäre wohl nie enttarnt worden, wäre nicht 1981 der KGB-Offizier Wladimir Ippolitowitsch Wetrow mit einem Konvolut interner Dokumente zu den Franzosen übergelaufen. Die Auswertung der Unterlagen ergibt, dass Moskau einen Maulwurf im MBB-Konzern haben muss. Im September 1984, wenige Tage vor seiner Pensionierung, wird Rotsch verhaftet und zwei Jahre später vom Bayerischen Obersten Landgericht zu achteinhalb Jahren Gefängnis verurteilt. Von diesen hat er – abgesehen von der Untersuchungshaftzeit – gerade einmal ein Jahr abgesessen, als er gegen Christa-Karin Schumann ausgetauscht wird. Bereits im November 1987 kehrt Manfred Rotsch, der sich im „Arbeiter- und Bauernstaat" alles andere als wohlfühlt, in die Bundesrepublik zurück, um dort seinen Lebensabend zu verbringen.

Manfred Rotsch war nicht der einzige Ost-Spion, der es vorzog, im Westen zu bleiben. Der in München-Stadelheim einsitzende Ingenieur Reiner Selch verzichtete 1987 sogar darauf, gegen Christa-Karin Schumann ausgetauscht zu werden. Später änderte er seine Meinung. Als am 12. Oktober 1989 – in der krisengeschüttelten DDR scheint sich die Reformpolitik nach dem Vorbild Gorbatschows inzwischen Bahn zu brechen – Staatssekretär Priesnitz und Vogel wieder einmal einen Vertrag über einen Agentenaustausch unterschreiben, geht es auch um Selch. Der soll in einer Woche gegen den Kranfahrer Rudolf Maag ausgetauscht werden. Maag hat dem BND unter dem Decknamen „Olbert" über Truppenbewegungen der Gruppe der sowjetischen Streitkräfte in Deutschland berichtet und ist dabei aufgeflogen. Das Militärobergericht Berlin hat den Mann aus dem sächsischen Glauchau daraufhin zu 13 Jahren Haft verurteilt. Mit zum Deal gehört, dass die Ehefrau Maags und deren vier Kinder innerhalb von vier Wochen ausreisen dürfen. Wohl niemand der Beteiligten ahnt an diesem 12. Oktober 1989, dass der Passus bald obsolet sein würde. Denn am 9. November fällt die Mauer.

Der Agentenaustausch von Selch und Maag ist der letzte, der nach den „üblichen Modalitäten" vollzogen wird. Sämtliche wegen Spionage für den Westen Verurteilte – darunter 45 Häftlinge aus Bautzen – werden auf Druck Bonns bis zum Jahresende entlassen. Und auch die Bundesrepublik zeigt sich angesichts der Entwicklung in Deutschland generös. Am 21. Dezember 1989 begnadigt Bundespräsident Richard von Weizsäcker vier Agenten. Neben der langjährigen Kanzleramts-Sekretärin Elke Falk ist Margret Höke unter ihnen. Sie gehört zu denen, die aus Liebe Landesverrat begingen. Die Mitarbeiterin des Bundespräsidialamtes ist 32 Jahre alt, als sie ihren „Romeo" kennenlernt. Der ist jedoch kein Lehramtsstudent, wie er sagt, sondern hauptamtlicher KGB-Mitarbeiter. Diesem verfallen, beschafft Margret Höke zwischen 1971 und 1985 fast 2000 Dokumente, darunter geheimste NATO-Unterlagen. Acht Jahre Gefängnis bringt ihr das ein. In die DDR will Margret Höke nicht, als sich für sie die Gefängnistore in Köln-Ossendorf öffnen. Wie die drei anderen Begnadigten bleibt sie in der Bundesrepublik. Doch ihre Entscheidung ist nicht mehr von Belang. Denn die DDR existiert bald nicht mehr.

Endlich trennt sie nichts mehr. Auf der Glienicker Brücke, wo einst Agenten ausgetauscht wurden, feiern Deutsche aus Ost und West den Fall der Mauer

Freiheit im Blick. Im berühmt-berüchtigten DDR-Zuchthaus Bautzen streiken Anfang Dezember 1989 die Häftlinge 3

KAPITEL VI

Das Ende und die Aufarbeitung

1989–heute

Mit dem Fall der Berliner Mauer am 9. November 1989 ist nichts mehr, wie es einmal gewesen ist. Anstelle der strikten Abgrenzung steht die Öffnung, anstelle der ideologischen Auseinandersetzung das Aufeinanderzugehen. Und dennoch wird eine Zeit lang an den eingespielten deutsch-deutschen Prozeduren festgehalten. Obwohl sich die DDR auf der KSZE-Folgekonferenz in Wien wiederum zur Wahrung der Menschenrechte verpflichtet hat und der Freikauf nach westlicher Sicht der Dinge damit obsolet geworden ist, setzt die Bundesrepublik das sogenannte B-Geschäft gemäß der im Sommer getroffenen Vereinbarungen fort und transferiert beachtliche Sachwerte in die DDR. Am 18. Dezember wird eine Lieferung von Südfrüchten im Wert von 15 Millionen D-Mark vereinbart. Am 23. Januar 1990 unterschreibt Karl-Heinz Neumann, der Präsident des Diakonischen Werks, einen Vertrag im Warenwert von 50 Millionen D-Mark. Am 24. September 1990 bestätigt dann die Koko die vertragsgemäße Lieferung „von 3,7 Tonnen Kupfer, 57 Kilotonnen Erdöl und 1034 VW-Kleintransportern". Es ist das letzte Geschäft, das über die Evangelische Kirche abgewickelt wird, denn seit Weihnachten 1989 gibt es in den Zuchthäusern der DDR keine politischen Häftlinge mehr.

Der DDR-Staatsrat unter Egon Krenz erlässt eine Amnestie

Unter dem Druck der Massen, die zunächst unter dem Slogan „Wir sind das Volk" Freiheit und Demokratie einfordern, sieht sich der Staatsrat unter dem Honecker-Nachfolger Egon Krenz am 27. Oktober genötigt, eine Amnestie zu erlassen. Sie gilt für alle Personen, die im Zusammenhang mit den Demonstrationen Anfang Oktober verhaftet worden sind, aber auch für alle, „die vor dem 27. 10. 1989 Straftaten des ungesetzlichen Grenzübertritts sowie Straftaten begangen (haben), die darauf gerichtet waren, die Ausreise aus der DDR widerrechtlich durchzusetzen". Da es auch in den Gefängnissen des „Arbeiter- und Bauerstaates" gärt, hofft die Ost-Berliner Führung, durch die Abschiebung der aufsässigen „Republikflüchtlinge" in die Bundesrepublik die Situation zu beruhigen. Doch das Gegenteil ist der Fall. Unter denen, für die der Gnadenakt nicht gilt – so sind etwa diejenigen, die wegen „Republikflucht" in Tateinheit mit „illegalem Devisenhandel" einsitzen, davon ausgenommen –, führt die Amnestie zu Unverständnis, Missgunst und Verbitterung. Unter den mehr als 1800 Häftlingen von Bautzen I, von denen 150 wegen „Republikflucht" Einsitzende entlassen werden, kommt im November zu ersten Streikaufrufen. Auch in der Sonderhaftanstalt der Staatssicherheit Bautzen II, dem Symbol der Unterdrückung in der DDR, begehren die Häftlinge auf. Während die Anstaltsleitung mit Arreststrafen und sonstigen Schikanen gegen die hier einsitzenden isolierten Politischen durchgreift, rufen die Insassen von Bautzen I am 30. November zum unbefristeten Arbeits- und Hungerstreik auf. Verlangt werden eine Amnestie sowie eine Reform des Strafvollzugs. Den Forderungen schließen sich bald alle anderen Strafvollzugseinrichtungen der DDR an.

Anfang Dezember kommt es zu Demonstrationen vor Bautzen II. Einer der Organisatoren des Protestaufzugs, Pfarrer Erhard Simmgen, erinnert sich: „Ich weiß nicht mehr, wie viele das waren. Aber eine ganze Menge, auch eine ganze Menge Jugend. Es wurde dann auch gesungen: ‚Stasi in den Tagebau!' (...) Einige der jungen Leute versuchten dann, an der Fassade hochzuklettern, das haben die dann auch gemacht. Sie haben bis in die obersten Etagen Kerzen in die Fenster gestellt." Unter dem Eindruck dieser Ereignisse verweigern schließlich auch die Insassen von Bautzen I die Ar-

Klare Aussagen. Unter dem Motto „Ein Licht für unser Land" bilden Abertausende eine Menschenkette zwischen Dresden und Bautzen

Gesprächsbereitschaft. Angehörige des Bautzener Streikkomitees diskutieren mit Wilfried Lustik, dem für den DDR-Strafvollzug zuständigen Generalmajor
Unten: Die Wortführer der Gefangenenrevolte nehmen Aufstellung für die Presse

beit. Am 4. Dezember bilden sie einen Gefangenenrat und fordern die Überprüfung sämtlicher Urteile und die Abschaffung politisch motivierter Straftatbestimmungen.
Zunehmend geraten die Peiniger des Regimes in die Defensive. Angehörige des Ministeriums für Staatssicherheit verbrennen im Kesselraum des Zuchthauses Akten, Pfarrer Simmgen darf zu den Gefangenen, deren Streikkomitee verabredet mit der Anstaltsleitung eine Garantieerklärung für einen Gewaltverzicht. Und die reformkommunistische Regierung in Berlin unter dem Gorbatschow-Vertrauten Hans Modrow verkündet am 6. Dezember 1989 eine weitere Amnestie. Sie gilt für Häftlinge, deren Strafmaß drei Jahre nicht überschreitet. Davon ausgenommen sind Gefangene, die wegen Rowdytums einsitzen. Gerade unter diesem Vorwand sind in der DDR missliebige Gegner des Systems verurteilt worden.
Weitaus wichtiger für die Bautzener Häftlinge ist es jedoch, dass die Öffentlichkeit in beiden Teilen Deutschlands von den Ereignissen in Bautzen Notiz nimmt. Auf Vermittlung und durch Druck des Neuen Forums filmt am 9. Dezember 1989 ein West-Berliner Kamerateam in Bautzen II. Die erschütternden Bilder aus dem Zuchthaus tun ein Übriges, aber auch Aussagen von Gefangenen wie die von André Baganz, der fünf seiner acht Jahre Haft in Einzelhaft saß.

Wolfgang Vogel teilte mir mit, dass in Bautzen eine Gefängnisrevolte ausgebrochen sei

Es liegt in der Natur der Sache, dass der Staatssekretär im Innerdeutschen Ministerium, Walter Priesnitz, die dramatischen Ereignisse in der DDR im Herbst und Winter 1989 mit besonderem Interesse verfolgt. Mitte Dezember erreicht ihn ein Anruf von Wolfgang Vogel. „Er teilte mir mit, dass in Bautzen eine Gefängnisrevolte ausgebrochen sei. Er bat mich, ihn dorthin zu begleiten."

Priesnitz zögert keine Minute. Am 15. Dezember 1989 trifft er mit Vogel in Bautzen ein. „Im Gefängnis war der Teufel los. Von einer Gefängnisordnung konnte keine Rede mehr sein. Der Anstaltsleiter gab der Forderung des Streikkomitees nach, dass alle Zellentüren geöffnet werden. Dies war klug, gelang es doch auf diese Weise, die Situation etwas zu entspannen."

Zur Überraschung des Staatssekretärs gelten die Sympathien der Strafgefangenen einzig und alleine Vogel. „In den Botschaften in Prag und Warschau war dies ganz anders gewesen. Dort wurde Vogel beschimpft und bedroht, sodass ich ihn in Schutz nehmen musste. Jetzt buhten und pfiffen die politischen Häftlinge mich aus. Immer wieder bekam ich zu hören, dass die Bundesrepublik nichts für sie getan hätte."

Einer der Wortführer ist Bodo Strehlow. „Sein Fall ist mir besonders nahegegangen. Der Obermaat der Nationalen Volksmarine hat im August 1979 in der Ostsee ein Patrouillenboot unter seine Gewalt gebracht und Kurs West genommen. Doch seine Flucht scheiterte. Er wurde mit Waffengewalt überwältig und dabei schwer verletzt. Ein Militärgericht verurteilte ihn zunächst zum Tode, wandelte das Urteil aber in eine lebenslange Gefängnisstrafe um. Nun stand ich ihm zum ersten Mal persönlich gegenüber!"

Wickelt das letzte Freikauf-Geschäft ab. Staatssekretär Walter Priesnitz ist der Nachfolger Rehlingers. Er stirbt wenige Tage nach dem Zeitzeugengespräch für dieses Buch

Diesen Strehlow spricht nun Vogel an. „Er sagte, dass er schon seit Jahren mit mir verhandele und kaum ein Termin ins Land gegangen sei, der von mir nicht mit dem Fall Strehlow begonnen worden wäre. Die DDR sei es gewesen, die sich immer wieder verweigert habe, einen Mann freizulassen, der sich mit Waffengewalt seinen Weg in den Westen bahnen wollte. So brachte Vogel schließlich das Eis zum brechen."

Die Häftlinge wollen den beiden Unterhändlern nicht so recht glauben, als diese nach einem langen konstruktiven Gespräch versichern, dass sie bis Weihnachten frei sein würden. „Ich berichtete ins Kanzleramt, und Helmut Kohl setzte Modrow massiv unter Druck. Auch Vogel tat das Seine, sodass es mit Weihnachten klappte.

Für mich und Vogel war es das letzte ‚Geschäft' dieser Art. Ich erinnere mich noch sehr gut an seine Worte, als ich ihn mit dem Wagen von Bautzen nach Berlin mitnahm. Er sagte: ‚Gott sei Dank ist es jetzt vorüber.' Und dann fügte er noch – zu mir gewandt – hinzu: ‚Aber Sie, Priesnitz, haben einen großen Vorteil. Sie waren auf der richtigen Seite.'"

Endlich ernst genommen. Mitglieder des Bautzener Streikkomitees auf dem Weg zu einer Besprechung

Einem Rundfunk-Reporter sagt er: „Was ich hier durchmachen musste an Psychoterror, das ist unbeschreiblich. Zum Beispiel hat einer der Bosse hier, sein Name ist Jüttner, Major Jüttner, zu mir persönlich gesagt: ‚Ich lasse Ihnen die Visage zerdreschen, und eines Tages werde ich Sie umlegen lassen.'"

Das Schicksal der politischen Häftlinge ist auch Thema in Bonn

Das Schicksal der politischen Häftlinge in Bautzen ist auch Thema im Bonner Kanzleramt. Dort plant Helmut Kohl einen Besuch in Dresden, wo er am 19. Dezember mit Hans Modrow zusammentreffen will. Der Bundeskanzler droht nun, sein Gespräch mit dem DDR-Regierungschef abzusagen, wenn die Situation in Bautzen nicht bereinigt wird. Da auch der französische Staatspräsident François Mitterrand seinen Besuch in der DDR angekündigt hat und diese alles andere gebrauchen kann als Schlagzeilen über die Zustände in den Gefängnissen, wird Vogel eingeschaltet. Der einstige Honecker-Vertraute, der Anfang Dezember im Strudel der Ereignisse vorübergehend festgenommen worden ist, hat schnell die Zeichen der Zeit erkannt und sich auf die Seite der Reformer geschlagen. Und die brauchen ihn jetzt. Am 8. Dezember wird er von Modrow beauftragt, dafür zu sorgen, dass die politischen Häftlinge bis Jahresende aus den Gefängnissen der DDR entlassen sind.

Am 15. Dezember kommt Vogel, der sich zum Anwalt der Bautzener Häftlinge erklärt, in Begleitung von Walter Priesnitz nach Bautzen. Rehlinger spricht von einem unfassbaren Vorgang: „Der Staatssekretär des Innerdeutschen Ministeriums aus der Bundesrepublik Deutschland, einem Ministerium, dem die DDR – wo immer möglich – aus politischen Gründen aus dem Weg ging, wird zu politischen Häftlingen (...) gelassen, um sie zu beruhigen und ihnen Hilfe zu versprechen. Ein deutlicheres Zeichen, wie tief die Glaubwürdigkeit der SED gesunken war, war kaum vorstellbar."

Am Ende eines sehr emotionalen Gesprächs versichern Priesnitz und Vogel, dass sämtliche politische Häftlinge bis Weihnachten entlassen würden. Den nicht politischen Häftlingen wird von den Unterhändlern zugesichert, dass jedes einzelne Urteil überprüft und dem westlichen Strafmaß angeglichen werden würde. Priesnitz erinnert sich in diesem Zusammenhang an eine Frau, die wegen Rauschgifthandels zu lebenslanger Haft verurteilt worden ist.

In dem von Vogel dazu angefertigten Vermerk heißt es: „Der Ministerpräsident kann mithin seinen Besuchern aus der

Schritt in die Freiheit. Ein Strafgefangener verlässt das Bautzener Zuchthaus

Der Zuchthauswärter setzte sich in meine Zelle. Er sagte: „Die Mauer ist auf." Dann heulte er

Vom Fall der Mauer erfährt Peter Naundorf am frühen Morgen des 10. November 1989. Seit vier Jahren und einem Monat sitzt er zu diesem Zeitpunkt in Bautzen II. Seine Zelle wird aufgeschlossen. Vor der Tür steht ein Wärter, den die Gefangenen den „Chinesen" nennen. „Er sagte: ‚Herr Naundorf, setzen Sie sich auf Ihr Bett.' Mit Herr hatte mich noch kein Stasi-Schließer angeredet, seit ich in Bautzen war", erinnert sich der ehemalige Häftling. Peter Naundorf nimmt auf seiner Pritsche Platz, der Wärter auf der Zellentoilette. „Der Chinese sagte: ‚Die Mauer ist auf.' Dann fing er an zu heulen. Er fragte mich fassungslos: ‚Was wird jetzt aus mir? Was passiert jetzt?'" Peter Naundorf kommt diese Situation noch heute völlig absurd vor. „Jahrelang schikanierten uns die Wärter. Dann kommt einer von ihnen in meine Zelle und heult, weil die DDR zusammenbricht. Er hatte Angst, dass sich jemand an ihm rächen würde oder dass er seine Arbeit verliert. Vor allem fürchteten die Wärter, dass etwas über sie in der Zentralen Erfassungsstelle in Salzgitter vermerkt ist."

Der Alltag im Gefängnis geht die ersten Tage nach der Maueröffnung weiter wie bisher. „Nach vier oder fünf Tagen kam der erste Schließer, der in West-Berlin war. Er hatte sich die 100 Mark Begrüßungsgeld abgeholt und brachte eine Elvis-Schallplatte in den Knast mit, die er sich von dem Geld gekauft hatte", erzählt Peter Naundorf. „Der Wärter prahlte mit seinen Erlebnissen und sagte: ‚Uns passiert gar nichts, und ihr kommt sowieso nicht raus.' Seitdem waren die Wärter wieder obenauf. Einige Häftlinge hatten Angst, dass man uns doch noch umbringen würde."

Peter Naundorf sitzt wegen „Spionage und Landesverrats" in Bautzen. Verhaftet Neujahr 1985. Der gebürtige Cuxhavener zieht 1953 als 18-Jähriger zu Verwandten in die DDR, arbeitet als Gastronom und Hotelier in verschiedenen Kreisstädten im Bezirk Halle, zuletzt in Nebra. Als die Stasi ihn bedrängt, will er zurück in den Westen. Ein befreundeter Journalist überredet ihn zu bleiben und Informationen aus der DDR zu liefern. Naundorf: „Einige Jahre arbeitete ich aus Überzeugung und unentgeltlich für den Bundesnachrichtendienst. Als Gastwirt und Hotelier kamen viele russische Militärs, Stasi-Leute und SED-Funktionäre zu mir. Mit der Über-

Frei. Peter Naundorf (l.) mit Bodo Strehlow (m.) und anderen politischen Häftlingen bei ihrer Entlassung

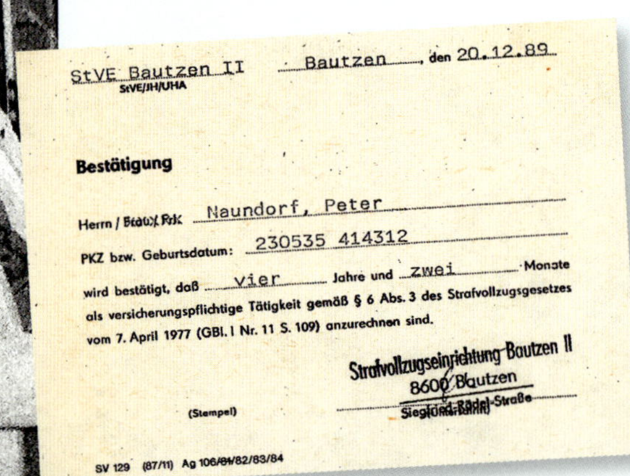

StVE Bautzen II — Bautzen, den 20.12.89
StVE/JH/UHA

Bestätigung

Herrn / ~~Frau / Frl.~~ Naundorf, Peter

PKZ bzw. Geburtsdatum: 230535 414312

wird bestätigt, daß vier Jahre und zwei Monate als versicherungspflichtige Tätigkeit gemäß § 6 Abs. 3 des Strafvollzugsgesetzes vom 7. April 1977 (GBl. I Nr. 11 S. 109) anzurechnen sind.

(Stempel) — Strafvollzugseinrichtung Bautzen II, 8600 Bautzen, Sieg[illegible] [illegible]-Straße

SV 129 (87/11) Ag 106/81/82/83/84

Angerechnet. Die Strafvollzugseinrichtung Bautzen II stellt Peter Naundorf einen Versicherungsnachweis aus

nahme des ersten Hotels unterschrieb ich 1957 auch eine Verpflichtungserklärung beim Staatssicherheitsdienst." Durch die BND-Doppelspionin Gabriele G. fliegt Naundorf auf. Am 11. September 1985 verurteilt ihn das Militärobergericht zu acht Jahren Zuchthaus.

Unauslöschliche Erinnerung. Peter Naundorf besucht Bautzen II, wo er über vier Jahre inhaftiert war

In den ersten Dezembertagen 1989 haben sich die Zellen in Bautzen II deutlich geleert. „Immer mehr wurden amnestiert, nur wir politischen Häftlinge nicht. Wir hatten das Gefühl, man hatte uns vergessen." Unter den Inhaftierten macht sich Unruhe breit. Naundorf: „Wir mussten etwas unternehmen und beschlossen zu streiken. Am 4. Dezember gingen wir zu Schichtbeginn in die Werkstatt und sagten dem Hauptwachtmeister: ‚Wir arbeiten heute nicht. Wir wollen den Anstaltsleiter sprechen und gehen nicht in die Zellen zurück.'"

Die Häftlinge bilden einen Gefangenenrat. Peter Naundorf wird zum Sprecher gewählt. Der stellvertretende Anstaltsleiter – von den Häftlingen Trixi genannt – erscheint einige Zeit nach Streikbeginn und schimpft: „Naundorf, was glauben Sie, wie das hier weitergehen soll?" Er antwortet: „Sie haben gar nicht so viele Arrestzellen, dass Sie uns alle dort einsperren können. Wir fordern, dass alle Zellen aufgeschlossen werden und immer auf bleiben. Wir wollen eine Übereinkunft mit der Anstaltsleitung. Wir fordern: Keine Gewalt und keine Waffen."

Jetzt überschlagen sich die Ereignisse. „Wir drohten am nächsten Tag unseren Arbeitsstreik in einen Hungerstreik auszuweiten, wenn wir nicht umgehend Kontakt zur Öffentlichkeit bekämen." Kurz darauf kommt der ARD-Reporter Schwagrzinna mit einem Kamerateam nach Bautzen. Naundorf: „Er hatte in der Gegend gedreht und noch eine halbe Rolle Film in der Kamera. Er kam einfach vorbei und wurde wirklich hereingelassen. Es war einer der glücklichsten Momente meines Lebens. Ein Reporter des West-Fernsehens bei uns in Bautzen II, das war unvorstellbar."

Zwei Pfarrer und Vertreter des „Neuen Forums" werden ebenfalls in das Gefängnis gelassen. Naundorf: „Das alte Knastleben war plötzlich völlig aufgehoben. Die Zellentüren standen Tag und Nacht offen, Ehepaare schliefen zusammen in der gleichen Zelle. Reporter der verschiedensten Sender und Zeitungen liefen über die Gänge."

Bautzener Bürger solidarisieren sich mit den Insassen, demonstrieren für deren Freiheit. Peter Naundorf erinnert sich an skurrile Dinge in dieser Zeit: „Der stellvertretende Anstaltsleiter meinte zu mir, ich solle die Demonstranten wegschicken. Sie würden Kerzen auf das frisch gestrichene Gefängnistor stellen, das jetzt mit Wachs volltropfe. Und die Wachleute trauten sich nicht mehr in das Wachhäuschen am Eingang. Es hatte ein Fenster zur Straßenseite. Aus Angst vor den Demonstranten saßen sie dort nur noch im Dunkeln."

Während sich die Häftlinge über die Veränderungen freuen, versuchen die Stasi-Schergen, ihre Spuren zu verwischen. „Am 11. Dezember kam ein Wachhabender zu mir und sagte: ‚Herr Naundorf, die Stasi verbrennt Akten im Heizofen.' Ich ließ die Tür zuschweißen, durch die die Stasi-Leute von ihrem Gelände in den Heizungskeller kamen."

Fast täglich bekommt Naundorf jetzt Listen mit Gefangenen, die in die Freiheit entlassen werden. Am 15. Dezember kommt DDR-Anwalt Vogel mit einer Delegation nach Bautzen und verspricht, dass noch vor Weihnachten alle Häftlinge freigelassen werden. Peter Naundorf verlässt Bautzen II am 22. Dezember in einem Auto aus der Kanzlei Vogel. Mit ihm kommt Bodo Strehlow frei, ein Marinesoldat, der sich zehn Jahre zuvor offen gegen Honeckers Regime gestellt hatte.

Weihnachten 1989 verbringt Peter Naundorf mit seiner Frau und seiner Tochter bei Verwandten in der Nähe von Hamburg. Auch seine Frau wurde im Januar 1985 verhaftet und saß sechs Monate in Untersuchungshaft. Das Familienglück hält nur wenige Tage. Drei Wochen nach der Haftentlassung erleidet die Ehefrau einen Hirnschlag und stirbt einige Wochen später. Peter Naundorf wohnt heute in der Nordheide bei Hamburg und hat noch einmal geheiratet.

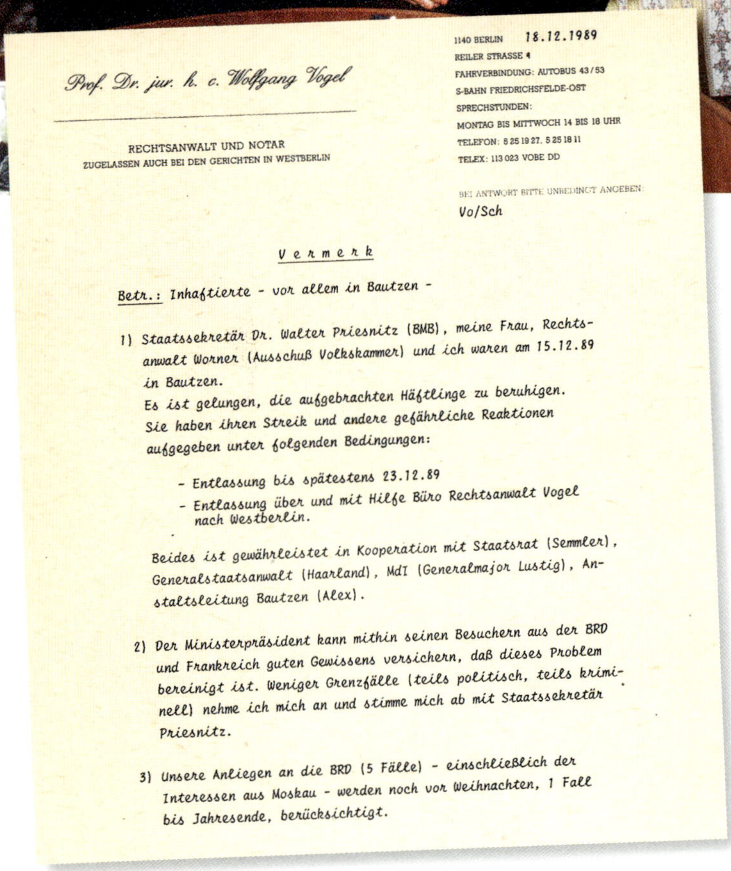

Prof. Dr. jur. h. c. Wolfgang Vogel

RECHTSANWALT UND NOTAR
ZUGELASSEN AUCH BEI DEN GERICHTEN IN WESTBERLIN

1140 BERLIN 18.12.1989
REILER STRASSE 4
FAHRVERBINDUNG: AUTOBUS 43/53
S-BAHN FRIEDRICHSFELDE-OST
SPRECHSTUNDEN:
MONTAG BIS MITTWOCH 14 BIS 18 UHR
TELEFON: 5 25 19 27, 5 25 18 11
TELEX: 113 023 VOBE DD

BEI ANTWORT BITTE UNBEDINGT ANGEBEN:
Vo/Sch

Vermerk

Betr.: Inhaftierte - vor allem in Bautzen -

1) Staatssekretär Dr. Walter Priesnitz (BMB), meine Frau, Rechtsanwalt Worner (Ausschuß Volkskammer) und ich waren am 15.12.89 in Bautzen.
Es ist gelungen, die aufgebrachten Häftlinge zu beruhigen. Sie haben ihren Streik und andere gefährliche Reaktionen aufgegeben unter folgenden Bedingungen:

- Entlassung bis spätestens 23.12.89
- Entlassung über und mit Hilfe Büro Rechtsanwalt Vogel nach Westberlin.

Beides ist gewährleistet in Kooperation mit Staatsrat (Semmler), Generalstaatsanwalt (Haarland), MdI (Generalmajor Lustig), Anstaltsleitung Bautzen (Alex).

2) Der Ministerpräsident kann mithin seinen Besuchern aus der BRD und Frankreich guten Gewissens versichern, daß dieses Problem bereinigt ist. Weniger Grenzfälle (teils politisch, teils kriminell) nehme ich mich an und stimme mich ab mit Staatssekretär Priesnitz.

3) Unsere Anliegen an die BRD (5 Fälle) - einschließlich der Interessen aus Moskau - werden noch vor Weihnachten, 1 Fall bis Jahresende, berücksichtigt.

Distanziert, aber dennoch ergebnisorientiert. Bundeskanzler Helmut Kohl und der Vorsitzende des DDR-Ministerrats Hans Modrow kommen am 19. Dezember 1989 in Dresden zusammen
Unten: Kurz zuvor fertigt Wolfgang Vogel einen Vermerk an, wonach die politischen Häftlinge bis zum 23. Dezember entlassen werden sollen. Das Dokument befindet sich in der Gedenkstätte Bautzen

BRD und Frankreich guten Gewissens versichern, dass dieses Problem bereinigt ist." Im Gegenzug verpflichten sich die Bautzener Häftlinge, ihre Aktionen unverzüglich einzustellen. Am 22. Dezember teilt Vogel seinem westdeutschen Partner Priesnitz mit, dass sich ab dem 24. kein einziger politischer Häftling in einem Gefängnis der DDR befinde. Dies sei ein Ergebnis der Begegnung von Bundeskanzler Helmut Kohl mit Ministerpräsident Modrow in Dresden.

Die „besonderen humanitären Bemühungen" sind damit an ihr Ende gelangt. Rehlinger, der auf westdeutscher Seite viele Jahre daran federführend beteiligt gewesen ist, bilanziert: „Der Weg war lang, dornenreich und umstellt von vielerlei Gefahren. Vielen Tausend Menschen konnte in ihrer politisch bedingten Not geholfen werden. Aber auch das muss hier vermerkt werden, dass in leider nicht wenigen Fällen trotz aller Bemühungen ein Erfolg versagt geblieben ist, weil die DDR sich hartnäckig verweigerte. Die ‚besonderen Bemühungen' haben dazu beigetragen, vielfältiges Leid und arge Bedrängnis in Deutschland zu mildern. Sie haben tief auf die gesellschaftlichen Verhältnisse in der DDR eingewirkt, und man kann sicher ohne Überschätzung hinzufügen, dass sie den Boden für den Wandel im Jahre 1989 mit bereitet haben."

Seit dem 3. Oktober 1990 existiert die DDR nicht mehr, wohl aber die Last ihrer Vergangenheit, die der Aufarbeitung bedarf. Dies gilt auch für den Freikauf, dessen ganze Dimension erst nach und nach bekannt wird. So ist zwischen Ende 1963 und Ende 1989 für 33 862 politische Häftlinge die vorzeitige Freilassung erreicht worden. Mehr als 250 000 Familienzusammenführungen sind zustande gekommen, und glückliche Eltern haben mehr als 2000 Kinder in ihre Arme schließen können. Dafür hat die DDR Transferleistungen im Wert von etwa 3,4 Milliarden D-Mark erhalten! Mit dem Bekanntwerden des gesamten Umfangs des Freikaufs wird die Frage nach seiner moralischen Legitimation gestellt.

Mehr als 33 000 politische Häftlinge wurden freigekauft

Dies geschieht – abgesehen von Buchpublikationen – an den Runden Tischen und in zahlreichen Diskussionsveranstaltungen, die von den unterschiedlichsten Initiativen und Organisationen veranstaltet werden. Die ganze Palette der mit dem Freikauf verbundenen Fragen wird dort diskutiert: die Bedeutung des Freikaufs für das Rechtssystem der DDR, für den Strafvollzug, ja für den zweiten deutschen Staat als solchen. Kontroversen entspinnen sich besonders über die Frage, ob der Freikauf die DDR stabilisiert oder destabilisiert hat. Aus den Reihen der Bürgerbewegung wird in diesem Zusammenhang argumentiert, dass die humanitären Maßnahmen der Bundesregierungen eine Schwächung der Opposition in der DDR zur Folge gehabt hätten.

Bald beschäftigt sich auch ein Untersuchungsausschuss des im Dezember 1990 gewählten Deutschen Bundestages mit dem Thema. Detailliert wird im sogenannten Schalk-Ausschuss die Funktionsweise des – über den von Schalk-Golodkowski geführten Bereich Kommerzielle Koordinierung (Koko) abgewickelten – Ost-West-Handels und damit auch des Menschenhandels mit politischen Häftlingen und Ausreisewilligen untersucht. Der Bericht legt nicht nur diese deutsch-deutschen Mechanismen offen, sondern wirft ebenso einen entlarvenden Blick auf den moralisch-maroden und wirtschaftlich ineffizienten Unrechtsstaat DDR. Er wird von allen Parteien mitgetragen – mit Ausnahme der SED-Nachfolgepartei, der PDS.

Die Postkommunisten legen einen eigenen Bericht vor, der den Geist des alten Feindbildes Bundesrepublik atmet. So wird darin konstatiert, dass der Freikauf für die Betroffenen „ein Glücksfall" gewesen sei, dass es aber „bezweifelt" werden dürfe, dass es „die Sorge um das Wohlergehen der politisch ‚Verfolgten und Unterdrückten' in der DDR" gewesen wäre, „die die westdeutsche Regierung zum Handeln veranlasste". Der Häftlingsfreikauf diente nach Auffassung der Politiker um Gregor Gysi und Lothar Bisky als „politische Waffe", deren Einsatz den DDR-Apparat verunsichert und Druck auf die Regierung ausgeübt habe. Außerdem habe die Bundesrepublik damit „die ‚freiheitlich-rechtsstaatliche Korrektur' der ‚Unrechtsjustiz' eines von ihr nicht anerkannten Staates" demonstriert. Mit schwer überbietbarem Zynismus gegenüber den Opfern des SED-Staates wird schließlich die rhetorische Frage gestellt, welch „empörte Aufregung entstanden wäre, hätte die DDR der Bundesregierung das Angebot unterbreitet, einsitzende Mitglieder der RAF freizukaufen". Historische Aufarbeitung des SED-Unrechts ist für die Post-

Stasi-Offizier und Devisenbeschaffer. Alexander Schalck-Golodkowski wird vor dem nach ihm benannten Untersuchungsausschuss befragt

VS-VERTRAULICH
amtlich geheimgehalten

Einzige Ausfertigung 8.)

Der Bundesminister der Finanzen

5300 Bonn 1, 9. November 1992

Graurheindorfer Straße 108

AG/K-14/92 – VS-Vertr. –
(Geschäftszeichen bei Antwort bitte angeben)
ohne Anlagen offen

Der Bundesminister der Finanzen, Postfach 1308, 5300 Bonn 1

Bundesminister des Innern
z.Hd. MR Dr. Rein o.V.i.A. R-19/11

5300 Bonn 1

Der B...
11.XI.
VT7-

Betr.: 1. Untersuchungsausschuß des 12. Deu
hier: Vermerke der Treuhandanstalt ü
Herrn Dr. Schalck-Golodkowski

Bezug: Ihr Schreiben vom 3. November 1992
– V I 7 – 122 472/1 –

Anlg.: – 2 –

Im Hinblick auf das Bezugsschreiben übersen
Vermerke der Treuhandanstalt über Gespräche
Dr. Schalck-Golodkowski, die am 2. Juli und
stattgefunden haben.

Die Gesprächsvermerke sind VS-Vertraulich e
Einstufung war im Hinblick auf die in den Ve
Bewertungen und Anmerkungen vorgenommen wor

Im Auftrag
Stock
Stock

VS-VERTRAULICH 000022 9.)
– amtlich geheimgehalten –

Erläuterungen zum Ablaufdiagramm Häftlingsfreikauf

1. Bundesregierung stellt Mittel in den Haushalt ein.
2. Nennt Namen der Häftlinge/Ausreisewilligen.
3. Gibt Namensliste an Erich Honecker.
4. Gibt Namensliste an das MfS weiter.
5. MfS (Herren Liebling und Volpert) entscheidet, wer ausreisen darf, setzt die Preise fest. E. Mielke erteilt Zustimmung zur Liste und zu den Preisen.
6. Namensliste der Freizukaufenden geht von E. Mielke/MfS an E. Honecker, weiter zu RA Vogel, vom ihn an das Min. f. innerdeutsche Beziehungen.
7. Min. f. innerdeutsche Beziehungen überweist den geforderten Betrag an das Diakonische Werk.
8. Das Diakonische Werk meldet an den Bereich KoKo, Herrn Seidel, daß die Mittel zur Verfügung stehen.
9. Die Warenbestellung erfolgte vom Bereich KoKo über die Intrac/AHB Genußmittel ggf. auch über die Elmsoka an eine westdeutsche Firma, z.B. Haniel oder Brenntag. Elmsoka wurde eingeschaltet, da sie nicht durch die staatliche Finanzrevision geprüft wurde.
10. Das Diakonische Werk zahlte an die westdeutsche Lieferfirma.
11. Die Waren wurden an Elmsoka, Intrac oder AHB Genußmittel geliefert und durch diese veräußert. Es wurden Waren erworben, die sich schnell und leicht umschlagen ließen.
12. Intrac/Elmsoka überstellen die Erlöse aus den Warenverkäufen an den Bereich KoKo. Die Erlöse sind um rd. 5% geringer als die vom Min. f. innerdt. Beziehungen überwiesenen Beträge.
13. Der Bereich KoKo überweist den ursprünglichen Betrag (den vom Min. f. innerdt. Beziehungen überwiesenen Betrag) auf Konto 628 (Generalsekr.-konto). Die Differenz zu dem erhaltenen Betrag mußte der Bereich KoKo erwirtschaften.

Ablaufdiagramm Häftlingsfreikauf lt. Herrn Dr. Schalc

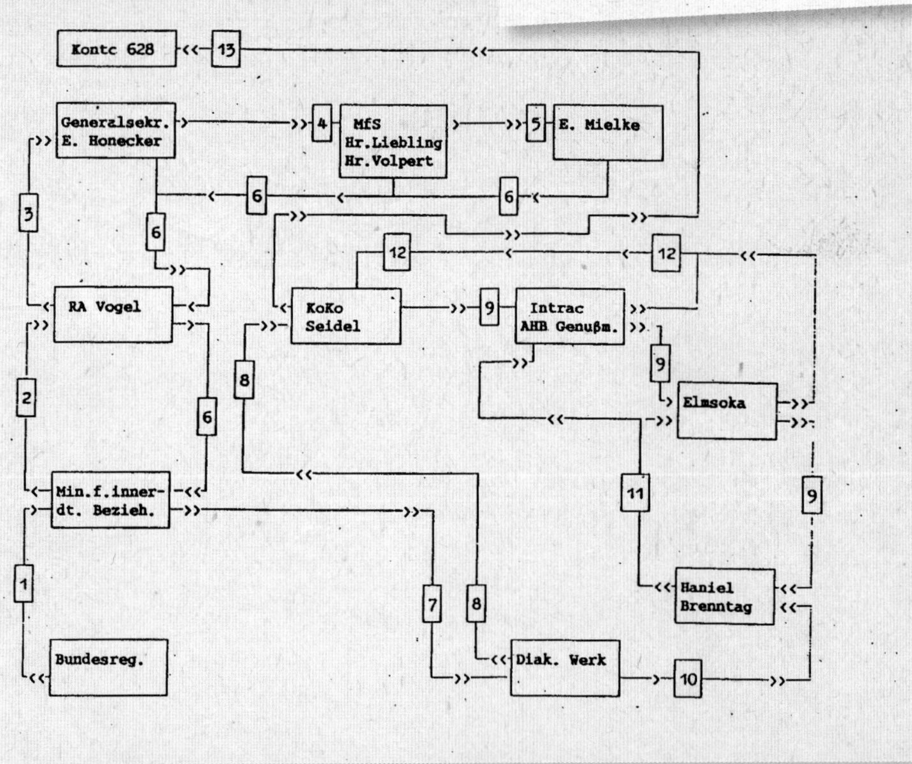

Komplexes System.
Im Zuge einer Befragung von Alexander Schalck-Golodkowski bei der Treuhand entsteht im August 1992 ein Organigramm, das den Ablauf des Freikaufs erhellt und die daran beteiligten Personen und Organisationen benennt. Interessant ist, wo die westdeutschen Millionenbeträge am Ende ankommen – auf dem Konto 628 des SED-Generalsekretärs und DDR-Staatsratsvorsitzenden Erich Honecker

Perestroika-Vorkämpfer. Die Reformkommunisten Gregor Gysi (m.) und Lothar Bisky (l.) haben ihre eigene Sicht auf den Freikauf

kommunisten nur schwer erträglich, wenn sie nicht unter der eigenen Deutungshoheit erfolgt. Juristische Aufarbeitung wird gar als „Siegerjustiz" verunglimpft. Und dies obwohl im Artikel 315 des Einigungsvertrages festgelegt worden ist, „dass eine Straftat nach dem Gesetz geahndet wird, das zur Tatzeit gültig ist – für Ostdeutschland also das Strafgesetzbuch der DDR". Mit anderen Worten: Es kann nur verurteilt werden, wer gegen das DDR-Gesetz verstoßen hat. Nach dieser Reglung, die einer Amnestie nahekommt, sind Richter, die „Kritiker des SED-Staates" wegen „staatsfeindlicher Hetze" oder „Rowdytums" ins Gefängnis geschickt oder „Republikflüchtlinge" zu mehrjährigen Gefängnisstrafen verurteilt haben, kaum zur Verantwortung zu ziehen. Die Ausnahme bildet „schwerstes kriminelles Unrecht", wobei ein „objektivierter, aus den Menschenrechten gewonnener Maßstab" anzuwenden sei, heißt es. Wer etwa an der innerdeutschen Grenze einen Flüchtling erschossen hat, wird demzufolge angeklagt.

So kommen nach 1989 nur 1021 Verfahren zur Anklage. Von 1737 Angeklagten werden 750 verurteilt, nur 40 davon zu einer Freiheitsstrafe ohne Bewährung. Mehr als 99 Prozent aller ursprünglich Beschuldigten kommen ohne Strafe davon. Dies gilt auch für die Richter des Unrechtsstaates. Von den 1780 werden 681 übernommen. Einige dieser Richter fällen Urteile, die für Entsetzen bei den Opfern sorgen. So hält das Landgericht Bautzen einem Wärter zugute, dass er ausschließlich politische Häftlinge misshandelt hat. Wegen Körperverletzung in sieben Fällen wird der Stationsleiter der Sonderhaftanstalt Bautzen II, der „Politische" mit Fäusten, Gummiknüppeln und Holzhockern bis zur Bewusstlosigkeit geschlagen hat, nur zu einer Bewährungsstrafe verurteilt.

Von „Siegerjustiz" kann nach der Wende keine Rede sein

Noch im Jahr 2011 sind im Land Brandenburg Stasi-belastete Richter tätig. Trotz aller Empörung schützt der Justizminister von „Der Linken" ihre Identität, und das Oberverwaltungsgericht Berlin-Brandenburg gibt ihm recht. Durch die vom Berliner Rechtsanwalt Christoph Partsch eingebrachte Klage von *BILD* muss der Minister dann einräumen, dass sechs der 13 Stasi-Richter in den vergangenen Jahren mit der „Bearbeitung von Restitutionsverfahren nach dem Vermögensgesetz beziehungsweise Verfahren nach dem Strafrechtlichen Rehabilitierungsgesetz" befasst gewesen sind.

Hubertus Knabe thematisiert in seinem Buch *Die Täter sind unter uns* auch die juristische Aufarbeitung der Straftaten im Zuchthaus Brandenburg an der Havel. 935 Ermittlungsverfahren sind dort eingeleitet worden, in 18 Fällen kommt es zu Prozessen. Ganze zwei Gefängnisbedienstete müssen ins Gefängnis. Glimpflich davonkommt auch der berüch-

Schuldig gesprochen. Das Landgericht Berlin verurteilt Wolfgang Vogel am 9. Januar 1996 zu zwei Jahren Haft auf Bewährung und einer Geldstrafe tigte Oberwachtmeister Hubert S., der in der Strafvollzugsanstalt Cottbus unter dem Spitznamen „Roter Terror" über viele Jahre hinweg besonders politische Gefangene misshandelt hat. Er erhält zwei Jahre und acht Monate Haft, die er im offenen Vollzug verbringen darf.

Zu einem Jahr Gefängnis auf Bewährung und 2500 D-Mark Geldbuße wird der ehemalige Cottbusser Wärter Walter S. verurteilt. Auch er ist ein gefürchteter Schläger gewesen. Er schreckte nicht einmal davor zurück, sich an behinderten Häftlingen zu vergreifen. Seine Untaten, die er bedaure, seien „systembedingt" gewesen, erklärt er dem Gericht und fügt hinzu: „Hätte sich ein Häftling beschwert, und ich wäre zur Verantwortung gezogen worden, hätte ich damit doch sofort aufgehört." Während die DDR 200 000 Menschen wegen ihrer politischen Meinung eingesperrt hat, wird im wiedervereinigten Deutschland gerade einmal eine Handvoll krimineller Gefängniswärter zu einer Haftstrafe verurteilt.

Die Staatsanwaltschaft Berlin erhebt Anklage gegen Wolfgang Vogel

Im Zuge der juristischen Aufarbeitung des DDR-Unrechts erhebt die Arbeitsgruppe Regierungskriminalität beim Berliner Kammergericht auch gegen Wolfgang Vogel Anklage. Dieser hat seit 1991 auf seine Zulassung als Anwalt verzichtet. Im Jahr darauf wird seine Kanzlei durchsucht. Er selbst wird in Untersuchungshaft genommen, aus der er durch eine Kaution der katholischen Kirche wieder entlassen wird. Im Juli 1993 wird er abermals verhaftet. Der Vorwurf: Erpressung ausreisewilliger DDR-Deutscher. Auf fast 800 Seiten wird ihm dies in der Anklageschrift zur Last gelegt.

Die Arbeitsgruppe hat 53 aus mehreren Hundert Fällen – gleichsam als exemplarischen Querschnitt – ausgewählt. Vogel soll danach Ausreisen von einstigen DDR-Deutschen unter der Bedingung betrieben haben, dass diese ihre Häuser oder Grundstücke an Funktionäre, Stasi-Mitarbeiter und andere Günstlinge des Regimes unter Preis verkaufen. In 16 Fällen muss außerdem dem Vorwurf nachgegangen werden, Vogel habe Ausreisewillige genötigt, sich mit 250 000 Mark aus der DDR freizukaufen. Ihm wird allerdings keine individuelle Erpressung vorgeworfen. Sein Handeln wird vielmehr als Bestandteil unrechtmäßigen Vorgehens von DDR-Stellen bei Ausreiseanträgen angesehen. Die Anklage beabsichtigt deshalb, dem einstigen Honecker-Vertrauten eine Verflechtung mit den staatlichen Stellen, insbesondere mit dem ehemaligen Staatssicherheitsdienst der DDR, nachzuweisen.

Die Verteidigung geht hingegen davon aus, dass Vogel „ein unabhängiger Rechtsanwalt" und nicht Teil des staatlichen Repressionsapparats gewesen sei und die Anklage deshalb gegenstandslos sei. Und Vogel merkt in einer von ihm persönlich verbreiteten Presseerklärung an, dass er gegen erheblichen Widerstand auch für die von der Staatsanwaltschaft als Geschädigte bezeichneten 53 Personen die von ihnen gewünschte Ausreise auf schnellstmöglichem Wege erreicht habe. „Die Anregungen, dafür auch Gegenleistungen einzusetzen, kam stets von ihnen und von Beauftragten aus dem Westen, nicht von mir. Ich habe mithin im Mandanteninteresse gehandelt", erklärt Vogel und versäumt es nicht hinzuzufügen, dass er für seine „humanitäre Tätigkeit" international ausgezeichnet worden sei.

Vogel als einen Anwalt der Menschlichkeit sehen auch zahlreiche westdeutsche Politiker. Denn Vogel hat manch einem den deutsch-deutschen Politik-Alltag erleichtert und auch darüber hinaus vielen einen Gefallen getan, wenn er zum

Vor Gericht. In der DDR-Strafvollzugsanstalt Cottbus hat Hubert S. die Häftlinge misshandelt

Prominenz in Berlin-Moabit. Der letzte DDR-Ministerpräsident Lothar de Maizière ist als Zeuge im Prozess gegen Wolfgang Vogel geladen

Beispiel der Tochter des Bundespräsidenten Richard von Weizsäcker einen Studienaufenthalt im Potsdam vermittelte. Führende Sozialdemokraten wie Altbundeskanzler Helmut Schmidt, Ex-Justizminister Jürgen Schmude und Ex-SPD-Chef Hans-Jochen Vogel machen Vogel sogar in der Untersuchungshaft die Aufwartung. Bundesaußenminister Hans-Dietrich Genscher setzt sich für ihn ein. Aber auch ehemalige Klienten besuchen ihn und bringen damit ihren Dank zum Ausdruck.

Und auch von anderer Seite kommt mentale Unterstützung – vom ehemaligen DDR-Staats- und Parteichef Erich Honecker: Er nimmt seinen Freund und Vertrauten in Schutz, indem er kundtut, dass dieser im eigentlichen Sinne als Anwalt tätig gewesen sei und „daher auch nicht im dienstrechtlichen Sinne weisungsabhängig von Erich Mielke". Zusammen mit seiner Frau Margot schreibt Honecker, der offenbar vergessen hat, dass Anwälte in der DDR dem Staatsapparat unterstellt gewesen sind, an das Ehepaar Vogel: „Wir haben so oft an Euch gedacht, besonders nachdem auch Ihr für Euer Wirken im Interesse der Menschen auf eine solche Weise ‚belohnt' werdet, auch von vielen, die sich Eure Freunde nannten."

Diejenigen dagegen, die sich von Vogel um ihren Besitz betrogen fühlen, lassen kein gutes Haar an ihm. Als der ehemalige DDR-Unterhändler im Berliner Kammergericht als Zeuge vernommen wird, wird er wüst beschimpft. Einer seiner Verteidiger erinnert sich: „Es gab Zwischenrufe, Beschimpfungen unseres Mandanten als Lügner und Lump, es herrschte eine äußerst aggressive Stimmung. (...) Am Ausgang kam es fast zu Handgreiflichkeiten." Angeheizt wird alles noch durch die bekannt werdenden Einkommensverhältnisse Vogels. Der erhielt von Bonn für seine Aktivitäten eine jährliche Pauschale von 320 000 D-Mark. Dies und die Einkünfte aus dem juristischen Beistand für die DDR-Häftlinge bescherten dem DDR-Unterhändler ein Jahreseinkommen in Höhe von etwa einer Million D-Mark – und dies steuerfrei.

Noch ehe der Prozess gegen Vogel vor der 6. Großen Strafkammer des Landgerichts Berlin im Sitzungssaal 500 des Moabiter Kriminalgerichts beginnt, muss dieser einräumen, dass er als Inoffizieller Mitarbeiter (IM) für das Ministerium für Staatssicherheit gearbeitet hat. Zu zahlreich sind die Dokumente, die sich in der Gauck-Behörde gefunden haben. Sie weisen „Georg" als ein bloßes Werkzeug des SED-Staates aus. Sein Ankläger, Oberstaatsanwalt Bernhard Brocher, meint dann auch, Vogel sei „ein im Grunde intellektuell begabter, besonders prinzipienloser Mensch". Das Gericht folgt Brocher darin, dass es eine Drohung gewesen sei, wenn Vogel den Ausreisewilligen beziehungsweise Freigekauften erklärt habe, Voraussetzung für eine rasche Ausreise sei Verkauf oder Schenkung der Immobilie an von ihm benannte Parteigänger des SED-Staates. Als Anwalt hätte er sie auch anders beraten können. Die bekannte Gerichtsreporterin Gisela Friedrichs stellt in diesem Zusammenhang die rhetorische Frage, ob er dann der Mann geworden wäre, dem mehr als 250 000 Familienzusammenführungen und 33 755 Häftlingsfreikäufe gelungen wären, der die von ihren Eltern zurückgelassenen Kinder in den Westen hätte bringen können. „Die Schwächen, die man ihm ankreidet, waren die Voraussetzung für seine Rolle."

Der DDR-Unterhändler räumt eine inoffizielle Stasi-Mitarbeit ein

Schließlich verurteilt die 6. Große Strafkammer des Landgerichts Berlin unter dem Vorsitz von Richter Holzinger Vogel zu zwei Jahren auf Bewährung und einer Geldstrafe von 92000 D-Mark wegen Erpressung, Meineid und Falschbeurkundung. In einem zweiten Prozess, der im Jahr 1996 stattfindet, wird der DDR-Menschenhändler von derselben Kammer vom Vorwurf der Erpressung freigesprochen. Anhaltspunkte dafür, dass der Angeklagte die Ausreisewilligen durch Drohungen oder Gewalt unter Druck gesetzt habe und die Ausreise von der Überlassung eines Grundstücks oder eines Hauses abhängig gemacht habe, hätten sich nicht ergeben, urteilt das Gericht. Die Staatsanwaltschaft legt Revision ein. Im Sommer 1998 hebt jedoch der Bundesgerichtshof Vogels Verurteilung durch das Landgericht Berlin wegen des Tatbestandes der Erpressung auf. Geblieben sind 14 Monate Freiheitsentzug wegen des Meineids und die Geldstrafe wegen der Falschbeurkundung. In beiden Punkten ist die Beweislage eindeutig.

Das milde Urteil gegen Vogel ist nicht zuletzt Ausdruck eines allmählichen Stimmungswandels in Deutschland. Die Menschen schauen gleichgültig auf die zweite deutsche Diktatur zurück. Hubertus Knabe, der Direktor der Gedenkstätte Hohenschönhausen, sieht einen der Gründe darin, dass die Erinnerung verblasst ist. Vergessen sind nach seiner Auffassung nicht nur die kaputten Straßen und Häuser, die katastrophale Luft, die erbärmlichen Auslagen der Geschäfte. Vergessen sei vor allem die Angst, dass die Kinder in der Schule etwas Falsches sagen könnten, die Angst vor jedem Polizeiauto, das um die Ecke bog. Die Angst vor allem vor dem Staatssicherheitsdienst. „Unter normalen Umständen könnte man sagen: ‚Gott sei Dank, dass dies alles vergessen ist.' (...) Doch hinter dieser menschlich verständlichen Verdrängung ist die Diktatur der SED in den letzten Jahren auf schleichende Weise rehabilitiert worden. Anders als beim Nationalsozialismus, wo jeder positive Bezug streng tabuisiert ist, protestiert niemand, wenn ein Politiker von den angeblich so vorbildlichen Kinderkrippen in der DDR spricht. Das kommunistische Regime, das eben auch bis in die Kinderkrippen hineinreichte, ist auf vielerlei Weise wieder salonfähig geworden. Stasi-Spitzel im Bundestag? Na und, was soll's! Kaffeetassen mit DDR-Wappen? Wen stört das schon! Ich glaube, vielen ist gar nicht bewusst, wie schmerzhaft diese scheinbar kleinen Verschiebungen unseres Koordinatensystems für jene sind, die im Gefängnis des Staatssicherheitsdienstes den Preis für die Diktatur der SED zahlen mussten."

Nur wer die Erinnerung an die Diktatur wachhält, weiß um den Wert der Freiheit. In diesem Sinne wirken auch die in der Nachwendezeit ins Leben gerufenen Stiftungen und Vereine, die sich der Erforschung und Erinnerung der zweiten Diktatur auf deutschem Boden widmen. Das Thema Freikauf ist ein wichtiger Bestandteil dieser Arbeit. Besonders hervorzuheben sind in diesem Zusammenhang die Bundesstiftung Aufarbeitung der SED-Diktatur sowie die Deutsche Gesellschaft. Beide Organisationen richten nicht nur Symposien aus und geben Bücher heraus, sie fördern vielmehr auch Dritte. So unterstützt die Bundesstiftung Aufarbeitung etwa die Sonderausstellung „Freigekauft – Wege aus der DDR-Haft", die vom August 2012 bis zum März des darauffolgenden Jahres von der Erinnerungsstätte Notaufnahme Marienfelde gezeigt wird. Die Deutsche Gesellschaft hilft zum Beispiel dem im vergangenen November gegründeten Verein Lern- und Gedenkort Kaßberggefängnis e. V. In ehrenamtlicher Arbeit ist der Verein bestrebt, das historische Gebäudeensemble des ehemaligen Gefängnisses zu einem besuchten Ort der Information über die Geschichte der Haftanstalt und des Gedenkens an die dortigen Opfer weiterzuentwickeln.

Es sind besonders die historischen Schauplätze wie das Kaßberggefängnis bei Chemnitz, der Sammelplatz der Freigekauften vor ihrer Ausreise in den Westen, an denen das Bemühen, die Erinnerung wachzuhalten, seine Früchte trägt. Bautzen II, die Sonderhaftanstalt der Staatssicherheit, wo die isolierten „Politischen" eingesessen haben, ist zu einer viel besuchten Gedenkstätte geworden. Eine ständige Aus-

Wärter-Perspektive. Ein Besucher der Bautzener Gedenkstätte wirft einen Blick in eine Zelle stellung, die sich teilweise noch im Aufbau befindet, dokumentiert die Leiden der Opfer und zeigt die politisch-historischen Zusammenhänge auf. Zu besichtigen sind neben den Ausstellungen unter anderem die Arrestzellen, der Isolationstrakt und die Freiganghöfe.

Im berühmt-berüchtigten Frauengefängnis der DDR, in Hoheneck, arbeitet man noch an einer Konzeption. Ein erster Schritt in diese Richtung ist getan, denn das inzwischen in Privatbesitz überführte Schloss in Stollberg ist soeben in die Liste der sächsischen Gedenkstätten aufgenommen worden, die institutionell gefördert werden. Um ein neues Konzept zu erarbeiten, soll auch ein neuer Förderverein gegründet werden, in dem möglicherweise der bisherige, der „Förderverein Begegnungs- und Gedenkstätte Hoheneck", aufgehen soll. Auf dem Schlossgelände erinnert heute ein Gedenkstein an die politischen Gefangenen. Unter der Federführung des „Frauenkreises der ehemaligen Hoheneckerinnen" haben bislang mehrere Treffen stattgefunden. In die ehemalige zentrale Untersuchungshaftanstalt der

Ein Ort des Schreckens. Das frühere DDR-Frauengefängnis Hoheneck bei Stollberg ist schon von den sowjetischen Besatzern genutzt worden
Unten: Ehemalige Insassinnen besuchen den Ort ihrer Leiden

Staatssicherheit in Berlin-Hohenschönhausen, wo der Leidensweg unzähliger Freigekaufter begonnen hat, kommen inzwischen im Jahr mehr als 300 000 Besucher. Das in dem Gebäudekomplex untergebrachte Dokumentations- und Begegnungszentrum hat es sich zum Ziel gesetzt, die Geschichte der Haftanstalt zu erforschen. Durch eine Vielzahl von Informationsmaterialien, Publikationen und Ausstellungen sowie Veranstaltungen aller Art soll außerdem ein Beitrag zur Diskussion über politische Verfolgung und Unterdrückung in der kommunistischen Diktatur geleistet werden.

Nur der Wachturm ist geblieben. So sieht die Cottbusser Stasi-Untersuchungshaftanstalt 1991 aus. Inzwischen sind Teile davon abgerissen
Unten: Der Liedermacher Wolf Biermann singt in der im September 2012 eröffneten Gedenkstätte im Zuchthaus Cottbus

Auch dort, wo sich der Kopf des Unterdrückungs- und Bespitzelungsapparats, die Zentrale des Staatssicherheitsdienstes, befunden hat, in der Normannenstraße in Berlin-Lichtenberg, befinden sich ein Museum und eine Gedenkstätte. Sie werden von der ASTAK, einem eingetragenen Verein, und der Behörde des Bundesbeauftragten für die Unterlagen des Staatssicherheitsdienstes betrieben. Die im Original erhaltenen Diensträume von Erich Mielke können hier besichtigt werden, aber auch der Konferenzraum und das Casino. Für viele Menschen aus der ehemaligen DDR ist der Zugang zu diesem bis 1989 topgeheimen Ort geradezu von symbolischer Bedeutung. Er gibt ihnen die Genugtuung, die Diktatur überwunden zu haben – und dies auch noch friedlich!

Oben: Besuchermagnet. Von diesem Büro der Berliner Stasi-Zentrale aus leitete der mächtige Erich Mielke den allgegenwärtigen Geheimdienst der SED
Unten rechts: Erich Mielke spricht beim „Kampfmeeting“ aus Anlass des 35. Jahrestags des Staatssicherheitsdienstes im Jahr 1985
Unten links: Nur noch ein kranker Greis. Erich Mielke wird im März 1992 vor dem Schalck-Untersuchungsausschuss vernommen. Acht Jahre später stirbt er im Alter von 92 Jahren in Berlin

Es ist erschreckend, wie finanziell schlecht es den ehemaligen politischen Häftlingen heute geht

Die Osteuropa-Soziologin und Journalistin Dr. Sibylle Plogstedt hat in einer großen Studie die Folgen der politischen Haft für die Opfer erforscht. Von 1969 bis 1971 saß die Wissenschaftlerin in der CSSR wegen Unterstützung einer oppositionellen Prager Gruppe in politischer Haft. Im Interview spricht sie über die wichtigsten Ergebnisse der Arbeit.

In einer Studie an der Essener Universität haben Sie die Schicksale von 802 ehemaligen politischen Häftlingen der DDR untersucht. Wie ist die soziale Lage dieser Menschen heute?

Dr. Sibylle Plogstedt: Es ist erschreckend, wie finanziell schlecht es den ehemaligen politischen Häftlingen der DDR heute geht. Sie waren es schließlich hauptsächlich, die die deutsche Einheit erkämpft haben. Viele haben mit den psychischen und finanziellen Folgen der Haft zu kämpfen. Sie freuen sich, dass die Einheit gekommen ist. Aber selber leben sie in der Einheit nicht gut.

Spätfolgen. Unter den Folgen der Haft leiden viele ehemalige politische Gefangene immer noch. Besonders Frauen macht die psychische Folter aus der DDR-Haft bis heute zu schaffen

Welches Einkommen haben diese Opfer?

Plogstedt: Rund 20 Prozent haben ein monatliches Einkommen von unter 700 Euro, und etwa 13 Prozent der ehemaligen Häftlinge leben von Hartz IV. Bei den Frauen ist diese Zahl noch etwas höher als bei den Männern. Wenn diese Hartz-IV-Empfänger dann Rente beziehen, liegt diese meist auch nicht höher. Die Haft wirkt sich bis heute massiv auf die soziale Lage dieser Menschen aus. Wer in Haft saß und rehabilitiert wurde, kriegt diese Zeit zwar bei der Rente angerechnet. Aber dieser Ausgleich ist geringer als das, was ihnen bei normaler Arbeit zugestanden hätte. Es bedeutet, dass sehr viele Rentner heute auf einem niedrigen Niveau leben. Viele ehemalige Häftlinge können sich als Rentner kaum eine neue Brille leisten. Das ist ehrenrührig.

Seit 2007 können politische Häftlinge, die mindestens 180 Tage inhaftiert waren, eine Opferrente von maximal 250 Euro bekommen. Halten Sie diese Regelung zur finanziellen Entschädigung für ausreichend?

Plogstedt: Die Häftlingsorganisationen selber haben das kritisiert. Sie verlangen, dass sie mit den Opfern des Nationalsozialismus gleichgestellt werden. Nach dem Einheitsvertrag erhalten die Opfer des Nationalsozialismus, die aus der DDR kommen, 750 Euro. Das ist ein beträchtlicher Unterschied. Und das sollte in jedem Fall angepasst werden.

Geht es den Menschen, die in der DDR für Freiheit und Menschenrechte gekämpft haben, jetzt schlechter als denen, die sich an das SED-System angepasst haben?

Plogstedt: Das kann man ganz eindeutig mit Ja beantworten.

Oppositionelle und Ausreisewillige hatten in der DDR berufliche Nachteile. Haben sich diese nach der Haft und dem Freikauf in den Westen fortgesetzt?

Plogstedt: Man muss zunächst festhalten, dass mehr als die Hälfte der insgesamt etwa 200 000 politischen Häftlinge in der DDR geblieben sind. Besser ging es denen, die bis zum Mauerbau in den Westen gingen. Auch wenn es sich schrecklich anhört: Das war eine Zeit, in der in den DDR-Gefängnissen vor allem körperliche Gewalt gegen die Inhaftierten angewendet wurde. In den 70er-Jahren wurden die Opfer psychisch gefoltert. Das geht sehr viel tiefer, weil man gar nicht weiß, wo die Folter anfängt und wo sie aufhört. Insgesamt ging es den Freigekauften im Westen besser. Das hängt aber sehr davon ab, wie die Vorschädigungen durch die Haft waren. Ich kenne Menschen, die sind psychisch so missbraucht worden, dass es ihnen auch nicht mehr half, dass sie in den Westen gingen.

Wie unterscheiden sich die Haft-Repressalien von der frühen DDR bis zu ihrem Ende?

Plogstedt: Ganz am Anfang, noch ehe die DDR existierte, kamen die Gefangenen nach Sibirien, mussten dort Straßen, Eisenbahnstrecken oder die Moskauer U-Bahn bauen. Einige kamen in die ehemaligen Konzentrationslager, die in der sowjetischen Besatzungszone noch eine Zeit weiter betrieben wurden. Die physische Folter, also Schläge und andere Brutalitäten, waren bis zur Mitte der 70er-Jahre das Normale in DDR-Gefängnissen. Danach ist es mit Psychospielen gemacht worden. Dazu dienten auch inoffizielle Stasi-Mitarbeiter, die zu politischen Häftlingen in die Zelle gelegt wurden.

Worunter litten die Politischen während der Haft am meisten?
Plogstedt: Grundsätzlich darunter, dass sie nicht mehr über sich selbst bestimmen konnten. Sie litten unter sehr starken Schikanen durch das Wachpersonal und Mithäftlinge. Besonders belastete die Inhaftierten, wenn die Vernehmer damit drohten, dass auch ihren Angehörigen etwas geschehen würde, wenn sie sich nicht kooperativ zeigten. Sie standen vor der Wahl, aufrecht zu bleiben und nichts zu verraten oder einzuknicken und so die Familie zu retten.

Fühlen sich die politischen Gefangenen eher als Gewinner oder Verlierer der Einheit?
Plogstedt: Im Grunde fühlen sie sich als beides. Sie fühlen sich als Gewinner, weil sie mitgeholfen haben, die Einheit zu erreichen, indem sie immer wieder protestiert haben und gegen die Mauer angegangen sind. Politische Häftlinge sind ja nicht nur Bürgerrechtler, sondern natürlich auch die Flüchtlinge und diejenigen, die aus Liebe in den Westen wollten. Sie sind froh, dass es die Einheit gibt. Gemessen daran, dass es Stasi-Offizieren mit ihrer Rente richtig gut geht, fühlen sich die ehemaligen Häftlinge als Verlierer.

Konnten durch den Fall der Mauer nicht viele Opfer mit der Haftzeit abschließen?
Plogstedt: Die Hälfte etwa konnte das vielleicht schaffen. Die andere Hälfte nicht. Es gibt zwei Arten, auf so eine Belastung wie eine ungerechtfertigte Inhaftierung zu reagieren. Die einen bekommen körperliche Probleme, die anderen psychische. Viele ehemalige Häftlinge sind an Nieren- oder Rückenleiden erkrankt. Eine große Zahl hat Herzprobleme. Das steht auch im Zusammenhang mit den vielen Beziehungen, die durch die Haft zerbrochen sind. Sehr viele entwickelten durch die Haft Platzangst. Das geht so weit, dass sie plötzlich aus einem normalen Linienbus per Notknopf aussteigen müssen, weil sie die Enge nicht aushalten können.

Wer leidet mehr unter den Folgen der Haft – Männer oder Frauen?
Plogstedt: Beide haben zu leiden, aber Frauen immer noch etwas mehr. Die Sorge um die Familie und die Kinder ist bei Frauen noch ausgeprägter als bei Männern. Wenn man dann noch droht, die Kinder zur Zwangsadoption freizugeben, ist das für Frauen besonders schlimm. Diese Psychofolter hatte für viele Frauen zur Folge, dass sie nach der Haft nicht mehr berufsfähig waren.

Welche Berufe und welches Alter dominiert unter den inhaftierten Oppositionellen?
Plogstedt: Es waren vor allem Schüler und junge Studenten, aber auch Arbeiter. Für einen angeblichen Arbeiterstaat ist es schon sehr bezeichnend, wenn sehr viele Oppositionelle aus der Arbeiterklasse stammen.

Sie selbst haben als ehemalige linke West-Berliner Studentin 2 Jahre in der CSSR in politischer Haft gesessen. Wie schlimm war diese Erfahrung für Sie?
Plogstedt: Ich dachte, ich könnte diese Haftzeit so einfach wegstecken. Es war eine Zäsur in meinem Leben. Ich lebte damals mit einem Tschechen zusammen und konnte ihn nach meiner Ausweisung nicht wiedersehen. Ich ging bewusst nach Prag, um dort Flugblätter zu verteilen und mich politisch zu engagieren. Von daher wusste ich, warum man mich festgenommen hatte, und konnte das besser verarbeiten. Zum Schluss der zweijährigen Haftzeit habe ich mich trotzdem ausweisen lassen, weil ich durch die Bedingungen der psychischen Folter nicht mehr konnte. Durch die Haft verstehe ich die Leute, die ich für die Studie interviewt habe, sehr gut, und das merkten sie. Dadurch bekam ich sehr offene Antworten.

Umfassende Studie. Sibylle Plogstedt hat die heutige Situation der ehemaligen politischen Häftlinge erforscht und in dem Buch „Knastmauke" veröffentlicht

Letzte Station vor der Freiheit. Im Gefängnis auf dem Kaßberg bei Chemnitz entsteht ebenfalls eine Gedenkstätte

DIE AUFARBEITUNG DER SED-DIKTATUR. EIN WEGWEISER ZU BILDUNGSANGEBOTEN, MUSEEN & GEDENKSTÄTTEN

ZENTRALE EINRICHTUNGEN

Bundeszentrale für politische Bildung
Adenauerallee 86, 53113 Bonn
www.bpb.de

Bundesstiftung zur Aufarbeitung der SED-Diktatur
Kronenstraße 5, 10117 Berlin
www.stiftung-aufarbeitung.de

Deutsche Gesellschaft e. V., Mosse Palais
Voßstr. 22, 10117 Berlin
www.deutsche-gesellschaft-ev.de

Deutsches Historisches Museum
Unter den Linden 2, 10117 Berlin
www.dhm.de

Haus der Geschichte der Bundesrepublik Deutschland, Bonn
Willy-Brandt-Allee 14, 53113 Bonn
www.hdg.de

Informations- und Dokumentationszentrum des Bundesbeauftragten für die Unterlagen des Staatssicherheitsdienstes der ehemaligen DDR
Zimmerstraße 90–91, 10117 Berlin
www.bstu.bund.de

ZEITZEUGENBÜRO

SED-Diktatur und deutsche Teilungsgeschichte in Schule und außerschulischer Bildung
www.zeitzeugenbuero.de

BADEN-WÜRTTEMBERG

„Gegen das Vergessen" Sammlung zur DDR-Geschichte
Hagenschießstraße 9, 75175 Pforzheim
www.pforzheim-ddr-museum.de

BAYERN

Deutsch-Deutsches Museum Mödlareuth
Mödlareuth 13, 95183 Töpen
www.moedlareuth.de

BERLIN

DDR-Museum, Berlin
Karl-Liebknecht-Str. 1, 10178 Berlin
www.ddr-museum.de

Erinnerungsstätte Notaufnahmelager Marienfelde
Marienfelder Allee 66/80, 12277 Berlin
www.notaufnahmelager-berlin.de

Forschungs- und Gedenkstätte Normannenstraße
Ruschestraße 103, Haus 1, 10365 Berlin
www.stasimuseum.de

Gedenkstätte Berliner Mauer
Bernauer Straße 111/119, 13355 Berlin
www.berliner-mauer-gedenkstaette.de

Gedenkstätte Berlin-Hohenschönhausen
Genslerstraße 66, 13055 Berlin
www.stiftung-hsh.de

Museum Haus am Checkpoint Charlie
Friedrichstr. 43–45, 10969 Berlin
www.mauer-museum.com

Union der Opferverbände Kommunistischer Gewaltherrschaft
Ruschestr. 103, Haus 1, 10365 Berlin
www.uokg.de/cms/

Frauenkreis der ehemaligen Hoheneckerinnen
Sigmaringer Str. 24, 10713 Berlin
www.frauenkreis-hoheneckerinnen.de/start.htm

BRANDENBURG

Dokumentationszentrum Alltagskultur der DDR e.V.
Erich-Weinert-Allee 3,
15890 Eisenhüttenstadt
www.alltagskultur-ddr.de

Gedenkstätte Lindenstraße 54/55 für die Opfer politischer Gewalt im 20. Jahrhundert
Lindenstraße 54–55, 14467 Potsdam
www.gedenkstaette-lindenstrasse.de

Gedenk- und Begegnungsstätte Leistikowstraße Potsdam
Leistikowstraße 1, 14469 Potsdam
www.gedenkstaette-leistikowstrasse.de

Villa Schöningen
Berliner Straße 86, 14467 Potsdam
www.villa-schoeningen.de

Menschenrechtszentrum Cottbus e.V.,
Bautzener Straße 140, 03050 Cottbus
www.menschenrechtszentrum-cottbus.de

HESSEN

Gedenkstätte Point Alpha
Platz der Deutschen Einheit 1, 36419 Geisa
www.pointalpha.com

MECKLENBURG-VORPOMMERN

Dokumentationszentrum für die Opfer deutscher Diktaturen
Obotritenring 106, 19053 Schwerin
www.lpb-mv.de

Dokumentations- und Gedenkstätte des Bundesbeauftragten für die Stasi-Unterlagen in der ehemaligen Untersuchungshaftanstalt des MfS in Rostock
Hermannstraße 34b, 18055 Rostock
www.bstu.bund.de

SACHSEN

Dokumentations- und Informationszentrum (DIZ) Torgau
Schloss Hartenfels, Schlossstraße 27,
04860 Torgau
www.stsg.de/cms/torgau/startseite

Gedenkstätte Bautzen,
Weigangstraße 8a, 02625 Bautzen
www.stsg.de

Museum in der „Runden Ecke"
Dittrichring 24, 04109 Leipzig
www.runde-ecke-leipzig.de

Zeitgeschichtliches Forum Leipzig
Grimmaische Str. 6, 04109 Leipzig
www.hdg.de

Lern- und Gedenkort Kaßberg-Gefängnis e.V.
Am Rathaus 4, 09111 Chemnitz
www.gedenkort-kassberg.de

SACHSEN-ANHALT

Gedenkstätte Deutsche Teilung Marienborn
An der BAB 2, 39365 Marienborn
www.stgs.sachsen-anhalt.de

Gedenkstätte Moritzplatz Magdeburg für die Opfer politischer Gewaltherrschaft
Umfassungsstraße 76, 39124 Magdeburg
www.stgs.sachsen-anhalt.de

Gedenkstätte Roter Ochse Halle/Saale
Am Kirchtor 20 b, 06108 Halle (Saale)
www.stgs.sachsen-anhalt.de

THÜRINGEN

Gedenkstätte Buchenwald
99427 Weimar-Buchenwald
www.buchenwald.de

Grenzlandmuseum Eichsfeld
Duderstädter Straße 5–7, 37339 Teistungen
www.grenzlandmuseum.de

LITERATUR

Altrichter Helmut / Büttner, Edgar / Faulenbach, Bernd (wiss. Ltg.). Hammer, Elke-Ursel (Bearbeitung). Herausgegeben vom Bundesministerium des Inneren und vom Bundesarchiv:
Dokumente zur Deutschlandpolitik; Besondere Bemühungen der Bundesregierung, Band 1, 1962 bis 1969, Häftlingsfreikauf, Familienzusammenführung, Agentenaustausch. München 2012.

Apelt, Andreas H. (Hrsg.):
Flucht, Ausreise, Freikauf. (Aus) Wege aus der DDR. Halle (Saale) 2011.

Apelt, Andreas H. / Grünbaum, Robert / Gutzeit, Martin (Hrsg.):
Von der SED-Diktatur zum Rechtsstaat. Der Umgang mit Recht und Justiz in der SBZ/DDR. Berlin 2012.

Aris, Nancy / Heitmann, Clemens (Hrsg.):
Via Knast in den Westen. Das Kaßberg-Gefängnis und seine Geschichte. Leipzig 2012.

Barzel, Rainer:
Es ist noch nicht zu spät. München 1976.

Bräutigam, Hans Otto:
Ständige Vertretung. Meine Jahre in Ostberlin. Hamburg 2009.

Becker-Israel, Kirsten:
Suche nach Sanssouci. Königstein. Taunus 2003.

Behrendt, Hans-Dieter:
Im Schatten der „Agentenbrücke". Die Glienicker Brücke – Symbol der deutschen Teilung. Schkeuditz 2003.

Blees, Thomas:
Glienicker Brücke. Ausufernde Geschichten. Berlin 1998.

Brinkschulte, Wolfgang / Gerlach, Hans Jörgen / Heise, Thomas:
Freikaufgewinnler. Die Mitverdiener im Westen. Frankfurt am Main. Berlin 1993.

David, Reiner:
Meine Akte. DDR 1969 bis 1975. Berlin 2012.

Diekmann, Kai (Hrsg.):
Die Mauer. Fakten. Bild. Schicksale. München/Zürich 2011.

Donovan, James B.:
Der Fall des Oberst Abel. Gütersloh 1964.

Engelmann, Roger / Vollnhals, Clemens (Hrsg.):
Justiz im Dienste der Parteiherrschaft. Rechtspraxis und Staatsicherheit in der DDR. Berlin 1999.

Fätkenheuer, Eberhard:
Die Brücke in die Freiheit. Ein ehemaliger CIA-Agent offenbart seine Lebensgeschichte. 2011.

Franke, Uta:
Sand im Getriebe. Leipzig 2008.

Fricke, Karl Wilhelm / Marquardt, Bernhard:
DDR-Staatssicherheit. Das Phänomen des Verrats. Die Zusammenarbeit zwischen MfS und KGB. Bochum 1995

Geißel, Ludwig:
Unterhändler der Menschlichkeit. Erinnerungen. Stuttgart 1991.

Heidenreich, Ronny:
Aufruhr hinter Gittern. Das „Gelbe Elend" im Herbst 1989. Leipzig 2009.

Henneberg, Hellmuth:
Meuterei vor Rügen. Was geschah auf der Seebad Binz? Rostock 2002.

Lindheim, Thomas von:
Bezahlte Freiheit. Der Häftlingsfreikauf zwischen beiden deutschen Staaten. Baden-Baden 2011.

Mayer, Wolfgang:
Flucht und Ausreise. Botschaftsbesetzungen als Formen des Widerstands gegen die politische Verfolgung in der DDR. Berlin 2002.

Nayhaus, Dirk von/Riepl, Maggie:
Der dunkle Ort. 25 Schicksale aus dem DDR-Frauengefängnis Hoheneck. Berlin 2012.

Plogstedt, Sibylle:
Knastmauke. Das Schicksal von politischen Häftlingen der DDR nach der Wiedervereinigung. Gießen 2010.

Pötzl, Norbert F.:
Basar der Spione. Die geheimen Missionen des DDR-Unterhändlers Wolfgang Vogel. Hamburg 1997.

Posser, Diether:
Anwalt im Kalten Krieg. Ein Stück deutscher Geschichte in politischen Prozessen 1951 – 1968. München 1991.

Quillfeldt, Hendrik von:
Dissidenten für Devisen. Häftlingshandel zwischen DDR und Bundesrepublik Deutschland. Erfurt 2010.

Rehlinger, Ludwig A.:
Freikauf. Die Geschäfte der DDR mit politisch Verfolgten. Nachwort: Justus Vesting, Halle 2011.

Roenne, Hans Hubertus von:
Politisch untragbar…? Die Überprüfung von Richtern und Staatsanwälten der DDR im Zuge der Vereinigung Deutschlands. Berlin 1997.

Schlicke, Birgit:
Gefangen im Stasiknast. Tagebuch einer politischen Gefangenen im Frauenzuchthaus Hoheneck. Lage 2009.

Schlomann, Friedrich-Wilhelm:
Was wusste der Westen? Die Spionage des CIA, des britischen SIS, der französischen DGSE und des BND gegen den Sowjetblock von 1945 bis 1990. Die westalliierten Militärverbindungsmissionen in Potsdam. Aachen 2009.

Schmidt, Helmuth/Weischer, Heinz:
Zorn und Trauer. Als politischer Gefangener in Zuchthäusern der DDR. Essen 2006.

Schmidthammer, Jens:
Rechtsanwalt Wolfgang Vogel. Mittler zwischen Ost und West. Hamburg 1987.

Schnell, Gabriele:
Das „Lindenhotel“. Berichte aus dem Potsdamer Geheimdienstgefängnis. Berlin 2005.

Sieberer, Hannes (Hrsg.):
Als Agent hinterm Eisernen Vorhang. Fünf West-Spione über ihre DDR-Erfahrungen. Berlin 2008.

Stiftung Haus der Geschichte der Bundesrepublik Deutschland:
Duell im Dunkel. Spionage im geteilten Deutschland. Köln 2002.

Wedel, Reymar von:
Kurt Scharf – Kämpfer und Versöhner. Berlin 2012.

Wedel, Reymar von:
Als Kirchenanwalt durch die Mauer. Berlin 2002.

Whitney, Craig R.:
Advocatus Diaboli. Wolfgang Vogel. Anwalt zwischen Ost und West. Berlin 1993.

Wölbern, Jan Philipp:
Die Entstehung des „Häftlingsfreikaufs“ aus der DDR, 1962–1964. In: Deutschland Archiv. Zeitung für das vereinte Deutschland. Berlin 2008.

FOTONACHWEIS

Titel: CHRISTIAN REISTER/IMAGEBROKER/ULLSTEIN BILD, Seite 5: RETO KLAR, Seite 6: WOLFGANG THIEME/DPA PICTURE-ALLIANCE, Seite 8: ULLSTEIN BILD, Seite 9: BILD ZEITUNG, Seite 10: AP/ULLSTEIN BILD, BSTU, Seite 11: BUNDESARCHIV, Seite 12: GERHARD KIESLING/BPK, Seite 13: AP/ULLSTEIN BILD, Seite 14: BUNDESARCHIV, Seite 16: PETER SENZER/ULLSTEIN BILD, Seite 17: UNTERNEHMENSARCHIV AXEL SPRINGER AG, Seite 19: ULLSTEIN BILD, Seite 20: FRITZ FISCHER/DPA PICTURE-ALLIANCE, Seite 21: BSTU, Seite 22/23: POLIZEIHISTORISCHE SAMMLUNG, Seite 24: PRIVATARCHIV LUDWIG REHLINGER (2), KLAUS LEHNARTZ/BUNDESREGIERUNG, Seite 25: PARWEZ, Seite 26: BUNDESARCHIV (2), Seite 27: PRIVATARCHIV LUDWIG REHLINGER, Seite 28: JÜRGEN FENSCH, Seite 29: SYBILL SCHNEIDER, MICHAEL RAUHE, Seite 30: DPA PICTURE-ALLIANCE, Seite 32: KLAUS MEHNER/BERLINPRESSSERVICES, BSTU, Seite 33: PETER MÜLLER, Seite 34: STEFAN EIKERMANN, Seite 35: BSTU, Seite 36: ARCHIV DES DIAKONISCHEN WERKS, Seite 37: FRIEDRICH/INTERFOTO, Seite 38/39: MICHAEL MAGERCORD, Seite 40: BSTU, Seite 41: WILLY SAEGER/ULLSTEIN BILD, Seite 43: ARCHIV FÜR DIAKONIE UND ENTWICKLUNG, BUNDESARCHIV (2), Seite 44: SCHIRNER X/ULLSTEIN BILD, BUNDESARCHIV, Seite 45: ADAM BERRY/DAPD/DDP IMAGES, Seite 46/47: WERNER SCHULZE/IMAGO, Seite 48: BRUNKFOTO, Seite 49: PETER MÜLLER, Seite 50: HAMBURGER ABENDBLATT, Seite 51: EAST-BLOCKWORLD, AP/DDP IMAGES/SÜDDEUTSCHE ZEITUNG PHOTO, Seite 52: AP/DDP IMAGES, Seite 53: AP/DDP IMAGES, Seite 54: PRIVAT, Seite 55: PETER MÜLLER, Seite 56: PRESSE-UND INFORMATIONSAMT DER BUNDESREGIERUNG, Seite 57: VON DER BECKE/ULLSTEIN BILD (2), Seite 59: CARL EBERTH, Seite 60: BSTU (2), Seite 61: MICHAEL HELBIG, Seite 62: BSTU (2), GETTY IMAGES, Seite 63: FABIAN MATZERATH, EASTBLOCKWORLD, Seite 64: ALAN SHADRAKE/ULLSTEIN BILD, Seite 65: DPA PICTURE-ALLIANCE, Seite 66: PRIVAT (2), Seite 67: GEORG MORITZ, Seite 68/69: DPA PICTURE-ALLIANCE, Seite 70: BSTU (7), Seite 71: HENNING CHRISTOPH/IMAGETRUST, Seite 72: EAST-BLOCKWORLD, Seite 73: SVEN SIMON/ULLSTEIN BILD, Seite 74: PRIVAT, Seite 75: PARWEZ, Seite 76: HOLM ROEHNER, BSTU, Seite 77: BRUNKFOTO (2), Seite 78: YORCK MAECKE, Seite 79: EASTBLOCK-WORLD, ADN BILDARCHIV/ULLSTEIN BILD, Seite 80: UNTERNEHMENSARCHIV, Seite 81: BSTU, Seite 82: PRIVAT, Seite 83: PETER MÜLLER, Seite 84: PETER POPP/PICTURE-ALLIANCE, Seite 85: BSTU, HOLM ROEHNER, Seite 86: PRIVATARCHIV LUDWIG REHLINGER, Seite 87: EASTBLOCKWORLD, Seite 88: PRIVAT, Seite 89: HEIKO ROHDE, Seite 90: HEINZ DUCKLAU/AP/DDP IMAGES, Seite 91: PETER MÜLLER, Seite 92: BUNTE, Seite 93: PETER MÜLLER (4), Seite 94: PETER MÜLLER, Seite 95: BSTU (2), Seite 97: BRUNKFOTO, URHEBER UNBEKANNT, Seite 98: PRIVAT, Seite 99: PETER MÜLLER, Seite 100/101: BRUNKFOTO, Seite 102: DIE-TER ENDLICHER/AP/DDP IMAGES, Seite 104: EASTBLOCKWORLD (2), Seite 105: ARD, Seite 106: PRIVAT (2), Seite 107: PETER MÜLLER, Seite 108: SCHERKAUFER (2), HEIKE LYDING, Seite 109: BSTU, Seite 111: EASTBLOCKWORLD, PRIVATARCHIV LUDWIG REHLIN-GER, Seite 112: PRIVAT (2), Seite 113: PETER MÜLLER, Seite 114: HORST HAITZINGER, Seite 115: EASTBLOCKWORLD, Seite 116: EAST-BLOCKWORLD (2), Seite 117: AGENTUR SVEN SIMON, Seite 119: PRIVAT W. MAYER, Seite 120: PRIVAT, Seite 121: PETER MÜLLER, PRIVAT, Seite 122: BSTU, Seite 123: CHRIS NIEDENTHAL/TIME LIFE PICTURES/GETTY IMAGES, PETER KROH/DPA PICTURE-ALLIANCE, Seite 124: SVEN SIMON/IMAGO, Seite 125: ZB/DPA PICTURE-ALLIANCE, Seite 126: SVEN SIMON/IMAGO, ANDREAS SCHOELZEL/EPD-BILD, CHRISTOPH PUESCHNER/ZEITEN-SPIEGEL/AGENTUR FOCUS, Seite 127: DIETHER ENDLICHER/AP/DDP IMAGES, Seite 128: AP/DDP IMAGES, DIETHER ENDLICHER/AP/DDP IMAGES, Seite 129: CTK PHOTO/IMAGO, Seite 130: CTK PHOTO/IMAGO, Seite 131: MATTHIAS RIETSCHEL/TRANSIT (2), Seite 132: PRIVAT (2), Seite 133: TIM SCHAARSCHMIDT, Seite 134: ERICH MEHRL/EPD-BILD, ANDREAS SCHOELZEL/SÜDDEUTSCHE ZEITUNG PHOTO, Seite 135: TOPHAM PICTURE-POINT/KEYSTONE, Seite 136/137: THOMAS KIENZLE/AP/DDP IMAGES, Seite 138: K.-H. MIETZ, Seite 139: BETTMANN/CORBIS, Seite 140: SSPL/GETTY IMAGES, TIME LIFE PICTURES/US AIR-FORCE/GETTY IMAGES, Seite 141: AP/DDP IMAGES, UPPA/PHOTOSHOT, SÜDDEUTSCHE ZEITUNG PHOTO, Seite 142: BETTMANN/CORBIS, Seite 143: DPA PICTURE-ALLIANCE, Seite 145: JOCHEN MOLL/BPK, Seite 146: ARCHIV BEZPEČNOSTNICH SLOŽEK, Seite 147: ARCHIV BEZPEČNOSTNICH SLOŽEK (3), Seite 148: ARCHIV BEZPEČNOSTNICH SLOŽEK, Seite 149: JÜRGEN SCHNECK, DPA PICTURE-ALLIANCE, Seite 150: BSTU (2), Seite 151: PETER MÜLLER, Seite 152: FOTO NATH, Seite 153: ARCHIV DES BND, BUNDESARCHIV, Seite 155: AKG-IMAGES/PICTURE-ALLIANCE, J.H. DARCHINGER, Seite 156: PRIVAT (2), Seite 157: YORCK MAECKE, Seite 158: DPA PICTURE-ALLIANCE, Seite 159: BSTU, Seite 160: ANDREAS TAUBERT/ACTION PRESS, Seite 161: BSTU (2), Seite 162: HEERDE/ULLSTEIN BILD, Seite 163: PRIVAT BEHRENDT (2), Seite 164: BSTU, Seite 165: ANEMEL PHOTOGRA-PHIE, Seite 167: JÖRG SCHNITT/DPA PICTURE-ALLIANCE, Seite 169: PETER MÜLLER, Seite 170: DPA PICTURE-ALLIANCE (2), Seite 170/171: EASTBLOCKWORLD, Seite 172: ARCHIV BEZPEČNOSTNICH SLOŽEK, Seite 173: POLY-PRESS/ULLSTEIN BILD, Seite 174: BERND BEUTNER/BILD (2), Seite 175: SÜDDEUTSCHE ZEITUNG PHOTO, Seite 176/177: REX FEATURES LTD./ACTION PRESS, Seite 178: WERNER SCHULZE/IMAGO, Seite 179: RAINER OETTEL/ZB/PICTURE-ALLIANCE, Seite 180: WERNER SCHULZE/IMAGO (2), Seite 181: PETER HARKE, Seite 182, 183: WERNER SCHULZE/IMAGO, Seite 184: B.MASCHKE, BSTU, Seite 185: MATTHIAS RIETSCHEL/AP/DDP IMAGES, Seite 186: SVEN SIMON/PICTURE-ALLIANCE, GEDENKSTÄTTE BAUTZEN, Seite 187: DPA PICTURE-ALLIANCE, Seite 188: BSTU (3), Seite 189: EVENTPRESS SCHRAPS, Seite 190: BERND SETTNIK/ZB/PICTURE-ALLIANCE, Seite 191: YORCK MAECKE, Seite 192: WOLFGANG KUMM/ZB/PICTURE-ALLIANCE, Seite 194: NORBERT MILLAUER/DAPD/DDP IMAGES, Seite 195: HENDRIK SCHMIDT/DPA PICTURE-ALLIANCE (2), Seite 196: YORCK MAECKE (2), Seite 197: REGINA SCHMEKEN/SZ PHOTO/LAIF, WOLFGANG KUMM/DPA PICTURE-ALLIANCE, BUNDESARCHIV, Seite 198: EASTBLOCKWORLD, 199: EVA HEHEMANN Seite 200/201: HOLM ROEHNER,
Rückumschlag: KLAUS MEHNER/BERLINPRESS-SERVICES BSTU= Der Bundesbeauftragte der Bundesregierung für die Unterlagen des Staatssicherheitsdienstes der ehemaligen DDR

DANK

Der Herausgeber und die Autoren bedanken sich für die freundliche Unterstützung bei:

Lars Amelung (Bundesarchiv); Bob Bahra; Hans-Dieter Behrendt; Hans Otto Bräutigam; Lovis Brecht; Maxim Brecht; Silke Claus; Reiner David; Eberhard Fätkenheuer; Uta Franke; Siegmar Faust; Dietrich Gerloff; Gunther von Hagens; Dr. Michael Häusler (Archiv des Diakonischen Werkes); Dr. Bodo Hechelhammer (Forschungs- und Arbeitsgruppe Geschichte des BND); Dr. Stephan Heidenhain; Mirka Heidenhainova; Dr. Clemens Heitmann (BSTU); Dr. Hans-Hermann Hertle (ZZF Potsdam); Kirsten Israel; Dr. Monika Kaiser (Bundesarchiv); Dr. Sven Felix Kellerhoff; Dr. Hubertus Knabe (Gedenkstätte Hohenschönhausen); Sophie-Helene Koch; Ralf Kotowski;Pavel Kugler (Archiv bezpecnostních slozek; Prag); Cornelia Liebold (Gedenkstätte Bautzen); Lucie Liskova; Hardy Lohwasser; Yorck Maecke; Dr. Bernhard Marquardt; Dr. Wolfgang Mayer; Petra Moritz (BSTU); Peter Naundorf; Horst Niepel; Dr. Christoph Partsch; Dr. Sibylle Plogstedt; Sabine Popp; Walter Priesnitz (†); Ludwig A. Rehlinger; Kerstin Schenke (Bundesarchiv); Lida Schlotthauer; Gabriele Schnell (Gedenkstätte Lindenstraße 54/55 für die Opfer politischer Gewalt im 20. Jahrhundert); Edda Schönherz; Günther Schulz; Harry Seidel; Kathrin Siebert; Dr. Dr. Martin Siebert; Dr. Bettina Stangneth; Dieter Starkulla; Sylvia Stechel (BSTU); Tatjana Sterneberg; Jörg Theilengerdes; Familie Uhlmann; Sylvia Wähling (Menschenrechtszentrum Cottbus); Dr. Reymar von Wedel; Till Weishaupt; Roberto Welzel (BSTU); Jan Philipp Wölbern (ZZF Potsdam)